厦门大学广告学丛书

ADVERTISING RESEARCH

广告调研技巧 [第五版]

黄合水　陈素白　编著

厦门大学出版社

XIAMEN UNIVERSITY PRESS

图书在版编目(CIP)数据

广告调研技巧/黄合水,陈素白编著.—5 版.—厦门:厦门大学出版社,2016.7(2019.12重印)

(21 世纪广告丛书)
ISBN 978-7-5615-6182-9

Ⅰ.①广…　Ⅱ.①黄…②陈…　Ⅲ.①广告-市场调研　Ⅳ.①F713.8

中国版本图书馆 CIP 数据核字(2016)第 166775 号

出 版 人	郑文礼
责任编辑	许红兵
装帧设计	李夏凌
技术编辑	许克华

出版发行 厦门大学出版社

社　　址	厦门市软件园二期望海路 39 号
邮政编码	361008
总 编 办	0592-2182177　0592-2181406(传真)
营销中心	0592-2184458　0592-2181365
网　　址	http://www.xmupress.com
邮　　箱	xmupress@126.com
印　　刷	厦门市明亮彩印有限公司

开本	720mm×970mm　1/16
印张	26.5
插页	2
字数	500 千字
印数	6 001~9 000 册
版次	2016 年 7 月第 5 版
印次	2019 年 12 月第 3 次印刷
定价	48.00 元

本书如有印装质量问题请直接寄承印厂调换

厦门大学出版社
微信二维码

厦门大学出版社
微博二维码

《厦门大学广告学丛书》序

  《厦门大学广告学丛书》是在《21世纪广告丛书》的基础上进行大幅度修订并增加选题而来的。

  自1993年出版以来,《21世纪广告丛书》得到了国内广告教育界和实务界的欢迎与厚爱,众多院校的广告教育以此作为本科、大专及各类培训教材。1999年以后,在厦门大学出版社的大力支持下,本套教材陆续进行了修订和改版,作为迈向21世纪的献礼。

  2006年,中国和世界的广告业都发生了巨大的变化。进入WTO加速了中国与世界的接轨,中国的广告业和广告教育在"量"和"质"上也发生了重要的变化。在此情况下,我们认为,经过十多年的使用,《21世纪广告丛书》已完成了它的使命。在高校广告教材一片荒原的情况下,《21世纪广告丛书》作为破土的幼苗催生了广告教育的燎原大火,建立了一套较完整的广告人才培养模式,向广告界输送了大批栋梁之才。由其改版而来的《厦门大学广告学丛书》,在保留原有体系与特色的基础上,注意接受新的养分,意图为中国广告培养国际化人才。

  1983年6月,厦门大学建立了国内第一个广告学专业,至2005年8月,我国开办广告学专业的院校已发展到232所,其发展速度之快是新闻传播类其他专业无法比拟的。广告教育发展的成绩令人振奋,这不仅表现为办学数量的增长和规模的扩展,还表现为办学模式的科学化以及办学质量的显著提高。广告教育发展正从"高速"走向"高质",这是广告学科发展的内在需要和必然趋势,是广告业界大发展推动的结果,是媒介市场发展的需要,也是高校适应市场化办学的改革要求。

  与广告业的发展步伐相比,广告教育还很落后。中国广告协会对北京、上海、广州广告公司的调查表明,在各方面困难中,广告专业人才匮乏居首位,达77.9%。至2005年底,国内有94万广告从业人员,但受过正规广告专业教育的不足 2％。美国广告行业协会对美国广告公司人员的抽样调查显示,美国广告从业人员中,75％以上是本科或硕士毕业。广告人才的培养速度远远滞后于企业对广告人才的需求速度,高校教育问题已成为制约广告业进军国际、与世界接轨的瓶颈。广告人才的培养涉及诸多因素,好的教材和合理的培养模式起着关键作用。《厦门大学广告学丛书》的改版,将在全新的理念指导下,紧跟世界广告业发展的动向,力争体系科学、逻辑严密、特色突出、资料新颖,成为众多高校广告教材中可供选择的一套。

近几年,我国广告行业发展迅速,继 2003 年突破 1 000 亿元大关后,2004 年攀升到 1 238.61 亿元,2005 年达到 1 416.3 亿元。据预测,到 2010 年,中国的广告投资额将达到 2 000 亿。行业的迅猛发展需要大量专业的、高水平的人才来进行决策与运作。2005 年是中国广告教育承上启下的一年,这一年,中国广告界加快与国际广告界接轨,外资广告公司的大举登陆更加剧了广告人才的竞争,广告人才培养迫在眉睫,高校广告教育改革势在必行。除了选择适合的广告教材作为解决之道外,笔者认为广告教育模式中有几个问题需要解决:

1.明确广告教育的战略定位

作为广告信息产业中的先行官,广告教育必须在高起点上培养高素质的广告专业人才,必须紧跟科技发展的步伐。网络广告、投影广告、飞船广告、激光广告、卫星广告等新的广告媒介在生活中发挥越来越大的作用,广告媒介向多元化、国际化方向发展。科技手段不仅扩大了广告信息传播的范围和规模,变更了运作方式,还刺激人们转变思维方式、广告观念。从发展前景来看,广告教育应是“热门”学科,但学科的“热门”与“冷门”是相对的,带有阶段性。国内有 200 余所院校开设广告专业,广告教育的发展要考虑适度及可持续性,把急功近利的发展观转变为可持续发展的发展观。广告院系应在“热门”中“冷思考”,在现有的基础上提高广告教育的水平。应把建设有中国特色的广告教育作为目标,而不是盲目模仿海外广告教育模式,空喊与国际广告接轨。应根据广告人才的需求,开展多种形式的广告教育和培训。

2.加强对广告学理论基础的研究

广告学理论基础研究是提高广告教育水平的重要一环。多年来,广告学的研究对象及其理论基础方面的探讨还相当薄弱,广告学与传播学、市场学、文学、美学、心理学及艺术的关系到底如何,相互关系中的主线是什么,广告专业课程中各学科的比重如何掌握,这些重要的基础问题都还未彻底厘清。市场经济的发展要求广告学理论研究的超前性及预见性,应加强对广告发展环境的研究,探讨广告与经济、科技、政治、舆论、社会、文化、法律法规等的关系,以形成科学的广告理论。对这些问题的考虑,应该体现在教材中。

3.培养具有创新能力的广告人才

广告行业是一项充满竞争的行业,要代表不同角色去竞争。应把培养学生的能力放在主导地位,使学生由知识型变为能力型。广告教育应突出开拓创新精神,教给学生获取知识的能力与方法。近年来不同类型的全国性广告大奖赛,令人强烈地感受到青年学生的广告创新意识。应把学生培养成为具有广博知识的"通才",使之基础厚实、知识面宽广、智能优异。

4.研究广告教育中的新问题、新特点

广告教育必须紧跟时代前进的步伐,不断发现问题、解决问题,感受经济、科技、传播的飞速发展带来的挑战。网络空前强大的传播能力改变了广告的运作方式,广告教育处于广告事业与教育事业的交叉点,更深刻地感受到网络的冲击,应关注网络向传统大众传播的挑战,研究整合营销传播向传统广告策划的挑战,研究加入 WTO 后全球性广告经营向封闭式经营的挑战。对这些挑战的研究,体现了广告教育的新水平。

5.高校应和广告公司联手打造中国广告教育

广告公司更注重内部人才的培养,它们人才培养的思想库就是自身所积累的经验与模式。广告公司的广告作业视野比较开阔,它们从广告运动的成功与失败中总结出较为有效的广告作业系统与模式,更了解广告作业的细节。广告公司可以成为高校广告本科生的实习基地,广告教育的应用型人才培养可以借助广告公司的实务长才;高等院校可以侧重于培养硕士研究生、博士研究生等理论型人才,专注于广告理论的研究,为广告公司提供在职培训课程。高校与广告公司应该成为广告业发展的双引擎。

6.重视国际化广告人才的培养

广告教育推动了市场经济的发展,应继续推动经济的全球化。改革开放 20 多年来,中国的广告教育从无到有,又由"量"的扩大走向"质"的提高,现在面临由质的提高走向国际化发展的关键时候。有人认为,中国广告教育离国际化很遥远,中国广告教育还未具备走向国际化的条件,这两种观点都有害无益。中国广告教育必然要走向国际化,WTO 已迫使广告产业界与国际接轨,广告教育的理念与目标也应该相应转换。必须研究国际经济、国际广告管理法规、国际广告运行机制对中国广告的长远影响及其自身必备的应对措施。

中国的广告教育只能沿着"量的发展—质的提升—国际接轨"的路子发展。我们必须在广告的学科建设与广告行业的"指挥棒"之间找到平衡点,努力保持广告学科的独立性。国际化是社会发展使然,国际化应有效促进广告学科的提高,培养更多具有创新意识的人才。经过改革开放 20 多年的快速发展,我国广告教育已经进入新一轮的整合期。广告教育要立足当前,放眼未来,为促使我国广告业保持活力与健康做出应有的贡献。

愿《厦门大学广告学丛书》在新的起点上，为中国广告业的繁荣发展做出新的贡献。

中国广告教育研究会会长　　陈培爱
厦门大学教授、博士生导师

第五版前言

《广告调研技巧》一书于 2008 年 2 月第四版修订之后，不知不觉已过去 8 年有余了。在过去的时间里，中国的广告业和调研市场均发生了巨大的变化。有感于此，2015 年伊始，我们就着手对本书第四版展开修订。此次第五版修订幅度较大，我们保留了原有框架结构，因此，单纯从目录上读者不太容易发现变动所在。之所以没有改动原有框架体系，是因为我们觉得本书的知识架构依然符合本科教学，是学生在掌握广告调研的知识、技能时最需要的逻辑框架，这也是第四版修订时，将本书明确定位为中国高校相关专业本科生用书后，经过市场检验的。

此次第五版修订，主要变动如下：

第一，统一全书风格，对前一版本中的陈旧表述和部分带有翻译腔的文字进行精细校改，以便读者更加顺畅地阅读和吸收知识点。

第二，结合广告调研最新进展，替换各章节中相应的行业数据和发展状况，以尽可能做到与时俱进，真实再现调研行业现状。

第三，更新、替换陈旧图表，并新增大量图表。其中，改动力度较大的章节有第十二章和第十三章。尤其在第十三章中，近年使用较为广泛的 SPSS19.0（中文版），取代了之前的 SPSS13.0（英文版），并以图示的方式增补各项统计方法在软件中的实现步骤，便于学生操作使用。此外，统一规范全书图表示例，将表格规范为标准的三线表形式。

第四，根据广告效果研究近几年的新发展，重点修订第十五章。

新增户外广告效果测定、网络广告效果测定、广告创意效果测定和广告活动销售效果测定。

第五，全面替换第四版中的陈旧案例、附录，更新率超过 80％，这也是第五版耗费心力改动最大之处。这些替换案例，均为经过精心筛选的近几年一线市场调研公司的实操案例，内容涵盖最新的消费洞察、品牌调研、新媒体效果研究等等，既为学生打开理论和实践密切勾连的通道，也便于教师结合最新案例传授调研知识点和技能。值得一提的是，新增的案例中，有不少来自本书作者所在的厦门大学品牌与广告研究所，正因为我们亲自执行和完成了这些研究项目，所以也将其融会贯通到全书理论体系的讲授中。

此外，第五版为方便老师们日常教学，专门配合教材制作了 PPT 课件。

本次修订，要特别感谢为全书无偿提供宝贵一手案例的调研机构，它们是 AC 尼尔森市场研究公司和上海正大市场研究有限公司。也诚挚感谢我们的研究生熊烨、高诗劼、单偲姣、唐文燕、翟星、陈颖艳、段秋婷等，他们对全书的修订均有贡献。

黄合水　　陈素白

2016 年 7 月 18 日

于厦门大学新闻传播学院

目　录

第一章
广告调研概述

第一节 广告调研及其意义

一、什么是广告调研

"广告调研"一词来源于英文词组"advertising research",也可以叫作"广告调查"、"广告研究",有狭义和广义之分。

狭义的广告调研是市场研究的特殊形式,侧重为广告的策划、创意和发布服务,是由广告代理商进行的任何研究。狭义的广告调研与市场研究关系密切,是市场研究的重要组成部分。所谓的市场研究,是指有计划地、系统地收集、整理、分析市场营销资料的过程,其目的是为市场营销决策提供科学的依据。根据市场研究的这一定义,狭义广告调研可以定义为有计划地系统收集、整理、分析广告资料的过程,其目的是为广告决策提供科学的依据。根据广告调研的这一定义,广告传播效果的测定、广告文案测验都属于广告调研的范畴。

广义的广告调研泛指与广告活动有关的研究。它不仅包括狭义的广告调研,还包括由学术机构和个人进行的旨在揭示广告活动实质和规律的研究。

广告调研有两个基本特点:一是计划性,二是系统性。计划性指广告调研不是盲目的、随意的行动,而是有目的的、经过精心考虑和周密筹划的行动。系统性指广告调研是一项系统工程,有规范的运作程序,研究人员必须依照运作程序有条不紊地进行操作。

广告调研包括一系列过程:首先是使用科学方法收集汇总市场资料;其次是整理资料,将它们分门别类,剔除无效的、不全面的资料,保留有用的资料;最后统计分析资料,发现或揭示资料中隐含的现象和规律。

狭义的广告调研意在解决广告实践中存在的问题,往往与某一具体产品或服务相联系。其研究结果可以作为有关广告理论的研究案例或佐证资料,但是通常不能直接证明某一理论的科学性和正确性。广义的广告调研不仅以解决广告实践中存在的问题为目的,而且旨在揭示广告活动中的基本规律,解决广告理论中存在的问题。本书通常使用这一广义概念。

二、广告调研的意义

成功的广告活动要求通过适当的媒体将合理组织的广告信息传递给目标受众,并达到理想的效果。"适当"和"理想"是关键的字眼,是广告人员必须努力把握的。但是要真正在广告的各个方面都做到"适当",有赖于广告调研提供的依据。所以说,广告调研对企业和广告代理商的广告管理极其重要。具体而言,广告调研的重要性体现在下列三个方面:

(一)广告调研是广告计划的基础

在广告决策过程中,相关广告人员会面临许多问题,比如:广告目标应该是什么,针对竞争对手应该采取什么样的广告策略,广告发布应该选择哪些媒体,不同媒体之间应该如何组合,什么广告创意比较理想,聘请哪一个名人代言更加合适,等等。解决这一系列的问题有一种简单的方式——由某个"重要人物"如企业的市场部经理、广告公司的总监等主观决定,让他们根据自己的经验或喜好做出选择或决定。这样做比较简单,但缺乏科学依据,风险很大。提高正确率的有效途径之一就是论证各种选择方案的合理性,此时由广告调研提供的客观依据对于最终方案的选择和确定就至关重要了。

绝大多数广告公司都明白,事前的广告调查、市场调查对广告策划来说十分重要,只有充分掌握一种产品或一个品牌的各种资料,才能做出合理、科学的广告决策。任何主观臆断都可能使广告投入石沉大海,有去无回。

(二)广告调研是评价广告活动的依据

任何一个企业都要讲究投资回报。进行一场广告运动对企业来说往往是一笔不小的支出。这些钱花出去之后,能得到多大回报?或者说广告活动的效果如何?不管是广告主还是代理广告业务的广告公司,都希望这个问题有一个比较明确的答案。因为企业还要继续投入,广告公司还要继续为广告主服务,因此评估一场已经结束的广告运动或还在进行的广告运动的效果,可以为后来的相关活动决策提供重要的借鉴。

根据什么来评估广告活动的效果呢?一个简单的指标是产品的销售量。如果销售量增长,说明广告活动有成效;反之,如果产品销售量不增长甚至下降,说明广告活动失败。但是,产品销量不完全取决于广告活动,其他各种因素(如经济气候、价格、流通渠道等)有时起关键作用,因此用销售量来衡量广告的效果不一定合适。

广告调研可以直接了解广告对消费者心理及行为各个层面的影响,获得大量关于广告效果的指标,如品牌知名度、品牌形象、品牌购买欲、购买率等。比起销售量指标来说,这些指标更能直接和明确地反映广告活动的效果,所以说,广告调研是评价广告活动的手段和依据。

(三)广告调研是探讨广告运动规律和特点的手段

广告运动有其自身的规律和特点,广告实践者只有掌握这些规律,遵循或运用这些规律,才能组织、策划好广告运动,使广告效果达到最佳。

广告运动的规律是不断发展的,人们对广告的认识也在不断深入。因此广告调研者必须不断地进行广告调研,才能及时掌握广告运动的规律,为广告实践提供必要的理论指导。

第二节　广告调研的主要领域

在具体的广告运作实践中,有一些问题是亟待广告调研加以解决的,这些问题归纳起来,主要有下列几个方面:

(一)确定广告诉求对象

每种商品都有自己特定的消费对象,即目标市场。在广告活动之前,广告策划者必须弄清楚产品的目标市场。因为只有明确目标市场,才能确定广告的诉求对象,继而解决好广告决策中的诸多后继问题,如媒体计划、广告主题、广告风格、产品代言人等等。

广告诉求对象往往就是产品的目标市场或目标市场的一部分。产品的目标市场究竟在哪里?广告应该针对哪些消费者?广告主或广告策划人员凭知识和经验也能判断产品类别的目标市场,但是要判断某一类别中的特定品牌的目标对象则相当困难。因为同一种产品各种品牌的产品使用者,在年龄、性别、受教育程度、收入等方面的区别可能很大。试想,同样是购买汽车,选择奇瑞、大众、奥迪、奔驰等不同品牌的消费者是不一样的。即使同一公司的不同汽车品牌,面对的消费人群也不同。不同的消费人群有不同的消费特征和偏好,因此不能简单地凭主观推测来确定目标市场和广告对象,有效途径之一就是进行调查研究。

恒安集团是我国最早进入卫生巾市场的龙头企业之一,市场占有率连续多年位居全国第一,被评为"全球最有投资价值的消费性产品公司"。然而,恒安的道路也并非一帆风顺。2008年以前,恒安旗下三大卫生巾品牌"七度空间""安尔乐""安乐"曾因消费群体界定模糊而存在相互抢食现象,极大削弱了集团的市场竞争力。

在详尽的市场调研后,恒安突破了之前单纯的年龄和职业划分指标,综合了个性、生活形态等维度,重新界定了三个品牌的目标消费群体——

七度空间:由14~20岁的少女,更改为"玩乐主义者＋个性主义者",她们耍酷、爱玩,以最潮流的玩乐方式演绎生活;她们拒绝落伍,把时尚潮流掌握在手中,誓要体验美丽至上的人生。

安尔乐:由21~35岁的青年女性,更改为"浪漫主义＋智慧内敛主义者"。另外,把原属七度空间的"优雅"个性过渡给安尔乐,将"儒雅主义者"划分至安尔乐的消费群体下,让安尔乐涵盖主流的职业女性群体,成为成熟女性的首选品牌。

安乐:由36~45岁的中年女性,更改为"务实主义者"。她们是大众女性,虽然生活节奏不快,但依然要面对各种生活烦恼,例如物价的上涨、家人的健康、生活琐事的处理,每天充实而忙碌,她们精于实惠之道,但绝非将就伪劣品质。

经过品牌消费群体的重新界定与市场营销配合,2009年恒安集团上半年整体毛利率上涨45%,净利润同比增长54%,不仅创造了自己的历史最高利润率纪录,同时也登上了它所在行业的利润巅峰。

(二)品牌的定位或再定位

在广告活动酝酿阶段,广告公司经常会面临一个问题:给产品定位或重新定位。定位或再定位是否合理,关系到整场广告活动的方向和成败,关系到产品的市场销售,所以定位或再定位是一项重要的决策,必须有充分的依据。广告调研可以为定位决策提供重要的依据,例如,2002年以前,王老吉凉茶的定位在药与凉茶的定位中间摇摆,但其偏甜的口感与人们"良药苦口"的心理相差甚远,"凉茶"的定位又被认为药性寒凉,不宜经常饮用,消费量不大。为了重新找到独特具体的定位,经过市场调研后发现,广东、浙南等地的消费者非常怕上火,常在家庭聚会上喝王老吉。他们并不要求红色王老吉能"治疗"上火,而是将其作为功能饮料,用于"预防上火",求得心理安慰。而王老吉凉茶最重要的功效就是清凉解毒、预防上火。联系王老吉本身的功效和消费者潜在的下火需求,王老吉找到了属于自己的市场定位——一种能够防治上火的功能饮料。王老吉与碳酸、果汁和饮用水等饮料不同,它在解渴之外还有保健功能,这是王老吉区别于其他饮料类别的卖点所在。清晰准确的产品定位让王老吉迈出了成功的关键一步。广告调研的产品概念测试就是服务于品牌定位或重新定位决策的。概念测试的目的是了解产品在消费者心目中的形象、产品的哪一方面特点最为突出等问题。

（三）确定广告诉求点

确定广告诉求点，实质上就是确定广告重点应该讲什么，广告应当涉及什么样的主题。从消费角度来说，广告诉求点就是消费者心理防御的弱点，即产品消费的内在动机；从产品的角度来说，就是品牌足以说服消费者购买的优点。

寻找广告诉求点时，通常可以采用小组座谈会的形式与少数顾客深入交谈，了解顾客购买产品的内在动机和他们心目中最重要的产品特性。例如宝洁公司推出的一次性尿布，最初在市场上受到了阻碍。广告策划人员通过走访调研发现，障碍的核心是人们的观念。于是广告策略的重点在于改变观念，为一次性尿布定位为不是因为母亲要图方便，而是因为宝宝需要更柔软、更安全、更卫生的尿布，一次性就当然是最好的了。

奥美广告公司在文案创作之前，常采用"承诺试验"来决定广告诉求点。承诺试验的做法如下：

（1）列出尽可能多的广告语，每一广告语中均包含两层意思：第一是产品的优点；第二是该产品具有此种优点的原因。例如美国的"Q-tips"棉花棒，曾列出32条广告语，见表1-1。

表 1-1   "Q-tips"棉花棒的广告语

1. 本棉花棒上端的棉球含棉 50%以上，却不会在清耳时将棉花残留在耳内。

2. 本棉花棒弯曲自如，可安全深入婴儿小耳内任何部位。

3. 顶端柔软无比，不逊于任何名牌棉花棒。

4. 本棉花棒杆部坚固，易于控制，即使是婴儿纤细的小耳内任何部位，也可安全触及。

5. 本品广泛为小儿科医师所采用，其消耗量比所有厂牌的棉花棒加起来还多。

6. 本品木杆坚固，不会断裂。

7. 本品顶端棉球含棉 50%以上，柔软无比，无任何坚硬处，可安全深入婴儿脆弱的小耳任何部位。

8. 本品杆部弯曲自如，易于控制，可触及耳内任何细小部位。

9. 本品含棉成分如此之高（超过 50%），你甚至可以看到和感觉得出它的不同。

10. 本品顶端含棉 50%以上，价格虽然较其他品牌略贵，还是划得来。

11. 本品杆部坚固，易于控制，较易清理婴儿耳内部位。

12. 本品杆部坚固，易于控制，可安全触及耳内各部位。

13. 本品为 50 年来美国最受欢迎的棉花棒。

14. 本品顶端棉球含棉 50%以上，但棉花不易脱落——甚至在纤细如小儿的耳内。

15. 本品顶端含棉 50%以上，柔软无比，因此不会感觉到木杆。

续表

16.几世纪以来,本品牌较其他品牌,一直为人们所爱用。
17.顶端含棉 50% 以上,棉花却不会轻易脱离木杆。
18.安全可靠,顶端含棉 50% 以上,可安全使用于婴儿脆弱的小耳。
19.杆部可任意弯曲,便于控制,易于清除小耳内任何部位。
20.顶端含棉 50% 以上,可处理任何不易清理的耳垢,诸如残留在耳内的发胶、香水、煤烟灰或其他垢物。
21.销量超过其他所有品牌的总和。
22.顶端含棉 50% 以上,即使新生婴儿也可安全使用。
23.与任何著名品牌无异,但售价合理。
24.本品顶端含棉 50% 以上,柔软无比,适合婴儿脆弱细嫩的小耳。
25.顶端含棉 50% 以上,每包附有赠品。
26.安全可靠,顶端含棉 50% 以上,使用时安全舒适。
27.杆部弯曲自如,可随耳内弯道任意伸展,保证安全。
28.杆部弯曲自如,可随耳内的弯曲孔道安全伸展。
29.顶端含棉 50% 以上——较其他任何品牌柔软。
30.较易清理耳朵,因为杆部可任意弯曲,甚至可随耳内弯道安全清理小如婴儿的耳朵。
31.含棉 50% 以上,吸水性强。
32.较易清理耳朵。因为可任意弯曲,随耳内弯道,能到达耳内任何部位。

(2)抽取一定数量(如 200 名)具有市场特征的同类产品使用者进行个别面谈。

(3)面谈时,把广告语呈现给每一名受调查者,告诉他们每一条广告语上的承诺均为某品牌的新特性,要求他们分别按重要性(即"有意购买"的强烈程度)和独特性给每一条广告语打一个等级分数。重要性分 10 个等级,独特性分 5 个等级。

(4)利用因素分析方法分析统计所得资料,以确定什么样的承诺最有效。"Q-tips"棉花棒经试验,被认为最独特的广告承诺为"顶端含棉 50% 以上",你可确实看到并感受到它的不同。

(四)环境分析

环境分析能够获得大量一般商务环境下不可控制的信息。环境分析试图评价社会、文化、经济、政治等对消费者的潜在影响,评价广告即将进入的社会环境。这种分析可为广告计划提供有价值的信息,如与受众有效沟通的机会和障碍是什么等。环境分析一般可以获得如下信息:

(1)人口统计信息。包括人口密度、年龄分布、人口的地理分布、家庭人口数及其构成、个人的收入等。这方面的信息十分重要,因为人口统计学特征影响着人们对各种物品和服务的需求。此外,精确的人口统计信息还有助于营销人员推断消费者的行为,为预测将来的消费模式提供依据。

(2)社会文化信息。这是最重要又最难以测量的外在环境因素之一,涉及一个社会的价值资料。文化环境是包含影响一个社会的基本价值、观念、偏好和行为的风俗习惯和其他因素,调研的主要内容是人们的价值观念、生活方式、消费倾向、宗教信仰、文化素质和道德规范等。美国社会和文化价值的转变曾催生了数十亿产值的行业,如健美观念促进了健康食品、温泉疗养中心以及户外消遣娱乐等行业的发展。社会文化趋势的发展可能很缓慢,但对社会流行的物品和服务具有巨大的影响力。在美国,过去 30 多年的社会文化趋势激发出来的需求是:改变家庭结构,时间和方便的重要性,强调健美,改变性别角色,关心自然环境、追求财富和地位。

(3)经济信息。经济环境包括那些能够影响消费者购买力和消费方式的因素,影响一个企业推广物品和服务的经济因素包括:基本的经济指标如国内生产总值(GDP)、利率、通货膨胀率、社会消费品零售总和等。有些行业比另一些行业更为敏感。如果经济条件变差,传统的汽车工业、旅游业、房地产业受影响最大。相反,快速消费品、药业、低档食品等行业受经济萧条的影响较小。在庞大的经济统计数据中,国民可支配收入、居民消费价格指数(CPI)和消费者信心指数(CCI)对公司也比较重要。

(4)监控信息。监控环境的影响力来自政府和其他非政府机构。在美国,对广告的主要制约力量来自联邦和州政府。对广告业影响最直接、最明显的联邦政府机构是联邦贸易委员会(Federal Trade Commission,简称 FTC)、食品药品监督管理局(Food and Drug Administration,简称 FDA)、联邦通信委员会(Federal Communications Commission,简称 FCC)。消费者、行业协会、媒体也会影响企业的广告活动。在我国,对广告影响较大的是政府有关的管理机构,如各级政府的工商管理部门、食品和医药卫生管理部门。此外,消费者协会、广告协会也拥有一定的影响力。

(5)技术信息。技术不仅会影响企业提供的产品和服务的形式,也会影响社会的价值和行为。当下互联网的兴起和广泛发展给整个社会带来了巨大的变化,带来了电子商业的兴起,广泛地改变了人们的消费行为。就广告来说,互动媒体的形式使企业与个人的交流更容易,广告的本质将发生戏剧性的变化。社交网络的兴起给广告行业带来了新的机遇和挑战,新媒体逐渐成为制作和投放广告的主流,新的广告形式也层出不穷。

(6)竞争信息。竞争对手的活动会明显影响营销和广告计划。企业必须监控竞争对手对竞争活动的反应,监控来自间接竞争的威胁,还有来自新的竞争的威胁等,例如航空业就面临着来自互联网远程视频会议的威胁。

(五)消费者概况

广告调研的最重要服务之一是为创作人员提供消费者的概况。创作人员需要尽可能了解他们的广告面对的消费者。这种研究方式有很多,最流行的方式之一是生活方式研究(即所谓的 AIO 研究)。在生活方式研究中,消费者接受调查时回答的问题涉及活动(activities)、兴趣(interests)和意见(opinions)。问卷一般采用李克特(Likert)的五点量表,包含数百个问题。广告主从这些问题中能够获得善于言谈的消费者的最完整的全貌,包括消费者的消费方式等。这些信息可以帮助创作人员了解目标消费者的需要、欲望和动机。2013 年年初,上海通用聘请罗兰贝格咨询公司对别克汽车消费者进行了长达 8 个多月的调查,发现购买别克的车主跟购买广汽本田的人是不一样的。广本雅阁的车主,满足现状,享受生活;而购买别克的人,不甘于现状,有一种追求成功的激情。别克的品牌定位也由此确定。

涉及消费者消费行为的研究通常要回答下列问题:消费者所处的社会文化环境、影响消费者心理的因素、消费者的决策过程。诸如消费者所处的社会阶层,参考群体,家庭的影响,消费者的动机和需要,生活方式和心理因素,在决策过程中开始使用某一品牌的原因,使用特定品牌的原因,购买意向,产品的使用次数,喜欢从何处购买,谁是购买倡议者,谁是信息搜集者,谁是品牌选择的决定者,谁是购买活动执行者,什么时候购买,一次购买多少,以及消费者对公司市场活动的意见或态度等。

(六)形象研究

企业或品牌的形象对企业或品牌今后的发展至关重要,好的品牌形象不仅有利于促进产品销售和企业的生产经营,还有利于企业吸收社会资金和人力资源,获得相关机构、公司的支持和增加企业内部凝聚力等。对一个良性发展的企业来说,周期性地进行企业或品牌形象研究,分析社会团体、政府有关部门对企业或品牌的看法和评价,了解企业、产品或服务在消费者心目中的地位或形象,掌握企业员工对企业的意见和认同程度,探讨关联企业或竞争对手对自己的看法等十分必要。

(七)文案测验

重要广告的创作过程中往往要解决一系列问题,经过一系列的测试。这些问题包括:

(1)使用何种广告主题。广告主题是广告所要表达的重点和中心思想,是广告表现的核心,也是广告创意的主要题材。一则广告通常只有一个主题,而广告创作者常常会提供若干个主题。在创作者提供的若干主题中,究竟哪一个最佳、最适合广告对象、最引人入胜,或者已有的各主题如何修改综合成一个最佳主题,这些问题有赖于客观、科学的研究来解决。2005 年,蒙牛酸酸乳为了配合广告公司的提案,专门做了一个以目标消费者为对象的调查,提问"青春的滋味是什么",调查结果是"欢笑和泪水交加的滋味,成长的滋味,磕磕绊绊的滋味",由此确定了蒙牛酸酸乳的广告主题为"青春的酸甜"。

(2)选择什么人来为广告代言。选择什么人做产品介绍人也是广告创作者必须考虑的问题。人物使用不当,不仅浪费金钱,甚至还可能产生负面的效果。当可供选择的人物(特别是名人)不止一个时,调查可以帮助广告创作人员做出最佳选择。例如,麦氏速溶咖啡曾考虑请一位名人做广告发言人,候选人有:Danny Thomas、Arthur Godfrey、John Wayne 和 Lee Marvin。经调查发现,这四名候选人所获投票的比例依次是 35%、20%、13% 和 1%。于是决定选用 Danny Thomas。研究还发现,大部分人选择 Danny Thomas 是因为他看起来诚实,值得信赖。

(3)使用什么广告语。广告语(特别是广告口号)要适合消费者,让消费者喜欢,对消费者有影响力,这是对广告语言创作的基本要求。然而对同一问题、同一产品特点的描述有多种形式和方法。例如彩色电视机的"彩色"这一特点,可用"色彩鲜明""色彩柔和""真实自然""自然本色"等来描述。对于不同的描述,消费者的喜欢程度有很大的差别。广告策划人员的选择往往带有一定的主观性,而只要通过问卷等进行调研,可以很快知道消费者更喜欢哪一种描述。

(4)广告作品效果如何。在广告创作过程中,同样一个主题,有时要由不同的人同时进行设计,或要求一个人进行多种设计。这样就会产生多个广告作品。这些作品是否有效果?哪一个效果会更好?是否要修改作品?在什么地方进行修改?科学的广告活动都必须客观地解决这些问题,而解决这一问题的有效方法就是进行文案测试。通过直接评价、视向测验、回忆测验等文案测试方法来检查和比较各种文案的功能、传播效力,然后从中选择出效果比较理想的文案投入实际广告运营之中。

除了上述几个方面之外,广告创作中的广告背景音乐的选择及其他问题有时也需要通过调查研究来解决。

(八)广告传播效果测定

在投入媒体前经过文案测试的广告作品被认为是较为理想的作品,但是在实际广告活动中不一定能起到预计的作用。没有经过文案测试的广告作品究竟会起到多大的作用?是否适合传播对象?需要更改吗?这些问题是广告主很想搞清楚的,也是传播效果测定所要解决的。

传播效果测定实际上是检查广告对受众所产生的影响,包括对受众的认知、兴趣、偏好、欲望、行为等各心理层面的影响。研究结果可以为广告策略的修订、广告作品的修改与更换提供重要的参考依据。

传播效果的测量方法因广告媒体不同而不同。在印刷媒体中,常用的方法包括阅读程度测验(Starch 提出)、杂志影响研究(盖洛普和罗宾逊公司提供,简称 MIRS)以及征询测量。在电波媒体中,最著名、运用最广泛的方法是波克一天后回忆(Burk's Day after Recall)和收视率调查。

(九)广告监测

广告监测实际上就是媒体监测(media measurement),是指记录各媒体的广告发布情况,检查媒体是否按客户的要求在特定的日期、时间、空间位置刊播广告,刊播次数是否达到协议要求;了解各品牌产品的广告投放量、投放的空间和时间位置;了解广告投放的趋势等。这些信息对于企业的广告决策都是十分重要的。

(十)广告费用预算

广告费用的预算方法主要有七种:

(1)销售比率法。即以公司前一年的产品销售为基础来决定广告费投入占销售额或利润的百分比,如表 1-2。

表 1-2　广告费占销售的比例

(%)

	销售比率	利润比率	年增长率
肉食品	2.2	15.3	12.5
瓶、缸装软饮料	5.9	11.9	6.9
香烟	4.5	14.6	8.2
家具	1.9	6.5	9.6
酒	8.4	14.0	8.1
洗涤用品	7.4	7.9	8.1
计算机	5.0	10.0	17.7
计算机软盘、驱动器	0.9	2.9	18.6
航空	2.0	12.1	11.9
零售杂货店	1.3	5.8	7.0
零售家具店	6.8	17.0	5.9

(2)所能负担法。即按公司将来一段时间内能够接受的水平投入广告费。例如,将全年的利润作为广告费,同时还可以根据公司的承受能力,进一步追加投资。

(3)目标任务法。即公司先制定在多久的时间内达到什么目标,然后估算要达成此一目标所需要的广告费。这种方法相当复杂,需要精确细致的研究。

(4)竞争比率法。即在参考竞争对手的广告费占销售额比率的前提下,决定公司的广告费占销售额的比例。

(5)销售反应预算法。即利用广告投资与销售反应的函数关系,计算要达到最大利润或最大销售所需的广告费。

(6)市场份额(广告份额)法。将广告资金与销售目标联系在一起,使广告的市场份额略高于产品的市场份额。采用这种方法的前提是,市场中的产品相似,企业的市场份额与其在同业中的广告份额之间一般具有较密切的关系,新产品常采用此种方法。

(7)试验调查法。在预算不同的几个市场中进行一系列试验,判断出最理想的广告支出状态。

上述各种方法的运用都离不开广告调研所提供的信息。以最简单的销售比率法为例来说,任何精明的广告主在决定应该以百分之几的销售额作为广告费时,都不会仅凭主观意愿来决定,最起码也会参考同类产品的广告费投资比例。而参考所需的资料通常来源于广告调研。再以目标任务法的运用来说,假设制定的目标是把品牌的知名度由 20% 提高到 30%,那么要计算广告投资时,必须了解知名度与广告投资之间的关系,而这一关系的建立和确定,也有赖于广告调研。

第三节 广告调研的类型

广告调研跟市场研究、社会研究一样,根据研究问题的性质可分为下列三种类型:探索性研究(exploratory research)、描述性研究(descriptive research)和因果关系研究(causal research)。

(一)探索性研究

在研究者不清楚所欲研究问题的内容与性质,无法确定研究的具体问题,为了确定研究的方向和范围,研究者搜集初步资料,旨在找出问题的研究就是探索性研究。

例如某品牌一次性尿布的市场份额下降了,为什么? 公司方面也不能确定。是因为经济衰退的影响,广告支出的减少,销售代理效率低,还是消费者的习惯改变了? 显然,可能的原因很多,公司无法一一查知,只好用探索性调研来寻求最可能的原因,如从一些用户及代理商处收集资料,从中发掘问题。假设探索性的解释是：该品牌是一种价格经济的尿布，起初是为了与低成本的品牌竞争，而现在有小孩的家庭比这个品牌刚上市时更有钱，并愿意花更多的钱在高质量的婴儿用品上，这是公司市场份额下降的可能原因。"有小孩的家庭有更多的实际收入以及在婴儿用品上愿意花更多的钱"，这是可能通过探索性研究得到的假设。

探索性研究主要采用深度访问或座谈会等方法，通过访问专家或具有专门知识的人士如批发商、零售商或特殊消费者来深入了解问题。此外，探测性研究还可借助分析获得的二手资料（如政府统计资料、学术机构研究资料）来了解问题的实质。

（二）描述性研究

描述性研究就是对广告现象的形成、过程和特征进行客观、准确的描述，即描述广告现象是什么，它是如何发生、发展的，它的特点、性质是什么。在为广告实践服务的研究中，大多数的调查研究都是描述性研究，事先没有任何明确的假设，其资料数据的采集和记录着重于对客观事实的静态描述。但对于研究要获得什么信息或资料，研究者往往心中有数。

描述性研究是广告调研中最普遍、最常见的。大多数以问卷调查的形式出现的研究以及对二手资料的分析研究，都是描述性研究。

描述性研究可以应用于解决很多问题，譬如描述某类群体的特点，确定不同消费者群体之间在需要、态度、行为、意见等方面的差异，识别行业的市场份额和市场潜力也是常见的描述性研究。

在描述性研究中，研究者可以探讨两个变量甚至多个变量之间的相关关系，但不能确定谁是因、谁是果。要找出现象之间的因果关系，需要采用因果关系研究。

（三）因果关系研究

确定各种变量之间关系的研究就是所谓的因果关系研究。例如要探讨品牌名称是否影响消费者对品牌的态度和品牌知名度，广告费的投入量在多大程度上影响产品的知名度和销售量，品牌知名度究竟与广告重复次数存在多大关系等问题都要进行因果关系研究。

因果关系研究是建立在假设的基础上，如假设 A 广告作品比 B 广告作品更有利于提高品牌知名度。其基本思想是在严格控制外在变量（或无关变量）的条件下，考察某一或某几个变量（即自变量）的变化对另一变量（因变量）产生的影响及影响的程度。这类研究主要使用实验法。

第四节　广告调研的基本原则

广告调研跟市场调查一样,必须遵循下面三个基本原则,即科学性原则、客观性原则和保密性原则。

一、科学性原则

科学性原则是指广告信息必须是通过科学的方法获得的。它要求市场研究人员在调查设计、抽样设计到资料采集、数据的分析和统计处理等一系列过程中都必须严格遵循科学规律,尤其要注意科学运用抽样设计、资料采集方法和统计方法。

方法使用不当导致整个调查研究失败的案例不胜枚举。最著名的失败案例是 1936 年美国《文摘杂志》举行的总统选举结果预测。该项研究的调查对象是根据电话簿和汽车登记簿的名单抽取的。当时,美国正处于经济萧条时期,许多人没有汽车甚至没有电话。尽管受调查者多达 200 万人,但由于抽样不当,样本缺乏代表性,该调查仍然失败。调查预测的失败者富兰克林·罗斯福(Franklin Roosevelt),后来成为事实上的胜利者。

另一个案例是速溶咖啡的市场调查。20 世纪 40 年代,美国速溶咖啡投入市场,由于销路与原来预料的畅销大相径庭,厂家请了心理学家调查消费者不喜欢速溶咖啡的原因。最先采用的问卷调查中,由于采用直接询问法,很多受调查者都回答是因为不喜欢速溶咖啡的味道,而实际上速溶咖啡的味道经过测试与人们习惯使用的豆制咖啡并没有区别,说明该项问卷调查获得的结果是不可靠、不正确的。后来心理学家改用了间接的测量方法,结果找出了消费者不喜欢速溶咖啡的真正原因——家庭妇女担心购买使用速溶咖啡会被认为是懒惰的人,是不称职的妻子。

二、客观性原则

客观性原则是指在调查过程中,尊重客观事实,真实准确地反映客观情况,避免主观偏见或人为地修改数据结果。在市场调查中,研究人员通常会假设或预测调查结果,这种先入为主的看法会影响调查结果。有时调查结果与客户的预测不一致,甚至对客户不利。在这种情况下,只要整个调查过程是科学的,结果是可靠的,客户终究会承认,千万不可为了迎合客户而擅自修改数据结果。

三、保密性原则

广告调研的保密性原则体现在两个方面。第一是为客户保密。许多广告调研有委托人,因此市场调查公司以及从事市场调查的人员必须对调查获得的信息保密,不能将信息泄漏给第三者。在激烈的市场竞争中,信息是非常重要的,不管是有意的或无意的,也不管信息泄漏给谁,只要将信息泄漏出去,都可能损害客户的利益,同时反过来也会损害市场调查公司的信誉。所以市场研究人员必须特别谨慎。第二是为受调查者提供的信息保密,不管受调查者提供什么信息,也不管受调查者提供的信息的重要程度如何。如果受调查者发现自己提供的信息被暴露出来,一方面可能给他们带来某种程度的伤害,另一方面即使不会给他们带来任何不利,也会使他们失去对调查的信任。受调查者愿意接受调查是调查业存在的前提,所以如果市场调查不能得到受调查者的信任和配合,那么整个市场调查业的前景就不堪设想了。

第五节　广告调研简史

前面已经讲过,广告调研是市场研究的一个方面或一种特殊形式,二者在方法上是相通的。广告调研应该说是市场研究在广告活动中的具体应用,是伴随着广告活动而进行的一切调查活动,所以了解广告调研的发展历史实际上也就是了解市场调查发展的历史。市场调查的发展与市场经济的发展密切相关,它伴随着经济的发展而发展。美国是市场经济发展比较早而且比较成熟的国家,其市场调查的理论体系和实践操作都处于世界调查业的领先地位,并在很大程度上影响着其他各国调查业的发展,所以要把握市场调查的发展历史与探寻美国市场调查的发展历程密不可分。

从市场调查在美国的发展情形来看,它大致可分为四个阶段:萌芽阶段、成长阶段、成熟阶段、新趋势阶段。

一、萌芽阶段（1920 年以前）

根据已有证据，第一项市场调查是由美国的《宾夕法尼亚人报》（*Harris-burg Pennsylvanian*）于 1824 年 7 月对总统大选所进行的民意调查。同年晚些时候，美国的另一家报纸《瑞雷星报》（*Raleigh Star*）在北卡罗来纳州（North Carolina）也进行了一项调查，该调查是围绕在北卡罗来纳州举行的各种政治活动，进行了一次主题为"人们的政治意向何在"的详细调查。但第一项明确运用于营销决策的调查是广告代理商艾尔（N. W. Ayer）广告公司于 1879 年进行的调查。该调查以本地官员为对象，了解他们对谷物生产的期望水平，旨在为农场设备生产者发展一项广告计划。第二项市场调查是 19 世纪末 20 世纪初在 E.I. du Pont de Nemours & Company 进行的，该调查汇集了推销人员关于各种顾客特征的报告。

大约在 1895 年，学院研究者开始从事市场调查。明尼苏达大学（University of Minnesota）的心理学教授哈洛·盖尔（Harlow Gale）将邮寄调查引入广告调研。他寄出 200 份问卷，收回 20 份。紧随盖尔之后，西北大学（Northwestern University）的沃尔特·迪尔·斯克特（Walter Dill Scott）将实验法和心理测量法引入广告实践中，主要用于研究广告的效果。

进入 20 世纪，随着工业化大生产的发展，消费者的需求越来越强烈，市场越来越大，了解消费者购买习惯和对产品的态度也越来越迫切。在这种背景下，第一个正规的调查机构柯斯蒂出版公司（Curtis Publishing Company）在 1911 年成立，其研究重点放在汽车工业上，因为制造商认定那些有钱并愿意购买汽车的人已经都拥有汽车了。因此，制造商试图不断寻求新的消费者群以便对其进行促销。几年后，丹尼尔·施塔奇（Danial Starch）开创了广告反应的认知测量，斯特郎（E. K. Strong）将回忆测量和量表引入市场调查。

在这个阶段，受到经济以及调查技术发展的限制，市场调查尚未得到充分广泛的运用，但是上述事实说明了人们已经开始重视市场调查。

二、成长阶段（1920—1950 年）

1920—1950 年是调查业迅速发展的时期。经济的持续不景气、统计学的不断完善、战争的需求为市场调查的发展提供了丰厚的土壤。

1929—1930 年世界经济大萧条，产品供大于求，要完成产品的销售就必须了解消费者和市场的情况，于是市场调查业在美国开始受到普遍重视。以史丹利·雷梭(Stanley Resor)为首的汤逊调查公司专门聘请经济学家和人口学家成立调查机构,对 5000 份样本的固定家庭进行调查,记录他们每月所购的任何商品,以此为资料分析消费者的购买行为和购买动机,预测他们的购买趋势。意识到市场调查将被广泛运用,尼尔森(A. C. Nielsen)公司于 1922 年进入商业研究领域,提供多种服务,在这些服务的基础上不断发展壮大。尼尔森公司现在是美国最大的市场研究机构。

1929—1939 年,美国政府和有关地方工商团体共同配合,对全美进行了一次商业普查,这次普查被称为美国市场调查工作的一个里程碑。20 世纪 30 年代后期,市场调查进入美国大学课堂。调查资料的统计技术也有了一定的发展,按收入、性别或家庭情况不同进行分类比较,简单的相关分析虽然尚未被广泛传播,但已开始运用。

第二次世界大战的爆发,迫使许多社会科学家到军队服务。这些科学家将在战争前还是新鲜的调研技术,如实验设计、意见调查等运用于研究士兵和家庭的消费行为,有些心理学家将心理学的研究方法引入产品的消费者测试领域。这些研究进一步促进了市场研究技术的发展。20 世纪 40 年代,焦点小组在罗伯特·莫顿(Robert Merton)的领导下开发出来。随机抽样得到推广,抽样技术和调查方法取得了很大的进展。

三、成熟阶段(1951—1990 年)

第二次世界大战以后,随着西方经济的高速成长,市场也发生由卖方市场向买方市场的根本性转变。此时,生产者已经无法销售他们生产的所有东西。生产者必须事先确定市场需要什么,然后才生产或加工以满足市场需要的产品,这为市场调查业的发展开辟了广阔的前景。在市场需要的推动下,市场研究逐步深入。

到 20 世纪 50 年代中期,依据人口统计特征进行市场细分的研究和消费者的动机研究出现了。市场细分和动机分析的综合调查技术又进一步促进了心理图画和利益细分技术的发展。

进入 20 世纪 60 年代以后,伴随着描述和预测的数学模型的发展以及计算机科学的快速发展,调查数据的分析、储存和提取能力大大地提高了,市场调查业逐渐走向成熟。

20 世纪 80 年代以来,对市场调查方法的研究形成了热潮,美国先后出版了《市场调查》《消费调查》等学术期刊,推动了行业理论的建设与完善。

四、新趋势阶段（1990 年至今）

随着电子计算机的在市场调查中应用的广泛与深入，市场调查进入了一个快速发展的时期。市场调查业成为具有发展前景的新兴行业，蓝德公司（RAND）、斯坦福研究所（SRI）等早期进入市场的公司逐渐发展成为行业佼佼者。

20 世纪 90 年代以来，市场调查方法发展的一个主要趋势是信息技术的全面渗透，如通过安装在超市的账单扫描仪来收集市场信息，用电脑辅助电话访谈，通过网络实现远程座谈以及问卷调研等；与市场调查有关的统计软件亦不断开发与完善，用计算机和移动智能终端分析资料逐渐成为常态。

随着经济全球化的发展和市场界线的无国界化，市场调查亦呈现出全球化趋势，如尼尔森公司已经在中国开展业务，并成为中国最大的市场研究机构。各大市场调查机构充分发挥着各自获取信息的优势，如英国路透社、日本经济新闻社等均为世界级的综合性经济信息中心，在其下属的综合经济信息系统中，有着庞大的经济数据库，信息网络遍布全球，可以在极短的时间内向用户提供与市场活动相关的数据。

伴随着更多发展中国家加入 WTO（World Trade Organization，世界贸易组织），市场调查机构的业务范围还会不断扩大。企业利用市场调查为预测和决策服务的频率将大为提高，市场研究的地位与作用将更加突出。保证企业经营决策的科学性，市场调查方法上将更趋向多种调查方法的结合，对消费者心理和行为的研究将更加受到重视，心理学、社会学、管理学中的行为科学方法将在市场调查与预测活动中得到进一步的应用。

相对于美国等西方发达国家，市场调查在我国的历史非常短暂。改革开放之后，伴随着西方商品进入我国市场，商业化的市场调查开始出现。但是由于我国市场上商品供不应求，市场调查一直没有受到国内企业的重视。1988 年 4 月 23 日，广州市场研究公司正式获得广州市工商局核发的营业执照（注册号 19043577-6）。这标志着我国第一家自筹资金、自负盈亏的专业市场研究公司的诞生。但直到 20 世纪 90 年代初，全国的商业化市场研究公司仍然寥寥无几，偶尔为国外企业和合资企业进行的一些横向市场研究一般是由广告公司内部设立的市场调查部门进行的。

邓小平同志南方视察和党的"十五大"以后，我国经济逐渐由"短缺经济"向"过剩经济"过渡，国内企业的市场竞争压力不断增强，市场调查开始日益受到人们的重视。这期间，相继成立了许多专业化市场调查公司，国外著名的市场研究公司也纷纷以合资等形式在国内设立公司。据有关资料,到 1998 年,我国已有专业化市场研究公司 800 多家。1998 年 9 月,设立在中国信息协会之下的市场调查分会筹备委员会正式产生,标志着我国市场调查行业正式迈入起步阶段。2004 年 4 月 8 日,经国务院同意和民政部批准,由国家统计局主管的社团组织——中国市场信息调查业协会(China Association of Information and Research,简称 CAMIR)正式成立,标志着我国市场调查行业迈入专业化阶段。

第六节 我国广告调研现状

市场调查行业是为了实现管理目标而进行信息收集和数据分析的行业,在广告实践中,广告调研是市场调研业务的一个组成部分,从事广告调研的机构实质上就是市场调研机构。改革开放特别是邓小平同志 1992 年南方视察以来,我国市场调研机构迅速增多。近几年来,国内调研业已呈现高速发展的势头。截至 2010 年 5 月,全国业内有约 2000 家调研企业(不包括纯咨询公司),其中大多数为中小型规模的执行公司,研究性质的公司只有几百家,大多集中在北京、上海、广州三地。这几百家公司中,生存能力较稳定且规模较大的企业多为国外知名调查机构在中国的独资或合资公司,共 20 家左右,它们主要以各行业内较为知名的外资或合资客户为服务对象。2010 年,市场调查协会(China Marketing Research Association,CMRA)在全国范围内调查了 134 家调研企业(多数为研究性质的公司),年营业额超过 2 亿人民币的前几位超大型调研公司有华南国际(RI China)、央视市场研究(CTR)、央视索福瑞媒介研究(CSM)和益普索(IP-SOS)。其他较大型的调研公司还有北京恩特斯市场研究、新华信国际信息咨询(北京)、ACNielson China(上海)、AGB Nielson(艾杰比·尼尔森市场研究)、广州诚予国际市场信息研究等。相比 20 世纪 80 年代屈指可数的几家来说,我国的市场调研业已经取得了长足的进步。

我国的调研水平也有了很大的提高。这与客户特别是国际客户的要求是分不开的。广告调研,一般是企业因为某种现实需要进行的。这样调研机构就可以从企业那里得到研究经费。企业支付了研究经费,对研究质量、研究数据的可靠性就会提出比较高的要求,这就促进了调研机构水平的提高。通过已经公开的一些商业性研究资料可以看出,许多研究的过程比较规范,质量控制比较严格。但同时,由于我国广告调研起步比较晚、研究人才缺乏、研究经验不够丰富等原因,整个行业的研究水平与发达国家相比较,仍有相当差距。

除了调研机构数量增多,我国调研市场自身的营业额及年度增长率也较为可观。20世纪末21世纪初的几年中,国内营业额的年增长率尤为突出,最快的甚至超过了50%,这与同期全球调研业6%～9%的增长率相比,可谓数字惊人。2002年以后,我国调研业的年营业额增长相对稳定下来,基本保持在15%～20%。这是一个正在以相当快的速度发展壮大着的市场,与GDP的增长率相比,国内调研业表现出强劲的增长态势。

从调研企业资本构成的性质看,营业额占比最大的是数量比例很小的合资公司,数量比例占绝对优势的内资私营企业营业额占整个行业营业额的比例并不大,但近年来私营经济发展很快,已逐渐成为调研业中的一支主力军。

从调研业客户类型看,由制造业产生的调研营业额最多,其中主要来自快速变动的消费品制造业,其次是汽车、广告、电信行业。

目前我国调研机构提供的服务比较单一,基本上是专项调查,即针对具体客户的具体问题开展特定的市场调研工作。但业务范围正在逐渐扩大,宏观方面涉及国民经济的各个方面,如收集社会资料、了解社会民众对政府政策和社会热点问题的意见和态度、提供统计信息和咨询建议等;微观方面主要涉及市场需求调查、市场环境调查和市场营销实务调查。

综合来看,目前国内调研业现状的不足之处可以概括为:起步晚,规模偏小,地域发展不平衡,业务面较窄,专业人才匮乏,经验欠缺,现实需求不足,收费及服务标准不一致,缺乏成熟完善的行业规范和管理。但与此同时,也存在着许多有利因素,即市场潜力巨大且正在快速发展,企业对调研的认识和需求层次正在不断提高,政府对社会问题的调查也越来越多。这意味着我国的市场调研业发展前景仍然相当可观。

思考题:

1.什么叫市场研究?广告调研的意义何在?

2.广告调研有哪些类型?

3.广告调研的主要研究领域是哪些?

4.广告调研必须遵循哪些原则?

5.广告调查的发展经历了哪些阶段?

6.我国广告调研的现状如何?

第二章
广告调研的
基本过程

广告调研的过程大致可分为三个阶段:计划阶段、资料采集阶段和分析报告阶段。每个阶段又有若干步骤(如图 2-1)。本章将分三节分别介绍这三个阶段。

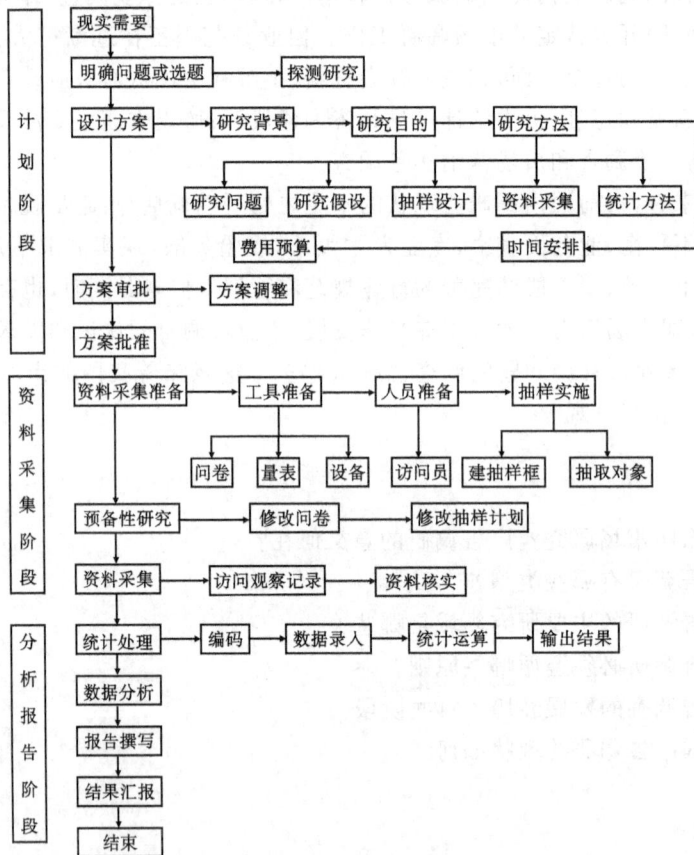

图 2-1　广告调研过程

第一节　计划阶段

一、广告调研计划阶段的基本任务

广告调研的计划阶段从现实需求开始直至签订协议或方案批准为止。

(一)现实需要

广告调研的启动通常都是从现实需要开始的。企业广告活动进行了一段时间以后(如一个季度或半年)或一场季节性的广告运动刚刚结束,企业一般都要评估广告活动的效果,以便为进一步的广告活动提供参考,这样一项广告调研就可能在企业的驱使下开始。比如,中央电视台广告部为了深入认识央视作为优势媒体的影响力以说服广大广告主,因此会对各时段广告效果进行监测。再如厦门广电集团为了帮助赞助商了解厦门国际马拉松的赞助效益,于2005年至今每年分别委托厦门大学品牌与广告研究所进行研究。

(二)明确问题

当广告调研有现实需要时,研究人员就要着手弄清楚目标问题,这一步骤即明确问题。明确问题是一个很关键的步骤,因为它涉及研究的方向和合理性。在这一过程中,如果研究是为了解决广告实践的问题,那么研究人员一方面要听取广告主的介绍,了解他们的目的、意图以及信息需求;另一方面要进行探测性研究,收集分析相关的二手资料,必要时还要进行小规模的定性研究,以便明确界定要调查的问题,或以假设的方式提出来讨论。

(三)设计方案

明确了研究问题之后可以开始制订研究计划,即设计研究方案。研究方案通常要具体说明广告调研的背景、目的、研究方法、研究的时间安排、研究的费用。合理、完善的研究计划能充分保证广告调研的客观性和科学性,所以广告调研计划的好坏是衡量研究执行方研究水平的标准,也是研究执行方取得委托人信任的依据。拟订广告调研计划在整个广告调研中相当重要,本节后面两部分将进一步讨论如何拟订广告调研计划以及如何撰写研究方案。

(四)方案审批

研究方案或研究申请书撰写好了还必须经过论证,以获得委托人的认可。委托人在决定认可或拒绝之前会严格审查方案,分析评估方案的合理性及价值,方案得到认可后即可开始研究。但在大多数情况下,研究方案都需要合作双方反复协商并修改。

二、研究方案的设计

设计广告调研方案,其实质就是解决以下几个主要问题:

(一)确定广告调研的目的

在实践中,广告调研有时是为了确定品牌在市场中的位置,有时是为了了解目标消费群体的特征,有时是为了测验广告文案,有时则是要评估广告活动的效果。无论调研的目的是什么,在研究之前,研究者都必须明确,并且以合适的方式表达告知。具体地说,要用具体的研究问题或假设的方式表述出来。例如当广告调研的目的是了解广告的诉求对象时,研究者必须明白如何界定广告诉求对象,从哪些方面来界定。弄清楚这些问题,拟订相关的研究内容就不会太困难。如果把研究目的看成概念的内涵,研究内容就是概念的外延。例如在以了解家用空调广告诉求对象为目的的广告调研中,研究的内容至少包括下列几个方面:

(1)现有家用空调使用者的基本情况,包括经济收入、住房条件、家庭人口数、文化程度、职业等。

(2)哪些家庭成员参与空调购买决策,谁倡议购买,谁搜集信息,品牌选择意见由谁提供,谁最后决定,谁执行购买行动。

(3)有潜在购买意向的购买者是什么样的人或家庭。这些人或家庭的经济收入、住房条件、人口数、文化程度、职业如何。

确定研究的内容是相当重要的一个环节,其原因有二:第一,研究内容的确定界定了问卷设计或访问提纲的范围;第二,研究目的能否达到,在计划阶段只有通过研究者界定的研究内容来判断。因此,研究内容是否全面、适当,研究假设是否合理,会在相当程度上影响着研究方案能否为委托人认可、接受。

列出具体的研究内容看似简单,其实不然。它要求研究人员具有丰富的市场营销、广告学、广告心理学等相关学科的知识,充分了解目标问题涉及的研究领域。

(二)确定研究方法

确定广告调研的方法,关键是要解决三个基本问题:一是抽样,二是资料采集方法,三是统计方法。前两个问题必须以书面形式体现在研究方案中,第三个问题不一定以书面形式出现,但研究者要做到心中有数。两个问题解决以后,研究实施的具体操作就会变得明朗和简单。伴随着统计学、社会科学研究方法等相关学科的发展,迄今已开发形成的抽样方法和资料采集方法很多。例如在抽样方法上有属于随机抽样的系统抽样、分层抽样、整群抽样等,有属于非随机抽样的判断抽样、任意抽样、配额抽样和滚雪球抽样等;在资料采集方法方面,有调查法、观察法、实验法。仅调查法就有电话访问、入户访问、日记记录、邮寄问卷、网络调查等形式。这些方法各有利弊,适用于不同的条件(这些问题将在第七至第十一章中做详细的介绍),选择时要十分慎重。同样,现代统计方法也有很多,包括差异检验、方差分析、聚类分析、判别分析、因子分析、多元回归分析、结构方程等,不同的方法用来解决不同的问题(请读者参见本书第十三章)。

在实际研究中,不同的研究方法会产生不同的研究结果,有时差异比较大。例如同样是对 1997 年我国部分家电产品的市场占有率情况进行的调查,国内三项比较权威的研究采用不同的方法,结果差别相当大(见表 2-1)。

表 2-1　部分家电品牌的市场占有率

(%)

产品类别	①品牌市场占有率			②实际购买品牌			③占有率		
电冰箱	容声 17.34	海尔 15.89	美菱 10.63	海尔 25.11	容声 20.76	新飞 12.28	海尔 30.28	容声 17.14	新飞 13.11
彩电或电视机	长虹 21.72	松下 12.62	康佳 9.51	长虹 25.45	康佳 12.94	松下 7.87	长虹 24.96	康佳 15.12	TCL 9.48
洗衣机	小天鹅 16.86	小鸭 8.46	威力 6.68				海尔 27.68	小天鹅 20.99	荣事达 12.66
普通洗衣机				荣事达 18.20	威力 14.18	水仙 12.07			
自动洗衣机				小天鹅 33.34	海尔 19.31	荣事达 16.81			
组合音响	爱华 13.58	索尼 7.22	先锋 7.59	新科 13.80	先锋 11.87	健伍 7.01	新科 26.49	松下 12.26	菲利浦 11.64
微波炉	格兰仕 26.37	松下 15.59	砚华 15.26	格兰仕 42.94	松下 17.11	LG 10.77	格兰仕 46.60	LG 11.10	富士宝 7.67
VCD机	新科 19.50	爱多 11.60	万利达 9.77	爱多 39.04	新科 21.62	万利达 10.12	新科 35.48	万利达 13.51	爱多 13.48

资料来源:国际广告,1998,7。

表 2-1 中的①列结果是由央视调查咨询中心和《人民日报》社新闻信息中心进行的调查,该项调查的名称是"1997 年全国主要城市居民消费品调查",调查地区涵盖北京、上海、广州等 32 个城市,采用多级混合随机抽样和入户访问的方法。表中的②列是由中国企业管理协会、中国企业家协会主办,中国企业信息交流中心承办的调查结果,调查名称为"第 5 次全国产品竞争力调查",调查通过在

《经济日报》《中国青年报》《市场观察》上刊登调查问卷,对这三种媒体的读者进行随机抽样。表中的③列是由中国统计协会主办、国家统计局怡康经济咨询公司承办的调查结果,调查名称是"1997年全国城乡多级市场家电销售情况逐月跟踪调查"。

研究方法不同,研究结果不同,而科学正确的结果只能有一个,因此正确合理地运用研究方法是获得可靠研究结果的基本条件。所以考察研究结果的客观性、科学性时,往往也要参考研究方法的合理性、科学性。如果方法不恰当、不合理,研究结果也就值得怀疑。

一般来说,在确定研究方法时需要解决的具体问题主要包括(参见本章所附案例):

(1)研究区域:在哪些地区进行调查,为什么要选择这些地区。

(2)研究对象:目标对象是哪些人和团体,选取这些人或团体是否合适。

(3)样本量:抽取多少人或多少个单元作样本。

(4)抽样方法:使用什么抽样方法,为什么使用这种抽样方法。

(5)资料采集方法:使用什么资料采集方法,是电话访问还是入户访问,是观察法还是实验法等,是否还有其他辅助方法,各种方法如何配合。

(6)统计方法:使用什么方法统计处理搜集到的资料。

(三)拟订研究活动进度表

研究活动进度表是研究作业进行的时间依据,如果该研究是商业性质的,研究进度表还是委托方用以检查研究活动进展情况的依据,同时也是解决法律纠纷时的重要依据。所以在拟订研究进度表时,一方面要考虑到委托方的时间要求、信息的时效性;另一方面,也要考虑到作业的难度、完成作业的可能性。对学术性的课题研究来说,研究活动的进度安排表是研究经费赞助机构检查、监督研究人员的依据。如果研究人员不能在规定时间内完成相应的任务,经费赞助机构可以暂停或取消后续的经费支持。

拟订研究活动进度表难度不是很大,有一定经验、熟悉广告调研全过程的研究者都可以拟订,一般应该充分结合考虑完成以下各项工作所需的时间。由于注重研究结果的时效性,服务于广告活动实践的广告调研的单项研究的时间一般为1个月左右,因此,时间进度表可以具体到如下工作细节:

(1)问卷设计印刷;

(2)抽样实施;

(3)访员的招聘和培训;

(4)预备性研究;

(5)问卷修正、印刷;

（6）调查实施；

（7）资料的编码、录入和统计；

（8）数据的分析；

（9）报告的撰写、修改和制作。

拟订上述各项作业时间时,研究实施的时间往往会受到访员熟练程度的影响,难以准确把握,要特别注意这一点。

进度表不仅对于委托方是必要的,对于调研机构也是必要的,它作为调研机构的备忘录,有利于强化研究过程管理,提高工作效率,节省研究成本。

（四）研究费用预算

广告调研的费用因项目不同差异甚大。直接为广告活动服务的研究在做费用估算时最常用的方法是:依据抽样设计和资料采集方法,列出研究过程中的费用支出项目及金额,然后求出总费用。这种广告调研所要支出的费用项目一般包括:

（1）印刷费；

（2）方案策划费；

（3）问卷设计费；

（4）抽样设计费；

（5）差旅费；

（6）邮寄费；

（7）访员劳务费；

（8）受调查者礼品、礼金；

（9）统计处理费；

（10）报告撰写制作费；

（11）电话费；

（12）交通费；

（13）服务费；

（14）杂费；

（15）税收。

有些研究比较简单,可以依附其他研究进行,这类研究称作搭车研究,费用比较节省。

三、研究方案的撰写

在广告调研中,研究方案实际上是一份研究计划书,其书面形式一方面要提供给研究委托方审议、检查,另一方面用来作为广告调研执行实施的依据。研究

方案的基本内容就是本章前一部分讨论的内容。作为一份完整的书面材料(参见本章案例),它大体包括下列几个部分:

(1)引言。概要地叙述该项研究的背景、缘由,阐明研究问题的由来。

(2)研究目的和内容。简要回答研究目的和研究结果的适用范围,列出该项研究预期获得的各方面信息,提出研究的假设。

(3)研究方法。说明研究在哪些地区进行,选择这些地区的理由;明确界定研究对象;说明抽样人数、抽样方法并列出样本结构表;具体说明研究设计、资料采集方法。对于大规模的研究,通常要为抽样问题单独制作一份较为详细的抽样计划(参见第六章的案例),详细说明抽样中涉及的问题(尤其是抽样实施问题)。必要时还要说明访员数量和资格、访问实施的操作过程、访员的管理监督办法和数据的统计处理方法。

(4)提交结果的方式。阐明研究报告的形式、数量、大致内容以及其他附件。

(5)研究进度表。把研究过程每个步骤所需时间制成表格,如表 2-2。

表 2-2　研究时间安排

时间或日期	作业项目	作业负责人	备注
	问卷设计		
	抽样实施		
	预备性研究		
	问卷修改印刷		
	资料采集		
	数据录入及统计		
	报告撰写		
	研究结果汇报会		
	报告修改		

(6)研究费用。原则上只列出总费用。也可以根据客户要求,列出细目,制成估价单,如表 2-3。

(7)附录。如问卷初稿、抽样说明等。

在实践中,研究方案不仅要有书面的,而且要做成 PPT 文件,因为在商业竞标中,研究者通常要向客户全面阐述研究的设想并回答他们提出的相关问题(特别是技术问题),这个时候 PPT 文件使用起来相当方便。

表 2-3　研究费用估算单

支出项目	数量	单价	金额	备注
资料				
印刷				
抽样费				
问卷设计费				
方案设计费				
访员劳务费				
交通费				
统计处理费				

注:本估价单有效期_____天。

交款:订约时请先付研究启动金_____,余款于研究报告交付之后_____天内全部付清。

第二节　资料采集阶段

研究方案得到委托方的认可之后,广告调研方案就可以开始实施了。

一、资料采集准备

广告调研实施阶段的第一步就是为资料采集做准备。准备资料采集时要做好几项工作,包括:工具准备、人员准备、材料准备和抽样实施。

（一）工具准备

研究资料通常要利用一定的工具来获取,获取研究资料的工具可能是问卷、量表或仪器。在许多研究中,问卷是必备的工具。问卷如何设计,第五章会有详细的阐述。量表是一种能够使事物的特征数量化的数字的连续体,心理学常常用量表来测量人的能力、性格、态度等。广告调研中也常常用到量表,如广告态度量表。广告调研(特别是文案测验)有时需要借助仪器设备,最常用的仪器设备当然是电脑,计算机辅助电话调查中就需要电脑。其他的仪器有眼动仪(一种记录眼球运动路线的仪器)、脑电记录仪(可用于记录被试看或听广告时的脑电波)等。

（二）人员准备

问卷调查往往都需要大量的访员,研究开始之前就必须招聘和培训访员。访员的招聘和训练是研究过程中极为重要的一个环节,资料的采集工作主要由访员来完成。访员能否顺利执行访问工作,对研究结果的客观性和科学性影响很大,所以本书第四章将仔细讨论访员管理的相关问题。

（三）材料准备

实验研究中通常要用到一些实验材料,如广告作品、包装设计、产品品牌等,这些材料也必须按照要求在实验开始之前先准备好。

（四）抽样实施

抽样实施通常包括建立抽样框、抽取受调查者。如果调查访问将在已建立的调查网内进行,那么抽样实施的过程就比较简单;如果没有现成的调查网,就要根据抽样计划建抽样框、抽取受调查者。

二、预备性研究

在问卷调查中,问卷初稿设计完成之后,一般都会存在这样或那样的问题。即使是经验丰富的问卷设计者,即使是经过认真的审查,问题仍是不可避免的。所以采用实践的方法来客观地检验问卷是十分必要的。

预备性调查就是检验问卷设计的合理性和适当性的最有效方法。预备性研究要求抽取小部分研究对象根据调查计划要求进行访问,然后分析处理获得的资料。一般来说,问卷设计中存在的问题在访问过程中以及分析处理预备性研究资料时都会暴露出来。

通过预备性调查,不仅可以发现问卷设计中存在的问题,还可以检验抽样方案的合理性。例如在抽样设计时发现对受调查者的拒绝情况考虑不足,抽样框资料老化、过时等严重损害研究质量的问题,预备性调查能及时发现和排除这些问题。此外,预备性调查还是一个锻炼访员、检查访员作业水平的好机会。

预备性调查中一旦发现问卷设计及抽样设计的问题,研究人员就必须适当修改问卷以及抽样计划。预备性调查中出现的问题,有些可以通过修改加以克服,有些问题则可能是客观存在的,难以克服。例如询问受调查者的经济收入时,不管问卷如何设计,设计得多巧妙,调查中还是能发现受调查者的回答不太真实。

在实验研究特别是需要采用仪器的研究中,通常也需要进行预备性研究。通过预备性研究来调试仪器设备以及实验软件,设定实验控制条件、参数等。例如在黄合水(2002)的关于品牌资产的研究中有一项关于品牌自由联想的实验,该实验让被试者对品牌进行 3 分钟的联想,这一时间就是根据预备性实验确定的。

三、资料采集

预备性研究完成之后,正式的资料采集工作就可以开始了。资料采集是非常重要的一个步骤,因为它关系到资料的客观性、真实性、可靠性。资料采集就是通过访问、观察、记录等方法收集有关研究问题的第一手资料。在问卷调查研究中,资料采集通常包括访问、问卷复核和回访三步。访问指由访员询问被抽到的受调查者并将受调查者的回答记录下来;问卷复核是对访员交回的问卷资料进行检查,发现并纠正不符合规范的地方;回访是抽取一定的受调查者进行第二次访问,目的是了解、判断访问过程的真实性。在问卷复核和回访过程中发现问题必须立即更正或采取相应的补救措施。

一旦有理由肯定研究获得的资料是可靠的,研究实施阶段就可以宣告结束,接下来进行第三阶段的工作。

第三节　分析报告阶段

分析报告阶段包括统计处理、数据分析、撰写报告和结果汇报(结题)。

一、统计处理

分析报告阶段的第一个步骤是对问卷资料进行统计处理。统计处理包括编码、数据录入、统计运算和输出结果等过程。编码是将收集起来的资料转化为计算机能够识别、符合统计分析软件要求的符号或代码的过程;数据录入指将编码结果输入计算机;统计运算是根据统计分析计划要求,给计算机下统计指令,让它进行运算;输出结果是将计算机的运算结果打印出来(详细介绍见第十二章)。到此为止,广告调研的所有烦琐工作就暂告一个段落。下一步工作就是由研究人员分析计算机输出的数据结果。

二、数据分析

数据分析是为撰写研究报告做准备的,目的是发现数据中存在的规律和数据反映的问题,选择能够说明问题的数据。分析数据时,研究人员要注意判断哪些数据是有用的,哪些数据是多余的;哪些数据是完善的,哪些数据是不完善的;哪些数据使用的统计方法合理,哪些数据使用的统计方法不合理;哪些数据结果可以采用别的统计方法进行统计等。对于某些统计结果,研究者也可以采用其他的统计方法进行重新运算,看看结果是否一致,哪一种统计结果更合理,更有利于解释问题。

三、撰写报告

当需要的数据齐备了,数据反映的规律、问题清楚之后,研究者就可以着手撰写研究报告。研究报告是广告调研的成果,它所呈现的资料将对实践中的广告决策产生重要的影响,也可能为学术中某一理论的确立提供重要佐证,所以写作时必须十分慎重。第十四章专门阐述如何撰写广告调研报告,这里就不具体介绍。

四、结果汇报

研究报告写好打印出来之后,还有一个重要的步骤——举行研究结果汇报会或鉴定会。会议参与人员包括研究人员、委托方代表和有关专家。由研究人员向委托方代表或评审专家介绍、说明研究所得到的结果以及结果的由来。在阅读完报告以及倾听研究人员的介绍之后,委托方代表或评审专家可以质疑,研究人员必须解释这些疑问。

研究结果的汇报十分重要,原因有二:第一,委托方委托调研机构做研究的目的,调研机构是否实现,通常表现在调研机构的结果汇报上。通过结果汇报会,委托方可以简明扼要地了解本次调研获得的主要结果,可以检查研究机构是否完满地回答了委托方提出的各种要求;第二,有些研究比较复杂,对于研究报告中的许多专业术语、词汇,委托方不一定熟悉,而汇报会是一个很好的阐述和解释的机会。所以,调研机构一定要做好结果的汇报准备,尽量在短时间内向委托方的相关人员介绍清楚研究的结果,并解答他们的质疑和提问。

结果汇报会通常要求调研机构事先做好 PPT 文件,请口齿比较清楚、擅长演讲的人做报告。在正式汇报会之前,演讲者要先进行练习,以免汇报过程出现问题,耽搁客户时间。除了演讲者之外,调研机构的一些主要研究人员也要参加

汇报会,以便及时解答委托方提出的问题。

研究结果汇报会结束,针对会议提出的问题或建议,研究人员还要进一步补充修改研究报告。委托方接受了报告之后,整个研究工作就告结束了。

第四节　广告调研的薄弱环节

广告调研过程中有一些薄弱环节,这些环节需要特别关注,否则会出现质量问题。实际上,广告调研的质量控制,主要也就是看对这些薄弱环节管理的细致程度。

纵观整个调研过程,薄弱的地方主要有以下几个方面:

一、抽样框的建立

广告调研样本的代表性主要体现在抽样上。在抽样设计和实施中,第一个要解决的问题是样本量的大小。然而样本量的确定往往与调研的目的、方法以及研究经费相关,比较直观,设计中是否存在问题比较容易看出来。第二个需要解决的问题是使用什么抽样方法。这个问题与第一个问题一样,如果存在问题比较容易观察出来,根据研究的条件设计抽样方法进行,一般不大会出现大问题。第三个要解决的问题就是抽样框。在随机抽样中,研究人员首先要获得各级抽样单元的抽样框(即所有抽样单元的名单及其联络方式),才能够从中抽取被调查的单元。

在现实的调研中,最后一级的抽样单元通常是户或户中的个人,因此调研之前必须建立社区居民住户的抽样框。由于地理环境复杂、人口流动和家庭搬迁等原因,要准确地建立某一社区居民住户的抽样框有一定难度。因此如何建立及建立后如何完善抽样框是一个调研机构必须时刻关注的问题。为了保证抽样的质量,华通现代采取的措施有二:一是每两年更新一次抽样框,二是"至少复核20%的抽样地址"。

目前网络调查方兴未艾,网络为调查提供了便利,但是网络用户抽样框的建立也在根本上困扰着网络调查的发展。

二、问卷设计

问卷设计中经常存在两个问题。第一,题目表面效度高,但结构效度不一定高。换言之,问了该问的问题,但答案不一定可靠,或者答案并不能解决问题。例如,"你为什么不买××品牌?"答案可能包括"太贵""质量不高""知名度不高"、"包装不好看"等。这个题目看起来就是要了解受调查者不购买品牌的原因,也容易做出回答,但是受调查者选择的答案可能都是一种冠冕堂皇的理由,并不是真正的原因。也许真正的原因是该品牌不适合受调查者的身份,或者是受调查者的家人不喜欢该品牌。第二,问卷设计者通常能够根据调研的目的或委托方的要求来设计问卷,但是经常会忽略受调查者的要求或意愿。也就是说,问卷或许能够很好地满足委托方的要求,但不一定让受调查者感到满意。在一些调研项目中,经常可以看到一些设计得非常长的问卷,这样的问卷从设计者本意来说旨在获取尽可能多的信息。但是如果从受调查者的角度考虑,由于接受过长时间的调查,往往会产生不耐烦的情绪,在这种情绪下,受调查者即使不中途拒绝访问,他所提供的信息的可靠性也非常值得怀疑。

三、资料采集

资料采集过程涉及访员,这就存在一些影响调研质量的人为误差,这些误差可以分为两大类:一类是主观方面造成的误差,即访员故意不按照调研要求执行而造成的误差;另一类是非主观方面造成的误差,即访员由于缺乏调查访问的知识、技能而造成的误差。资料采集中存在的这些问题,第四章会有比较详细的阐述。

思考题:

1.广告调研的运作包括哪些阶段? 各个阶段分别要完成什么任务?

2.在研究实施过程中,主要通过哪些手段来控制研究的质量?

案例一

住宅房产品牌研究项目建议书

(此案例由上海大正市场研究有限公司提供)

委托人:某地产

计划人:上海大正市场研究有限公司

日期:2010 年 9 月

一、研究背景

某地产公司是全国实力排名前20位的房地产企业。然而,其品牌知名度与影响力仅在常州有较强的体现,在公司进入的其他城市(上海、南京、无锡与苏州)知名度与影响力都较低,与品牌的业内地位极不相称。此外,公司发现各个城市分公司缺乏把该地产品牌在本地落地生根的动力,这可能与地方公司对该品牌文化的认知与理解存在障碍有关。

2008年,该地产的核心品牌策略已经完成并着手落实执行。为了评估掌握该地产两年来的对外沟通效果,同时也为了了解其内部员工对公司品牌文化的认识程度,该地产发起了本次品牌研究项目。

二、研究目标

(1)探求消费者对楼盘的需求、动机与期望,理解消费者的购房影响因素。

(2)测量该品牌的认知度与品牌形象,并分析其与竞争品牌的优劣势。

(3)内部员工对该品牌的理解,比较这种品牌理解与外部客户的差异。

(4)此外,通过全面回顾该地产的品牌表现,评估品牌沟通策略得失,得出此次研究的业务目标为:支持其未来的品牌规划、定位与对外推广提供决策依据;统一公司内外品牌认识,避免品牌的人格分裂;督促推动其各城市分公司加强品牌在本区域的推广。

三、研究内容

此次研究将覆盖五个模块的内容:

(1)品牌熟悉度:理解品牌当前的知名度,包括提示前知名度与提示后知名度;

(2)品牌个性:清楚掌握品牌在消费者心目中的品牌"性格"。

(3)品牌形象认知图:以直观可感的方式展现我们的品牌及竞争对手的品牌形象,从揭示当前市场的品牌构造;

(4)品牌优劣势:分析品牌与特定竞争品牌相比,在各个方面的相对优劣势;

(5)品牌资产指数:清楚表明品牌现在的位置,这是一个品牌偏好度、推荐意向的综合指标。

四、研究方法:定量研究

1.地理区域

根据委托人要求,此次项目将在5个城市开展,分别是上海、南京、常州、苏州与无锡。

2.数据采集方法

内部调研以及外部消费者调研。

3.内部调研设计

（1）研究目的

帮助管理层了解公司内部人员对当前品牌发展的认知、对企业文化与内部管理的看法以及对未来品牌发展的期望和建议。

（2）调研对象：

①由该地产指定；

②内部人员调研涉及销售、营销、客服、产品等各相关利益部门；

③建议总样本量不低于150人（各管理层级最低样本量建议不低于30人，各相关部分最低样本量建议不低于30人）。

（3）建议方法

在线数据搜集由接受委托的市场研究公司编写网络版问卷程序；然后将问卷的网络链接地址提供给该地产指定接受调研人员，完成问卷；市场研究公司负责后台数据搜集并定时发出问卷完成进度与提醒。

（4）调研内容

①对该地产当前行业地位的认知与评价；

②对该品牌相对于其他竞争品牌的形象定位认知；

③对该品牌当前目标市场选择及品牌建设过程中营销方式方法的评价与建议；

④对该品牌未来发展方向的期望。

4.外部消费者调研设计

（1）外部调研人群建议

①该地产业主：2003年后购买并最近一年连续入住新城楼盘的业主；

②竞争品牌业主：2003年后购买并最近一年连续入住竞争品牌楼盘（商业开发）的业主；

③潜在业主：未来半年内准备购房且进入房屋信息搜集阶段的业主。

（通过对其现有业主和竞争品牌现有业主调研结果的比较，可以得出其与竞争品牌的优劣势；通过对其现有业主与潜在业主调研结果的比较，可以得出其品牌表现与潜在业主期望的差距。）

（2）抽样设计的整体思路

随机拦截的"主体样本"＋指定品牌人群的"追加样本"。

主体样本包括现有业主与潜在业主，其中现有业主不做房产品牌配额要求；在每个城市，新城业主以及希望重点比较的竞争品牌业主如果通过随机拦截无法达到最低的分析要求，则需要做"追加样本"；建议特定人群追加到不低于60人。

（3）执行地与样本量

根据委托人要求，此次项目将在5个城市开展，分别是：上海、南京、常州、苏州与无锡。

考虑到各个城市新城品牌表现的差异巨大。我们建议每个城市都需要足够的样本量完成单独城市的分析。因此：

①主体样本，建议每城市样本量 $n = 300$（以较随机的方式采集数据），包括：

现有业主（该地产与竞争品牌业主均有可能）：200人；

潜在业主（未来半年内有购买意向且进入房屋信息搜集阶段）：100人。

②追加样本，建议每城市特定业主人群追加到60人，以满足分析的需要。该地产业主追加样本估计共需追加约240人，包括：

常州：无须追加，或追加10人；

上海、苏州、无锡：各需追加60人，共180人；

南京：需追加50人；

竞争品牌业主追加需新城确定，暂不做估计。

③总样本量 $N = 1\,740$（不包括竞争品牌业主的追加样本）：

主体样本：$N = 1\,500$；

追加样本：$N = 240$。

（4）数据采集方法建议

①主体样本（包括潜在业主与随机产生的现有业主）数据采集方式：商业中心定点拦截访问。

随机性较高，样本代表性相应较高；

数据采集效率高，成本和时间进度可控；

每城市数据采集量：$N = 300$；

问卷长度：30分钟以内。

②追加样本（包括该地产业主与指定竞争品牌业主）数据采集方式：预约入户访问。

样本真实性高；

数据采集效率高，成本和时间进度可控；

5个城市预估总追加样本量：$N = 240$（常州10人，南京50人，上海、苏州、无锡各60人）

问卷长度：30分钟以内。

五、调研日程安

本次项目预计9周，共45个工作日：

第一周　　　　　　　　项目准备和启动、预研究

第二、三周	问卷设计及培训文件准备
第四、五、六周	定量访问的执行
第七周	数据录入
第八、九周	编码与出表
第九周结束	报告提交

六、项目费

案例二

××茶饮外带饮料 U&A 研究计划书

（此案例由上海大正市场研究有限公司提供）

委托人：××茶饮连锁有限公司

计划人：上海大正市场研究有限公司

日期：2012 年 7 月 3 日

一、研究背景

（一）公司规模扩增："××茶饮"起源于宝岛台湾，2007 年进驻大陆市场，目前是大陆第一大外带茶饮品牌，在全国 25 个城市拥有近 500 家门店。

××茶饮目前的定位就是提供新鲜、健康、好喝的外带饮品，口号是"新鲜、活力、好心情"。

（二）部分城市发展遭遇瓶颈：随着公司业务的不断壮大，各地区发展也呈现出不同的态势。我们发现在部分城市，如北京、杭州与成都等地，产品销售状况未见显著优势，与当地强势品牌对比尚有不少差距。

为抢占市场份额，区隔并优于竞品，××茶饮希望能通过本次研究帮助公司内部进行业务梳理，为挖掘未来可能的发展方向提供帮助。

二、研究目标

基于以上对研究背景的理解，本次研究的主要目标设定为：

（一）市场进入（深圳、长沙）

1.了解当地外带茶饮料现状；

2.了解消费者对外带茶饮料店铺及产品的需求（包括产品本身口味、价格、包装、店铺布置、人员服务等）；

3.了解消费者选择某个品牌外带饮料的动因，挖掘其尚未满足的需求。

（二）市场诊断（北京、杭州、成都）

1.了解消费者对外带茶饮料品牌的认知、偏好；

2.了解消费者选择不同品牌外带茶饮料的原因,挖掘××茶饮目前的优势、存在的问题及未来的机会方向;

3.了解目标客户人口统计学特征及外带饮料的消费模式。

(三)最终目的

优化产品及沟通,提高销量,扩大市场份额。

三、总体研究框架

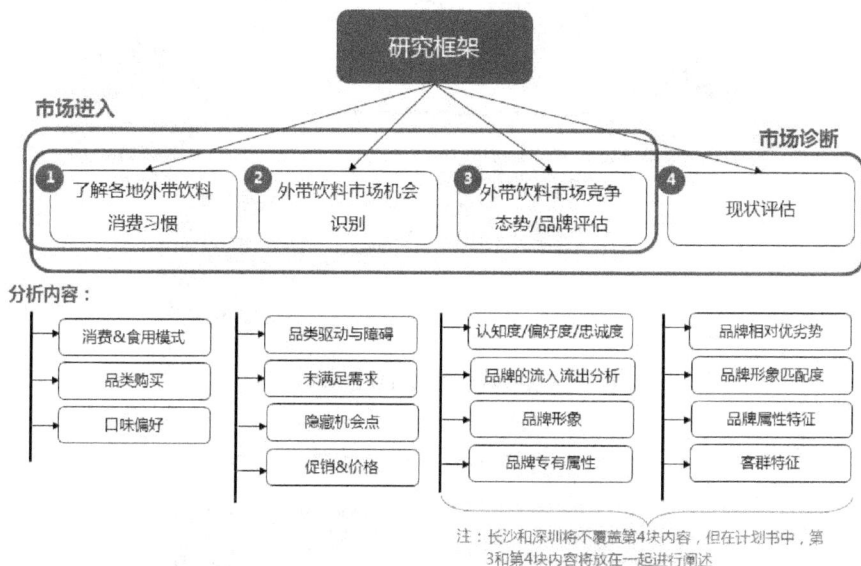

图2-2 总体研究框架

四、研究问题

(一)消费习惯

1.消费 & 购买分析

系统掌握消费者的消费与购买模式(5W1H)是形成消费者洞察的基础。通过调研解答出以下核心问题:在什么场合下,哪些人倾向于去什么渠道选择什么样的外带饮料?消费动机是什么?

充分了解消费者购买外带饮料时的决策树有助于企业更加合理地分配资源,采取针对性的市场战略。

2.产品线梳理为产品研发提供依据

××茶饮应该主打哪几条产品线?开发什么样的产品才能满足消费者的需求?怎样的产品组合才能赢得最大市场?各个市场产品组合是否有所不同?

产品线开发的原则:既能赢得消费者,又能体现××茶饮的品牌价值主张。

(二)如何识别市场

只有建立在对外带饮料消费者消费习惯与购买习惯深刻理解之上,才能有效地识别各种市场机会。

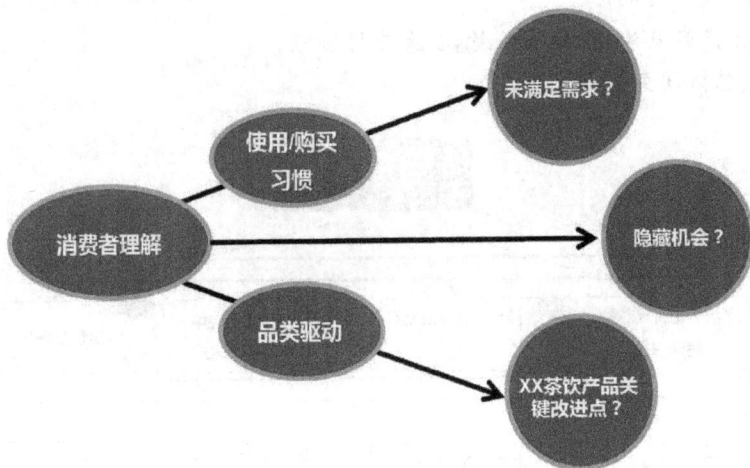

图 2-3　市场识别过程

识别未满足需求:把需求未满足程度与重要性结合起来。

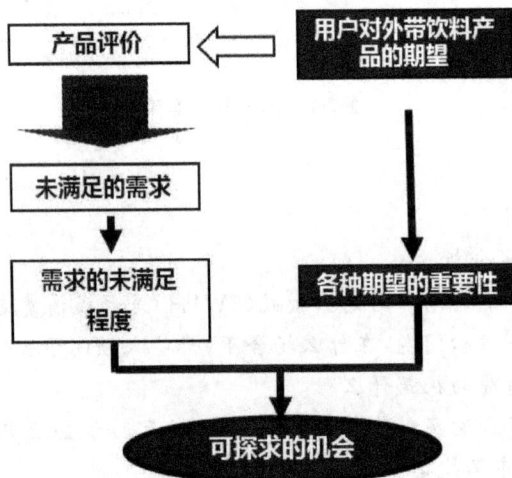

图 2-4　识别未满足需求的过程

对消费者而言,需求又分为显性重要性及隐性重要性。

显性重要性:消费者直接宣称的,选择外带饮料时各个属性的重要性如何。

隐性重要性:品牌的总体评价与品牌各个属性表现之间的相关性。体现了消费者实际选择品牌时潜意识中考虑的因素。

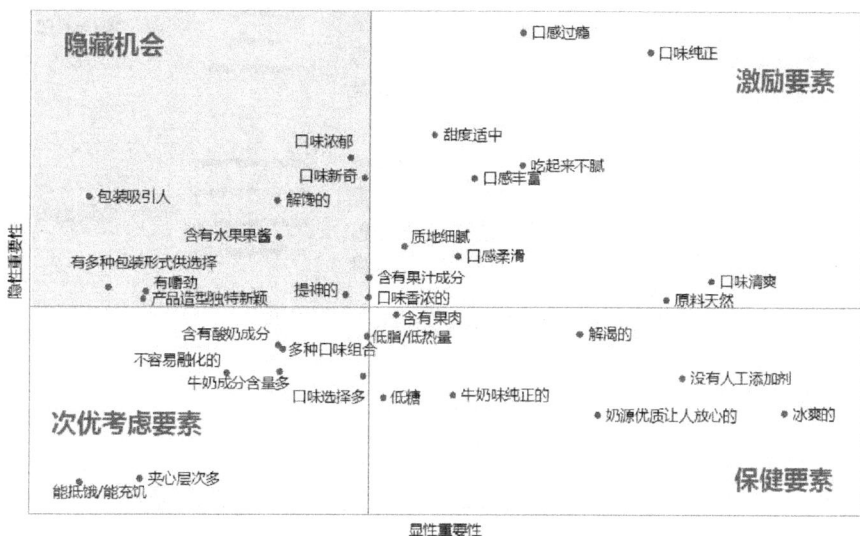

图 2-5　××茶饮显隐性分析图

（三）外带饮料品牌评估体系

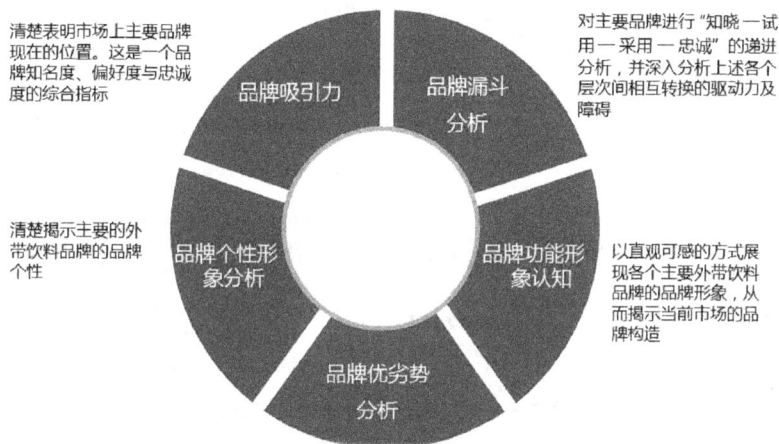

图 2-6　外带饮料品牌评估体系

（四）品牌吸引力诊断

知名度、美誉度、偏好度、满意度和忠诚度是组成品牌整体吸引力的主要因素,基于消费者对品牌的态度,我们可以初步诊断××茶饮吸引力存在的问题。

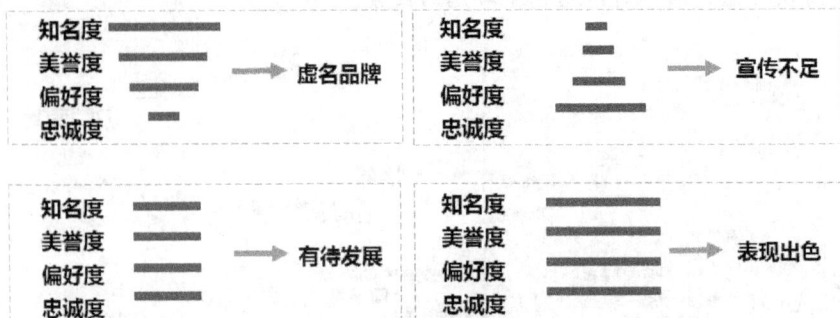

图 2-7　××茶饮品牌吸引力诊断

(五)品牌优劣势分析

对××茶饮门店客流量的影响因素假设,得到结果如图 2-8。

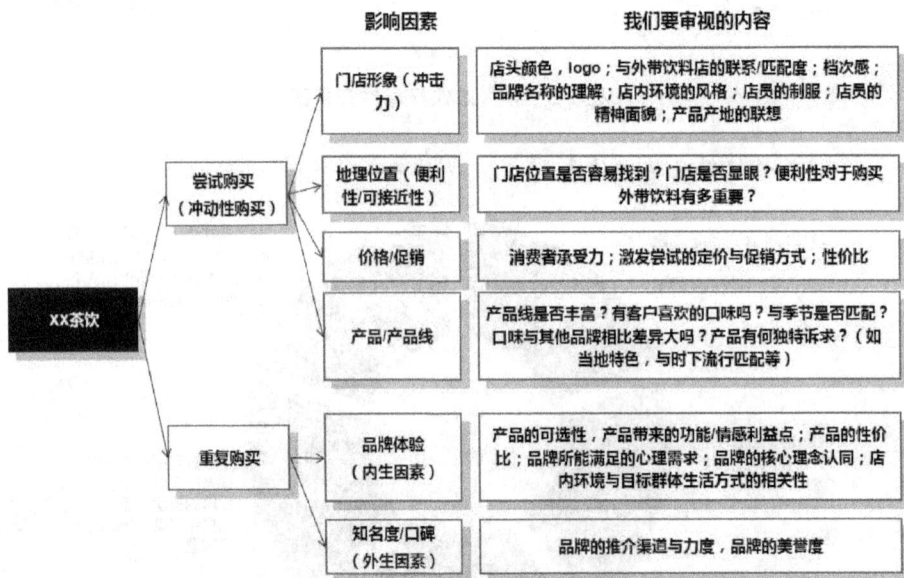

图 2-8　××茶饮品牌优劣势分析图

五、研究设计

(一)研究组成部分

1.定性研究(座谈会)

任务:拟订座谈会大纲;寻找、甄别受访者;座谈会执行;为定量输入访问指标。

地点	组别及数量	被访者基本条件
第一类城市 深圳 长沙	■每城市2组，每组8人 ■经常购买外带饮料用户 ■组别1：学生组，18~23岁 ■组别2：白领组，24~30岁 各地竞争品牌配额分布（待定）	■女性，年龄在18~30岁之间 ■本市居住1年以上，大专以上学历 ■行业规避（亲朋好友非相关行业从业者） ■必须知晓2~3个外带茶饮料品牌 ■自主选择外带茶饮料品牌 ■过去三个月内，每周购买外带茶饮料的频率至少2次 ■购买产品的费用为每杯5~6元（维持与XX茶饮产品费用相当水平）
第二类城市 北京 杭州 成都	■每城市4组，每组8人 ■经常购买外带茶饮料用户，知晓XX茶饮品牌 ■组别1：学生组，18~23岁，最经常购买XX茶饮 ■组别2：白领组，24~30岁，最经常购买XX茶饮 ■组别3：学生组，18~23岁，最经常购买竞争品牌 ■组别4：白领组，24~30岁，最经常购买竞争品牌 ■各地竞争品牌配额分布（待定）： ✓ 北京：街客3名，鲜果时间3名，其他2名 ✓ 杭州：茶风暴3名，晓麟奶茶3名，蜜果2名 ✓ 成都：七杯茶1名，茶与布朗2名，街客2名，地下铁2名，沐汁优味1名	
测试物品	■ 产品线/产品组合评估：XX茶饮（仅北京/杭州/成都）及竞争对手门店的产品清单 ■ 门店形象评估：XX茶饮（仅北京/杭州/成都）及竞争对手门店图片/宣传资料等	

图 2-9　××茶饮消费者座谈会方案

2.定量研究(定点街访 CAPI)

任务：设计问卷；试访；问卷编程与微调；访员培训；执行/质控。

调研对象	● 知晓至少2个外带茶饮料品牌 ● 过去2周内购买过外带茶饮料
样本量	● 主体样本共1 500人，深圳、长沙、北京、杭州、成都每城市300人，追加样本预估150人，北京、杭州、成都指定品牌各追加到60人，共计1 650人。
调研方法	● 定点CAPI访问（计算机辅助访问）： □ 访问时长：理想状况下控制在30分钟以内
被访者条件	● 男性：女性=3:7（待定） ● 年龄在15~35岁之间 ● 本市居住1年以上，高中以上学历 ● 外带茶饮料的决策者，购买费用至少在每杯5元，过去三个月内，每周购买外带茶饮料的频率至少1次 ● 每月可支配收入（包括家长给的零花钱）至少100元 ● 行业规避（亲朋好友非相关行业从业者）

图 2-10　××茶饮定点 CAPI 访问方案

3.数据统计分析与报告

任务:编码;统计分析;主要结论与发现讨论;项目研讨。

六、研究结果呈现形式

(一)品牌用户特征

表2-4　××茶饮用户特征图

	总体	A品牌		B品牌		C品牌		D品牌	
		%	指数	%	指数	%	指数	%	指数
性别									
男性	39	37	95	27	69	41	105	43	110
女性	61	63	103	73	120	59	97	57	93
年龄									
15～18岁	18	17	94	28	156	6	33	13	72
19～22岁	22	27	123	26	118	21	95	20	91
23～26岁	17	18	106	17	100	3	18	18	106
27～30岁	13	15	115	12	92	12	92	16	123
31～37岁	16	13	81	12	75	41	256	16	100
38～45岁	15	10	67	7	47	18	120	16	107
学生与否									
学生	32	34	106	46	144	21	66	27	84
非学生	68	66	97	54	79	79	116	73	107
是否有小孩									
有小孩	33	26	79	20	61	56	170	36	109
没有小孩	67	74	110	80	119	44	66	64	96
学历									
大学以下	51	49	96	49	96	41	80	52	102
大学及以上	49	50	102	51	104	59	120	47	96
家庭月收入									
RMB10 000＋	24	23	96	32	133	37	154	22	92
RMB8 000～9 999	13	12	92	20	154	19	146	13	100
RMB6 000～7 999	18	18	100	19	106	15	83	18	100
RMB4 000～5 999	19	19	100	13	68	22	116	23	121
RMB2 000～3 999	9	11	122	4	44	4	44	5	56

(二)品牌属性改进方向

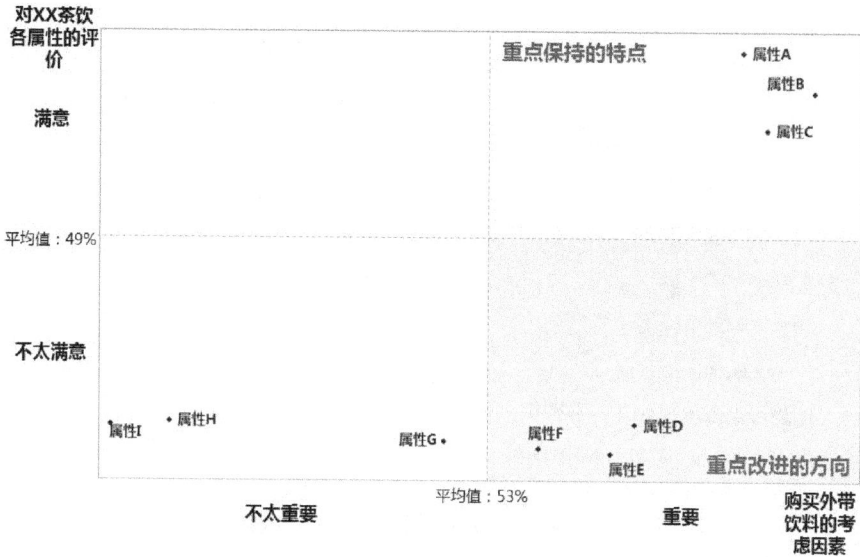

图 2-12 ××茶饮用户特征图

(三)品类机会点

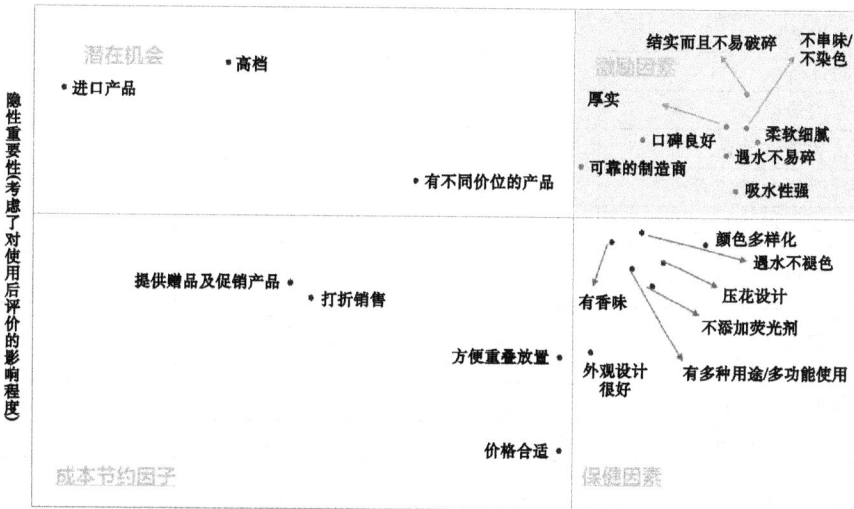

图 2-13 ××茶饮品类机会点

（四）促销方式偏好

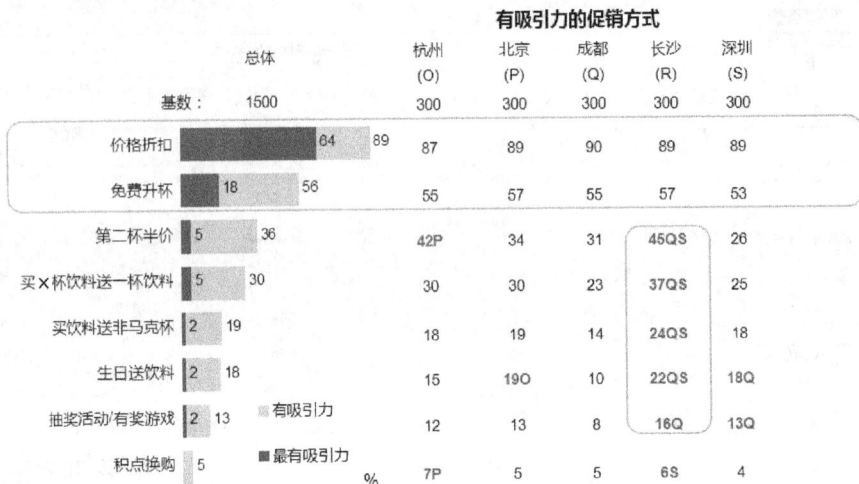

图 2-14　××茶饮消费者促销方式偏好

七、项目时间表

本次项目大约需要 12 周时间。

工作内容	时间	负责方	备注
项目确认	X（日）	客户	
合同准备	$X+1$	客户、大正	
双方沟通会议	$X+2$	客户、大正	
被访者条件确认	$X+3$	客户、大正	
预约座谈会被访者	$X+4 \sim X+18$	大正	
座谈会大纲撰写及确认	$X+4 \sim X+15$	客户、大正	
座谈会执行（5 个城市）	$X+19 \sim X+30$	客户、大正	具体安排待定，每个城市逗留 2 天
座谈会笔录	$X+34$	大正	
定性结果梳理	$X+35 \sim X+42$	大正	
定量问卷撰写及确认	$X+33 \sim X+42$	客户、大正	
问卷编程及调试	$X+43 \sim X+48$	大正	
访员培训	$X+49$	大正	
定量问卷执行	$X+50 \sim X+57$	大正	
问卷数据整理、编码及分析	$X+58 \sim X+65$	大正	
最终报告提交（PPT）	$X+86$	大正	

图 2-15　××茶饮项目时间表

八、项目费用

本研究初步估计的费用是××××元,具体分项如下:

座谈会 4 组　　　　　　　　　　　　　　　　　　××××

城市定点访问(由于增加了 U&A 研究,访问长度预计在 40 分钟左右)

　　　　　　　　　　　　　　　　　　　　　　　××××

差旅费(每城市一人 5 天——培训和现场)　　　　　××××

合计　　　　　　　　　　　　　　　　　　　　　××××

注意:定点访问不包括追加样本的费用,追加样本费用视实际追加样本量另行计算。

第三章
广告调研的
组织机构

广告调研是一种有条不紊、规范化的活动，包括一系列烦琐、复杂的操作步骤，个人是难以胜任的。所以，广告调研通常是一种组织行为，必须由一定形式的组织机构来承担，这种机构一般就是市场调查公司。本章专门介绍市场调查机构。

第一节　市场调查机构的类型

市场调查机构是服务性组织。按照市场调查服务的独立性来划分，市场调查机构一般有两种类型：非独立性调查机构和独立性调查机构。

一、非独立性调查机构

非独立性调查机构一般是企业或公司所属的调查部门。在西方一些发达国家里，较大型的企业，如美国福特汽车公司（该公司的市场调查部见图 3-1）、卡夫通用食品、宝洁公司等，都有自己的市场调查部门。这一类型的市场调查机构主要是为本企业搜集商业信息，为公司的生产、经营决策提供参考资料。它们也可能组织大规模的市场调查活动，但这些调查活动通常都与本企业的生产、经营和营销决策有关。这种非独立性的机构，服务对象是所属企业或公司。目前我国许多大中型的公司企业也设有市场调查部，如上海家化、上海日用化工二厂等。

非独立性调查机构的职能有限，它们很少直接从事第一手资料的调查研究。其主要职责是搜集第二手商业情报资料，与专业化的调查公司联络，建议企业进行适当的市场调研。当企业需要进行第一手资料的调查时，他们要为企业选择合适的专业化调查公司，同时参与、监督、审查接受委托的市场调查公司的工作。

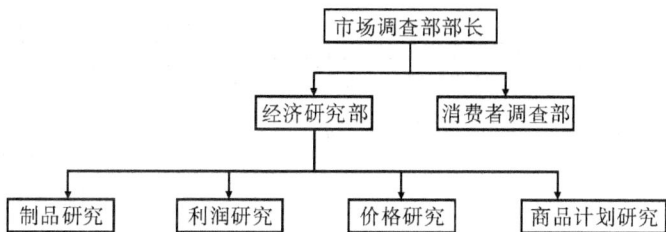

图 3-1　美国福特汽车公司市场调查部

二、独立的调查机构

独立的市场调查机构区别于非独立的调查机构的主要特点是：它不为所属企业本身服务，而是为企业以外的公司企业服务。这类机构按其结构特点、服务性质又可以进一步分为三种类型。

（一）专业化市场调查公司

专业化市场调查公司是指专门从事市场调查咨询工作，为顾客提供资讯服务的公司。其职责是接受顾客的委托，执行从调查策划、调查实施直至报告制作等一系列市场调查任务，或搜集、整理各种资料、信息，为客户提供长期的资讯服务。

在调查业发达的国家，专业化的公司还可以进一步分为下列五种类型：

（1）顾客或广告调研公司（custom or ad hoc research firms）。如 Market Facts，Data development 或 MARC 等公司。他们为个别客户的特殊问题制订市场研究计划。它们提供的调查服务包括设计调查、分析结果、向客户提供建议等，他们也可能向辛迪加公司购买资料。当企业有新产品、新服务、包装、广告概念、新价格策略、产品改造或其他相关的市场问题时，它们可以提供服务。这类公司的规模比较小，职员少，但数量很多，一般为本地区服务。目前我国多数市场调查公司（如广州的华南市场研究有限公司、达门信息产业有限公司，上海的海信市场研究公司、大正市场调查公司，北京的华通现代市场信息咨询有限公司、零点调查公司等）均属于这种类型。

（2）辛迪加服务公司（syndicated service firms）。如 A. C. Nielsen、Arbitron、Information Resources Incorporated。他们收集一般的资料（如媒体受众研究资料和零售资料），但不专门为某个客户服务，任何人都可以购买他们的资料。与顾客或广告调研公司相反，这类公司数量少但规模大，主要提供受众的媒介资料和产品流通资料。如美国的 D&B Marketing Information Service、Information Resources等知名公司、台湾的润利艾克曼国际事业有限公司（如图 3-2）、大陆

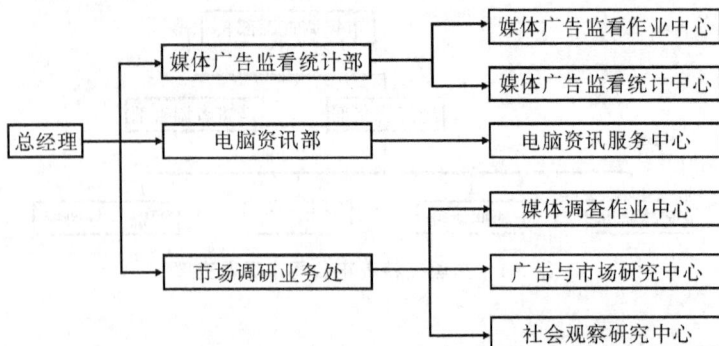

图 3-2　台湾润利事业有限公司

央视调查咨询中心(如图 3-3)下属的央视-索福瑞媒介研究都属于辛迪加服务公司。

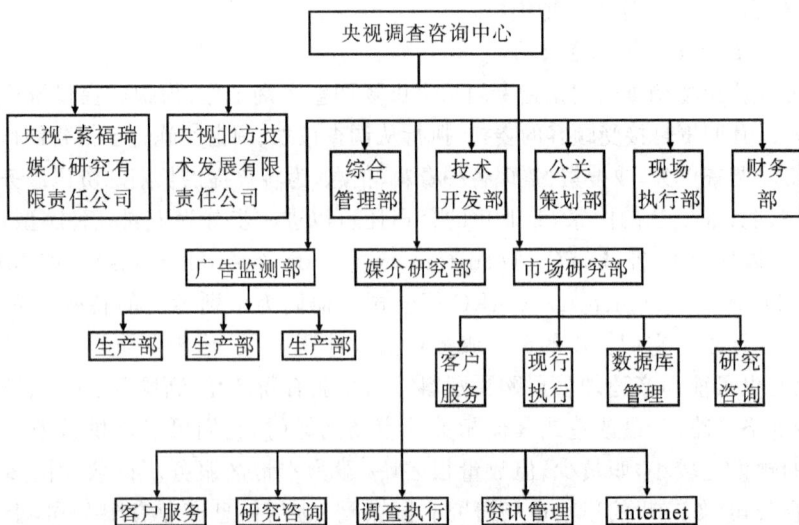

图 3-3　央视调查咨询中心

（3）现场服务公司(field service firms)。这类公司实际上就是调查实施的执行机构。当其他公司需要搜集第一手资料时,他们可以提供服务。国内上海、北京、广州之外其他地区的多数市场调查公司都是这类公司。

（4）专门服务公司(specialized service firms)。如数据加工公司(完成问卷的编辑、编码、计算机录入和统计分析)、调查抽样公司(收集大量的家庭和商业机构的抽样框资料,可以随时提供抽样服务)、二手资料公司(通过计算机网络提供诸如美国各地区的人口普查资料等资料服务）、统计分析公司（提供各种统计分析技术服务）。

(5)咨询公司(consulting firms)。这类公司一般由资深的专家、学者和有丰富实践经验的人员组成，为企业和单位进行诊断，充当顾问。这类公司在委托方进行咨询时，也要进行市场调查，对企业的咨询目标进行可行性分析。当然，它们也可接受企业或单位的委托，代理或参与调查设计和具体调查工作。

(二)广告公司所属的市场调查部

科学化的广告活动策划都是在市场调查的基础上进行的，所以在广告公司内部设立市场调查部门就成为顺理成章的事情。国外的一些大型广告公司如汤普森公司(J.Walter Thompson)、扬罗必凯公司(Young and Rubicam)等都设有市场调查部。由于广告公司的主要任务是经营广告业务，市场调查部门只是一个辅助性的部门，所以这些市场调查部门人员的配备、技术条件都无法与专业性的调查公司相媲美。这类调查机构与专业化的市场研究机构的职能也不同。

在我国，由于市场调查业的发展相对落后于广告业，所以早期的广告公司的市场调查部会直接接受客户委托，执行市场调查策划、实施等全过程的工作。20世纪90年代以后，专业化市场调查公司不断增多，广告公司市场调查部的职能发生了转变。目前它们的职能，首先是为广告公司本身的客户负责，接受客户市场调查的委托，这些市场调查业务多数与广告活动有关；其次是为客户选择合适的专业化市场调查公司，并将调查业务委托出去，或者直接向专业化的市场调查公司购买资料；再次是参与、监控所委托的专业化市场调查公司的业务运作；最后是从事二手资料的搜集和整理分析工作，为公司其他部门服务。

隶属于广告公司的市场调查机构的规模一般比专业化的调查机构小，结构也比较简单(如图3-4所示)。

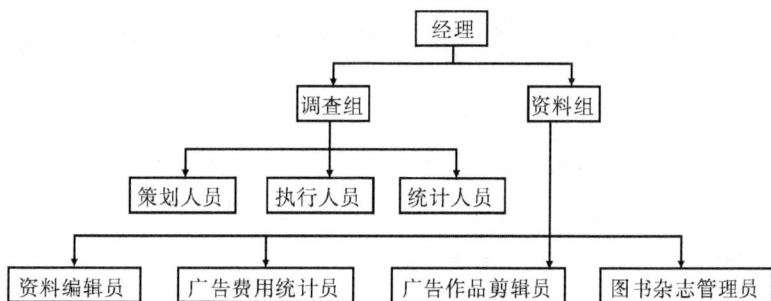

图 3-4　广告公司所属市场调研部结构

（三）政府的统计机构/大学和研究机关的调查机构

政府的统计机构和新闻单位、大学和研究机关的调查机构也是独立调查机构，它们除为政府决策部门提供资料（包括市场资料）外，也向企业或投资者提供有偿的市场调查或咨询服务。

（1）政府的统计机构。政府统计机构包括国家、省、市级的统计、审计、工商行政管理、经济贸易（商务）委员会所设立或从属的调查部门。它们在获取资料和信息方面有着其他任何市场调查机构所不具备的优势，收集和提供的数据材料具有权威性。其主要任务是根据国家经济形势的发展变化和制定相应政策的需求进行政治、经济、文化等方面的调查。

我国国家统计局、各级主管部门和地方统计机构负责管理和公布统一的市场调查资料，便于企业了解市场环境变化及发展，指导企业微观经营活动。如统计部门建立了城市社会经济调查队、农村社会经济调查队、企业调查队和人口调查队等，商业部设有商情信息中心，民政部也有社会调查中心，国家、省、市经贸委设有信息研究中心等。同样，西方国家政府也对收集经贸信息在组织上和经费上都给予大力支持，如美国商务部每5年或每10年定期组织对商业、制造业、农业、入门、住房等进行普查。

（2）大学和研究机关的调查机构。在高等院校、经济研究单位里，也有设立市场调查研究机构的，它们运用科研人员的力量，有针对性地进行专题调查和预测。厦门大学新闻传播学院的品牌与广告研究所历年来承接了多项省内专题调查，中国人民大学、复旦大学、上海财经大学等大学也均设有市场研究机构。国外如美国哈佛大学市场科学研究所，从事研究有关计量和预测方法的改进以及公共政策对市场销售的影响等；密执安大学调查中心则集中研究消费者对购买耐用品的态度和意见，向外界提供每年度变化情况的研究资料。

第二节　专业化市场调查机构的职能部门

随着市场调查业的不断发展成熟，专业化的市场调查机构越来越成为第一手资料的主要提供者。不管是政府机构还是商业性组织，对专业化市场调查公司提供的数据资料的依赖性越来越强。

专业化的市场调查公司，由于服务性质、范围不同，各部门的构成以及名称也不一样。但是作为一个专业化的市场调查公司，一般来说，都要具备以下几个职能部门：

（1）总经理室：通常有总经理一人，副总经理一人或一人以上，总经理助理或秘书一人。负责整个公司的协调、运作和管理。

（2）客户服务部：业务人员或项目经理若干人。负责与客户的联系联络，推广、销售公司的产品。

（3）研究部门：负责市场调查的技术问题和业务的开发，制作研究模型，制订市场调查的计划，同时负责撰写后期的研究调查报告并对客户提出咨询意见。

（4）执行部门：主要包括调查部和统计部。调查部主要负责执行市场调查的资料采集工作。该部门通常包括执行主任一人、督导员若干人、专职访员若干人和许多兼职的访员。统计部主要负责数据资料的统计处理工作。

（5）支持部门：主要有财务部、行政部、人力资源部、后勤部等。分别负责公司的财务计划和各种财务管理；行政事务；人力资源规划、人员招聘与配置、培训开发与实施、绩效考核与实施、薪酬福利、员工关系管理、职业生涯管理和人事管理等相关后勤事宜。较大的市场调查公司还有专门的法务部（例如上海 AC 尼尔森），主要负责审查或起草合同，参与公司规章制度制定，参与公司相关决策讨论，代表公司参加诉讼，处理公司一些内部争议等。

⑥资料室：负责各种一般性的商业资料的搜集、分类、整理和归档，以便查寻。

第三节　市场调查人员的构成及其职责

不同的市场调查机构，其组织机构的形式结构不同，职位的称呼也五花八门，但其人员的构成大同小异，不外乎都要包括以下人员：

（1）管理人员：他们的职位是公司的经理、副经理或各部门的经理（或总监）。他们的职责是组织、控制整个调查运作，协调下属各部门之间的关系；制定公司的管理规则、人员的职责。管理人员应该熟悉市场调查业务运作的各个方面，有从事市场调查、社会调查或民意调查的经验。此外还要具有较强的组织管理能力。

（2）研究人员：包括高级研究人员和一般的研究人员。高级研究人员的职位通常是项目经理、客户经理或研究总监。研究人员的职责是拟订调查方案、数据处理计划、抽样设计、问卷设计、数据分析以及撰写调查报告，此外还负责向客户汇报调查结果、提供咨询服务。他们通常是经济学、市场学、社会学、心理学、数理统计学、管理科学等领域训练有素的专家、学者或博学之士。

（3）督导：顾名思义，督导就是监督指导。督导是访员的管理者，负责访员的招聘、访员的培训以及对访员的工作进行指导、监督和检查。

(4)访员或调查员：访员通常包括专职访员和兼职访员。访员的工作就是采集资料,对指定的受调查者进行调查访问以获取原始数据资料。专职的访员是指公司聘用的全日制工作人员,他们的职责除了进行调查访问之外,还要协助督导员培训新招聘的访员,执行一般访员难以胜任的调查访问,复访或回访被抽到的受调查者。兼职访员是公司临时聘用的访员,他们在公司需要实施调查时执行调查访问。目前国内的兼职访员大多数是在校大学生,也有居委会工作人员。招聘大学生做兼职访员比较方便,其素质较高,容易培训,但是不便于管理,而且访问的质量深受大学生责任心的影响。一个调查公司一般招聘一两个专职的访员即可,但兼职访员则要几十个,甚至几百个,因为兼职访员不稳定。

(5)数据处理人员：主要包括数据录入员、制表专家和程序员等。主要职责是对搜集到的问卷资料进行编码,将数据资料输入电脑,方便研究人员统计分析处理。此外他们通常也要负责一般资料性文件的电脑编辑、打印工作。数据处理人员应该比较熟悉各种计算机软件的使用,键盘操作速度比较快。一个调查公司通常需要一个以上的数据处理人员。

思考题：

1.市场调查机构有哪些类型？它们在职能上有什么异同点？

2.市场调查机构一般包括哪些人员？他们的职能分别是什么？

3.专业化市场调查机构一般包括哪些职能部门？

附录一

已获涉外调查许可证机构

北矿力澜科技咨询(北京)有限公司	北京永思管理咨询有限公司
北京中联智睿国际市场调查有限公司	北京点线面市场调查有限公司
北京围银国际投资咨询有限公司	北京世纪凯拓国际投资咨询有限公司
北京泛略思晟咨询有限公司	北京思维力咨询有限公司
北京天润泽信息咨询有限责任公司	中商智汇(北京)咨询有限公司
北京中智博咨询有限公司	北京国研东方文化传播有限公司
北京商霖弘达市场调查有限公司	北京慧辰资道资讯股份有限公司
北京华灵四方信息技术有限公司	北京卓思天成国际市场研究咨询有限公司
中企和谐(北京)企业管理中心	中质评协评测科学院(北京)有限公司
北京瑞富银市场咨询有限公司	沈阳恒略市场信息咨询有限公司

上海景怡市场研究有限公司　　　　　北京博万管理咨询有限公司

北京基信永和市场调查有限公司　　　北京赛惟咨询有限公司

北京质协用户评价中心　　　　　　　北京博亚和讯农牧技术有限公司

北京市产品评价中心　　　　　　　　赛迪顾问股份有限公司

北京致联必达信息咨询有限公司　　　北京宇博智业投资咨询有限公司

北京天正创智信息技术有限公司　　　大德上智咨询（北京）有限公司

中国社会科学院社会学研究所　　　　北京汉鼎盛世咨询服务有限公司

北京中安振远安全技术服务有限公司　北京益普索市场咨询有限公司

中企评协信用评级中心（北京）有限公司　中国化工信息中心

北京中博经济信息发展中心　　　　　北京博纳支点企业顾问有限公司

北京华扬博闻文化传播有限责任公司　北京友信联合管理咨询有限公司

北京艾力森中研咨询有限公司　　　　北京中明悦星信息技术有限公司

瑞隆智远（北京）咨询有限公司　　　北京华夏经纬市场调查有限公司

博睿盛伦国际咨询（北京）有限公司　江西天地市场调查研究有限公司

北京中宣文化研究院　　　　　　　　南昌优兰德市场研究咨询有限公司

中企品研市场咨询（北京）有限公司　上海观澜文化传播有限公司

艾恩睿信息咨询（北京）有限公司　　杭州联科美讯生物医药技术有限公司

麦可思咨询（北京）有限公司　　　　青岛格兰德信用管理咨询有限公司

北京布雷恩科技有限公司　　　　　　温州中睿市场调查研究有限公司

中擎数据科技研究院（北京）有限公司　重庆华博传媒有限公司

北京麦威信息咨询有限公司　　　　　成都神鸟数据咨询有限公司

叶思（北京）国际咨询有限公司　　　重庆立信市场研究有限公司

北京勺海市场调查有限责任公司　　　上海丰凡市场调查有限公司

北京明智格雅市场咨询有限公司　　　上海图洛市场咨询有限公司

北京律通教育学研究院　　　　　　　上海禾讯商务咨询有限公司

标点信用管理中心有限公司　　　　　灏图企业管理咨询（上海）有限公司

北京宇博智业市场咨询有限公司　　　上海安客捷投资咨询有限公司

国广市场调查（北京）有限公司　　　上海上咨市场咨询有限公司

北京中经城市发展研究中心　　　　　上海亚派市场调查有限公司

中标兴质科技（北京）有限公司　　　上海市质协用户评价中心

中国社会科学院社会发展战略研究院　上海群思商务咨询有限公司

北京企业评价协会　　　　　　　　　上海翔格商务咨询有限公司

武汉斯锐第三方市场研究咨询有限公司　上海汇诚企业信用征信有限公司

北京丰凯兴信息咨询有限责任公司　　英德知联恒市场咨询（上海）有限公司

北京上一国际商务有限公司　　　　　江苏中融外包服务有限公司

北京慧思国际投资咨询有限责任公司　安徽高瞻企业管理有限公司

北京华经纵横咨询有限公司　　　　　杭州上略经济信息咨询有限公司

大连汇通融鑫信用管理咨询有限公司　　东莞市好易快企业顾问有限公司

青岛瑞格市场信息咨询有限公司　　　　盖洛普咨询有限公司

宁夏艾依斯数据统计调研有限公司　　　深圳市万人市场调查股份有限公司

上海九州市场咨询有限公司　　　　　　广州广研博峰市场调研有限公司

深圳中商智业投资顾问有限公司　　　　广州乐纳企业管理咨询有限公司

大连汇诚征信管理顾问有限公司　　　　广州市商略信息咨询有限公司

武汉宝骐市场咨询顾问有限公司　　　　深圳市中研普华文化传播有限公司

上海浩顿英菲市场信息咨询有限公司　　深圳市毕士特企业管理顾问有限公司

深圳市维度市场研究咨询有限公司　　　深圳市森易凯企业管理顾问有限公司

天津纳孚森商务信息咨询有限公司　　　广州策点市场调研有限公司

上海意略明市场营销咨询有限公司　　　广州明镜市场研究咨询有限公司

上海涌泉企业管理咨询有限公司　　　　广州市豪森威有限公司

上海有色网信息科技股份有限公司　　　广州市准诚市场咨询有限公司

上海锐品投资管理咨询有限公司　　　　广州市共创佳景市场研究有限公司

哈尔滨点石成金商务顾问有限公司　　　广州市达闻通用市场研究有限公司

西安启典市场研究有限公司　　　　　　广州优加市场调研有限公司

陕西金科资信评估服务有限公司　　　　广州致思市场调研有限公司

成都达智咨询有限公司　　　　　　　　机械工业信息研究院

四川华恒企业信用评估有限公司　　　　临沂凌瑞信息咨询有限公司

成都市精准市场研究有限公司　　　　　郑州策问企业管理咨询有限公司

大连东方市场研究有限公司　　　　　　郑州力成美商务咨询有限公司

大连瑞思市场信息资讯有限公司　　　　河南典创市场研究有限公司

大连英极信息科技发展有限公司

附录二

中国部分调查公司名单

北京

BJ-SSCX 北京盛世诚信信息咨询有限责任公司　　北京创思勤研究咨询集团

央视-索福瑞媒介研究(CSM)媒介研究　　　　　　北京零点研究集团

北京艾迪思市场咨询有限公司　　　　　北京睿尔信息咨询有限公司

北京爱德森咨询有限公司　　　　　　　北京真睿市场调研有限公司

北京柏润嘉华咨询有限公司(CATI中心)　　比特在线

北京博睿众信信息咨询有限公司　　　　瑞索管理咨询(北京)有限公司

北京博泰万缘咨询有限公司　　　　　　赛诺市场研究公司

北京博维恩市场调查有限公司　　　　　新华信国际信息咨询(北京)有限公司

央视资讯数据采集中心 　　　　　　　　　北京卓信睿管理咨询有限责任公司

天津

天津联合威道管理咨询有限公司	天津博达为信市场调查有限公司
艾弗迪市场调查(天津)有限公司	天津超然市场调研公司
北京奥特瑞市场调查有限公司天津分公司	天津格曼市场信息咨询有限公司
北跃(天津)企业管理咨询有限公司	天津捷盟管理咨询有限公司
捷锋市场研究咨询有限公司	天津威森企业管理咨询有限公司
天津安信市场信息咨询有限公司	天津行天市场信息咨询有限公司

河北

联合威道管理咨询(河北)有限公司	石家庄深入经济信息咨询有限公司
保定联合威道管理咨询有限公司	石家庄市金诺信市场调查有限公司
保定路铭信息咨询有限公司	石家庄彤睿企业管理咨询有限公司
河北方略市场研究有限公司	石家庄新视觉信息咨询有限公司
石家庄鼎信信息资讯有限公司(河北全境执行)	石家庄益佰佳经济信息咨询有限公司
石家庄睿欧市场咨询有限公司(原石家庄金马)	致诚(保定)市场研究服务有限公司

湖南

博天研究咨询(湖南)有限公司	长沙太阳人市场咨询有限公司
长沙博锐企业营销策划有限公司	长沙协宏市场研究有限公司
长沙诺唯营销咨询有限公司	湖南朗泰企业管理咨询公司
长沙市利基营销咨询有限公司	湖南市场调研中心
长沙市圆众商务信息咨询有限公司	湖南新美德市场研究有限公司
长沙市智策营销咨询有限公司	

山西

太原联合威道企业管理咨询有限公司	山西沃森数据研究有限公司
晋中捷诚商务咨询有限责任公司	太原深蓝企业管理咨询有限公司
山西省同达信息咨询服务中心	太原宇泰人信息产业咨询有限公司

广东

Contact Wiser 深圳唯美	广州奥通市场调研有限公司
HYR 广州昊研市场调研有限公司	广州方舟市场研究咨询有限公司
HYR 深圳昊研市场调研有限公司	广州恒远市场研究咨询有限公司
MIMR 现代国际市场研究有限公司	广州晟众全粤市场调研有限公司
SMR 广州思蓝市场信息咨询有限公司	广州思尔信息研究顾问有限公司/佛山分公司
东莞市新思维市场信息咨询有限公司(原新动力)	广州思讯商务咨询有限公司
东莞市粤兴市场信息咨询有限公司	广州穗讯市场信息咨询有限公司
东莞市卓思市场信息咨询有限公司	广州正立市场调研有限公司
广东赛立信市场研究有限公司	深圳禾森商务策划有限公司
	深圳市本元信息咨询有限公司

深圳市创慧市场调研有限公司　　　　　　肇庆市端州区鼎诺咨询服务有限公司
深圳市利基好市场研究有限公司　　　　　中山鸿嘉社会经济信息咨询有限公司
深圳市迈纬信息咨询有限公司　　　　　　中山捷点市场调研有限公司
深圳市名言营销策划有限公司　　　　　　中山锐标市场调研有限公司
深圳臻励市场信息服务有限公司　　　　　珠海千目信息咨询有限公司
湛江多维市场调查有限公司

广西

广西南宁博方市场调查咨询有限公司　　　南宁市华捷信信息咨询有限责任公司
桂林开易市场研究咨询有限责任公司

海南

海口明略商务咨询有限公司　　　　　　　海南英利诚商务咨询有限公司
海口鑫启力商务信息咨询有限公司

上海

MEGI 明略市场策划咨询(上海)有限公司　　上海丰帆市场咨询有限公司
QQSurvey 中国在线调研　　　　　　　　　上海简博市场研究有限公司
RF Marketing Planning 上海荣枫营销策划　上海科联商务咨询有限公司
有限公司　　　　　　　　　　　　　　　上海尼尔森市场研究有限公司
TNS 模范环亚市场研究有限公司　　　　　上海思略商务咨询有限公司
艾速市场营销策划(上海)有限公司　　　　上海速动市场信息咨询有限公司
上海艾瑞市场咨询有限公司　　　　　　　上海为学市场研究有限公司
上海奥翌市场调查有限公司　　　　　　　上海优索企业管理咨询有限公司
上海蝉联市场研究有限公司　　　　　　　上海真睿商务信咨询有限公司
上海东雨市场信息咨询有限公司

山东

山东人和企业管理咨询有限公司　　　　　临沂鼎锋商务信息咨询有限公司
济南诚予企业管理咨询有限公司　　　　　临沂凌瑞信息咨询有限公司
济南博纳精联信息咨询有限公司　　　　　临沂天拓信息咨询有限公司
济南博远探索市场信息咨询中心　　　　　临沂誉华企业管理咨询有限公司
济南大千市场调查有限公司　　　　　　　鲁统(山东)市场调查中心
济南导航信息咨询有限公司　　　　　　　青岛白马市场顾问有限公司
济南建鑫市场调查有限公司　　　　　　　青岛瑞格市场咨询公司
济南金旗首信息咨询有限公司　　　　　　青岛未来盛世企业管理咨询有限公司
济南瑞恒市场调查有限公司　　　　　　　青岛影响力市场咨询有限公司
济南思锐信息咨询有限公司　　　　　　　潍坊市博恒市场信息调查有限公司
济南泰格信息咨询有限公司　　　　　　　烟台艾信市场营销策划有限公司
济南昕策企业管理咨询有限公司　　　　　烟台惠和市场研究有限公司
济南正兴市场信息咨询有限公司　　　　　烟台嘉瑞市场调查咨询有限公司

烟台卓尔企业管理咨询有限公司　　　　淄博汗青企业管理咨询有限公司

安徽

安徽先生信国际市场研究有限公司　　　安徽先迅市场信息咨询有限公司
安徽意赛市场信息咨询有限公司　　　　合肥辰图市场调研有限公司
安徽艾森市场信息咨询有限公司　　　　合肥前线市场调查咨询有限公司
安徽博纳时信息咨询有限公司　　　　　合肥元声市场咨询有限公司

浙江

杭州大略市场调查有限公司　　　　　　宁波博坤商务咨询有限公司
CMS杭州邦略（市场调查）有限公司　　宁波迪普企业管理咨询有限公司
格曼（杭州／宁波）商务咨询有限公司　宁波海曙福斯特市场信息咨询有限公司
杭州辰实商务咨询有限公司　　　　　　宁波恒辉市场信息咨询有限公司
杭州迪赛商务信息咨询有限公司　　　　宁波思成企业管理咨询有限公司
杭州焦众企业管理咨询有限公司　　　　台州市英拓商务管理咨询有限公司
杭州棋格市场研究有限公司　　　　　　温州市全景市场研究有限公司
杭州迅锐企业管理咨询有限公司　　　　温州信通信息咨询有限公司
杭州易安商务咨询有限公司　　　　　　温州中睿市场调查研究有限公司
嘉兴北斗市场调查有限公司　　　　　　台州贝克森企业管理咨询有限公司

福建

盖洛特市场研究有限公司　　　　　　　福州博睿营销策划服务有限公司
奥通市场调研中心　　　　　　　　　　泉州市新决策信息咨询有限公司
创世市场研究有限公司　　　　　　　　四海（福州）商务信息咨询有限公司
福建夸克市场信息研究有限公司　　　　厦门福荣湘管理咨询有限公司
福建省华通市场研究有限公司　　　　　厦门特兰德管理咨询有限公司
福建省决策资源市场研究有限公司

江苏

南京惠泽市场信息咨询有限公司　　　　南京置信市场调研有限公司
常州瑞诺信息咨询有限公司　　　　　　南京众望市场研究有限公司
南京百润企业管理咨询有限公司　　　　南京卓佳信息咨询有限公司
南京博智营销顾问有限公司　　　　　　苏州北岛市场调查有限公司
南京诚质市场研究有限责任公司　　　　泰州市普力信市场调查有限公司
南京金色秋天市场调研有限公司　　　　无锡艾科迪信息咨询有限公司
南京欧迪市场研究有限公司　　　　　　徐州市点击商务信息咨询中心
南京欧迈市场研究有限公司　　　　　　徐州新道商务信息咨询有限公司
南京拓展市场调研有限公司　　　　　　盐城力拓市场咨询有限公司

江西

江西金洋信息咨询有限公司　　　　　　江西凹凸市场研究咨询有限公司
南昌奥克市场研究咨询有限公司　　　　江西华星国际市场研究咨询有限公司

江西天一导航市场研究有限公司 南昌优兰德市场研究咨询有限公司
南昌埃尔姆市场研究有限公司

湖北
Greendata 格林数据(武汉) 武汉定向市场营销调研有限公司
REACH CONSULTING 锐信顾问 武汉东日市场咨询有限公司
华恒市场调查(宜昌、襄阳)有限责任公司 武汉先锋市场策划有限责任公司
武汉博锐营销策划有限公司 武汉新景市场信息咨询有限公司
武汉创意无限咨询有限公司 武汉元声市场咨询有限公司
武汉大视野市场研究咨询有限公司

内蒙古
包头亨信通市场咨询有限责任公司 内蒙古赤峰市顺发信息咨询服务中心(原智锐)
呼和浩特市力永汇商务咨询有限公司 内蒙古鼎信信息资讯有限公司
呼和浩特市新益前锦企业管理咨询有限公司 内蒙古信实人市场咨询有限责任公司
(原北京百年前锦企业管理咨询有限公司) 内蒙古智信博锐企业管理咨询有限公司

河南
河南典创市场研究有限公司 河南思展企业管理咨询有限公司
郑州视群市场调查有限公司 河南维思市场咨询有限公司
河南华瑞商务咨询有限公司 洛阳国轩市场分析有限公司
河南汇豪市场研究咨询有限公司 郑州恩思特企业管理咨询有限公司
河南联众求是咨询有限公司 郑州精石商务信息咨询有限公司
河南强视市场研究有限公司 郑州联发营销策划有限公司
河南尚和中知商务咨询有限公司 郑州斯瑞特企业管理咨询有限公司
河南世纪阳光市场研究有限公司 河南圆点市场咨询有限公司

新疆
新疆方舟信息咨询有限公司 新疆瑞孚森信息咨询有限责任公司
乌鲁木齐道恒蓝图信息咨询有限公司 新疆新思路市场调查有限责任公司
新疆汇智市场信息咨询有限公司

甘肃
重庆立信市场研究有限公司兰州分公司 甘肃意通市场研究有限公司
甘肃佳信市场信息调研有限公司 兰州恒创市场信息咨询有限公司
甘肃经纬市场研究有限责任公司

陕西
奥特瑞市场研究(西安)有限公司 西安启典市场研究有限公司
陕西深蓝一线市场研究公司 西安众信市场研究有限公司
西安方元市场研究有限责任公司

宁夏
重庆立信市场研究银川分公司 甘肃意通银川分公司

宁夏庄达财智管理咨询有限公司　　　　　银川金盟致信市场咨询服务有限公司

青海

重庆立信市场研究西宁分公司

重庆

重庆立信市场研究有限公司　　　　　　　重庆信之源企业管理咨询有限公司

重庆冠威企业管理咨询有限公司

四川

成都达智咨询股份有限公司　　　　　　　成都鹏丰信息咨询有限公司

成都艾和信息咨询有限公司　　　　　　　成都市君泰和市场有限公司

成都辰坚市场信息咨询有限公司　　　　　成都西部深度市场咨询有限公司

成都诚合信息咨询有限公司　　　　　　　成都泽奥市场调查有限公司

成都禾森商务信息咨询有限公司　　　　　绵阳市致远信息咨询有限公司

成都焦点市场研究有限公司　　　　　　　四川弘盛四方市场调查有限公司

成都精准信息咨询有限公司　　　　　　　四川明达市场研究有限公司

成都立信市场研究有限公司　　　　　　　四川省民之意市场调查有限公司

成都诺尔市场研究有限公司　　　　　　　宜宾市宜情市场调查有限公司

云南

昆明环赛市场研究有限公司　　　　　　　昆明希杰信息咨询有限公司

昆明春雨商务咨询有限公司　　　　　　　昆明咨创经济信息咨询有限公司

贵州

贵阳宏鼎市场调研有限公司　　　　　　　贵阳中创联合市场研究咨询有限公司

重庆立信市场研究贵州分公司　　　　　　贵州千寻市场信息咨询公司

贵阳方正市场研究咨询有限公司

吉林

吉林省信诺华鼎商务咨询有限公司　　　　长春盈佳市场调研有限公司

广深(吉林省)市场调查顾问公司　　　　　吉林盖德兰市场信息咨询有限公司

长春百思拓市场研究有限公司　　　　　　吉林省鼎易商务咨询有限公司

辽宁

大连北方现代信息咨询有限公司　　　　　沈阳恒略市场调研公司

大连汇通市场调查有限公司　　　　　　　沈阳慧鼎伟业信息咨询有限公司

大连中连经济信息咨询有限公司　　　　　沈阳启点市场调研有限责任公司

锦州通达市场调研有限公司　　　　　　　沈阳时代精英市场研究有限公司

辽宁现代市场信息咨询有限公司　　　　　沈阳市千页川市场信息咨询有限公司

沈阳艾思博市场研究有限公司　　　　　　沈阳希望市场信息咨询有限公司

沈阳百思拓市场研究有限公司　　　　　　沈阳真信市场研究有限责任公司

沈阳贝思特市场研究咨询有限公司　　　　沈阳中宇行销顾问有限公司

沈阳博思创想营销策划有限公司　　　　　世联市场研究有限公司

黑龙江

哈尔滨明悦商业信息咨询有限公司　　　　哈尔滨凯尔商业信息咨询有限公司

哈尔滨迪赛申市场研究有限公司　　　　　哈尔滨远星信息咨询有限公司

哈尔滨格曼信息咨询有限公司

香港

AC 尼尔森公司　　　　　　　　　　　　香港米奥特资料搜集中心

澳门

澳门斯玛特堡国际市场营销管理有限公司

第四章
访员的管理

在广告调研中,调查是最常用的资料采集手段。调查一般都由访员(常常也叫作调查员)来执行。访员本身的条件、素质、责任心在很大程度上决定着调查作业的质量,影响着广告调研结果的准确性和客观性。因此加强访员的组织管理是研究人员的一项重要工作。

访员的管理工作从招聘访员开始,然后是培训访员和监控访员的作业过程。

第一节　访员的基本要求

从调查实践的现实情况来看,高素质的访员完成的工作质量比较高,速度比较快;低素质的访员完成的工作质量比较低,有时甚至会损害市场调查的客观性。所以选择录用访员时应注意他们的知识、能力和技能这三方面的素质。

一、知识

访员除了必须具备一定的科学文化知识之外,还要具备一定的调查专业知识。访员不是专业的研究人员,不要求他们有高深的专业知识,但是至少要求他们清楚以下问题:

(1)调查中访的作用。访员在调查中担任什么角色,他们的工作对整个研究工作的重要性。

(2)为什么在访问中要保持中立。访员应该认识到他们的态度会影响到受调查者作答,从而影响整个调查的数据质量。

(3)调查计划的有关信息。有时受调查者会对整个调查的目的、意图感兴趣,或者想了解调查结果的用处。因此访员对于调查目的等情况要心中有数,以便回答受调查者的问题,保证访问顺利进行。

(4)保密原则。访员要明白保密的重要性,既不能泄露受调查者有关情况,也不能泄露调查研究的整体资料搜集计划。

(5)接触受调查者和介绍调查的程序。即了解、熟悉如何与受调查者接触、交谈。

(6)询问的正确程序。了解访问过程中问题询问的基本程序及要求。

(7)记录答案的方法。即清楚调查公司对答案记录的要求。

二、能力

根据访员的工作性质,访员应该具备以下基本能力:

(1)表达能力。主要是口头表达能力,要求访员清楚表达要询问的问题。

(2)阅读能力。能够理解书面指导语、问卷问题,不中断地传达书面陈述和问题。

(3)书写能力。能够准确、快速地记录下受调查者的答案。

(4)记忆能力。能够记住受调查者的回答直至准确地记录下来,避免因遗忘而重复询问。

(5)注意力分配能力。能同时做几件事:读问题、听回答、做记录、观察受调查者的表情等。

(6)独立外出能力。根据提供的有关信息,独自一人到达指定的地点,寻找指定的受调查者,进行访问。

(7)非言语能力。能够根据受调查者的非言语线索,判断受调查者的回答是被迫的还是主动的,是真实的还是不真实的。

(8)自我约束能力。能够规范或改变自己的言语和非言语行为,以免影响受调查者作答。

三、技能

在实际访问中,访员还要具有一定的技能,这些技能主要包括:

(1)人际交往技能。即如何开始并保持与陌生人的对话,包括:在与陌生人开始交往时如何让他人愉快地接受访问;如何激发勉强的受调查者接受访问;如何正确地对待受调查者的反应,如受调查者在长时间的调查中表示不耐烦时,应如何使他们继续接受访问;对不期望的问题和情境做出专业的反应。

(2)减小拒绝比率的技能。调查研究中受调查者拒绝接受访问是常见的事,一个优秀的访员应该熟悉那些减少被拒绝的办法或手段。

(3)深度挖掘信息的技能。即如何进一步挖掘探测受调查者的意见、看法的技能。受调查者在回答问题时,有时会意犹未尽或欲言又止,此时访员若要了解受调查者未表达出来的意见和内心深处的一些动机,就要运用自己的探测技能。

第二节　访员的招聘

广告调研要客观、科学,要求访员具有较高的素质和丰富的访问经验。

访员的数量和质量是显示一个市场调研公司实力的重要指标,但由于各方面条件的限制,许多研究机构没有专职访员,而兼职访员的队伍又不太稳定。因此,调研公司常常要进行招聘访员的工作。在选择访员时考虑到调查的性质、收集数据的具体方法,应该尽量选择能与受访者相匹配的访员。尽管具体要求会随不同调查项目的不同而有所变化,但是对访员的一般要求基本相同,通常这些访员要符合下列条件:

(1)责任感。一个人能否把事情做好,最关键的是责任感。缺乏责任感的人,即使工作能力很强,也很难把事情做好。现在国内的许多市场调查公司都招聘大学生担任访员,从个人条件来说,大学生具备的能力、知识都不错。但是有个别大学生缺乏责任感,这是研究机构特别是专业调查公司聘请大学生当访员时应该注意的。

(2)高中以上学历,学历愈高愈好。无论如何,学历的高低是衡量一个人素质的重要条件。素质高一点,掌握技能会快一点,应变能力也会强一些。

(3)女性,尤其是家庭妇女为佳。女性访员有三个明显的优点。第一,女性的语言表达能力相对强一些。第二,调查研究有时需要访员入户访问。女性入户,受调查者比较有安全感。从实践经验来看,女性遭拒访的概率的确比较小。第三,女性(特别是家庭妇女)相对比较有耐心,而这恰恰是访问成功的一个重要条件。当然在条件允许的情况下,最好是男女搭配,这样既能增加访问的成功率,同时也能保证女性访员的安全,因为有些访问是在夜间或受调查者家中进行的。在发达国家,经常采用的访员是35~54岁的已婚妇女,要求具有中等以上的文化水平和中等以上的家庭收入。在实地的问卷调查中,如果访员与调查对象的共同特征越多,访问的成功率也就越高。国内由于生活方式的差异和调查业本身的不成熟,专职访员还不多,目前聘用大学生作为兼职访员的情况比较常见。

(4)普通话流利,能使用本地方言。普通话是我国的通用语言,普通话流利在交流上有许多便利。尽管普通话是全国性的语言,但仍有相当一部分人只会使用方言而无法用普通话进行交流,这些人有可能成为受调查者,因此要求访员也必须懂得使用本地方言。另外由于我国方言很多,许多地方平常习惯使用方言。如果访员能够使用方言与受调查者交谈,容易得到受调查者的认同,降低受调查者的心理防御,提高访问的成功率。经历过市场调查实践的人不难体会使用方言带来的便利。当然本地方言不一定用于正式访问过程中,可在访问开始前使用。

(5)五官端正。访员不一定要长得很标致,但是五官必须端正。跟陌生人初次交往时,外观形象无疑是很重要的,有时甚至直接决定对方交谈的意愿。

(6)交际能力。访问工作总要跟陌生人打交道,一个人交际能力的强弱也是影响访问成功率的一个重要条件。

(7)对市场调查是否感兴趣。一个人的兴趣爱好对他所从事的工作很重要。对于感兴趣的事情,他就会想方设法将它做好,对于不感兴趣的事情常常会敷衍了事。

(8)有相关的经验。与没有经验的人相比,有访问经验的人工作比较容易上手,不需要花太多时间进行培训。

(9)工作时间灵活。访问工作需要根据受调查者的生活规律来安排访问的时间。有时可能要上午访问,有时下午访问,但更多是在傍晚进行访问,此外周末也是访问工作进行的好时机。

一个应聘者在愈多方面符合上述条件,就愈有可能成为一个合格的、优秀的访员。

第三节　访员的训练

为了提高访问工作的效率,训练访员是非常必要的,不管他们是否有访问经验。通过训练要达到以下目的:

(1)培养访员的技能;

(2)提高访问的完成率,使拒绝和访问中断的可能性减至最小;

(3)激励受调查者全身心地参与。

一、训练内容

训练访员,目的是使他们大致了解调查课题,增强他们的责任心,提高他们的访问技能和处理问题的能力。访员训练内容包括了解访员的职责、访问技巧和项目操作。前两项属于基础培训,后一项属于项目培训。举一个例子,为了保证访问质量,北京华通现代市场信息咨询有限公司要求参加访问的访员除了接受严格的项目培训之外,至少还要接受 6 小时的基础培训。

（一）访员的责任

责任的培训旨在让访员明确作为一个合格访员具有哪些责任,使他们在今后的访问实践中认真、细致、一丝不苟地完成他们应该完成的任务。

1.访员的一般责任

（1）接触受调查者。包括何时、何地、如何接触受调查者。例如在电话访问中,访员的责任是:按抽样电话号码单依次打电话,一般在周一至周五晚上饭后时间或周末进行,在晚上 9 点之前结束访问。如果占线或没人接,10～30 分钟之内再打;如果碰上留言机,留言告诉对方您在什么时候还会再打;如果出现错号,证实一下您的拨号是否正确;如果受调查者没空,预约一个时间。在实际调查中,有些访员在访问不到指定受调查者时会自作主张地访问另一个人,这是不允许的。

（2）保密。这是一个访员的职业道德。访员不得向其他人透露受调查者的情况和调查结果。例如当你在访问中了解到某家庭的收入比较高时,不得转告其他任何人。有时候,访员会觉得有些情况别人知道不知道无所谓,就把它透露出去,即使泄露出去的信息的确无关紧要也是不允许的。

（3）提问。如何对受调查者进行提问,培训时会有统一的要求,访员必须按要求提问,不得自作主张,任意发挥。

（4）记录。如实记录受调查者的回答是访员必须完成的工作。访员一定要填写清楚、整洁,以免在后期对采集到的信息进行数据编码时出差错。

（5）审查。问题提问结束之后,访员要检查问卷是否准确完成,字迹、答案是否清楚等。

（6）发送礼品、礼金。调查中经常要送给受调查者一定的礼品或礼金,作为对受调查者回答询问的酬谢。访员不得不发或少发。

（7）礼貌待人。大多数受调查者都有礼貌,有时也会碰到个别受调查者不友好、不礼貌,可能会言语过激,甚至出口伤人,此时,访员一定尽量克制,履行自己的职责。

2.访员注意事项

除了上述责任之外,在具体访问过程中还应该提醒访员注意以下问题:

（1）为了保证样本代表性,不能轻易地丢失样本,不能轻易地被拒绝。

（2）访员需注意受调查者的资格,一般一个家庭只能访问一个人,多了会产生偏差。

（3）访员尽可能单独地与受调查者接触,避免在场其他人的影响。

（4）对于问卷的措辞,访员不要自作解释,最好原样重复。

（5）访员不能给受调查者任何暗示,如"您是不是想选择第一个答案"等。

(6)访员应该熟悉问卷及各种相关调查资料。

(7)访员在离开之前应该确认所有的问题都已作答,答案也清楚易辨认。

(8)保持中立态度,对受调查者的回答不要表示惊奇、赞成或不赞成。

(二)访问技巧

访问技巧主要包括如何使受调查者接受访问而不拒绝,受调查者的答案不清楚、无关或不完整时如何获得更多的信息。

受调查者拒绝访问是调查研究中常见的事情,也是调查研究要努力解决的问题,几乎每一项调查都会碰到这种现象。拒访的比例因调查方法的不同而异,因国家或地区的不同而异。研究发现,美国人和欧洲人的拒访率比日本人低。在我国,一般来说,越是经济发达的地区,拒访的比例也越高。拒访还因人而异,一般来说,经济收入高的家庭拒访的可能性比较大,职位高的人拒访率高。

拒访一般有两种:一种是中途拒访,一种是开始时拒访。前者是访问进行到一定程度之后,受调查者拒绝访问。出现这种现象的原因有主、客观两个方面。主观的原因包括:问题不好或不便回答,如婚姻、家庭经济收入等隐私问题,意见、看法的开放性问题以及需要极力去回忆的问题等。又如问卷太长,完成问卷需要较长的时间。例如有些市场调查问卷,需要一两个小时才能结束。受调查者开始认为只要一会儿就可以结束,因而接受访问,但当访问进行一段时间之后,还有很多问题有待回答,因而产生了厌烦情绪,故而拒绝继续接受访问。客观的原因包括:有人(或电话)拜访,需要接待;突然有急事需要处理等。

开始时拒访是指在访问还没有正式开始之前就拒绝访问,这种现象也有主、客观两方面的原因。主观的原因包括:

(1)讨厌接受调查。有的受调查者曾经接受过调查或听说过调查,一定程度上了解调查,因为有不愉快的经历或怕麻烦而断然拒绝接受访问。

(2)对访员不放心,担心遭抢劫或财物被盗。这种现象特别容易发生在受调查者家中没有成年男子而访员为青年男性时。

客观的原因包括:

(1)家中有客人。访员入户时碰巧有客人拜访。

(2)有事要处理。

(3)身体不适。生病或心情不好时。

在实际调查中,拒访者拒访时通常会有各种行为反应。常见的反应有:

(1)冷漠拒绝。这种情况通常发生在受调查者知道访员的身份和意图之后,由于主观的原因,断然拒绝接受访问,连门都不让进。

(2)婉言谢绝。许多受调查者比较文明,不管是因为主观原因还是客观原因,当他决意拒绝访问时,会找出种种原因来拒绝。

(3)愤怒拒绝。有时候也会碰到个别涵养较差的受调查者,一听说访员是来调查的就出口伤人,把访员轰走。这种情况通常跟受调查者心情不好以及一些不愉快的经历有关。

在多数情况下,为了拒绝访员的访问,受调查者会找出各种各样的借口。为了减小被拒绝的可能性,访员要熟悉受调查者可能提出的拒访借口及应对策略,下面举几个例子供读者参考。

(1)太忙——完成调查只需几分钟,某某时候再来访问(打电话)可以吗?

(2)身体不舒服——对不起,打搅了,某某时候再来访问(打电话)可以吗?

(3)年龄大——我们正需要听听您的意见。

(4)不好答、不会答——问题一点不难,答案无所谓对或错,很多人都做过,而且都做得很好。

(5)不感兴趣——我们是抽样调查,每一个被抽到的人的意见都很重要,否则结果就会出偏差,请您协助一下。

(6)不便说——能理解,这也正是为什么调查都要保密的原因。我们不要求您填上姓名,调查结果也不是任何一个人的意见。

(7)我不太了解情况,访问别人更合适——没关系,您把您知道的说出来就可以了。

(8)您的问题太多了——对不起,虽然问题看起来多一点,但都很简单。

(9)不懂得填写——没关系,很简单,我给您讲一讲,您就会了。

(10)不识字,不会做——没关系,我们不要您填写,只要您回答问题就行了。

如果受调查者的答案不清楚、无关或不完整,想获得更多的信息,可以采用一些试探的方法:

(1)显示兴趣:用"哦""嗯"表示已听清楚受调查者的回答,期望他们说得更多。

(2)停顿:沉默能告诉受调查者你正在等待更多的信息。

(3)重复问题:帮助受调查者重新思考答案。

(4)重复答案:刺激受调查者说得更多或校正不准确的答案。

(5)语言要求:对不起,刚才我没听清楚,请您再说一遍好吗?

(三)项目操作

不同的调查项目,访问的方式、内容不同。即使是经验丰富的访员,在调查实施之前,对他们进行项目操作方面的指导和训练也是十分重要和必要的。

项目操作指导一般于调查实施之前进行。主要内容有:

(1)向访员解释问卷问题。一般是先让访员看一下问卷、访问的问题以及问卷须知(参见本章后面的案例),然后回答访员提出的不清楚的问题。最后是说明每一道题的调查目的,让访员判断受调查者的回答是否有针对性。

(2)统一问卷填写方法。针对问卷中各种不同类型的题目,规范作答的方式方法。

(3)分派任务。指定每个访员访问多少人、访问什么人、什么时间完成访问任务等。

(4)访问准备。告诉访员访问时所需的各种资料,如问卷、受调查者名单、电话簿、答案卡片等。

二、训练方法

对访员进行训练,一般可采用以下方法:

(1)讲解。由研究人员或访问督导讲解上述三个方面的有关内容,即采用授课的形式先从认识上加以训练。

(2)模拟训练。即设计作业情境,让访员具体操作,可以让访员之间互相进行一对一的模拟调查,纠正他们在模拟作业中存在的问题。

(3)实际操作训练。既可以让新聘访员充当有经验的访员的助手,也可以让新聘访员担当访问主角,有经验的访员在旁辅导,还可以让访员在预调查中单独访问。这样训练,目的是让访员在实践中提高技能,掌握技巧。

三、访员的训练课程

为了提高访员的训练效果,调查公司需要制定访员的训练计划,主要的训练课程包括:

(1)调查概述;

(2)调查方法介绍;

(3)访问技术及指导;

(4)访员责任;

(5)问卷题目解释;

(6)访问示范;

(7)模拟访问(角色扮演)或现场访问;

(8)访员责任和访问技术回顾。

完成这些训练课程一般需要两三天。

第四节 访员的监控

要很好地监控访员,必须了解由于访员的缘故会产生什么问题以及监控的方法。

一、由访员引起的质量问题

在实际调查过程中,由访员的责任心、访问技能技巧等因素引起的访问质量问题通常表现为以下情况:

(1)访员没有按要求采访受调查者,而是自己填写调查问卷。

(2)没有访问指定的受调查对象,而是访问非指定访问对象。

(3)访员自行修改受调查者的答案。

(4)访员没有按调查要求向受调查者提供礼品或礼金。

(5)访员向受调查者暗示答案。

(6)不是自己提问,并等受调查者回答之后再做记录,而是让受调查者自己填写。

(7)放弃有些地址不太好找的受调查对象。

(8)放弃第一次碰巧没找到的受调查对象。

(9)访问过程没有按调查要求执行,如要求三次呈现图片,实际只呈现一次;家庭中成员的抽样没有按抽样要求进行;有些问题漏答或没有记录等。

二、对访员的监控方法

对访员的监控一般是利用以下四种手段来判断访员访问的真实性,然后再根据每个访员的作业完成质量从经济上给予相应的奖励或惩罚。

(1)现场监督。在访员执行访问的过程中,派督导员进行实地监督。例如在街头拦截访问中,督导员可以在调查地点较为隐蔽的地方,观察访员是否按照抽样设计对受访者进行访问;在电话调查中,督导员可以通过专门的电话监听系统对访员进行监督。

(2)问卷审查。在问卷回收之后随机检查访员的问卷,一般来说,督导员需对每个访员交回的问卷进行随机抽取,复查的比例是样本量的 20%～30%。一旦在访员的问卷上发现问题,就加大检查量或对该访员的问卷进行全面检查。

这种方法主要是通过判断答案的可能性以及问题的前后逻辑关系、笔迹等来辨别访员是否作假。因此如果访员作假比较巧妙,问卷审查就难以发现问题,在这种情况下,可以在问卷上加上一些测谎题,根据测谎题来判断问卷的真伪。

(3)电话回访。需要特别强调的是,电话回访是监控访员最有效的一种方式。通常调查人员在问卷设计上一般都会要求受访者留下联系电话和姓名。这样督导员或专职访员可以通过问卷上受访者提供的联系方式,对回收的问卷进行电话复访。采用电话复访时应注意下列问题,以免因复访失误而打击访员的积极性:第一,受调查者提供的电话号码可能是假的,因为有些受调查者怕别人打搅,不愿提供真实的电话号码;第二,电话复访时,接电话者可能是家中的其他成员,不清楚家中是否有人接受过访问。

(4)实地复访。根据访员记录的受调查者的真实地址,由督导员或专职访员进行实地复访。这种方法比电话复访可靠,但是由于在实际的调查中样本量通常较大而且分布零散,该方法需要耗费较高的人力物力,因而较少被采用。

在电话回访和实地复访过程中,通常要根据以下几个方面来判断访员访问的真实性:第一,电话号码能否打通或地址能否找到;第二,家中是否有人接受访问;第三,调查的问题是否与该调查相吻合;第四,调查时间是否符合问卷记录;第五,受调查者所描述的访员形象是否与该访员相符;第六,访问过程是否按调查规定的程序和要求执行;第七,访问结束以后是否收到礼品。

思考题:
1.一个优秀的访员应该具备什么条件?
2.招聘访员时重点应该考察哪些方面?
3.训练访员要从哪些方面入手?采用哪些方法?
4.监控访员工作的方法有哪些?
5.访员的主要责任是什么?

案例

2012 年央视奥运广告效果 CATI 调研访员手册
(此案例由厦门大学品牌与广告研究所提供)

一、项目简介
本项目为全国大型品牌调研,对全国 20 个地区进行 CATI(计算机辅助)电话调查。

时间跨度:2012 年 4 月 6 日至 24 日,具体时间见下表。(访员可在其中标记自己的常规排班时间)

	星期一	星期二	星期三	星期四	星期五	星期六	星期日
上午 9:30—11:30						4	7
下午 15:00—17:30						5	8
晚上 19:00—21:00	1	2			3	6	9

注:表内 1~9 为常规排班时间,具体时间安排以督导通知为准。

地点:新闻传播学院院楼二楼 CATI 机房。

城市及样本配额:(注:此为样本及配额总量)

城市		18~35 岁		36~45 岁		46~55 岁		合计	
		男	女	男	女	男	女	城市	
一线城市	北京	20	20	15	15	15	15	100	400
	上海	20	20	15	15	15	15	100	
	广州	20	20	15	15	15	15	100	
	深圳	20	20	15	15	15	15	100	
二线城市	沈阳	8	8	6	6	6	6	40	400
	石家庄	8	8	6	6	6	6	40	
	济南	8	8	6	6	6	6	40	
	西安	8	8	6	6	6	6	40	
	郑州	8	8	6	6	6	6	40	
	成都	8	8	6	6	6	6	40	
	南京	8	8	6	6	6	6	40	
	武汉	8	8	6	6	6	6	40	
	杭州	8	8	6	6	6	6	40	
	厦门	8	8	6	6	6	6	40	

续表

城市		18~35 岁		36~45 岁		46~55 岁		合计	
		男	女	男	女	男	女	城市	
三线城市	江阴	8	8	6	6	6	6	40	400
	秦皇岛	8	8	6	6	6	6	40	
	龙岩	8	8	6	6	6	6	40	
	宝鸡	8	8	6	6	6	6	40	
	开封	8	8	6	6	6	6	40	
	绵阳	8	8	6	6	6	6	40	
	常州	8	8	6	6	6	6	40	
	孝感	8	8	6	6	6	6	40	
	海城	8	8	6	6	6	6	40	
	烟台	8	8	6	6	6	6	40	
总计		240	240	180	180	180	180		1 200

二、访员守则

1.本项目要求访员有吃苦耐劳的精神,无特殊不可抗拒原因不得中途退出;具有能够适应岗位环境的心理素质,善于倾听和解答问题。

2.访员应严格遵守排班时间安排,在访问开始前 15 分钟到达,不可迟到或早退。如督导无通知,访员应在自己排班时间自觉准时出席。如访员不能出席或需要调换时间,必须至少提前一天告知督导。如有事不能出席,可以请假或调班,但不可请非项目成员替班。

3.本项目每周有 9 个时间段排班,访员每周排班不可少于 4~5 个时间段。

4.自觉爱护 CATI 机房内设备,保持环境卫生,不将零食饮料带入内。

5.访员需牢记自己的 CATI 工号,此为考核访员工作量发放劳务的唯一依据。

6.在样本配额无法满足的情况下,访员应积极提供适合的被访者联系方式。

三、劳务发放制度

本项目按劳分配,多劳多得。劳务报酬按有效样本计算。每个访员需至少完成 30 个样本才可领取劳务报酬。优秀访员将获得额外奖励金额。

注:有效样本包括三个条件:(1)无拒访,不论是立即拒访或中途拒访;(2)完成 100％问卷;(3)样本最终成功上传至服务器并归属于有效配额内。

本项目所有劳务以访员所使用的 CATI 唯一工号为准,在项目整体结束后统一发放。

四、电话调查使用说明

1.登录系统。打开浏览器,输入 http://59.77.39.10/cati3/后进入登录界面。输入访员的工号(请牢记属于自己的工号),选择项目"奥运会品牌前测",点击"登录"。

2.电话调查操作。访员在登录系统后,可在界面中看到被分配的样本(点击"刷新"即可获得最新样本),选中样本后,点击"拨出",即可开始访问。访员可根据得到的答案情况,用鼠标选择相应答案。

3.结束访问。在访问完成,访员说完结束语后,访员应点击"完成",否则问卷无法保存。

五、问卷与说明

本项目电话调查使用问卷如下:

央视奥运赞助品牌—电话调查问卷

卷首语:您好! 这里是厦门大学,我们正在进行一项关于品牌的研究,占用您几分钟时间,可以开始吗?

S1 被访者性别(请访员直接判断):男/女

S2 请问您属于以下哪个年龄段?

1.18～35 岁	2.36～45 岁	3.46～55 岁	4.以上均不符合(结束,表示感谢接听)

X1.您是否在媒体机构、广告公司或调研机构工作? 是(结束,表示感谢接听)/否

	A.行业 A:品牌 A	B.行业 B:品牌 B	C.行业 C:品牌 C	D.行业 D:品牌 D
W1.请说出您所知道 X 类的品牌有哪些? (1)第一;(2)第二;(3)第三;(4)第四;(5)知道;(6)不知道	1～6	1～6	1～6	1～6
W2.请您为这些品牌知名度打分 "5"代表知名度很高,"1"代表知名度很低	1～5	1～5	1～5	1～5
W3.请您为这些品牌的喜爱程度打分 "5"代表很喜欢,"1"代表很不喜欢	1～5	1～5	1～5	1～5

续表

	A.行业 A：品牌 A	B.行业 B：品牌 B	C.行业 C：品牌 C	D.行业 D：品牌 D
W4.您认为这些品牌分别属于何种档次？"5"代表高档，"1"代表低档。	1～5	1～5	1～5	1～5
W5.请您为这些品牌产品质量打分"5"表示质量很好，"1"表示质量很差	1～5	1～5	1～5	1～5
W6.您认为这些品牌在各自领域的竞争力如何？"5"代表很强，"1"代表很弱	1～5	1～5	1～5	1～5
W7.您认为这些品牌的主要消费者属于哪个年龄段？(1)10多岁；(2)20多岁；(3)30多岁；(4)40多岁；(5)50多岁；	1～5	1～5	1～5	1～5
W8.最后几问，您亲自购买过这些品牌吗？(1)是；(2)否	1～2	1～2	1～2	1～2
W9.您本人使用过这些品牌吗？(1)是；(2)否	1～2	1～2	1～2	1～2
W10.您将来会购买这些品牌吗？(1)肯定会；(2)不确定；(3)肯定不会	1～3	1～3	1～3	1～3
W11.您了解这些品牌主要通过什么媒体？(1)杂志；(2)电视；(3)报纸；(4)网络；(5)其他	1～5	1～5	1～5	1～5
W12.您主要通过哪类电视关注到这些品牌？(1)CCTV；(2)省级卫视；(3)省级地面频道；(4)市级台；(5)其他	1～5	1～5	1～5	1～5

S3.您自己认为您个人收入属于：

1.高收入	2.中高收入	3.中等收入	4.中低收入	5.低收入

访问到此结束！谢谢！

问卷说明：

1.当被访者不符合甄别问题条件时,访员在系统中如实记录答案,系统自动跳到致歉结束语,访员以此中断并结束访问。

2.W1 中,访员需要提问"请您说说 X 行业内您知道的品牌",同时记录具体品牌的提及位置。当目标品牌提及位置在前四位时,记录具体位置。当品牌提及位置在第五位以后或未提及时,访员需要询问"您知道××品牌吗",再如实记录情况[选择(5)"知道"或(6)"不知道"]。

3.如果在 W1 中,被访者表示不知道目标品牌时,系统会自动隐藏后面关于该品牌的题目。

六、电话调查技巧及应对措施

访员访问要求:(1)保持中立立场,不能提供暗示,不能提出引导性问题;(2)使用明确的语言;(3)语速控制在 $120\sim140$ 字/分钟;(4)抑扬顿挫,不能太平板,快乐,有自信,把微笑放在你的声音里。

访员禁止事项:与被访者争执;不要改变问卷上提问的词和句子(若被访者始终不能理解,应小心寻找替换词语,不能改变原意);不要提供额外信息,不要推测受访者的答案。

第一部分:降低拒访率

本项目问卷欢迎语为"您好！这里是厦门大学,我们正在进行一项关于品牌的研究,占用您几分钟时间"(访员可在此基础上进行适当的口语化),在欢迎语阶段或访问中,被访者可能出现以下情况:

(1)立刻拒绝:不要马上放弃,强调只要耽误几分钟就可以了,所调查的内容是为了学术研究。

(2)怀疑访员身份:强调自己是厦门大学的学生,所进行的是学术研究。

(3)怀疑项目的真实性:强调项目来自厦门大学(如被追问得很厉害,可说"厦门大学新闻传播学院""广告系"),本项目是一项全国性学术调研。

(4)质疑研究目的:解释研究目的是中国居民对一些品牌的看法,为一项重大课题服务。

(5)害怕泄露隐私:强调被访者的电话是电脑系统随机抽中的,访问中不会涉及任何具体的个人资料,所得资料全部保密。

(6)认为耽误时间:强调问题都很简单,不需思考太久,大部分题目是打分题,几分钟可以答完。

(7)表示没有时间:如果被访者允许回访,访员需记录下对方号码和姓氏,在约定时间段内进行回访。

(8)中途拒访:在访问途中,被访者可能中途拒访。访员需进行随机应变的劝导,如"只差几道题了""后面的题很快"等。

(9)受访者心不在焉/敷衍了事:先进行沟通,强调调查需要严谨,请求耽误几分钟认真作答,如果不行的话就放弃该样本(因为这种受访者中途拒访率很高)。

第二部分:提高访问效率

在顺利情况下,访员可10分钟完成一个访问。访问时间过长会导致被访者耐心下降,造成中途拒访,也给访员增加额外的负担。

(1)访员应当在表述问题时清晰、简洁、直接,争取一次性让被访者明白其意图。

(2)当被访者对问题答案思索过久时,访员应强调"只需要您的第一反应,不需要思考太久"等。

(3)当被访者对是否回答表示有疑虑时,访员应强调"答案没有对错之分,只要您的真实想法即可"等。

(4)被访者有时过于热情,对某一问题谈论过多,访员可善意地提醒对方,如后面还有很多问题,只需要被访者打分等。

(5)访员如果能熟记问卷里的所有问题,即可顺着被访者的回答继续往下问,不一定根据问题顺序,但仍可根据被访者提供的线索确定问题的答案。这是电话访问中的最佳情况。

在任何实证研究中,研究者都要获取研究变量的有关数据,这就需要测量变量,测量是广告调研的重要环节。

第一节　测量的概念

所谓测量(measurement),就是依据一定的法则使用量具对事物的特征进行定量描述。从操作的角度来说,测量就是研究者根据一定的法则将数字或符号分派给事物、人、状态、事件等研究对象,以描绘其特征的过程。可以说,测量是一种通过分派数字来反映事件、人物、物体拥有的属性的数量的方法。

测量有以下几个特点:

(1)测量是有对象的,而且测量的对象是事物的特征,而不是事物本身,因为事物本身是不可测的。所谓"事物的特征",是指所要测量的事物的属性,如物体的大小、声音的高低、液体的浓度、身体的高矮、人格的倾向、态度的好坏程度等。譬如,我们不能说测量"人",但可以说测量人的"能力""意见""态度"等。

(2)测量要依据一定的法则。所谓"依据一定的法则"是指任何测量都要建立在科学规则和科学原理的基础上,通过科学的方法和程序完成测量过程。例如用温度计测量温度,依据的是物理学的热胀冷缩原理;用尺子量长方形的面积,依据的是数学上的长方形面积计算公式。测量依据的法则科学完善,测量的结果就准确可靠。在具体的测量中,有些法则简单、明确,容易建立,因此测量起来很简单,测量结果准确,没有疑义。例如性别测量,标准简单又具体;给男性分派"1",给女性分派"2"。但是有许多特征模糊不清,难以测量(例如消费者的品牌忠诚)。

(3)测量要使用特定的量具。例如,测量体重的磅秤、测量视力的视力表、心理学中测量智商的各种智力量表。借助于特定的量具,测量才会准确。例如,通过目测也能对长度做出一定程度的判断,但远不如采用尺子准确、可靠。由于法则不同,建立起来的量具的复杂程度以及测量者使用量具的难度也不同。例如用尺子测量物体的长度,一般人不需要经过专业训练就可以掌握,而用韦氏儿童智力量表测量儿童的智商则需要经过专门训练。

(4)测量是对物体属性的定量描述,是指任何测量的结果总是对事物特征的量的确定。对事物的描述有两种,一种是定性描述,另一种是定量描述。测量属于是后一种。例如在调查研究中,问卷设计者可能将受调查者对某一广告的评价分成五个等级,用数字"5"表示"很好",用"1"表示"很差",其间各种不同程度分别用"4""3""2"表示。受调查者对该问题进行回答或选择,他们对广告的评价就用数量的形式确定下来。

测量或数量化方法虽然能获得更客观、更精确的资料,但是这种手段使用不当会导致研究失败。特别是研究消费者的心理或态度时,如果片面强调以数量区分特征的差异,常常会导致错误的结论。

第二节 测量的过程

测量包括以下六个步骤(参见图 5-1)。

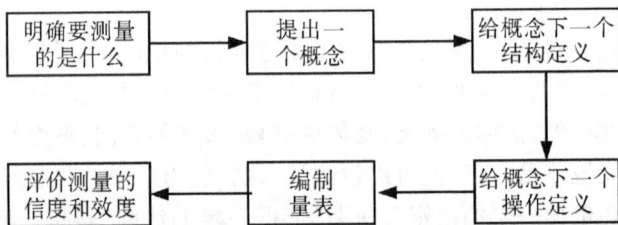

图 5-1 测量的步骤

一、明确要测量的对象

测量,首先要明确研究要测量的对象——是消费者对广告的看法、评价,还是消费者对广告的兴趣程度;是消费者对品牌的评价,还是品牌留在消费者记忆中的印象的深刻程度。总之,要大致描绘出测量的对象。

二、提出一个概念

明确了测量的对象后要提出一个概念，用它来代表测量的对象。例如，对于消费者对品牌的看法、评价等，可以用概念"品牌态度"来表示。在广告学中，此类的概念很多，如品牌意识、品牌忠诚、广告效果、高卷入、社会阶层、广告态度。概念是抽象的，是构造理论的必要元素。概念一般不能直接观察，但可以通过某些间接的方法来推断。

三、给概念下一个结构定义

所谓结构定义，也即理论定义或基本定义，是指用其他概念来定义一个概念，以确定该概念的范畴。科学理论的构想采用结构定义，所有具有科学价值的概念都必须有基本定义。也就是说，它们必须能够被用在理论中。一个结构定义，很可能就是词典中的定义。一个具有结构定义的概念，应该可以与研究中的其他概念相互区别。因此研究中的概念应该很容易与其相似的概念相区别。例如对"品牌忠诚"，有人就将它定义为"在某个产品或服务类别中，自始至终偏爱或购买某个品牌"。又比如黄合水 2002 年在关于品牌资产的研究中也给"品牌资产"下了一个结构定义——品牌资产就是消费者关于品牌的知识。

四、给概念下一个操作定义

操作定义，是指把一个较抽象的概念具体化，使之可以直观地把握和测量。操作定义是架接理论概念和真实世界事件或因素的桥梁，它界定了测量的是哪个可观察的特征，同时也界定了分派数字的规则。例如"卷入"是一个抽象的观念，可以将它定义为：对某一客体的关注程度，对客体高度关注的为高卷入，对客体不予关注的为低卷入。根据这一定义，实验中可以通过指导语引导被试关注某一客体来控制他们的卷入程度。

给观念下操作定义时要注意，任何简单的概念都有许多不同的操作定义。研究者必须选择最适合研究目的的操作定义。另外，有些概念（如"态度"）很抽象，要通过操作定义来直接测量比较困难。对于这样的概念，可以在结构定义的基础上，通过间接的方法来测量。

五、编制量表

　　量表是一个具有单位和参照点的连续体,将被测量的事物置于该连续体的适当位置,计算它离参照点有多少个单位,以便得到一个观测值,这种连续体就称为量表。在调研中,量表其实就是通过一套事先拟定的用语、记号和数目,来测定人们心理活动的度量工具。量表因是否存在参照点和单位是否等距,分为以下四种水平:命名、次序、等距和比率。这四种水平的量表将会在下一节中专门介绍。

　　编制测量量表,有时候很简单,有时候很复杂。编制直接测量的量表比较简单,编制间接测量的量表比较复杂。简单的量表通常用一个题目来测量客体的某个特征,例如测量人的年龄,可以直接问"您的年龄多大",然后让受调查者自己回答,也可以提供几个答案让他们选择。复杂的量表一般要通过许多题目的组合来反映客体的某个特征或某种构想,例如了解人对事物的态度,就需要很多题目(参见本章最后一节)。

六、评价量表的信度和效度

　　量表编制完毕还要检验量表的信度和效度。如何评价量表的信度和效度,我们在本章第四节中专门探讨。

第三节　量　表

　　前面讲过,量表有四种水平,因而有四种量表:命名量表(nominal scale)、次序量表(ordered scale)、等距量表(numerical scale)和比率量表(ratio scale)。

一、命名量表

　　命名量表又叫定类量表(categorical scale),是最低水平的量表,是广告研究、营销研究中最常见的量表。它用数字来代表事物或把事物归类。这里的数字没有数量化的关系。如"1"代表"男","2"代表"女",或用"$1,2,3,\cdots,n$"分别代表同类产品的各种竞争品牌。下面是命名量表的两个例子。

例1.请问您家里有没有数码相机？

　1——有　　　　　　　　　　2——没有

例2.您家里的彩电是什么品牌？

　1——长虹　　　　　　　　　2——海尔

　3——康佳　　　　　　　　　4——海信

　5——TCL　　　　　　　　　6——其他

编制命名量表时，一定要注意类别详尽无遗并且互相排斥，也就是说，要保证每一种资料只能被分配到一个类别中，而所有资料都能分配到量表的各个类别中。命名量表不能按数字大小排顺序，不能进行加减乘除运算。命名量表的统计量是每个类别中物体的数量和百分比。例如男性 50 人，占 48.5％，女性 53 人，占 51.5％。对于命名量表，统计平均数是没有意义的，但可以求众数。

二、次序量表

次序量表，又叫定序量表。它比命名量表的水平高，不仅指明类别，同时还指明不同类别的大小或含有某种属性的多少，如销售量的名次、质量的级别、对各品牌的喜欢程度等。次序量表要求测量的对象具有传递性，所谓传递性，可以用如下逻辑推论来说明：如果 a 大于 b，b 大于 c，那么 a 大于 c。以下是次序量表的一个例子。

请你用"1～5"给下列五个航空公司列顺序，"1"表示最喜欢，"5"表示最不喜欢。

　厦门航空公司　　（　　　）

　东方航空公司　　（　　　）

　南方航空公司　　（　　　）

　春秋航空公司　　（　　　）

　山东航空公司　　（　　　）

在次序量表中，次序的数码只表示等级顺序，不代表绝对量，数码之间的距离也不一定相等。例如，有人可能将最喜欢的厦门航空公司排在第一位，将略微差一点的东方航空公司排在第二位，而将已经不太喜欢的南方航空公司排在第三位。在"1""2""3"三个位置中，第一位和第二位的差距比较小，而第二位和第三位之间的差距比较大。

由于次序量表的目的是评价等级，因此任何规定一系列数字的规则只要能保证顺序关系都可以。用 100 分等级来评价上述五家航空公司也可以。

次序量表虽然有大小之别,但它跟命名量表一样。不能用加减乘除进行运算。测量集中趋势可以采用众数和中数,测量离散程度则用百分位数或四分位数。

次序量表如何统计,迄今仍然还存在争议。严格地说,次序量表是不等距的,不能进行参数检验,但是在实际运用中,人们常常将它看作等距量表,采用各种参数检验的方法加以统计。

次序量表一般是关于看法或态度的问题,等级通常是:

(1)非常同意/同意/中立/不同意/非常不同意

(2)很好/好/一般/不好/很不好

(3)经常/有时/几乎从不

(4)很重要/重要/有点重要/不重要/不知道

在编制次序量表时,通常可以采用三种不同形式中的一种,这三种形式分别是:

(1)列出各等级答案。例如:

这是一条很有人情味的广告:

        a——赞成   b——稍赞成   c——中立

        d——比较反对   e——反对

这种形式的次序量表会给予每一等级一个概念,便于受调查者选择。但是如果等级增多,就很难列出相应的概念。即使列出了,受调查者也很难区分。所以一般情况下等级数目不超过7。

(2)将答案列成一个连续体,仅在两端有标志,例如:

就刚才所看的广告,对它是否适合儿童观众,请您给一个总评价(请在数轴分值上打一个圈,满分为10分)。

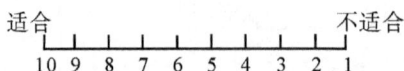

适合   不适合

10 9 8 7 6 5 4 3 2 1

这种形式可以避免列出等级概念的麻烦。

(3)列出一些答案项目,让受调查者对这些答案进行排序。例如:

当您选择电冰箱时,请将下列性能或条件按重要性顺序填上"1~6"。

  _____经久耐用   _____无噪声   _____省电

  _____价格便宜   _____容量大   _____名牌

这种形式存在一个问题:答案的顺序会影响回答者的排列次序。所以在编制这一形式的次序量表时,要注意控制这种顺序效应,注意使各个答案排列在各个顺序位置上的机会均等。

三、等距量表

等距量表包含次序量表的所有特征,比次序量表更进一步,它不仅指明了大小,而且还有相等单位,但没有绝对零点。例如温度,有大小,但没有绝对零点。摄氏温度为零度时,华氏温度为 32 度。由于没有绝对零点,因此等距量表只能进行加减运算,不能进行乘除运算。

营销研究者喜欢使用等距量表,因为他们能够测量消费者在某一特性上比另一个人多多少。等距量表使得研究者能够讨论两个物体之间的差异。

在广告和市场研究中,真正的等距量表几乎没有,但是一些表示程度不同的次序量表常常被处理成等距量表。等距量表适用的统计方法有平均数、标准差、皮尔逊(Pearson)相关、t 检验和 F 检验等。

四、比率量表

比率量表,也称等比量表,它包含有等距量表的所有属性,又有绝对零点。由于绝对零点的位置无可争议,因此比率量表中数值的比较是可以接受的。比率量表反映了一个变量的实际数量。一个人的物理特征如年龄、身高、体重都是比率量表变量,物体之间的距离、反馈比率、人口数量、流失的时间等都是比率量表。

由于某些物体没有被测量的特征,因此起点为零的比率量表绝对是有意义的,例如一项投资可能没有回报。还有,绝对零点意味着所有的数学运算都适用,包括等距量表不能进行的乘除运算。在比率量表中,所有的数据都是被测量属性的真实数量。也就是说,一个月收入 8 000 元的人,是另一个月收入 2 000 元的 4 倍。

分析统计比率量表资料也可使用所有描述统计方法和高级统计方法。

在调查中使用何种测量等级,首先取决于被测对象自身的特性,其次是测量的目的和研究的要求。例如,性别、民族、宗教信仰等只能按性质分类的指标,就必须也用定类测量。又如,利润这类的数量指标,如果仅要求将企业分为有无利润两类的话,就可以使用定类量表;如果要求将盈利企业分为 10 万元以下、10万～100 万元、100 万元以上等几个等级,则应进行定序测量;如果要求计算出各类企业的利润具体差距或其比例关系,则应进行等距测量或定等比测量。一般来说,调查的精度要求越高,就应采用数量化程度较高的测量层次,对调查的精确度要求不高或不可能获得精确的数据,就应采用数量化程度较低的测量层次。

第四节　测量的信度和效度

一、测量误差的来源

一项理想的广告研究应该提供真实、精确、有时效的、易懂的信息。精确的数据意味着精确的测量，或者说：$M=A$，其中 M 是测量值，A 是真值。在广告营销研究中，$M=A$ 这种理想的状况是极其罕见的。常见的情形是：

$$M=A+E（其中 E 是误差）$$

误差可能是随机误差，也可能是系统误差。系统误差是由于测量中固定的偏差引起的，这种偏差可能是由测量仪器或测量过程造成的，例如，我们用一把不准确的尺子(1 厘米等于实际上的 1.5 厘米)来量人的身高，那么，所有被测量的身高都比其实际的身高矮。随机误差也会影响测量的结果。随机误差是一种暂时现象，它不会按相同的方式产生。一个人的回答不真实，可能是由于当时的心情不好引起的。

测量值和真值之间产生差异，有许多原因。只有第一个原因不包含误差。剩下的七个因素要么是系统误差，要么是随机误差。

(1)在该特征上确实测出真实差异。一个完美的测量差异应该是真实差异的反映。例如张三认为麦当劳的服务很好(1 分)，而李四认为麦当劳的服务一般(3 分)，那么，这种差异就是两个人的真实的态度差异。

(2)差异是由于研究对象的稳定特征引起的，稳定特征如人格、价值取向、智力水平等。例如李四是攻击性人格，爱挑剔，尽管他满意麦当劳的服务，可他还是只给了一个平均分；王五性格比较宽容，尽管他对麦当劳某服务员的服务不太满意，他也给了平均分。

(3)差异是由于暂时的个人因素造成的。暂时性因素如人的心境、健康问题、时间限制、疲劳等。例如张三在调查中对麦当劳的服务评价高，可能是因为受调查那天购买福利彩票中了奖。

(4)差异是由情景因素造成的。如在接受调查访问时分心或其他人在场。例如李小姐接受访问时正看着她的外甥，她的外甥正在麦当劳的地板上瞎闹；张小姐在接受访问时，正好和她的男朋友在一起。如果这两个人在没有亲人或其他人在场时接受访问，他们对麦当劳服务的评价可能不一样，而由于她们都是在心不在焉的情景下接受调查,所以结果变成一样的了。

(5)差异来自调查管理中的变量。由于个人的因素,访员会对不同的受调查者采用不同的语调。受调查者的不同反应也可能是由于亲善程度、着装、性别、种族或其他因素造成的。访员的偏差可能是很微妙的,有时候访员无意识地点点头都会影响受调查者,使得受调查者认为访员认可他们的答案,而实际上访员只是要表达:"很好,我在记录你所说的,你接着往下说。"

(6)差异是由于问卷中的问题造成的。例如对于服务质量,不同研究者有不同的理解,他们设计的问题必然反映他们对服务质量的理解或解释,利用他们设计的问卷分别进行研究的结果也必然不一样。

(7)差异由于测量工具不清楚造成的。如题目复杂、模糊不清、有不同的解释。例如,"你家离麦当劳多远?"答案包括:(a)不到 5 分钟的行程;(b)5~10 分钟的行程等。这种答案没有指明时间标准是步行、骑自行车、坐公交车还是开小汽车,不同的人理解不一样,调查的结果自然就会出问题。

(8)差异是机器、仪器或工具因素造成的。污损的问卷、答案空间太小、问卷漏页等。

二、信度

(一)什么是信度

不同时间测量结果一致的测量量表就是可信的。如果一把尺子多次测量一个人的身高都是 1.75 米,那么这把尺子就是可信的。运用可信的测量量表、器械时,人们有理由相信暂时的、情景性因素不会干扰测量过程。可信的工具可以在不同的时间、不同的情景提供稳定的测量。关于信度的一个关键问题是:"如果我们用同一种工具一遍又一遍测量同样的现象,我们会得到相同或高度相似的结果吗?"如果答案是肯定的,那么这种测量工具就是可信的。

可见,信度是指测量免受随机误差影响提供一致资料的程度。误差越小,观察结果越可信。所以说,一项没有误差的测量就是正确的测量。当被测量的概念真值保持恒定,测量的结果也没有变化时,这种测量就是可信的。当然,如果被测量概念的真值变化,可信的测量结果也应该反映出这种变化。一种测量工具如何才是不可信的呢? 如果你的体重一直保持在 70 千克,而你家的秤多次测量结果存在起伏变化,那么你家的秤就是缺乏信度的,其原因可能是弹簧老化。

(二)信度的测量

由于测量方法不同,信度可分为:再测信度、复本信度和分半信度。

(1)再测信度。再测信度是利用同样的工具在尽可能相同的条件下重复测量得到的,两次测量结果的相关系数为再测信度系数。再测信度的理论依据是:如果随机变量存在,那么他们将被两次测量之间分数的变化反映出来。例如,使用一个30个项目的百货公司形象量表在不同的时间对同一群购买者进行测量,如果发现两次测量的相关性是高的,那么该量表的信度就是高的。

再测信度存在几个问题:第一,获得再测信度很困难,因为不容易对被测量对象进行第二次测量;第二,第一次测量会影响第二次测量;第三,环境或个人因素的变化可能导致第二次测量的变化。

(2)复本信度。再测信度存在的问题可以通过设计相同形式的测量工具来解决。例如,假设研究者对确定内向和外向生活风格感兴趣,那么就应该设计两份包括测量内向行为和外向行为的问卷,而且每份问卷中的重点应该一样。这样,尽管每份问卷中用以测量生活风格的问题不同,但数量应该大致相同。复本信度就是利用两种相同形式的测量工具测量得到的,两种工具测量出来的成绩的相关系数,即复本信度系数。

复本信度的理论依据与再测信度是一样的。两种信度测量方法的主要差别在于测量工具本身。再测信度的工具是相同的,而复本信度的工具是不同的,但高度相似。

进行复本测量,可以在第一次测量之后立即进行,也可以与第一次测量同时进行,一般在两周之后比较合适。

复本信度存在两个问题:第一,设计两种总体上相当的复本工具相当困难,甚至是不可能的;第二,即使可以设计两种复本,但是从时间、费用来考虑,也不一定值得。

(3)分半信度。分半信度是将测量项目随机分成两半之后获得的,两部分项目总分之间的相关系数为分半信度系数。

分半信度的问题是信度系数取决于如何分半,不同的分半会得到不同的相关系数,所以分半信度测量要求分半应该是随机的。

为了克服分半问题,许多研究者利用克郎巴 α(Cronbach Alpha)技术。这种技术可以计算所有各种可能分半的平均信度系数。如果一个项目与量表中的其他项目不相关,那么该项目就该剔除。克郎巴 α 技术的局限在于量表项目的测量值必须等距,否则不能采用该技术。

三、效度的测量

(一)什么是效度

测量的效度指的是测量工具和方法不受系统误差和随机误差影响的程度。

1982年,可口可乐公司为了夺回百事可乐不断抢走的市场份额,发起了秘密行动——"堪萨斯工程"。在这次市场调查中,可口可乐公司出动了2 000名调查员,在10个主要城市调查消费者是否愿意接受一种全新口味的可口可乐。之后,为了万无一失,可口可乐公司又倾资400万美元进行了一次规模更大的口味测试,13个大城市的19.1万名美国人参加了这次测试。调研结果显示,消费者认为新可口可乐比老可口可乐更受欢迎。遗憾的是,由于测量工具的无效,测量结果导致空前的营销灾难。如果分数上的差异反映的是我们所要测量的真实差异,不是系统或随机误差,那么测量的工具就是有效的。效度的必要前提条件是:测量是可信的。一种工具如果不可信,那么在不同时间测量同样的对象将得到不同的结果。

如果一个量表或其他测量工具没有效度,那么它基本上是没有价值的。因为它不能测量人们想测量的东西。假设教师进行一项关于市场调查课程的考试,测验严格要求将许多公式运用于简单的实际问题,一个学生在测验上得低分,但他是真正懂得市场调查的同学。在这种情况下,这种考试就是无效的。因为测验针对的是学生对公式的记忆和利用简单数学解决问题的能力,而不是市场调查的知识。现代高等教育的考试制度也存在严重的效度问题,特别是在人文社会科学中,在学校考出好成绩的学生,往往不是毕业后工作能力强、业绩比较突出的。

(二)效度的测量

效度可以从不同的角度来测量,包括表面效度、内容效度、效标效度和结构效度等。

(1)表面效度。表面效度帮助判断测量工具是否测量到测量对象的程度。表面效度是各种效度中最弱的一种,其关心的是测量工具所测量的看起来像不像所要测量的东西。这是问卷设计时研究者的判断,随着每个问题被详细审查,研究者对问卷的表面效度就有一个含蓄的评价。通过不断修改问卷,可以增加问卷的表面效度,直至通过研究者的主观评价。表面效度测量的另一种方法是,问题得到研究者、专家以及对产品、市场、广告、行业熟悉的人士赞同。

表面效度要求在一个量表逻辑上准确反映它的测量对象。但是在调查中,大多数试图测量态度和行为意图的问题,如"你喜欢哪一种品牌",表面效度虽高,但无法测量出消费者的真实态度和意图,受调查者的态度和意图往往难以捉摸。

(2)内容效度。内容效度是指测量工具的内容涵盖测量对象的程度,即测量工具的代表性或全面性。量表涵盖了研究的主题了吗?假设麦当劳请你调查该公司的形象,调查对象是18~30岁每月至少吃一次汉堡的人。你可能设计出如下让消费者评价的量表:

现代建筑物　　1　2　3　4　5　　老式建筑物
漂亮的景观　　1　2　3　4　5　　景观很差
干净的停车场　1　2　3　4　5　　肮脏的停车场
有吸引力的标志　1　2　3　4　5　　没有吸引力的标志

对于这样一个量表，麦当劳的经理可能会采用，也可能不接受。采用的原因是即使没有吃过麦当劳的人也能够在该量表上评价麦当劳。不接受的原因是，该量表没有内容效度，许多重要的形象内容都遗漏了，这些内容包括食品的质量、吃饭区域和休息区域的卫生、服务的快捷和礼貌等。

确定内容效度有一定的难度，例如，要确定麦当劳形象的所有方面是非常困难的，甚至是不可能的，因此，内容效度实际上是一种判断。

为了提高量表的内容效度，研究者可以采取以下措施：第一，详细地定义测量对象；第二，尽可能进行文献研究和专家座谈会，以确定所有可能纳入量表的项目；第三，就每个项目是否纳入量表询问专家的意见；第四，对量表进行前测并通过开放题来确定其他项目是否应该纳入量表。例如在完成一个麦当劳形象量表后紧跟着问一个问题："关于麦当劳，你还有其他的想法吗？"此类前测问题的答案会提供线索。

（3）效标效度。效标效度是指测量量表能够预测被指定为标准的变量的程度。举个例子来说，假设我们希望设计一个量表来判断谁是座谈会的优秀主持人。我们提供一些主持人的名单，让一些公正的研究者判断谁最善于主持座谈会，然后我们创建 300 个项目，要求这些主持人判断对错，项目如"我相信，迫使不善言谈的与会者将话说出来是很重要的"和"我喜欢与座谈会成员互动"，然后我们检查主持人的答案，选择优秀座谈会主持人做出相同回答的项目。假设这个过程产生 84 个项目，将它们放在一起就构成"有效座谈会主持人量表"，这个量表能够确定优秀主持人。这里效标就是"顺利进行座谈会"。为了进一步检验"有效座谈会主持人量表"的效标效度，研究者可以事先将新的主持人分为两组，如优秀主持人和差的主持人，用"有效主持人量表"对每个人进行测试。然后比较测验结果与事先的分组的一致性程度。

效标效度可分为预测效度和即时效度。预测效度衡量量表的测量结果能在多大程度上预测标准变量将来的情况。例如，购买欲量表是预测消费者将来购买某品牌的可能性的量表，这种量表的效度就是效标效度。即时效度衡量量表的测量结果能在一定程度上预测标准变量现在的情况。它关心的是测量结果与标准变量测量结果的相关性。

（4）结构效度。结构效度是指测量证实由理论形成的假设的程度，其中理论基于所研究的概念构成。对营销者来说，结构效度极其重要，许多营销学者常常在无意识情况下涉及它。结构效度包括对测量结果的理论基础的理解。如果测量是在理论的基础上进行的,那么它就有结构效度。与营销管理者感兴趣的问题(如量表能否适当地预测消费者试用新品牌的程度)不同,结构效度关心的是预测背后的理论。购买行为是我们能够直接观测到的东西,某人要么购买产品,要么不买。但是科学家已经建立了关于生活风格、卷入、态度和人格的结构以帮助人们理解某些人购买或不购买的原因,这些结构多数是不可观察的。我们能够观察到与结构有关的行为,即买某一种产品,我们不能直接观察结构本身,如态度。结构帮助科学家传播和建立解释现象的理论。

评估结构效度的两种指标是聚合效度和判别效度。聚合效度是指声称测量同一概念的不同测量结果的相关程度,判别效度是指不同结构之间不相关或低相关。假设我们开发一个多项目的量表,旨在测量消费者在折扣店购物的倾向。我们的理论认为这种倾向是由四个人格变量引起的:高水平的自我信任、低的地位寻求、低的特殊性(独特性)需求、高水平的适应性。我们的理论进一步认为,在折扣店购物的倾向与品牌忠诚或高水平的攻击性无关。

如果我们的量表满足下面条件,结构效度的证据就存在:

①我们的量表与其他折扣店购买倾向测量高相关(聚焦效度)。

②我们的量表与其他无关的结构包括品牌忠诚和高水平的攻击性低相关(判别效度)。

(三)各种效度的关系

上述讨论的各种效度的运用是相互联系的,它们从不同的角度来检验量表的有效性。以"折扣店惠顾量表"为例,研究者首先要弄清楚如何预测折扣店惠顾行为,提出相关的惠顾理论模型,然后依据该理论模型设计量表。研究者提出的这个理论模型是否真正揭示折扣店惠顾的基本规律,这就构成量表的结构效度。一个量表通常包含许多项目,研究者在确定量表依据的理论模型之后,下一步关心的是量表的内容效度:哪一个项目可以纳入"折扣店惠顾量表"中,这些项目是否与整个理论模型有关。在编制量表的过程中,研究者要判断量表和量表项目能否测量到测量对象,这就关系到量表的表面效度。当量表设计完毕,测量一下折扣店惠顾量表分数与实际商店惠顾的一致性,以检验量表的有效性,这就是效标效度。

四、信度与效度的关系

图 5-2a 显示子弹打中靶的各个部位,既不打在靶心上,也不集中在某一位置。这类测量既没有信度,也没有效度。图 5-2b 显示所有子弹都打在左上角,很集中或一致,但都偏离靶心,是无效的。它说明测量有信度,但没有效度。图

5-2c 中,所有子弹都打在靶心,不仅一致,而且都很有效。这种情形是研究者努力追求的,既有信度,又有效度。

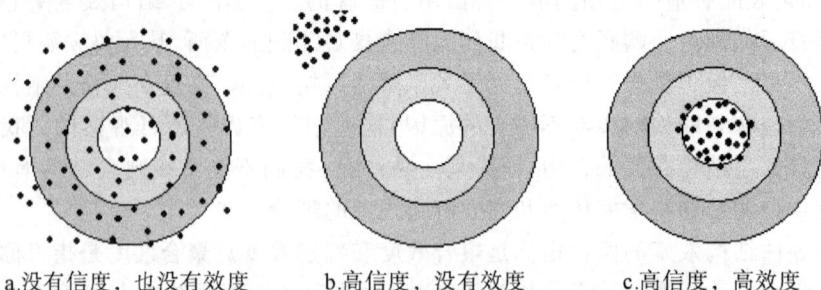

a.没有信度,也没有效度　　　b.高信度,没有效度　　　c.高信度,高效度

图 5-2　测量中信度和效度的关系

第五节　态度测量

广告研究经常涉及消费者对品牌、对广告的态度,而态度又是比较复杂、难以测量的,所以本节专门介绍。

在实际研究中,关于态度的测量主要有两种方法,一种是直接测量,另一种是间接测量。

一、直接测量

所谓直接测量是指有关态度问题由研究者主观设计,并由研究者采用各种方式直接询问,受调查者只要回答已设计好的问题即可。直接测量的方法包括类别量表法、等级排列法、配对比较法、语义区分法等。

(一)类别量表法

类别量表法是依据受调查者可能做出的回答按其性质把问题答案分成几个类别,然后由受调查者选择。其形式有三种:

第一种形式:让受调查者就某一事物、某一看法简单地表达自己的态度。

例 1:您喜欢 A 品牌的洗发水吗?

　　①喜欢　　　　　　②不喜欢　　　　　　③无所谓

例 2:这条广告很有趣,您同意吗?

①同意　　　　　　　　②不同意　　　　　　　③无所谓

　　第二种形式:让受调查者就某一事物、某一看法表达其态度倾向及强度。

　　例3:"买一送一"是一种促销手段,消费者得不到好处,您对这种看法:

　　①非常赞同　　　　　　②很赞同　　　　　　　③赞同

　　④不知道　　　　　　　⑤不赞同　　　　　　　⑥很不赞同

　　⑦非常不赞同

　　例4:您对这条电视广告的看法如何?

　　①非常好　　　　　　　②很好　　　　　　　　③好

　　④一般　　　　　　　　⑤不好

　　在上述两个例子中,例3是平衡量表,即从有利的态度到不利的态度均匀分布;例4为不平衡量表,答案偏向有利态度。采用哪一种较合适,视研究问题的答案分布情形而定。

　　第三种形式:让受调查者做简单的类别选择。

　　例5:下列几种品牌中您最喜欢哪一种?

　　①甲　　　　　　　　　②乙　　　　　　　　　③丙

　　④丁

　　例6:下列两种品牌中您喜欢哪一种?

　　①甲　　　　　　　　　②乙　　　　　　　　　③不确定

　　上述两个例子中,例5为迫选题,要求受调查者即使不能确定选哪一种也必须做出一个选择。要注意这类题目容易造成漏答。例6为非迫选题,因为它增加了一个"不确定"的答案。

　　类别量表法是一种最简单、最直接的态度测量方法,测量结果一般用各类别答案回答者的百分比来表示。

　　(二)等级排列法

　　等级排列法要求评价者对所有被评价对象按等级加以排列。

　　例7:请您根据您的喜欢程度给下列10种品牌排序。

　　A_____　　B_____　　C_____　　D_____　　E_____
　　F_____　　G_____　　H_____　　I_____　　J_____

　　等级排列法获得的资料是次序量表资料,这种资料可以转换成等距量表资料来比较各种被评价对象的顺序及差异程度。

　　例8:某啤酒生产企业想了解市场上6种竞争品牌在消费者心中的等级,随机抽取调查100名啤酒爱好者,调查结果见表5-1。

表 5-1 各品牌等级的次数分配

等级	A	B	C	D	E	F
1	10	36	18	28	8	0
2	13	30	20	30	3	4
3	18	15	25	22	12	8
4	31	13	17	10	18	11
5	14	4	12	5	37	28
6	14	2	8	5	22	49
总计	100	100	100	100	100	100

将表 5-1 的等级资料按下列公式先转换成比率资料：

$$p = \frac{\sum fR - 0.5N}{nN}$$

式中，p 表示某品牌的比率，R 表示品牌等级，f 表示对某品牌给予某一等级的评价者数目，n 表示品牌数目，N 表示评价者数目。

然后进一步通过查附表二，将比率资料转换成 Z 值。最后将最小的 Z 值定为 0，将其他品牌的 Z 值减去最小 Z 值，即得等距资料（见表 5-2）。把表 5-2 最后一行结果用图表示即得图 5-3。

表 5-2 转换后的比率资料和 Z 值

等级	A	B	C	D	E	F
1	10	36	18	28	8	0
2	26	60	40	60	6	8
3	54	45	75	66	36	24
4	124	52	68	40	72	44
5	70	20	60	25	185	140
6	84	12	48	30	132	294
$\sum fR$	368	225	309	249	439	510
$\sum fR - 0.5N$	318	175	259	199	389	460
p	0.530	0.292	0.432	0.332	0.648	0.767
Z	0.08	-0.55	-0.17	-0.430	0.38	0.73
$Z + 0.55$	0.63	0	0.38	0.12	0.93	1.28

由图 5-3 可以清楚地看出，B 品牌最受消费者喜欢，其他品牌依次是 D、C、A，而 E、F 品牌最不受欢迎。

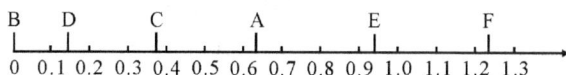

图 5-3　各品牌的 Z 值

(三)配对比较法

配对比较法的目标也是了解多种被评价对象在消费者心目中的位置。其做法是把所有要比较的几个对象分别配对,然后让受调查者从中选择出所喜欢的一个。在比较对象不多的情况下,这种方法比等级排列法更准确、可靠。但比较对象很多时,该方法则比等级排列法麻烦多了。

与等级排列法一样,配对比较法得到的初步结果也是次序量表资料,要转换成等距资料才便于比较。

例 9:某公司想知道该公司的 A 牌矿泉水和其他三种竞争品牌 B、C、D 在消费者心目中的地位。将 A 品牌与 B、C、D 分别配对,共组成 6 对。然后随机抽取 150 名矿泉水饮用者来作为调查对象。要求受调查者逐对比较,选择其中自己比较喜欢的一种。获得调查资料见表 5-3。

表 5-3　认为第一列品牌较第一行品牌为佳的人数

	A	B	C	D
A	—	72	114	96
B	78	—	93	87
C	36	52	—	64
D	54	63	86	—

将表 5-3 资料转化为比率资料得表 5-4。

表 5-4　认为第一列品牌比第一行品牌较佳的比率

	A	B	C	D
A	0.50	0.48	0.76	0.64
B	0.52	0.50	0.65	0.58
C	0.24	0.35	0.50	0.43
D	0.36	0.42	0.57	0.50
总计	1.62	1.75	2.48	2.15

由表 5-4 可以看出消费者对这四种品牌的偏好顺序为:C(2.48)、D(2.15)、B

（1.75）、A（1.62）。但根据这一数据不能对每两者之间的差距究竟有多大做出判断。因此，可先把表 5-4 中的比率转变为 Z 值（查附表二），然后求出平均 Z 值，并将最小 Z 值定为 0，其他数值相应减去最小 Z 值即可得表 5-5 结果。

表 5-5　配对比较的 Z 值

	A	B	C	D
A	0	-0.05	0.71	0.36
B	0.05	0	0.39	0.20
C	-0.71	-0.39	0	-0.18
D	-0.36	-0.20	0.18	0
累计值	-1.02	-0.64	1.28	0.38
平均值	-0.255	-0.16	0.32	0.095
平均值$+0.255$	0	0.095	0.575	0.35

将表 5-5 最后一行的结果用图表示，即得图 5-4。由图 5-4 可见，C 品牌最受欢迎，其次是 D，再次是 B，最不受欢迎的是 A；而且 C 明显占优势，A 和 B 则较为接近。

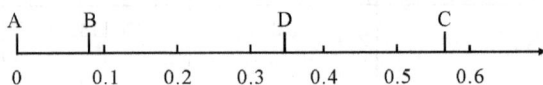

图 5-4　四种品牌的 Z 值

（四）语义区分法

上述三种方法都仅仅是对品牌做总体评价，语义区分法则把态度看成比较复杂的概念而从多个侧面来评价。

例 10：某汽车公司为了了解潜在购买者对该公司品牌（甲）与其他两种竞争品牌（乙和丙）的态度，采用语义区分法对三种品牌进行态度测量。研究者认为，购买者对汽车的态度可以从样式新旧、动力大小、机器、车身和油漆耐用程度、服务质量以及舒适程度等七个侧面来综合评价。调查 200 名购买者，得出如图 5-5 的结果。

由图 5-5 可以清楚地看出三种品牌汽车的各种特性在潜在购买者心目中的差别。除了图 5-5 所示结果外，研究者还可以求出各特性评价值的总平均值或加权平均值作为态度的总评价。假设最有利的评价为 7 分，最不利的评价为 1 分，三种品牌的平均评价值应该分别是：甲为 5.25 分，乙为 4.3 分，丙为 3.14 分。这说明，在购买者心目中，甲品牌最佳，乙品牌次之，丙品牌最差。

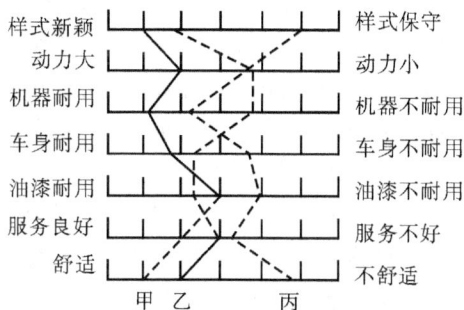

图 5-5　语义区分量表及测量结果

二、间接测量

间接测量是指有关态度的题目并非由研究者主观确定,而由部分受调查对象来筛选确定。题目一旦确定就编制成问卷形式,由受调查者作答。间接测量包括塞斯顿(Thurstone)量表、李克特量表等方法。这里我们仅介绍广告调研中常用的李克特量表。

李克特量表法是 R.A.李克特于 1932 年提出来的,它使用一个编制好的量表来测量人们对广告、产品等对象的态度。

李克特量表的编制过程也可分为以下四个步骤:

第一步:拟定 50～100 条关于态度对象的语句。其所表达态度的倾向有积极的和消极的两个方面,每一语句的答案相同,均为 5 个(或 7 个)等级,如:

①十分同意　②同意　③未定　④不同意　⑤十分不同意

第二步:把所有语句分为两类——积极态度的语句和消极态度的语句。前者如"这条广告很合我的口味",后者如"这条广告冷冰冰的"。对于两类语句的答案所给的分数不同,积极态度的给分办法是:

"十分同意"5 分;"同意"4 分;"未定"3 分;"不同意"2 分;"十分不同意"1 分。

消极态度的给分办法恰好相反:

"十分同意"1 分;"同意"2 分;"未定"3 分;"不同意"4 分;"十分不同意"5 分。

第三步:选定若干受调查者,要求他们针对态度对象,依据自己的看法,就所列出的每一语句一一评分。这样就可以获得制定量表的数据资料。

第四步:语句的选择决定。通常有两种方法,即平均值差数法和内在一致法。平均值差数法是先将受调查者对每一语句的答案换成分数,然后将所有受调查者按其总分大小由高到低顺序排列,截取最高分端的 25％为高分组,最低分数端的 25％为低分组。求出这两个组中每一语句的平均值,并以高低分组的平均值之差作为语句筛选的标准。差值大者说明该语句的区分能力强,则入选;差值小者,说明语句区分度差,则剔除掉。所有入选语句即可组成量表。

内在一致法是将各受调查者的总分排列成一栏,将某一语句的分数排列为另一栏。如果语句数量较多,直接求这两栏数据的等级相关,如果语句数量不多,在受调查者的总分中分别减去该语句的得分,而后求等级相关。相关系数大者表示受调查者对该语句的态度与总态度相一致,因此该语句入选。相反,如果相关系数小,说明该语句的态度与总态度缺乏一致性,则该语句剔除。依照此法,筛选每一语句,所有最后入选语句即可组成一个量表。

表 5-6 是 Donthu 等(1993)研究中采用测量消费者对广告态度的李克特量表。该量表在以前的其他研究(Deshpande,Hoyer & Honthu 1986)中用过,信度系数为 0.88。

表 5-6　广告态度量表

	很赞同	赞同	中立	不赞同	很不赞同
1.广告帮助我了解产品	☐	☐	☐	☐	☐
2.大多数广告是真实的	☐	☐	☐	☐	☐
3.我认为大多数广告是令人讨厌的	☐	☐	☐	☐	☐
4.我常常因为广告而试用新产品	☐	☐	☐	☐	☐
5.我发现广告能娱乐人	☐	☐	☐	☐	☐
6.我几乎都是购买知名产品	☐	☐	☐	☐	☐
7.我经常因为广告转移品牌	☐	☐	☐	☐	☐
8.广告是社会的必要组成部分	☐	☐	☐	☐	☐
9.广播和电视上广告太多	☐	☐	☐	☐	☐
10.有太多的户外广告	☐	☐	☐	☐	☐

量表制成后,其使用方法是:让受调查者对每一语句做答复,然后转成为分数,并累加起来,这样就可以得到每个受调查者的态度分数。把所有应答者的得分平均起来,则可得出受调查者对该评价对象的总体态度。如果这些受调查者具有代表性,则可以推论出一般消费者的态度。

思考题:

　　1.什么是测量?测量有什么特点?

　　2.测量包括哪些过程?

3.量表有哪些类型？请比较它们之间的异同点。

4.什么叫信度？信度如何测量？

5.什么叫效度？效度如何测量？

6.信度与效度的关系如何？

7.态度的直接测量方法有哪些？

8.什么是李克特量表？

第六章
抽样设计

在广告、营销研究中,研究者通常都会从研究对象总体中抽出部分样本来研究,然后由样本研究结果来估计总体的情况。这样,研究结果是否准确、可靠就与抽取的样本是否有代表性联系起来了,就与抽样设计的科学性、合理性联系起来了。

第一节　抽样设计的基本概念

在进行抽样设计时,常常要涉及以下几个基本概念:

(一)总体(population)

总体是指研究对象的全体。假设要调查北京市有多少家庭拥有私家车,拥有私家车的家庭与没有私家车的家庭有什么区别,调查总体就是北京市的所有家庭。

(二)样本(sample)和样本量

样本由总体中抽取的部分个体构成,每一个被抽到的个体或单位就是一个样本。例如上述北京家庭私家车拥有率的调查中,被抽到的家庭就构成该项调查的样本,每一个被抽到的家庭就是一个样本。样本是总体的子集,相对较小,但精心选择的样本能够准确地反映出所抽查总体的特征。

样本中包含个体或部分的数量就是所谓的样本量。在广告调研实施时,样本量一般是事先确定好的。

(三)抽样单元(sample cell)

为了便于实现随机抽样(也称概率抽样),常常将总体划分为有限个互不重叠的部分,每个部分都叫作一个抽样单元。例如在北京市区进行随机抽样,可以把北京市区分成几个行政区(海淀、朝阳、东城、西城等),作为一级抽样单元,把行政区进一步按街道划分为二级抽样单元,二级抽样单元还可以进一步划分下去,直至分到家庭或个人。抽样时,赋予每一个抽样单元一个概率,这个概率可以是相等的,也可以不相等的。

（四）抽样框（sample frame）

抽样设计时,必须有全部抽样单元的资料,这份资料就叫作抽样框。人员名单、地图、电话簿、户口档案、企业名录等都可以作为抽样框。在抽样框中,每个抽样单元都应该有自己对应的位置或序号,这常常通过编号来实现。另外应该注意的是,在利用现有名单作为抽样框时,要先对该名单仔细核查,避免有重复、遗漏的情况发生,以提高样本框对总体的代表性。

（五）抽样误差（sample errors）和非抽样误差（non-sample errors）

样本是总体的一部分,虽然有代表性,但并不等于总体。因此从样本得到的结果来估计总体肯定会产生误差,这种由抽样引起的误差就叫作抽样误差。抽样误差越小,估计量的精度就越高。抽样误差是客观存在的,但是抽样误差的大小与抽取的样本能否代表总体有密切的关系,为了减小抽样误差,要尽可能使样本的结构与总体的结构相一致。

非抽样误差是指抽样调查中由人为因素造成的误差,这种误差是由研究者、访员和受调查者造成的。例如由于调查方法不当引起的受调查者的反应不当,访员工作不认真、不仔细所造成的记录错误,受调查者拒绝配合或不认真作答等。这类误差是无法测量的,但它可以通过加强对访员的培训、提高调查人员的素质、采用合理的资料采集方法、设计高效的问卷等手段来克服。

（六）随机性原则和效果最佳原则

任何调查活动、任何研究者在进行抽样设计时,都必须遵循两个基本原则,即随机性原则和效果最佳原则。

随机性原则是指在进行抽样时,总体中的每一个个体被抽取的可能性是相等的,而不是由研究者主观决定的。由于随机抽样使每一个个体都有同等的机会被抽取到,因而样本与总体结构相一致的可能性最大,或者说,样本最有可能表现总体的特征。

效果最佳原则指在调查经费固定的条件下,选取抽样误差最小的方案,或在要求的精度条件下,使调查费用最少。总之,效果最佳原则要求在尽量节省人力、费用的同时保证调查结果的准确性和科学性。

第二节   抽样的基本方法

以抽样的随机性来分,抽样方法可以分为随机抽样和非随机抽样两大类,每一大类又可以根据抽样的形式、特点来进一步细分,见图 6-1。

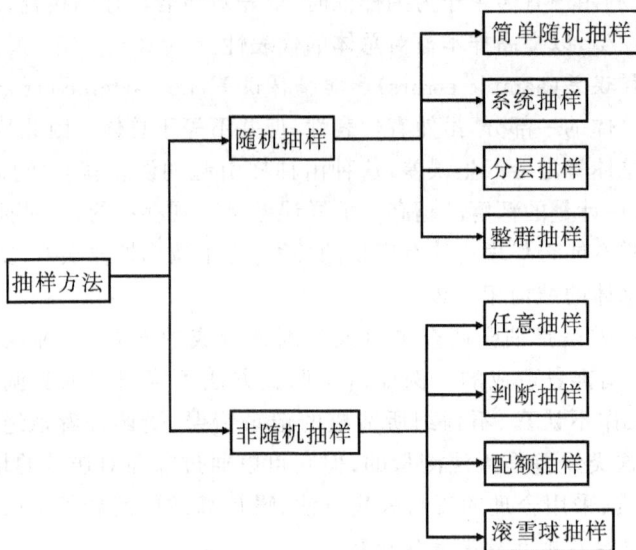

```
                                        ┌─── 简单随机抽样
                                        │
                          ┌── 随机抽样 ──┼─── 系统抽样
                          │             │
                          │             ├─── 分层抽样
                          │             │
                          │             └─── 整群抽样
              抽样方法 ────┤
                          │             ┌─── 任意抽样
                          │             │
                          └── 非随机抽样 ┼─── 判断抽样
                                        │
                                        ├─── 配额抽样
                                        │
                                        └─── 滚雪球抽样
```

图 6-1   基本抽样方法

一、随机抽样

随机抽样也叫概率抽样,其特点是总体中的每一个个体都有被抽到的可能,而且可能性相同,随机抽样的样本较为分散,实施难度大,费时,费力,但该方法可以判断误差的大小。

随机抽样方法一般包括下列四种:

(一)简单随机抽样(simple random sampling)

一般人们说的随机抽样就是简单随机抽样,它是最基本的、适用范围最广的、最能体现随机原则的方法。抽样时,总体中每个个体都应该有独立的、等概率被抽取的可能。常用的抽取方式有抽签法和随机数字表法。

（1）抽签法

抽签法给总体中的每一个单元都编上号码并做成签,充分混合后从中随机抽取一部分,这部分签所对应的单元就组成样本。

（2）随机数字表法

所谓随机数字表,是由一些任意的数字毫无规律地排列而成的数字表。本书附表一是一个由数字无规律排列组成的随机数字表。随机数字表法的使用很简单,可以从任意一个数字开始从上往下或从左至右查。例如,要从 100 个单元中抽取 20 个单元,先将 100 个单元从 1 到 100 编上号码。假设从附表一中的第 3 行与第 5 列交叉处的 19761 开始沿竖列方向往下查,并规定凡最后三位数字不大于 100 的均可纳入样本,则 48、82、61、33、44、35、41、51、69、93、91、30、63、59、9、98、5、23、2、32 这 20 个编号的单元可组成一个样本。

简单随机抽样的基本过程是:将总体中的每一个抽样单元按一定顺序排列,并给予相应的编号,然后采用抽签法或随机数字表法抽取符合样本量要求的编号,这些编号对应的单元就是被抽取出来的样本。

简单随机抽样是其他随机抽样方法的基础,从理论上说它是最符合随机原则的,而且分析抽样误差比较容易。但是这种方法在实践中的运用受到一定的限制,原因有三。其一,简单随机抽样需要给总体中每一单元编号,在总体很大的情况下这种编号相当困难。例如针对一个小城市的调查,总体通常以数十万计,要给数十万人都编号是相当困难的。其二,广告营销研究的样本量通常有好几百,即使总体的编号不成问题,用抽签法或用随机数字表法一个一个地抽取样本也费时费力。采用其他方法,如系统的抽样,则简便多了。其三,简单随机抽样忽略了总体已有的信息,降低了样本的代表性。例如,在许多调查总体中,男女的性别比例是确定的,如 1∶1。采用简单随机抽样进行抽样,虽然抽出来的男女性别比例可能与总体接近,但仍有差别。

（二）系统抽样（systematic sampling）

系统抽样,也称等距抽样或机械抽样,是从总体中等距离地抽取样本。其抽样过程如下:

第一步,给总体中每一个单元按顺序排列并编号。

第二步,计算抽样距离。抽样距离等于总体的数量除以样本的数量,即 $k = N/n$,其中 k 为抽样距离,N 为总体的数量,n 为样本量。

第三步,抽取第一个样本。根据确定的抽样距离,从第一个抽样距离单位内的单元中采用简单随机抽样方法抽取一个单元作为第一个样本。假设抽样距离为 50,则在前 50 个单元中随机抽取一个单元作为第一个样本。

第四步,抽取所有样本。确定了第一个样本之后,每隔一个抽样距离抽取一个,这样所有样本就可一一抽取出来。

下面举一个例子来说明。假设某一产品的口味测试需要从调查总体的90人中抽取9人进行测试。根据总体数量和样本量求出抽样距离:$k=90/9=10$。假设从1~10中随机抽出6为第一个样本,那么所抽取的样本则包括6、16、26、36、46、56、66、76、86和96,如图6-2。

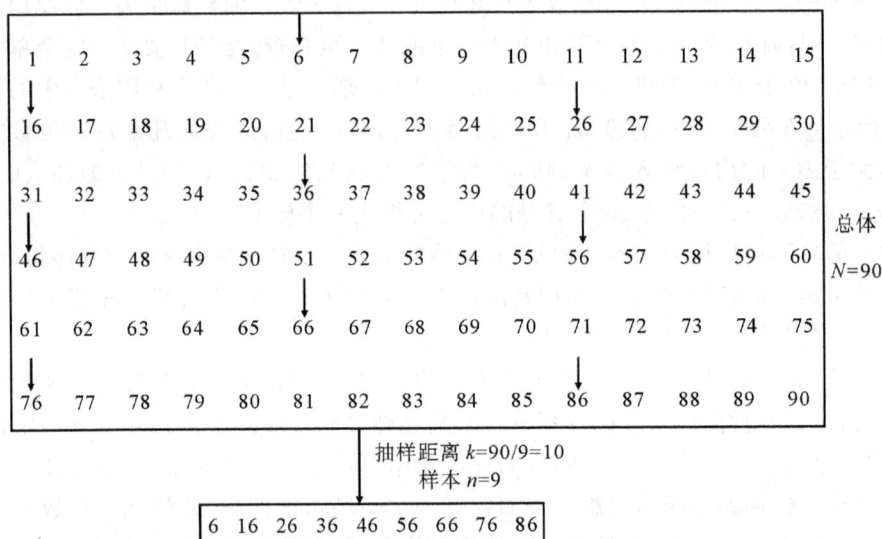

图6-2 系统抽样模拟示意图

一般而言,系统抽样比简单随机抽样简便易行,而且能比较均匀地抽到总体中各个部分的个体,样本的代表性比简单随机抽样强,不过抽样误差的计算比较复杂,一般用简单随机抽样的抽样误差来估计。

系统抽样虽然过程简单、容易理解,但是在单独使用时,同样面临着简单随机抽样总体大不便于编号的困难。所以在大规模的调查(特别是电话访问)中,它经常与其他抽样方法结合起来使用。使用系统抽样最大的缺陷在于总体的单位排列上,在有些调查中,要注意避免那些具有相同特性的入样单元出现固定的间隔数,或者要避免所抽取的样本具有相同特征。比如,电视台利用收视网调查,得到了一年中观众每天收看电视时间的资料,现在需要从中抽取若干天的资料进行研究,这时,间隔数就不能定为7,因为间隔为7得到的每个样本单元肯定都是每周中的同一天如周六、周一等,这个抽样结果误差会比较大。

(三)分层抽样(stratified sampling)

分层抽样也叫分类抽样,是按总体已有的某些特征,将总体分成若干层,再

从各层中分别随机抽取一定的单元构成样本。分层抽样的具体过程如下(参见图 6-3):

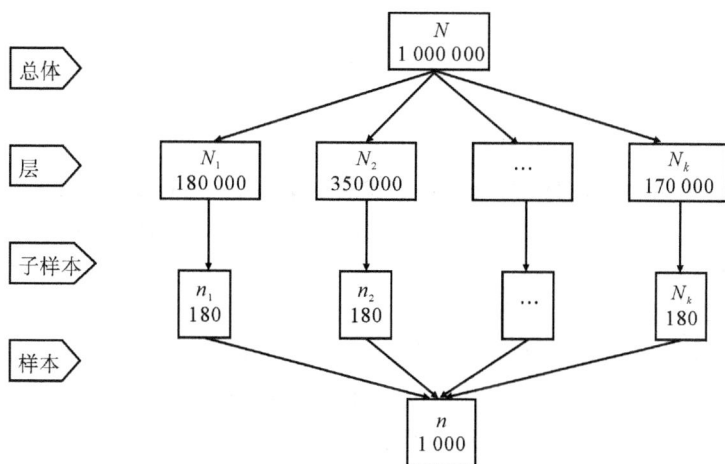

图 6-3 分层抽样示意图

第一,确定分层的特征,如年龄、性别、行政区等;

第二,将总体(N)分成若干(k)个互不重叠的部分(分别用 $N_1, N_2, N_3, \cdots, N_k$ 表示),每一部分叫一层,每一层也是一个子总体;

第三,根据一定的方式(如各层单元占总体的比例)确定各层应抽取的样本量;

第四,采用简单随机抽样或系统抽样方法,从各层中抽取相应的样本,记为 $n_1, n_2, n_3, \cdots, n_k$,这些样本也叫子样本,子样本之和为总样本。

分层抽样充分利用总体的已有信息,因而是一种非常实用的抽样方法。但是总体该分成几层,如何分层,则要视具体情况而定。总的一个原则是,各层内的变异要小,而层与层之间的变异要大,否则分层没有意义。

为了使分层抽样更合理、科学,在具体实施过程中可采用下列三种方式抽样。

第一,按分层比例抽样。即按各分层子总体数量多寡为比例抽取各层的样本数。假设总体数量为 N,总样本量为 n,分层子总体数量为 N_i,分层子样本量为 n_i,则

$$n_i = \frac{N_i}{N} n$$

按此公式可算出各层抽取的样本数。这种分层方法是在各分层内的变异数不知道的情况下进行的。

第二,牛曼分层抽样。也叫最佳分层抽样,是在各层内变异数大小已知的情况下按各层内变异数的大小调整各层的样本数量,以提高样本的可信度,抽样公式为

$$n_i = \frac{N_i \sigma}{\sum\limits_{i=1}^{k} N_i \sigma_i} n$$

式中,σ_i 为任一层内的标准差(若没有现成资料,可以从该层抽一个小样本算出标准差 S_i 代替 σ_i 进行计算);N_i 为任意一层的总人数;n_i 为任意一层抽取的样本量。

第三,德明分层抽样。即当各层的调查费用有明显差异时,在不影响可信度的前提下,调整各层的样本量,使调查费用减至最低。例如农村人口多且分散,调查费用高,因此可以适当减少样本量,以节省调查的开支。

在分层抽样中,有时可在分层子总体的基础上进一步分层,这就是所谓的多次分层抽样。分层的标准一般为地区、年龄、性别、收入、文化程度等。

分层抽样由于充分利用了总体已有的信息,样本的代表性及推论的精确性一般都优于简单随机抽样。此外,在抽样实施时,也比简单随机抽样简便。

(四)整群抽样(cluster sampling)

整群抽样是先将总体分为 i 个群,然后从 i 个群中随机抽取若干个群,调查这些群内的所有个体或单元。抽样过程可分为以下几个步骤,如图 6-4。

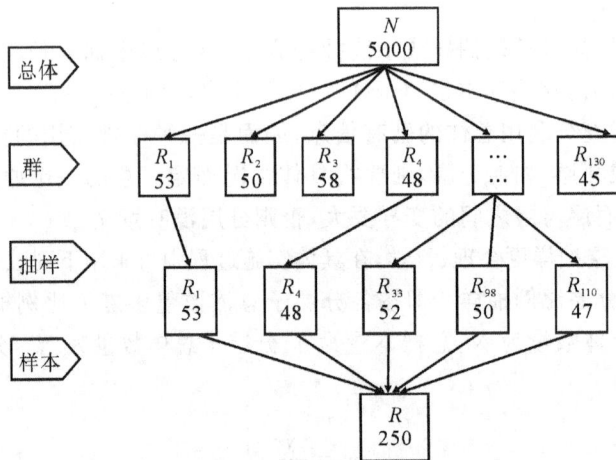

图 6-4　整群抽样示意图

第一,确定分群的标准,如班级、自然行政区域。

第二,将总体(N)分成若干个互不重叠的部分($R_1,R_2,R_3,\cdots,R_i$),每个部分为一个群。

第三,根据总样本量,确定应该抽取的群数。

第四,采用简单随机抽样或系统抽样方法,从 i 个群中抽取确定的群数。

整群抽样也可跟多次分层一样,把群进一步分成若干个子群。分群的次数依据实际情形而定。分群的标准通常是地域或自然构成的团体,如班级。

整群抽样与分层抽样在形式上非常相似,但实际上差别很大。分层抽样要求各层之间的差异大,层内个体或单元差异小,而整群抽样则要求群与群之间的差异比较小,群内的个体或单元差异大;分层抽样的样本是从每个层内抽取若干单元或个体构成,而整群抽样则是要么整群抽取,要么整群不被抽取。

整群抽样的调查实施比较方便,在抽样设计上比较便利,只需要关于群的抽样框而无须群内次级单元的名单。但是由于整群抽样的抽样单元过于集中,因此与上述抽样方法相比较,整群抽样的抽样误差比较大。为了减小抽样误差,提高抽样精度,抽样时要尽量缩小群之间的差异,增加群数。

二、非随机抽样

除了随机抽样之外,许多调查研究(一般是较小规模的研究)也采用非随机抽样。与随机抽样相比较,非随机抽样的主要优点是:省时,省力,省钱,抽样过程比较简单。不足的是:调查对象被抽取的概率是未知的,样本的代表性差,抽样误差比较大,利用调查结果推断总体的情况风险较大。

常用的非随机抽样包括以下四种:

(一)任意抽样(convenient sampling)

任意抽样也叫方便抽样,调查人员以最方便的途径来选择样本,如可以在调查公司周围选择受调查者,也可于街头拦截受调查者。抽样时,一个一个抽取样本,直到满足样本量要求为止。这种抽样方法比较节省经费,实施方便,速度也快。但是抽样误差很大,结果可靠性差,价值也有限,一般只用于预备性调查研究。

(二)判断抽样(judgment sampling)

判断抽样又称目的抽样,研究者依据自己的经验和判断,从研究对象中选取那些最适合于研究目的的样本。判断抽样选取的样本通常是比较典型的。例如,为了了解消费者对啤酒的口感评价,可以选择经常饮用啤酒的消费者为受调查对象。

判断抽样选取样本单位一般有两种方法:一是选择最能代表普遍情况的调

查对象,常用"平均型"("平均型"是指在调查对象中具有代表性的平均水平的单位)或"多数型"为标准("多数型"是指在调查中占多数的单位),应尽量避免选择"极端型";另一种方法是利用调查总体的全面统计资料,按照一定标准,主观选择样本。

判断的优点是研究人员可运用自己的技能、知识和经验去选择受调查对象,抽样过程简单,但容易因研究人员的主观判断偏差而产生严重的误差。该方法一般适合于样本小的情况。

(三)配额抽样(quota sampling)

配额抽样也称定额抽样,与随机抽样中的分层抽样对应,实质上是一种分层判断抽样。即先依据一定标准规定各群体的样本配额,此后,配额内群体的抽样则由调查人员主观抽出。

配额抽样实施过程分为以下五个步骤:

第一,选择"控制特征"作为细分群体的标准,这一步骤与分层抽样的第一步骤相同;

第二,按"控制特征"细分总体,使其分成若干个子总体;

第三,确定各子总体样本的大小,通常是将总样本按各子总体在总体中所占的比例分配。根据研究情形,有时也不完全按比例分配,有些群体比例可大一些,另一些则小一些;

第四,制作配额控制表(如表 6-1),以便于抽样实施;

第五,按配额控制表的要求,从各子总体中,采用任意抽样或判断抽样抽取样本。

例如,一项关于某品牌洗发水的消费者座谈会的调查抽样中,调查对象为18～40 岁的女性。已确定样本量为 24 人。研究者选择"经济收入"(分为个人月收入 500 元以下和 500 元或 500 元以上)和"发型"(分为直发和烫发)为控制特征,并要求高、低收入者各占 50%,烫、直发型各占 50%。根据上述要求可设计出一个配额抽样的控制表,四个子总体直发-高收入、直发-低收入、烫发-高收入、烫发-低收入的样本量均为 6 人,如表 6-1。

表 6-1　配额抽样控制表

		经济收入	
		≥500 元	<500 元
发型	直发	6	6
	烫发	6	6

配额抽样由于实施简单,而且所抽取的样本又不太偏重某一阶层或地区,因此在市场调查中运用广泛。

（四）滚雪球抽样（snowball sampling）

滚雪球抽样要求对个别符合要求的受调查者进行调查,根据他们提供的信息,进一步对其他人进行调查,直至满足样本量要求为止。在市场调查中,有时目标受调查对象比较特别（如每周至少有 5 天以上喝酒的人）,不容易找到,无法建立抽样框,此时就需要采用滚雪球抽样方法。

滚雪球抽样的具体操作过程包括以下几个步骤（参见图 6-5）：

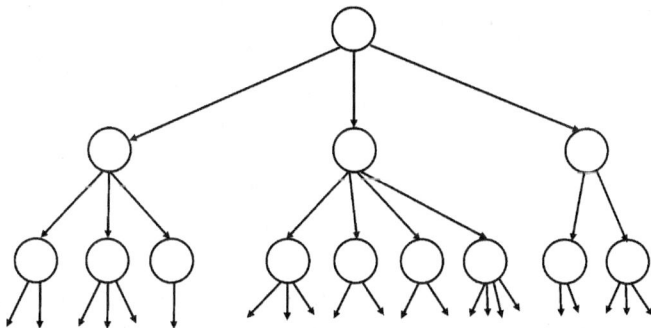

图 6-5　滚雪球抽样示意图

第一步,认定并访问一个或几个具有所需特征的人,依据他们提供的情况去寻找其他受调查对象;

第二步,访问第一批受调查者提供的第二批受调查者,并让他们引荐下一批受调查者;

第三步,重复第二步的过程。如此类推下去,越找越多,直至满足样本要求为止。

滚雪球抽样如果在每一阶层中随机地抽样,那么该方法也可以估计抽样误差,对重要问题作统计检验。

前面介绍的抽样方法是最基本、最简单的抽样方法。在市场调查实践中,抽样方法往往要复杂得多,经常几种方法结合起来运用。比较常见的有将整群抽样和分层抽样结合起来使用的方法,称为二级抽样方法。

所谓二级抽样,也叫二阶抽样,先将总体分成 i 个部分,每一部分称一个群或一个单元。从 i 个群中随机抽取若干个（j）群作为一级样本,然后分别从选取的 j 个群中随机抽取若干个体（nk）构成二级样本。这里,一级样本中的单位相对于二级抽样来说,又是总体（子总体）。二级抽样过程可用图 6-6 来表示。

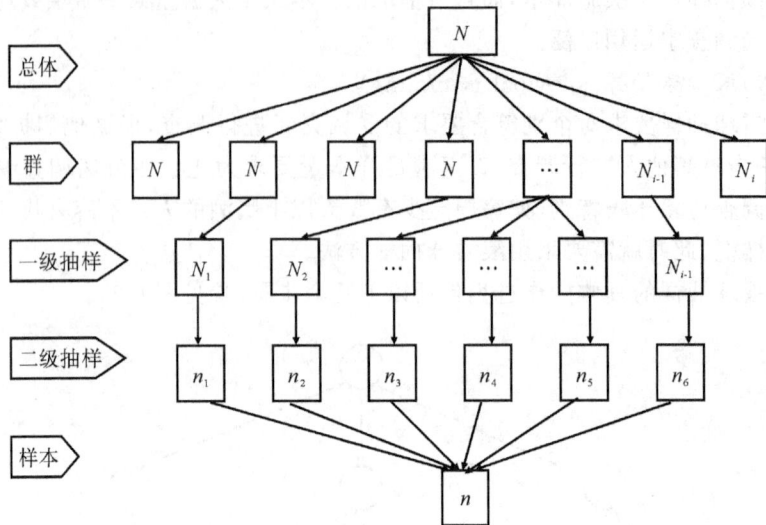

图 6-6　二级抽样示意图

二级抽样与分层抽样、整体抽样有相似之处,它们都必须先将总体分组,然后抽取一级单元或二级单元。分层抽样在第一级抽样中实际上是抽取了全部的层(一级单元),然后再从各群中抽取部分的二级单元。而整群抽样则是从全部群中抽取部分的群(一级单元),然后对抽中的群的二级单元全部进行调查,相当于抽取全部的二级单元。二级抽样在第一级抽样和第二级抽样时,都是分别随机地抽取部分的一级单元和二级单元。因此,在抽样形式上可以把二级抽样看成是分层抽样和整群抽样的综合。

二级抽样的基本原理广泛运用在总体容量大或大规模的市场调查之中。例如在媒体广告效果的调查中,可先从媒体覆盖范围内选择几个行政区,然后从各行政区中随机抽取调查对象。在大规模的研究中,比起简单随机抽样、系统抽样以及分层抽样等方法,这种方法可以节省大量的人力、财力和物力;不足之处是抽样误差相对大一点。

第三节　确定样本量的方法

调查研究的样本量究竟多少为宜,这是每一项调查都必须解决的问题。通常,确定样本量的方法有两种:一种是用公式计算,另一种是查表法。这又因抽样方法以及研究目的的不同而异。鉴于实际运用情况，下面仅介绍采用简单随机抽样方法条件下，以估计总体平均数和总体比率为目的时的样本量确定方法。

一、估计总体平均数时的样本量计算方法

当研究目的是估计总体平均数，抽样方法为简单随机抽样时，样本量的计算公式为：

$$n=\left(\frac{Z_{a/2}\sigma}{d}\right)^2$$

式中，n 为样本容量，d 为允许的最大抽样误差，α 为置信水平，σ 为总体标准差。最大允许误差 d 和置信水平 α 通常由研究者事先确定；总体标准差 σ 可以从以前的调查结果获得，也可以从二手资料获得，还可以通过小规模的调查获得。

下面举个例子来说明。假设要了解某大城市平均每个家庭每月在孩子玩具上的消费支出，要求最大误差不超过 0.5 元，置信度为 95%（即 $\alpha=0.05$），问至少应该调查多少家庭（据以往调查，估计总体标准差 $\sigma=3$ 元）？

由题意已知 $d=0.5,\alpha=0.05,\sigma=3$，因而得

$$n=\left(\frac{Z_{a/2}\sigma}{d}\right)^2=\left(\frac{1.96\times3}{0.5}\right)^2=138.3$$

说明至少应调查 140 个家庭。

如果采用查表法，那么可查本书附表六。在附表六中，左边纵列为 s/d 的整数值，上面横行为 s/d 值的一位小数值。因此只要确定了 α 并算出 s/d，即可在附表六中找到相对应的样本量 n。在上述例子中，$d=0.5,s=3,\alpha=0.05,s/d=3/0.5=6.0$，在附表六中可查得 $n=141$，与计算公式的计算结果出入很小。

二、估计总体比率时的样本量计算方法

当研究目的为估计总体比率，且采用的抽样方法为简单随机抽样时，样本量的计算公式为：

$$n=\left(\frac{Z_{a/2}}{2d}\right)^2$$

式中,n 为样本量,d 为允许最大误差。

运用这个公式时,只要将相应的值代入计算即可。例如,1990 年中央电视台在筹建观众调查网中,要求全国观众调查网的置信度为 95％,误差不超过 3％,即 $\alpha = 1 - 95\% = 5\%$,$d = 3\%$,因而得

$$n = \left(\frac{Z_{\alpha/2}}{2d}\right)^2 = \left(\frac{1.96}{2 \times 0.03}\right)^2 \approx 1\ 067$$

可见调查网所需的最小样本量为 1 067。

这一问题也可以通过查表来解决。表 6-2 列出了由样本比率估计总体比率时所需的样本量 n 在各种条件下的数值。表中左列为 d 值,上面横行为 α 值。根据 $\alpha = 0.05$,$d = 3\%$,从表中可查到对应值为 1 067。

表 6-2　估计总体比率所需最小样本量 n

比率(％)	0.05	0.01
10	96	166
9	119	205
8	150	259
7	196	339
6	267	461
5	384	664
4.5	474	819
4	600	1 037
3.5	784	1 354
3	1 067	1 843
2.5	1 537	2 654
2	2 401	4 147
1.5	4 268	9 337
1	9 604	16 589
0.5	38 416	66 358

从直观感觉来说,似乎是总体越大,抽取的样本量应该越大,但事实上,抽样大小与总体没有直接的关系,这从上述两个公式中可以看得出来。不过,由于正常的抽样假设——一个样本是独立于其他样本被抽取出来——只适合于相对于

总体而言样本很小的情况,因此,当样本量大于总体的 5% 时,就要调查由上述公式计算出来的样本量。调整样本量的计算公式是:

$$n' = \frac{nN}{N+n-1}$$

式中,n' 是调整样本量,n 是原来的样本量,N 是总体的数量。例如,假设原来样本量为 600,总体为 3 000 人,那么,调整样本量就是

$$n' = \frac{600 \times 3\,000}{3\,000 + 600 - 1} \approx 500(人)$$

其他随机抽样方法的计算公式均比简单随机抽样方法复杂,而且其中的一些参数常常得不到,所以通常会运用简单随机抽样的计算公式来计算样本量。

第四节　抽样决策

抽样决策要解决以下几个问题。

一、定义总体和抽样单元

定义总体就是给研究对象下一个明确、可以操作的定义,明确区分开研究对象与非研究对象。例如在对啤酒消费者的意见调查中,调查的对象是啤酒消费者。但是仅用"啤酒消费者"这五个字来概括总体是不够的。这无法区分开谁是啤酒消费者,谁不是啤酒消费者。举个例子来说,有一个人两年前经常喝啤酒,此后滴酒不沾,他是不是调查对象就很难判断。因此必须下一个操作定义,如"18 岁以上、一年内喝过啤酒的人",这样调查时就容易区别并选择调查对象。

在定义总体的时候也要注意定义被排除对象。例如央视-索福瑞公司在定义家庭户中的样本成员时,规定下列人员不能为样本成员:

(1)住宿学校,仅在周末或寒暑假回家的学生;

(2)连续离家超过 3 个月的打工人员或驻外人员;

(3)由于结婚等原因而搬出家庭的人员;

(4)吃在家中,长期住集体宿舍的人,应根据其在家中看电视的情况决定。

定义抽样单元,实际上就是明确划分部分的标准,确定总体中个体或部分的范围或单位,使各部分或个体相互不重叠。在多级抽样调查中,每一级抽样单元都必须给予相应的定义。例如在全国性的抽样调查中,一级抽样单元通常是以行政区(省、直辖市、自治区等)为划分标准;最后一级的抽样单元通常是"户"或"个人"。

二、确定置信度和最大允许误差

置信度,也称把握度,是指由抽样调查结果来推断总体情况的可信程度,用 $1\sim\alpha$ 表示,α 指置信水平。在抽样调查中,一般规定置信度为 95％、99％ 和 99.9％,即置信水平 0.05、0.01 和 0.001,他们分别表示由抽样调查结果估计总体情形的可信程度为 95％、99％ 和 99.9％。

所谓最大允许误差,是指被允许的最大抽样误差。确定最大允许误差,就是给所要拟订的抽样计划规定一个最大的误差标准,要求按照所拟订的抽样计划执行,抽样调查所得的结果与总体的真值的差异不能超出这一误差范围。

三、确定抽样方法

一项研究采用什么样的抽样方法,要综合各种主客观因素来考虑,如图6-7。主要取决于研究对象总体的规模和特点、调查的性质、抽样框资料、研究经费以及对研究结果的精确性要求等方面。一般来说,总体规模大的调查通常采用多级抽样方法;抽样框资料难以获得时,可以采用非随机抽样;研究费用比较有限时,非随机抽样可以节省经费;对研究结果的精确性要求高,则采用随机抽样;研究是预备性的,可采用非随机抽样中的任意抽样和判断抽样。

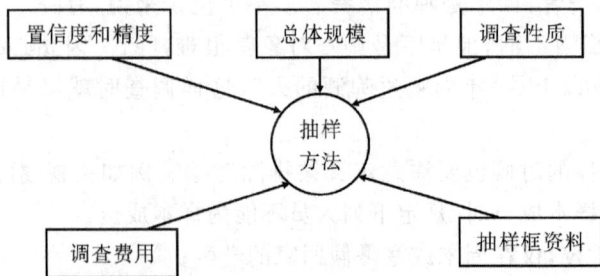

图 6-7　影响抽样方法使用的因素

四、确定样本量

在确定样本量时，一般要考虑到以下几个因素：

（一）研究经费

研究经费与样本的大小成正比关系。样本量越大，经费越多；样本量越小，经费也越少。所以确定样本量的首要原则是在不影响研究结果准确性的前提下尽可能减小样本量，以尽可能减少研究经费。一些调查研究简单地认为样本越多越好，没有考虑投入与产出之间的关系，这是一种不正确的观念，必须摒弃。

（二）抽样误差

样本量与抽样误差存在反比关系。样本量增大，误差减小；反之，样本量减小，误差增大，但这两者的关系并不是线性的。随着样本量的增大，抽样误差减小的速度越来越慢。例如在简单随机抽样中，样本量从 10 增加到 20 时，标准误差从 0.31 减小到 0.22，减小量为 0.09。如果样本量从 100 增加到 110，标准误差只减小 0.005；此时，若要使标准误减小量为 0.09，样本量需从 100 增加到 10 000。由此可见，根据精度要求确定样本量之后，如果样本太小，适当扩大样本量，可以明显减小抽样误差，提高抽样效果，同时经费也并不增加多少。如果确定的样本较大，则不宜随便扩大样本量。因为样本量增加不大时，对减小抽样误差并无太大作用，而费用却会增加。

（三）研究目的

调查研究的目的有的是估计或预测总体参数，有的是要进行假设检验，有的是要估计总体的平均数，有的主要是估计总体的比率。从前面关于样本量的计算公式可以看出，不同的研究目的需要不同的计算样本量的方法，样本量的大小与研究目的有关。

（四）有效问卷的回收率

一般情况下，有效问卷的回收率不可能达到 100%。因此，在确定样本量时要充分考虑问卷回收率这一因素，以保证回收的有效问卷达到已定精度所要求的样本量。

（五）其他因素

除了上述因素外，还有一些因素会影响样本量的确定。例如在分层抽样中，当各层按比例进行分配时，有时会出现某些层的样本量太少，以至于要比较它与其他层时，样本数量不能达到统计方法的基本要求。在这种情况下，在抽样设计时就应事先考虑好，这些层应该在已分配的样本数的基础上增加适当的样本。为了避免这些层样本增加后对样本总体产生影响，在统计处理中，可以采用加权处理方法，把增加样本的影响消除掉。

考虑清楚上述因素,样本量的确定就明朗化了,接下来就可以按下列五个步骤进行具体的操作。

第一,根据调查研究的目的,确定调查的置信水平(α)和精度(或最大允许误差 d);

第二,由 α 和精度根据公式或查表,确定最小样本量 n;

第三,在对研究精度没有太大影响的条件下,根据经费来决定是否减少某些子总体的样本量;

第四,从统计分析的角度考虑是否增加某些子总体的样本量;

第五,根据已有经验或有效问卷回收率的预测,考虑是否增加样本数及增加多少。

由于确定样本量的大小要考虑很多因素,在实际调查中,每一项调查的样本量都不一样,而且有些非随机抽样的样本量难以按上述方法确定,所以表 6-3 提供了一份美国市场调查的样本量资料,供读者参考。从表中可以看出,子群体的最小样本量一般不小于 30。实际上许多世界知名的调查,如盖洛普民意调查、哈里斯(Harris Poll)民意调查、尼尔逊电视收视率调查等,在美国国内的样本量一般都少于 2 000。

表 6-3 对消费者或机构调查的典型样本量

子群体数量	消费者或家庭		机构(institutions)	
	全国	地区或专门化	全国	地区或专门化
0~4	850~1500	250~500	150~500	50~200
5~10	1500~2 500	500~1 000	350~1 000	150~500
>10	>2 500	>1 000	>1 000	>1 000

第五节　抽样实施

抽样实施包括建立抽样框和确定研究对象。

一、建立抽样框

在广告调查和市场调查中,调查对象不同,总体的抽样框资料也不一样。有些调查的抽样框资料是现成的,有些则根本不存在。现成的资料框通常是正规的出版物,如电话号码簿、邮政编码簿、工商名录,或档案资料如工商局的企业注册档案,政府管理部门的下属企事业单位档案等。这些的资料只要适当编码、整理即可。那些没有现成的抽样框资料或者现成资料不完善、不合理的抽样框,需要补充或重新建立。

各种调查中最经常用到的抽样框是居民户资料。本来这种抽样框可以从居委会的户籍管理资料中直接获得,但是改革开放以来,一方面,我国的人口流动相当大,在一些沿海城市,很多居委会都有长期居住而没有户籍的外来住户;另一方面,随着我国经济的发展、旧城改造和住房条件的不断改善,家庭住房的搬迁频率越来越高,居委会的户籍档案通常不能及时准确地反应实际居住情况。此外,有些地方的居委会不愿意提供这些资料。因此入户调查时,常常要进一步完善或重新建立抽样框。

当有现成的居委会户籍管理资料时,可以直接在这些资料的基础上选派访员进一步核实,删去已经搬迁或长期不在该居委会居住的住户,增加长期居住在该居委会而户口并不在该居委会的住户名单。这要求访员挨家挨户进行核对,虽然工作量比较大,但这样建立的抽样框比较准确。

当没有现成的居委会户籍管理资料时,建立居委会住户抽样框的方法是:以居委会的行政区域为界线,绘出该居委会的住宅分布路线图(如图 6-8),同时依一定的顺序(如右拐弯原则)抄写出区域内各住户的详细地址(如表 6-4)。这些地址和线路图就是一份完整的抽样框。在绘制住宅分布和路线图时,通常要注意标出该辖区内的标志性建筑物以及公共汽车停靠站,以便访员入户时行走和查找。这种方法建立的抽样框资料的误差相对大一点。

二、确定研究对象

确定研究对象是在现有抽样框的基础上,按照抽样要求,逐一抽取构成样本的单元。例如在全国性的调查中,经常要先从全国抽出若干个省份,再从各省抽出若干个市,由市进一步抽出区,由区抽出街道,由街道再到居委会,最后由居委会抽出家庭户。被抽到的单元通常只需要列出名单即可,但是到最后一级抽样时常常需要列出名单、地址和电话,因为这些资料是提供给访员的。

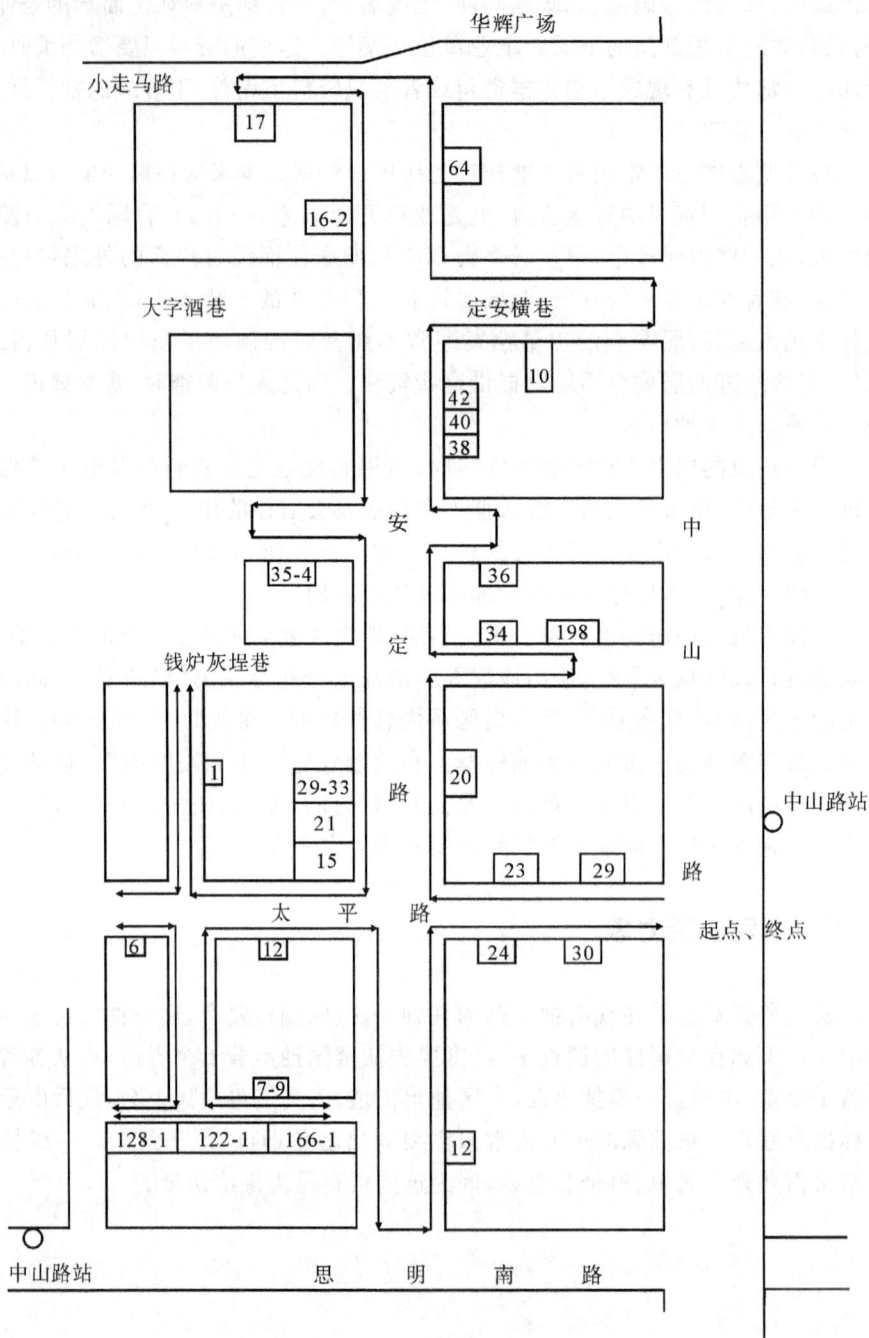

图 6-8　厦门地区某居委会的抽样线路图

表 6-4　厦门某居委会的抽样地址表

序号	详细地址	序号	详细地址
1	太平路 29 号 1 楼右手第一家	181	定安路 35-41 号 502
	…		
21	太平路 23 号 2 楼第一家	191	定安路 35-41 号 703
	…		…
31	太平路 20 号 2 楼	201	定安路 29-33 号 3 楼右手第一家
	…		…
41	中山路 198 号 3 楼	211	定安路 21 号 2 楼
	…		…
51	定安路 34 号 4 楼右手第四间	221	定安路 15 号 3 楼
	…		…
61	定安路 34 号 7 楼右手第一间	231	太平路 1 路
	…		…
71	定安路 36 号 6 楼右手第二间	241	太平路 6 号 4 楼
	…		…
81	定安路 36 号 3 楼右手第三间	251	思明南路 128-1
	…		
91	定安路 38 号 3 楼右手第四间	261	思明南路 122-1
	…		
101	定安路 40 号 3 楼第一间	271	思明南路 116-1
	…		
111	定安路 42 号 2 楼第四间	281	定安路 7-9 号 2 楼右手第二间
	…		…
121	定安横巷 10 号	291	太平路 12 号
	…		…
131	定安路 64 号	301	定安路 12 号 2 楼
	…		…
141	定安路 71-1 号第二间	311	太平路 24 号楼下第一间
	…		…
151	定安路 71-1 号第 13 间	321	定安路 30 号 3 楼
	…		
161	定安路 61-2 号	331	太平路 30 号 3 楼
	…		…
171	定安路 35-41 号 301		
	…		

　　在随机抽样的实际操作中,常以户为最小抽样单位进行随机抽取。这样确定样本户后会遇上一个问题:一户中往往包括若干成人,这些家庭成员哪一个才

是受调查者？解决这个问题的办法有抽签法和随机数字表法。但是实际运用时，这些方法都比较麻烦。比较简单的方法是利用表 6-5 这样的入户抽样表来抽取。

表 6-5　入户抽样表

序号	问卷编号尾数									
	1	2	3	4	5	6	7	8	9	0
1	1	1	1	1	1	1	1	1	1	1
2	2	1	2	1	1	2	1	2	2	1
3	1	3	2	2	3	1	3	1	1	2
4	2	2	4	1	3	4	1	3	3	2
5	2	5	3	3	4	4	1	1	5	3
6	3	1	4	1	5	2	6	2	3	6
7	4	5	6	5	7	2	3	1	7	3
8	4	5	6	2	7	1	8	3	4	5
9	2	4	9	5	9	3	7	6	1	8
10	5	2	3	4	10	8	9	8	9	1

表 6-5 是一个采用简单随机抽样方法设计出来的入户抽样表。表中序号代表家中合适对象的人数。抽样时，先将所有问卷编好号码，然后找出问卷编号尾数和家中合适对象人数这两个数字在表中的交叉点的数字，最后将家中成员按年龄大小排序，顺序与此数字相符者为研究对象。假设某份问卷的尾数为 3，调查户的合适人数为 4，那么该家庭中应调查的就是年序第四的人。

思考题：

1.什么叫作抽样框？如何建立抽样框？

2.什么叫作抽样误差？什么是非抽样误差？如何控制这两种误差？

3.分层抽样与配额抽样有何异同？

4.整群抽样和分层抽样的异同点是什么？

5.什么是抽样的效果最佳原则和随机化原则？

6.抽样实施有哪些过程？

7.样本量的确定受哪些因素的影响？

8.随机抽样和非随机抽样的本质区别在哪里？

9.抽样决策需要解决哪些问题？

2010 年全国电视观众抽样调查的抽样方案

一、调查目的

准确获取全国电视观众群体规模、构成以及分布情况;获取这些观众的收视习惯,对电视频道和栏目的选择倾向、收视人数、收视率与喜爱程度,为改进电视频道和栏目、开展电视观众行为研究提供新的依据。

二、调查范围

全国 31 个省、自治区、直辖市(港澳台除外)中所有电视信号覆盖区域。

三、调查对象

全国城乡家庭户中的 13 岁以上可视居民以及 4～12 岁的儿童。包括有户籍的正式住户,也包括所有临时的或其他的住户,只要已在本居(村)委会内居住满 6 个月或预计居住 6 个月以上,都包括在内。不包括住在军营内的现役军人、集体户及无固定住所的人口。

四、抽样方案设计的原则与特点

抽样设计按照科学、效率、便利的原则。首先,作为一项全国性抽样调查,整体方案必须是严格的概率抽样,要求样本对全国及某些指定的城市或地区有代表性。其次,抽样方案必须保证有较高的效率,即在相同样本量的条件下,方案设计应使调查精度尽可能高,也即目标量估计的抽样误差尽可能小。最后,方案必须有较强的可操作性,不仅便于具体抽样的实施,也要求便于后期的数据处理。

1.抽样城乡区分

城市与农村的电视观众的收视习惯与爱好有很大的区别,理所当然地应分别研究,以便于对比。最方便的处理是将他们作为两个研究域进行独立抽样,但代价是,样本点数量较大,调查的地域较为分散,相应的费用也就较高。另一种处理方式是在第一阶抽样中不考虑区分城乡,统一抽取抽样单元(例如区、县),在其后的抽样中再区分城、乡。这样做的优点是样本点相对集中,但数据处理较为复杂。综合考虑各种因素,本方案采用第二种处理方式。

在样本区、县中,以居委会的数据代表城市,以村委会的数据代表农村。

2.抽样方案的类型与抽样单元的确定

全国性抽样必须采用多阶抽样,而多阶抽样中设计的关键是各阶抽样单元的选择,其中尤以第一阶抽样单元最为重要。本项调查除个别直辖市及城市外,不要求对省、自治区进行推断,从而可不考虑样本对省的代表性。在这种情况下,选择区、县作为初级抽样单元最为适宜。因为全国区、县的总数量很大,区、县样本量也会比较大,因而第一阶的抽样误差比较小。另外对区、县的分层也可分得更为精细。

本抽样方案采用分层五阶抽样。各阶抽样单元确定为:

第一阶抽样:区(地级市以上城市的市辖区)、县(包括县级市等);

第二阶抽样:街道、乡、镇;

第三阶抽样:居委会、村委会;

第四阶抽样:家庭户;

第五阶抽样:个人。

为提高抽样效率,减小抽样误差,在第一阶抽样中对区、县采用按地域及类别分层。在每一层内前三阶抽样均采用按与人口成正比的不等概率系统抽样(PPS系统抽样),而第四阶抽样采用等概率系统抽样,即等距抽样,第五阶抽样采用简单随机抽样。

3.自我代表层的设立

根据要求,本次调查需要对北京、上海两个直辖市以及广州、成都、长沙与西安四个省会城市进行独立分析,因而在处理上将这些城市(包括下辖的所有区、县)每个都作为单独的一层处理。为方便起见,以下把这样的层称为自我代表层。考虑到在这样处理后,全国其他区县在分层中的一些具体问题以及各地的特殊情况,将天津市也作为自我代表层处理。另外,鉴于西藏情况特殊,所属区县与其他省(自治区)的差别很大,因此也将它作为自我代表层处理。这样自我代表层共有8个,包括以下城市与地区:

北京市、天津市、上海市;广州市、成都市、长沙市、西安市;西藏自治区。

五、样本区、县的抽选方法

1.全国区、县的调查总体

根据2001年的全国行政区划资料,全国(港澳台除外)共有787个市辖区,此外有5个地级市(湖州、东莞、中山、三亚、嘉峪关)不设市辖区,若将它们每个都视同一个市辖区,则共有792个区;全国共有1 674个县(包括自治县及旗、自治旗、特区与林区等)、400个县级市,县级行政单位的总数为2 074个,其中包括福建省的金门县,不能进行调查,因此除金门县以外的所有2 865个区、县(792个区及2 073个县)构成此次调查的调查总体。

2.区、县分层

为便于调查后的资料分类汇总及提高精度,应将全国区、县进行分层。分层可以按多种标识进行,从理论而言,分层标识应选取与调查指标相关程度较高的那些变量。在本次调查中也就是应选取与观众收视行为、习惯与爱好等密切相关的变量。关于这方面已有一些相应的研究结果,例如观众的年龄、性别、文化程度、职业、居住地的生活习惯与气候等。不过我们不可能按观众的个体来分类,只能按观众居住的区、县来分类。而对于区、县,许多表示人口特征(除人口总数)及经济文化发展指标(除所在省的人文发展指数及县的人均GDP)的资料都无法得到,经过多方研究,我们对区县的分层按以下两种标识进行。

(1)地域

我国幅员广大,各地经济、社会、文化与气候的地域差异极大,而所有这些因素都与电视观众的收视行为密切相关。我们首先将所有县按所在省(自治区、直辖市)的地理位置分成3大层13个子层[①]。地域分层如表6-6。

表6-6　全国区、县地域分层表

大层	所含省、自治区、直辖市
第一大层 (东部地区)	子层10:上海(1)、北京(2)、天津(3)(每个都作为自我代表层) 子层11:辽宁(5)、山东(9) 子层12:江苏(7)、浙江(6) 子层13:福建(8)、广东(4)、海南(13)
第二大层 (中部地区)	子层21:黑龙江(10)、吉林(12) 子层22:河北(11)、河南(18)、山西(16) 子层23:安徽(20)、江西(23) 子层24:湖北(14)、湖南(17)
第三大层 (西部地区)	子层31:内蒙古(21)、新疆(15)、宁夏(26) 子层32:陕西(25)、甘肃(28)、青海(29) 子层33:重庆(22)、四川(24) 子层34:广西(19)、云南(27)、贵州(30) 子层30:西藏(自我代表层)

需要说明的是,以上划分的层还考虑了其他一些因素,各省按联合国制定的标准计算的人文发展指数仅是考虑因素之一。例如,按人文发展指数,广西(第19位)实际上可划在第二大层(中部地区),但考虑到国家西部大开发的范围将广西划入西部地区,我们的划分与它一致,这样便于资料的汇总发布。又如海南,根据人文发展指数(第13位)放在第一大层稍为勉强,但是根据它的地理位置以及它以旅游为主业,就观众行为而言,与广东、福建划在一子层内是合理的。

---

① 各省括号内的数字为各地的人文发展指数(human development index,简称 HDI)在全国的排位。

(2)区、县类别

同一大层的各市辖区与所隶属的城市的规模、在城市中的地理位置(市区或郊区)和居民成分构成(非农业人口占总人口的比例)有较大差异,各县也因经济文化发达程度有较大差异。我们将各大层中所有的区、县除已划为自我代表层的以外(如下称抽样总体)分成以下5类,每类组成一个小层:

一类区,二类区,县级市,一类县,二类县。

全国抽样总体中所有区县共分成11×5＝55个小层。其中区的划分标准为区中非农业人口占总人口的比例,比例高于标准的为一类区,比例低于标准的为二类区;县的划分标准为人均国内生产总值,高的为一类县,低的为二类县。区县划分类别的标准在三大层中各不相同,具体标准如下:

区类别的划分标准:

东部地区与中部地区:非农业人口在总人口中的比例大于或等于80％为一类区,小于80％为二类区;西部地区:非农业人口在总人口中的比例大于或等于70％为一类区,小于70％为二类区。

县类别的划分标准:

东部地区:人均国内生产总值在5 000元以上为一类县,5 000元以下为二类县。中部地区:人均国内生产总值在4 000元以上为一类县,4 000元以下为二类县。西部地区:人均国内生产总值在3 000元以上为一类县,3 000元以下为二类县。

3.自我代表层的区、县情况

根据最新行政区划,自我代表层中的7个城市所辖的区、县构成情况如表6-7。

表6-7　自我代表城市的辖区、县构成

城市	一类区	二类区	直辖市中的县及其他县级市	县	总计
北京市	8	5	5	—	18
天津市	7	7	4	—	18
上海市	9	7	3	—	19
广州市	5	5	2	—	12
成都市	5	2	4	8	19
长沙市	2	3	1	3	9
西安市	4	4	0	5	13

4.抽样总体区县情况

按上述划分标准,全国除自我代表层以外的抽样总体各小层的区、县数及人口在(抽样总体)总人口中的比例如表 6-8 与表 6-9 所示。

表 6-8　抽样总体中各小层的区县数

地域子层	一类区	二类区	县级市	一类县	二类县	合计
东部地区 11	43	62	47	19	68	239
东部地区 12	30	47	53	31	37	198
东部地区 13	24	41	51	59	42	217
中部地区 21	56	26	40	36	32	190
中部地区 22	39	67	56	140	148	450
中部地区 23	26	34	19	31	95	205
中部地区 24	20	44	39	42	69	214
西部地区 31	27	8	34	91	61	221
西部地区 32	11	16	15	51	131	224
西部地区 33	5	42	14	55	85	201
西部地区 34	19	27	30	74	175	325
合　计	300	414	398	629	943	2 684

表 6-9　抽样总体各小层人口占总人口的比例(%)

地域子层	一类区	二类区	县级市	一类县	二类县	合计
东部地区 11	1.351 2	2.276 6	3.172 8	0.767 2	3.629 5	11.197 2
东部地区 12	0.699 2	1.648 7	3.883 2	1.410 5	2.280 9	9.922 6
东部地区 13	0.508 3	1.218 7	3.443 7	2.349 7	1.715 0	9.235 4
中部地区 21	1.020 0	0.502 3	1.770 9	1.103 5	1.003 7	5.400 4
中部地区 22	0.926 3	1.912 8	2.785 8	4.529 1	6.359 3	16.513 3
中部地区 23	0.527 2	1.180 0	1.068 2	1.163 7	4.938 5	8.877 6
中部地区 24	0.610 6	1.592 8	2.541 5	2.275 7	3.251 9	10.272 6
西部地区 31	0.434 3	0.221 9	0.731 9	1.226 5	1.369 2	3.983 8
西部地区 32	0.297 6	0.551 3	0.425 7	0.723 3	3.056 7	5.054 6
西部地区 33	0.145 4	2.113 2	0.958 1	1.871 5	3.896 1	8.984 3
西部地区 34	0.362 9	0.947 8	1.325 4	2.649 9	5.272 2	10.558 2
合计	6.883 1	14.166 2	22.107 2	20.070 5	36.773 0	100.000 0

5.区、县的抽样方法及样本量

抽样总体中各层(指小层,下同)内对区、县的抽样采用按人口的 PPS 系统抽样,样本量一般为 2;少数人口较多的小层样本量定为 3。样本量的具体分配见表 6-10。样本区、县总量为 121 个。

表 6-10   各小层的区、县样本量的分配

地域子层	一类区	二类区	县级市	一类县	二类县	合计
东部地区 11	2	3	3	2	2	12
东部地区 12	2	2	3	2	2	11
东部地区 13	2	2	3	2	2	11
中部地区 21	2	2	2	2	2	10
中部地区 22	2	2	3	3	3	13
中部地区 23	2	2	2	2	3	11
中部地区 24	2	2	2	2	2	10
西部地区 31	2	2	2	2	2	10
西部地区 32	2	2	2	2	3	11
西部地区 33	2	2	2	2	3	11
西部地区 34	2	2	2	2	3	11
合计	22	23	26	23	27	121

六、抽样总体中样本区、县内的抽样方法

1.样本区内的抽样

每个一类样本区内采用街道(镇)、居委会、家庭户及个人的四阶抽样;每个二类样本区内采用街道(乡、镇)、居(村)委会、家庭户及个人的四阶抽样,样本量皆为 90。具体方法如下:

样本区内对街道(乡、镇)抽样采用按人口的 PPS 系统抽样,每个样本区抽 3 个街道(乡、镇),其中一类区不抽乡。样本街道、镇(乡)内对居(村)委会的抽样采用按人口的 PPS 系统抽样,每个样本街道、镇、乡各抽 2 个居(村)委会(其中一类区不抽村委会)。为操作方便,这里的人口数也可用户数。

样本居(村)委会内对家庭户的抽样采用随机起点的等概率系统抽样,即等距抽样。每个居(村)委会固定抽取 15 户。在抽样时,必须首先清点居(村)委会管辖范围内的实际家庭户数,且规定排列的顺序。

对每个被抽中的样本户,在 13 岁以上(含 13 岁)的成员中,完全随机地确定一名为具体调查对象。为确保家庭成员中的每一个这样的成员都有相等的概率

被抽中,采用二维随机表来确定,如表 6-11 所示。

表 6-11　确定户内调查对象的二维随机表

序号	姓名	性别	年龄	1	2	3	4	5	6	7	8	9	10	11	12
1				1	1	1	1	1	1	1	1	1	1	1	1
2				2	1	2	1	1	2	2	1	1	2	1	2
3				3	2	1	3	2	2	1	3	1	2	3	3
4				4	1	3	2	2	3	1	4	3	2	4	1
5				5	4	1	4	3	1	2	3	1	2	4	5
6				6	3	1	5	2	4	3	5	1	4	6	2
7				7	1	3	6	3	5	2	5	7	4	3	4
8				8	4	5	7	1	2	6	3	7	5	3	1
9				9	5	1	4	3	8	2	7	6	5	2	8
10				10	3	5	9	4	1	7	2	8	6	9	4
11				11	6	1	5	10	4	9	8	3	2	7	6
12				12	7	2	9	4	11	6	1	8	3	10	5

2.样本县内的抽样

每个样本县内采用乡(镇)、村(居)委会、家庭户及个人的四阶抽样,样本量为 60。具体方法如下。

确定县城所在的镇(城关镇)为必调查镇,对其余乡(镇)采用按人口的 PPS 系统抽样,再抽 2 个乡(镇),每个样本县共调查 3 个乡(镇)。

在每个城关镇中用按人口 PPS 抽样抽取 2 个样本居(村)委会。对其他两个样本乡、镇内,也用同样的方法抽 2 个居(村)委会。为操作方便,这里的人口数也可用户数。

样本村(居)委会内对家庭户的抽样与样本居委会内对家庭户的抽样完全相同,仍采用随机起点的等概率系统抽样,即等距抽样。每个村(居)委会固定抽取 10 户。

在样本户中确定具体对象的方法与样本市内抽样的情形完全相同,即用二维随机表来确定。

3.儿童样本的确定

在城乡每个样本户中,除抽取一名 13 岁以上的观众作为调查对象外,如果还有 4~12 岁的儿童,则需要抽取 1 名进行儿童观众的调查。如果符合年龄的条件多于 1 名,则仍按二维随机表的方法确定。对于自我代表的 7 个城市中,为保证儿童的样本量,对每个样本户,调查所有满足年龄的儿童。

七、自我代表层中的抽样方法

每个需要进行推断的城市皆作为自我代表层,在层内也进行分层抽样,层的划分标准与其他子层中的区、县标准基本相同。只不过不再对县分类,且将县级市(仅长沙市有一个)也作为一般县处理。这样每个城市皆分为一类区、二类区及县三层。考虑到上海市浦东新区的特殊性(既包括完全城市化的市区,也包含相当广泛的农村),将该区作为自我代表层处理。

考虑到在一个城市范围内的调查,交通比较方便,故为提高效率,根据每个城市的实际情况,保证(或适当增加)样本区的数量,减少每个样本区、县内的样本量。每个样本区县规定都抽 2 个街道(乡、镇),每个样本街道、乡、镇抽 2 个居(村)委会。样本区内每个居(村)委会样本量仍为 15 户,样本县(县级市)内每个村(居)委会样本量仍为 10 户。

如果有可能,对一类区也可不对区进行抽样,直接对街道进行抽样。

根据每个必调查城市所属的区县数,确定样本区、县数如表 6-12(表中的数字为样本区、县数,括号中的数字为每个区、县的样本户数):

表 6-12　自我代表城市的样本量

城　市	一类区	二类区	县	总样本量
北京市	4(60)	2(60)	2(40)	440
天津市	3(60)	2(60)	2(40)	380
上海市	4(60)	3(60)*	2(40)	500
广州市	3(60)	2(60)	2(40)	380
成都市*	3(60)	2(60)	2(40)	380
长沙市	2(60)	3(60)	2(40)	380
西安市*	4(45)	2(60)	2(40)	380
总　计	1 320	960	560	2 840

＊其中浦东新区在商业区抽一个街道,在农业区抽一个镇。

＊成都、西安两市由于一类区数量较少,故对一类区进行全数调查,其中西安市每个一类区中抽 1 个街道,每个街道抽 3 个居委会。若有条件,在每个区中直接抽 3 个居委会最好。

八、总样本量

根据前述抽样设计,本方案 13 岁以上观众总的样本量为:

（1）自我代表层共 2 840＋200＝3 040 户，其中区样本为 2 400 户，县样本为 640 户。

（2）抽样总体分 11 个子层，55 个小层，样本区县共 121 个，其中样本区 45 个，样本县（县级市）76 个。每个样本区抽 90 户，故区样本为 4 050 户；每个样本县抽 60 户，县样本共 4 560 户，共计 8 610 户。

（3）全国总样本量为 11 650 户，其中区样本为 6 390 户，县样本为 5 260 户。

九、抽样误差的估计

本方案的设计效应 deff 估计为 2.0，相当于简单随机抽样的样本量 $n＝5$ 825，在 95％置信度下，比例型目标量的绝对误差限 d 经计算约为 1.28％。

十、目标量的估计及其方差估计

根据方案设计，（小）层内样本是近似自加权的，因此层目标量的估计及其方差估计较为简单。而地区（大层）与全国目标量的估计则可用表 6-9 中的人口比例为权加权并汇总自我代表层得出，相应的方差估计也随之可得。

第七章
问卷设计

调查法是广告研究经常使用的方法。在调查研究中，问卷不仅是必备的工具，问卷的好坏、水平的高低还直接决定着调查能否得到全面、准确、可靠的结果。只有问卷设计得好，才能得到研究所要的资料。

第 一 节 　 问 卷 设 计 的 程 序

问卷设计的程序包括若干步骤，可用图 7-1 来表示。下面我们就问卷的设计过程来具体解释。

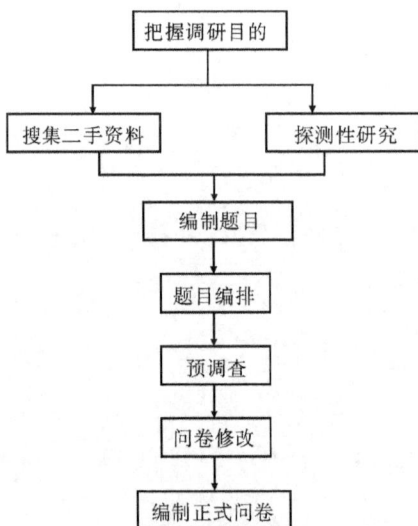

图 7-1　问卷设计程序

一、把握调查目的

对直接参与调查方案设计的研究者来说,问卷设计的这一步骤已在方案设计时完成,他们要做的是从第二个步骤开始。但对那些未参与调查方案设计的研究者来说,在着手进行问卷设计时,首要的工作是充分了解调查的目的和内容。办法是细读调查方案,向方案设计者咨询,与他们进行讨论。只有把握了研究的目的和研究的内容之后,问卷的设计才能做到有的放矢。

把握调研目的的有效方法之一是解构目的,采用目标手段分析方法将研究目的逐步细化,形成一个目的解构图,如图 7-2。有了这么一个解构图,研究者自己在编写问卷题目时就有了一个依据,可以减少题目增减的随意性和盲目性。当然要将目的解构清楚也不是那么容易的,特别是在复杂的研究中。但无论如何,分析出这么一个解构图对编写问卷题目大有益处。

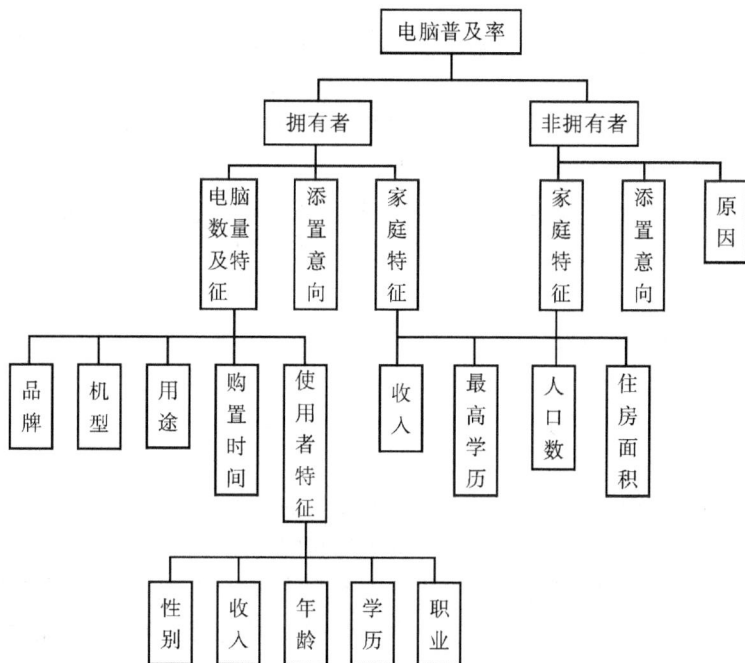

图 7-2   目的解构图示例

二、搜集二手资料

问卷设计不能简单地凭空想象,为使问卷设计得好,设计得完善,研究者需要了解许多的东西,需要借助别人的成功经验,需要搜集大量的二手资料,如该课题的相关文献资料、相关问题的问卷资料。搜集二手资料有两个目的。其一是帮助加深对目标问题的认识。问卷设计者面临的调查课题经常是不一样的,这次调查与食品有关,下次调查却可能与化妆品有关。问卷设计者不可能熟悉所有产品,因此必须搜集、研究二手资料来保证问卷设计的科学性和合理性。其二是为问题设计提供丰富的题目素材。了解类似研究的问卷资料,借鉴其成功之处,克服缺憾。本章末尾提供了两个案例,供读者参考。

三、探测性研究

问卷设计的探测性研究要求问卷设计者带着问题访问调查个别消费者,访问的目的有两个。一是了解受调查者的经历、习惯、文化水平以及对研究问题领域里知识的丰富程度等,达成这一目的有助于问卷设计者确定问卷题目的表达形式,使问卷题目更切合受调查者心理。二是了解在调查范围内,受调查者关心的是什么,对哪些问题思考得比较多、比较深入。透过个别访问,设计者能够更好地把握问卷应该问什么,问得全面与否,是否问到点子上,提供的答案是否合理、全面等。此外,研究者还可以借助个别访问判断和预测调查实施中将会遇到哪些困难,以便提前做好准备。

四、编写问卷初稿

个别访问完毕,设计者就可以根据所搜集的有关文献资料、个别访问资料以及设计者的个人经验,依照或参考解构图编写问卷题目。

编写题目时,一般以解构图的相关内容为编写大纲,根据各方面内容分别编写题目,编写的题目应充分反应该方面的情况。假设调查某矿泉水品牌的知名度,相关的题目可能包括:

请您说说您所知道的矿泉水饮料品牌:_____,
或您是否知道下列矿泉水品牌:

乐百氏——1   景田——2   娃哈哈——3
农夫山泉——4   百胜——5   其他——6

题目编写完毕,应以"题目切合调查目的"、"题目切合受调查者"和"题目是否适合资料采集方法"这三个要求为标准,逐一检查编好的题目,删去无关的、重复的、次要的内容,修改那些不准确的、不适当的题目,题目不能充分体现调查内容时还要补充。

检查一个题目是否切合调查目的,一个好办法是:在把一个题目纳入问卷之前,先确定以后如何分析这些问题(将使用何种统计方法),结果将用于何处,如何使用。如果不能回答这些问题,最好就不要这个题目。检查题目是否切合受调查者,通常可以采用的方法是:找一个对调查问题领域比较熟悉的人,例如关于药酒的调查,可以找一个常买或常饮用药酒的人,让他审查各个题目并提出意见。检查题目是否适合资料采集方法也很简单:根据调查将要采用的资料采集方法来审查题目,例如调查拟订采用电话访问,那么答案太多的题目就不合适,而如果采用面对面访问,问题过于书面化就不合理。

在编写问卷的过程中,问卷设计者还应熟悉题目的种类、答案的类型以及题目措辞的技巧。这些问题将在本章后面各节中具体讨论。

五、题目编排

题目编写出来之后,下一步的工作就是编排。编排不是简单地按顺序排列每一个题目,而是按题目之间的逻辑性、作答的难易程度等来合理排列。编排中应注意哪些问题,后面还会详细论述。

题目按一定顺序编排出来之后,加上卷首语和相关的记录问题,就成为一份完整的问卷,这是问卷初稿,其中可能存在设计者自己没有发现的问题,需要接受预调查的检查。

六、预调查

预调查是将编好的问卷初稿用于小规模的受调查团体。其目的之一是发现问卷初稿存在的问题并修改。

预调查选取的样本一般是那些比较方便找到的受调查者。他们可能是研究者或访员的同事、同学、朋友、家庭成员等。预调查的样本不一定与研究对象完全相同,只要基本特征相符合即可。

预调查的方式与今后实际进行的方式要一致。也就是说,如果以后调查实施采用电话访问,那么预调查也要采用电话访问;如果正式实施采用的是拦截(街头)访问,那么预调查也应该采用拦截访问。

　　预调查的问卷应该留有较大的空间,以允许和鼓励受调查者批评指正问卷,如:题目措辞、题目次序、多余问题、遗漏问题;不适当、不充分、多余或混乱的答案;开放性问题空白够不够;受调查者发现的其他任何不适当的方面。

七、制成正式问卷

　　通过预调查,问卷设计者可以了解受调查者的意见和评论,发现问卷中存在的问题。一般来说,如果有两个以上的受调查者对同一个题目有同样的批评,那么设计者就应该修改或删除该题目;如果有个别题目有很多受调查者没有回答,要寻找出原因并努力克服。

　　设计者还应注意处理反映倾向的问题。例如,有些题目的某个答案从来无人作答,有些题目大多数受调查者都选择同一答案。遇到这类问题,要检查一下答案是否在同一维度上,是否涵盖了整个范围;不同的答案之间是否相包含。

　　除了上述问题之外,问卷设计者通常还能发现问卷的措辞是否合理,题目的意思是否清楚,题目的排序是否合理,题目是否容易回答等问题。发现问题之后,设计者就可以修改完善问卷题目,编制出正式的问卷。

第二节　题目的种类

　　问卷的问题有两种类型:封闭题和开放题。在一份问卷中,题目可以全部是封闭题,也可以全部为开放题。这取决于研究问题的性质及特点。但在通常情况下,一份问卷既包含封闭题,也有开放题。

一、封闭题(closed question)

　　封闭题又称定选题,指已给定备选答案的题目,受调查者从问卷中已列出的多个答案中选择一个或多个答案。

　　例1:您选择进口红酒时考虑的主要因素是什么?

　　　　1.价格　　　　　　2.包装　　　　　　3.味道

　　　　4.知名度　　　　　5.流行程度　　　　6.其他

　　(一)封闭题的形式

　　1.判断题

　　判断题也叫是非题,题目给定两个相反的答案,受调查者选择其一作答。

例 2：您知道"钻石恒久远，一颗永流传"的广告语吗？

  知道——1   不知道——2

有时这种题目带有强迫性质，在这种情况下，也叫迫选题。

例 3：您喜欢还是不喜欢可口可乐？

  喜欢——1   不喜欢——2

判断题获得的数据资料是二分变量，虽然它属于命名量表，但它比具有多项选择答案的题目在统计方法上具有更大的选择性。除了可以用于多项选择命名量表的频率分析、x^2 检验之外，还可用于多种多元统计分析，如回归分析、因子分析等。

2.多项选择题

多项选择题就是给予多个答案供受调查者选择的题目。它又分为单选题和复选题。

(1)单选题，就是只能从所提供的多个答案中选择一个答案的题目。在这类题目中，有的问题答案之间有程度、大小或等级关系，如例 4、例 5；有的问题答案之间没有任何大小或等级关系，一个答案就是一个类别，如例 6。前一种单选题属于次序量表，在实际研究中，可以当作等距量表采用大多数统计方法进行统计处理，普遍用于学术性研究中。在商业性广告研究中，这类型的单选题主要用于企业、品牌以及广告等形象研究之中。

例 4：您服用洋参丸的频率是多少？

  一个月几次   1

  一个月 2～3 次   2

  一个月 1 次   3

  一年几次   4

  一年 1 次   5

  少于一年 1 次   6

例 5：刚才看过的某某广告，您喜欢不喜欢？

  1.很喜欢   2.喜欢   3.无所谓

  4.不喜欢   5.很不喜欢

例 6：您最喜欢下列哪一种品牌的手机？

  1.苹果   2.华为   3.小米

  4.三星   5.魅族   6.TCL

  7.其他

(2)复选题，是指允许从所提供的答案中选择一个或一个以上答案的题目。这类题目一般只能进行频率分析，计算各个类别的百分数，如例 7、例 8。

例7：您是通过哪些渠道知道青岛啤酒的：

　　1.电视广告　　　　2.报纸广告　　　　3.广播广告

　　4.户外广告　　　　5.别人介绍　　　　6.商店观察

　　7.网络广告　　　　8.其他

例8：在选择药品时，您觉得下列哪个方面最重要（记为"1"），哪个方面次重要（记为"2"），哪个方面第三重要（记为"3"）？

　　以前使用过　　　　　　＿＿＿＿＿＿

　　成分或原材料　　　　　＿＿＿＿＿＿

　　品牌的知名度　　　　　＿＿＿＿＿＿

　　价格　　　　　　　　　＿＿＿＿＿＿

　　包装　　　　　　　　　＿＿＿＿＿＿

　　功效　　　　　　　　　＿＿＿＿＿＿

　　制造商的声誉　　　　　＿＿＿＿＿＿

（二）封闭题的优缺点

封闭题具有下列几个优点：

（1）回答是标准化的，容易进行编码以及统计处理。

（2）受调查者容易作答，只要选择一下答案即可，无须自己填写答案内容。这有利于提高问卷的回收率。

（3）可以避免无关回答。例如对于"您多久看一次电视?"这样的题目，题目本意是要问看电视的频度，而受调查者可能回复"我想看就看"之类不贴切的答案。如果将该题目改成封闭性题目，提供"一周一次""一周二至五次"等答案，受调查者就不会答偏了。

（4）问题含义比较清楚。因为提供的答案有利于理解题意，这样就可以避免受调查者由于不理解题意而拒绝回答。

由于有以上优点，大多数市场调查问卷都以封闭题为主。但是封闭题也存在缺点，这些缺点是调查实施中需要注意并努力克服的：

（1）容易使一个不知道如何回答或没有想法的受调查者猜答案或随便乱答。

（2）问卷中如果没有适当的答案，受调查者难以作答。

（3）有些受调查者误解题目，这种情况只看答案难以发觉。

（4）迫选题自由选择的程度小，难以看出不同受调查者回答上的差异。

（5）书写上的错误较容易发生，如本想圈第二个答案，却圈在第三个答案上。

二、开放题（open question）

（一）开放题的形式

不给受调查者提供具体供选答案的题目就是所谓的开放题。开放题包括疑问题和投射题。

1.疑问题

疑问题通常提出一个问题，让受调查者作答，旨在直接了解受调查者的看法、意见或有关情况。它可以分为定量疑问题和定性疑问题。

（1）定量疑问题，是指要求受调查者用数量来具体回答的疑问题，如例9、例10。这类题目的目的是了解一些具体情况，以便统计处理。定量疑问题一般属于比率量表，可以进行平均数、标准差等各种统计处理。

例9：您觉得一瓶4斤装的纯净花生油卖多少钱比较合适？

_____元（人民币）。

例10：您昨天花多少时间看电视节目？

____时____分。

定量疑问题的题目设计比较简单，但受调查者回答的难度较大。因此许多研究都将它转换为封闭题，以减少受调查者的负担和统计处理的麻烦。

（2）定性疑问题，是指不要求受调查者用具体数据作答的疑问题，如例11。设计这类题目多数是为了了解受调查者的意见或看法。

例11：您为什么喜欢某某广告中的人物模特呢？

_____

_____

2.投射题

投射题让受调查者完成某种作业，如作字词联想、完成句子、编故事等，透过他们的回答，分析答案中隐含的态度或动机，如例12、例13。

例12：请将由下列词组联想到的事物写下来：

东鹏　_____

东胜　_____

海螺　_____

例13：请完成下列句子：

当我口渴时，我_____。

我喝矿泉水_____。

（二）开放题的优缺点

使用开放题能够获得研究者预料未及的答案，让受调查者充分陈述自己的

看法及理由,给受调查者较多的创造或自我表达的机会。一般来说,开放题只在以下情况中使用:

(1)不能用几个简单的答案来作答的复杂问题。

(2)答案太多且分散,封闭题不便使用。

但开放题也有局限:

(1)回答问题需要费很多的时间和精力,容易遭到受调查者的拒绝。一般来说,这类题目能有30%的受调查者回答已经是相当不错的。

(2)受调查者的资料非标准化,难以统计分析。

(3)资料的编码往往非常困难和主观。在开放题的回答中,经常出现这样的情况:同样意思,措辞千差万别;相反,相近似的措辞,意义却迥然不同。因而编码时的分类很困难,主观性很强。

(4)搜集到的资料中可能包含着大量无价值或不相干的信息。有些受调查者在回答问题时或抓不到问题关键,或比较健谈,回答了很多,这样就产生了很多多余的信息。

(5)开放题要求受调查者有较强的书面(或口头)表达能力。

(6)开放题旨在全面了解,但太全面会使受调查者不知所云。

由前面的叙述可见,开放题和封闭题各有利弊,各适合于不同的条件和背景。一般来说,需要快速回答,对量化结果感兴趣,受调查者教育水平较低的情况下,采用封闭题比较合适。但在预备性调查中,在回答的详尽性和彻底无遗性比时间、编码简化和数据分析都更为重要时,开放题比较可取。

第三节 题目的措辞

美国宝洁公司曾拿两块品质完全相同仅颜色不同的肥皂询问消费者的意见。其中一个问题是:"你认为哪一种肥皂比较温和些?"结果是:A肥皂温和些占57%,B肥皂温和些占23%,无意见占20%。后来问题换成"哪种肥皂对你的皮肤刺激性较小?"结果是:A肥皂对皮肤刺激性较小占41%,B肥皂对皮肤刺激性较小占39%,无意见20%。两种问法的答案差异很大,原因在于"温和"的含义难以确切理解。

要让受访者如实、准确地提供所需要的有关信息,除了受调查者的认真合作之外,如何提出问题、如何询问也至关重要。然而设计者常常会在措辞上犯错误,尽力避免这些错误,设计一份比较完善的问卷,使受调查者能顺利作答,十分有利于调查。为了避免这些错误,下列几点值得问卷设计者重视。

一、避免一问两答

在问卷中,一个题目不要包括两个或两个以上问题,否则会不知所措。

例14:您分别通过下列哪一种媒体看到"息斯敏"和"达克宁"广告?

　　　　a——报纸　　　　　　b——广播　　　　　　c——电视
　　　　d——路牌　　　　　　e——霓虹灯　　　　　　f——其他

如果受调查者从同一种媒体接触到两种品牌,这样的问题他们尚可作答;但如果受调查者不是从同一媒体接触到这两种品牌的广告,受调查者就会无所适从,任何一种选择都包含着错误信息。

避免这种错误的有效办法之一是检查已设计好的问卷,看看是否有"和"、"跟"、"同"、"与"、"及"或"或"等字眼,小心审查,一有问题马上修改。上述例题可改为两个题目,先问"息斯敏",再问"达克宁",受调查者就容易作答了。

二、避免使用冗长复杂的语句

从修辞的角度来说,修饰词多一点,语句长一点,语言会显得优美。但如果这类句子出现在要求受调查者在很短时间内作答的问卷中,则会造成理解上的困难。受调查者本来听一遍即可,现在要听两遍才能听清楚。这样不仅增加作答时间,受调查者也会感到不耐烦。因此,在语义清楚的前提下,句子要尽量简洁。当一个词足以表达时,决不用两个或三个词。

三、避免使用不易理解的词汇和语言

在大规模的调查研究中,调查对象的文化背景、教育水平、知识经验区别很大。在有些受调查者看来相当简单的词汇,另一些受调查者却可能不知所云。例如"刮刮看卡",搞广告、促销的人也许不难理解,但有些人的确不知它的意思。如果问卷设计者没有注意这样的问题,可能的结果有两个:一是受调查者放弃不作答,二是胡乱作答。无论是哪一种情况,都会影响到调查结果的客观性和准确性。问卷中非用不可的这类型的词汇要解释,在访员培训时说明清楚,以便他们向受调查者解释。

选择词汇的时候要注意几个问题:地区差别、文化程度差别、专业化程度差别。把握住这几个方面的差别,使用的词汇就比较贴切。

四、题目尽量具体而不抽象

只要可能,问题应该提到具体的、特定的事物,并要有特定的答案,比如年龄、性别的问题。受调查者不仅熟悉问题中的概念,而且熟悉适当的回答范围。

笼统的看法问题比较抽象,受调查者往往并无看法或从来没想过有关问题,因而无从作答;如果能具体到对某些方面的评价,受调查者就比较容易作答了。比如问"技术含量的高低",受调查者尽管知道"技术含量"的含义,但他无法区别各种不同的技术含量,当然无法作答。

五、避免问题带有诱导性

问题应该精心设计,尽量避免由于诱导使受调查者的回答出现偏见,从而人为地增加某一特定答案出现的概率。问题应该中性,例如可以问"您觉得这种包装怎么样?"而不问"您觉得这种包装很精美吗?"

诱导性问题会使回答失真。例如在美国的一项社会调查中,分别用两种方式问同一问题,一种为"您赞同今年提早一星期过感恩节的看法吗?"另一种为"您赞同罗斯福总统提出的今年提早一星期过感恩节的看法吗?"结果后一种提法由于提到了罗斯福总统,增加了 5%的肯定回答。

六、注意时间范围的表达

调查题目经常涉及时间,而问卷设计时,设计者常常会忽略准确表达时间范围,因而造成研究结果不可靠。在实际问卷调查中,很容易看到这样的题目:"您过去使用过某某品牌的产品吗?""您平均每月的收入是多少?"显然,这两个题目都有时间表达不清楚的问题,第一个题目中的"过去"究竟是"从出生到调查之前",还是调查的"前一年"、"前一月"或"前一周",只能让受调查者自己去猜测;第二个题目中的"平均",有的受调查者可能按过去半年计算,有的可能按过去 3个月计算,答案的含义也不相同。因此在设计问卷时,应该特别注意这类不明显的错误。

除了以上所述,题目的措辞还应注意:

(1)问题应该让人能回答,而不是让人说"不知道"或"无法回答"。

(2)避免用刺激性的措辞如"您是否丧偶?"

(3)问题的词组应是中性的。

(4)避免用只有少数人能理解的行话或方言。

(5)术语或概念的运用要具体,如饮料,应该指出是果汁的还是碳酸型的。

(6)确保问题中的事实是准确的,免得访员遭嘲笑。

(7)使用正确而简单的语法和句子结构,不要用双重否定句。

(8)答案应该跟问题相匹配,如程度的问题不要仅给是否的答案。

(9)问题要问过去或现在的行为,不要问将来的,将来的不可靠。

(10)尽量避免 5 个以上的答案(特别是在电话访问中)。

第四节 题目的编排

一份调查问卷通常包含许多题目,在题目编写、筛选完毕后,合理安排题目的顺序也是问卷设计的一个重要步骤。同样的题目,编排得合理、恰当有利于有效地获得资料;编排不妥当会影响受调查者作答,甚至影响调查结果。所以编排问卷题目必须小心谨慎。下面是题目编排的一般原则:

一、敏感性和开放性的题目置于问卷最后

敏感性题目如收入、婚姻状况等应该放在问卷后面,这类问题如果放在问卷的前面容易遭到受调查者的拒绝,继而影响后面问题的作答。如果置于后面,即使这些问题被拒绝,其他非敏感性问题也已做出回答,可以保留部分资料。

开放性问题一般需要较长时间来作答,一般受调查者不愿意花太多时间来完成一份问卷,一开始就遇上开放性问题,受调查者会觉得答卷需要很长时间,而拒绝接受调查。

二、先易后难

将容易回答的题目放在前面,难以回答的题目放在后面,问卷的前几道题目容易作答能够提高受调查者的积极性,有利于他们完成问卷,这是一种预热效应。如果一开始就让他们感到费力,他们容易对问卷失去兴趣。

容易的题目一般是公开事实或状况的描述,而不是谈看法、意见等需要动脑考虑的问题;是关于一般性、普遍性的问题,而不是关于特殊性、专门化的问题。

一份问卷中可能包含好几个与时间有关问题,有的问题是关于近期的事情,如昨天、过去一周内的情况,有的问题则关于一个月或几个月前的事情。近期的问题易于回想起来,便于作答,远期的事情,记忆容易受到干扰,不容易回想起来。根据先易后难原则,对于这种有时间顺序的问题,一般可先从最近的事情问起,而后逐渐询问较远期的事情。例如可先问"您现在使用什么品牌的牙膏?"然后续问"使用这种牙膏之前您使用的是什么牙膏?"如此依次询问,受调查者就容易回答。不过,有些问题如果从远期问起便于作答,那么也可以按时间的自然顺序进行。

三、按类别次序排列题目

一份问卷通常包含好几类问题,如受调查者的基本情况,如年龄,性别、收入、教育水平等;媒体接触情形,如电视、广播、报纸、杂志的接触频度、接触时间等;购买行为习惯,如购买频率、时间、地点、方式等;品牌态度,如对产品的各种基本属性的评价等;广告传播效果,如对广告内容、品牌名称的认知程度以及广告前后的态度转变等。对于各种题目,最好依据所属类别加以集中排列,有利于受调查者集中思考作答,避免扰乱他们的思维。

四、避免让受调查者回答他们无法回答的问题

问卷设计中最重要的问题之一就是使所有问题均有针对性。但是一份问卷通常不能保证每一个问题都适合所有的受调查者。有些问题可能与一部分受调查者有关,而与其他受调查者无关,让受调查者回答无关问题显然是不合适的。这会让受调查者认为问卷设计者很愚蠢,因而拒绝继续完成问卷;也可能造成受调查者随意作答,影响该问题的统计结果。

为了解决这种问题,在问卷题目编排时可以采取跳答的形式。跳答的普遍形式是,在每个答案旁边写上说明,一旦该答案被选择,下一个要回答的问题在哪里。

例 15:您是否买过壳牌润滑油?

    1.以前买过(继续 21A 题)

    2.正在使用(继续 21 题)

    3.从没买过(继续 21A 题)

此外,还可采用跳到箭头所示方向问题的形式,例如:

例 16:壳牌润滑油与您熟悉的其他牌子相比如何?

1.更差(继续 23 题)

2.一样 ────────────────┐

3.更好 ──────┐   │
              ↓   ↓
        ┌──────────┐ ┌──────────┐
        │ 为什么? │ │ 为什么? │
        └──────────┘ └──────────┘

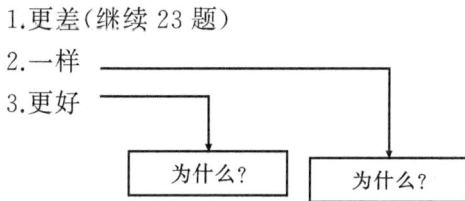

五、在适当的地方插入一些激励受调查者继续回答的话语

受调查者在接受访问的过程中,随着问题的深入,可能会出现厌烦的情绪,甚至拒绝继续接受访问。因此在问卷的适当地方,可以添加一些激励受调查者的话,如"下面的几个问题比较简单""再有 5 个问题就结束了"等。

问卷的整体编排通常可分五个部分。第一部分是几个过滤题(或叫作筛选题),这些问题是用以判别受调查者资格的。第二部分是少数几个简单的题目,也叫作预热题,让受调查者觉得问题并不复杂而愿意配合。第三部分是过渡题目,即受调查者稍思考即可作答的题目,这部分题目大约占 1/3。第四部分是困难和复杂题,即需要受调查者仔细考虑的问题,如评价性的问题、开放题等,这部分大约占 1/2~2/3。最后一部分是关于个人基本情况的题目,如年龄、性别、学历等。在每一部分开始之前,均可以插入相应的话语,以转移受调查者的思想和激励他们作答。

第五节　问卷的结构和形式

市场调查问卷一般包括三个部分:卷首语(开场白)、问卷记录和题目。

一、卷首语

卷首语也叫开场白,是问卷的第一部分,其内容一般包括下列几个方面:

(1)称呼、问候。如:"××先生、女士(或××同学、××同志),您好!"具体到某项调查用什么称呼,则根据受调查对象来确定。

(2)访员介绍。如:"我是上海大正市场研究有限公司的访员"等。

(3)简单地描述调查研究的目的。如:"我们想了解一下您对口香糖口味等有关问题的看法。"

（4）说明作答的意义或重要性。如："您的回答十分重要,将有助于我们改良产品,为您提供更优质的产品。"

（5）说明作答对受调查者无负面作用。许多受调查对象对于问卷调查顾虑重重,生怕答错了会给自己带来麻烦,所以卷首语要说明答案没有对或错、结果保密等问题。

（6）说明调查所需时间。如："耽搁您 15 分钟时间……"

（7）说明作答方式。比如要求受调查者多选或单选、打钩还是画圈等。

（8）说明接受访问后的答谢。说明如何、什么时候、给他们什么礼品或是礼金。

（9）致谢。如："谢谢您的支持和合作。"

（10）署名和日期。如："某某市场研究公司","2015 年 8 月"。

上述所列的各个方面是一般问卷可能包含但不一定要全部包含的卷首语内容。在实际问卷设计中,应根据资料采集方式以及实际情形来确定具体内容,卷首语置于问卷之中,还是仅用于规范访员的自我介绍也可在设计时一并考虑,下面我们用两个例子来说明。

电话访问的卷首语:

喂……我是上海大正市场研究公司的调查员,我们正在进行一项关于某某产品的市场调查,这个号码 67981978 是您家的吗?（如果不是,就说"对不起,我们打错电话啦";如果是,继续以下介绍。）您家的号码是我们从电话簿上随机抽出的,我们很乐意知道您对某某产品的意见,以便我们改进产品。访问只需要 5 分钟,现在开始,好吗?

入户访问的卷首语:

_____先生、女士或小姐:

我是上海大正市场研究公司的访员刘某某,我们正在进行一项关于某某产品的调查,我们很乐意知道您对某某产品的意见,以便我们改进产品,请您根据您的实际感受回答。访问只需 15 分钟,访问完我们将送给您一个小小的礼物作为纪念。现在开始访问行吗?

二、问卷记录

问卷记录一般包括以下几个方面:

（1）访员姓名、编号;

（2）审核员姓名;

（3）编码员姓名;

（4）受调查者的姓名、地址、电话号码等；

（5）访问时间；

（6）问卷编号；

（7）其他。

访问记录一般置于题目之前，也可以置于题目之后。

问卷记录主要用于检查问卷完成质量，了解数据质量事件发生的责任人，以便于追究责任者和采取相应的补救措施。其中记录访员、审核员和编码员有利于增强他们的责任感，出问题时也便于追究责任；记录受调查者姓名地址、电话号码以及访问时间便于进行复访检查，记录同时可以减少访员作假的可能性；编号记录可以避免问卷出现混乱。

三、题目

题目是问卷的主体。题目除了在内容上要切合研究目的和受调查者之外，还要注意题目的编排形式，便于访员或受调查者作答、记录，减少记录错误。

分类别的题目在答案填答方式及编排时，要特别注意避免受调查者或访员发生记录错误。下面我们举三个例子来说明。

例17：您现在吃的虾条是从哪里来的？

  a——自己买的　　　　　　b——家人给的

  c——别人送的　　　　　　d——记不清

例18：您现在吃的虾条是从哪里来的？

  自己买的…………a □

  家人给的…………b □

  别人送的…………c □

  记不清……………d □

例19：您现在吃的虾条是从哪里来的？（　　　）

  a.自己买的　　　　　　b.家人给的

  c.别人送的　　　　　　d.记不清

在一般情况下，受调查者或访员在记录答案时通常比较习惯于打"√"。打"√"比较方便，但经常会出现混淆。如有时受调查者会将"√"打在上下或前后两个答案之间，不便于判断选择的答案是哪个，这样会造成编码、录入的错误。所以例17常常要求受调查者打"○"，例18要求将"√"打在相应的"□"里，例19则要求将选择的答案填写在题目后面的括号里。

对于等级量表的题目可以分别采用下列几种形式：

例20：您觉得这种糖果：

很甜 ⌊_⌊_⌊_⌊_⌊_⌊⌋ 不甜

太硬 ⌊_⌊_⌊_⌊_⌊_⌊⌋ 太软

好吃 ⌊_⌊_⌊_⌊_⌊_⌊⌋ 不好吃

例21：您觉得这种糖果：

很甜 ⌊_⌊_⌊_⌊_⌊_⌊⌋ 不甜
　　1 2 3 4 5 6 7

太硬 ⌊_⌊_⌊_⌊_⌊_⌊⌋ 太软
　　1 2 3 4 5 6 7

好吃 ⌊_⌊_⌊_⌊_⌊_⌊⌋ 不好吃
　　1 2 3 4 5 6 7

例22：您觉得这种糖果：

很甜□□□□□□□不甜

太硬□□□□□□□太软

好吃□□□□□□□不好吃

对于开放题要注意留出足够回答记录的空间。

总之，问卷在数据收集过程中起着非常重要的作用，如果问卷设计得不好，那么所有精心的抽样计划、训练有素的访员、合理的数据分析技术都将徒然无用。一份优秀问卷的标准，应该能符合以下几个要求：首先，能为客户提供必要的管理决策信息；其次，能充分考虑到受调查者的情况；再次，问卷必须易于管理，满足问卷回收之后编码和数据处理的需要。

思考题：

1.问卷设计包括哪些过程？

2.封闭题目和开放题目有何异同点？

3.预备性调查的意义何在？

4.题目的措辞应注意什么问题？

5.题目编排有哪些要求？

厦门购房刚性需求调查问卷

（此案例由厦门大学品牌与广告研究所提供）

问卷编号＿＿＿＿＿＿

＿＿＿＿＿＿女士/先生：

您好！厦门商报与厦门房地产联合网共同策划推出针对厦门市购房需求大型调研活动。厦门大学新闻传播学院品牌研究小组作为合作单位，为本次调研提供学术支持。研究旨在了解我市购房者的理想需求及购房动向，为房地产市场发展提供合理有效参考。调研结束后，您将有机会参与我们组织的专场看房活动。真诚感谢您的支持与合作，谢谢！

D1 请问您现在所居住的区域？

  1.思明区   2.湖里区   3.集美区

  4.海沧区   5.同安区   6.翔安区

D2 您目前住房的性质？

  1.单位房改房/集资建房   2.祖传私房

  3.自购商品房   4.租赁单位公房   5.拆迁安置房

  6.租赁私住房   99.其他＿＿＿＿＿＿＿＿＿（请注明）

D3 您目前住房面积属于以下哪一面积区间？

  1.60 m² 以下   2.61～90 m²   3.91～120 m²

  4.121～150 m²   5.151～180 m²   6.181 m² 以上

S1 请问您目前是否有计划购房需求？

  S1-1 马上，一个月内   S1-2 半年内   S1-3 一年内

  S1-4 一年至两三年内   S1-5 无购房需求

若您的选项为"S1-5 无购房需求"，请填写以下问题。

S1-5-1 您和您的家人（包括配偶及未成年子女）在厦门目前拥有几套房产的所有权？

  1.一套   2.两套   3.两套以上

  4.暂无房产，现为租赁或寄居

S1-5-2 您目前暂无买房计划的主要理由？

  1.对现居房满意，没有购房必要   2.政策限制

  3.房价过高，不合理   4.尚未考虑在厦门置业

  99.其他＿＿＿＿＿＿＿＿＿（请注明）

若您的选项为"有购房需求的",请自 Q1 填写问卷。(以下无特别标注,均为单选题。)

Q1 住房现状及预购方式

Q1-1 您计划购房的最主要目的?

    1.现住房将拆迁　　　　2.入户厦门　　　　　　3.购置结婚新居

    4.准备子女婚嫁用房　　5.扩大住房面积,改善居住条件

    6.上班便捷　　　　　　7.子女入学需改变居住区域

    99.其他_____(请注明)

Q1-2 您购房时倾向于何种买付方式?

    1.自付现款一次付清　　2.住房公积金贷款　　　3.银行按揭贷款

    4.公积金和银行组合贷款5.私人借贷现款,一次付清

Q2 购房条件选择

Q2-1 您计划购置何种性质的房子?

    1.一手房　　　　　　　2.二手房　　　　　　　3.以上均可

Q2-2 您对新购房是否有户口要求?

    1.有　　　　　　　　　2.无

Q2-3 您倾向于购买哪种类型商品住宅?(总楼层数为 d)

    1.普通多层住宅　　　　2.小高层电梯住宅　　　3.中高层电梯住宅

    ($1 \leqslant d \leqslant 7$)　　　　($8 \leqslant d \leqslant 14$)　　　($d \geqslant 15$)

    4.别墅　　　　　　　　5.暂无明确倾向

Q2-4 您倾向于选择哪种商品房?

    1.毛坯房　　　　　　　2.精装房　　　　　　　3.暂无明确倾向

Q2-5 您倾向于购买何种户型的商品住宅?(请在对应数字上画"√")

1-卧室数	1	2	3	4	>4
2-厅数	0	1	2	3	>3
3-卫数	1	2	3	4	>4
4-厨房数	0	1	2	>2	
5-阳台数	0	1	2	3	>3
6-建筑形式	1.平层户型	2.错层户型	3.跃层户型	4.复式户型	5.无所谓

续表

1-卧室数	1	2	3	4	>4
备注	平层户型	单平面层户型,是指所有的住宅功能位于同一平面上的户型			
	错层户型	房内的厅/卧/卫/厨/阳台处于几个高度不同的平面上,但层高低于一人,仅存在30~60厘米空间高度差			
	跃层户型	套内空间跨越两楼及以上的户型,各层相对独立,不在同一空间(楼中楼)			
	复式户型	单元住宅的房间置于两个或两个以上平面层上,内拥有一个或几个房间是贯穿两层的通透空间(即有挑高空间)			

Q2-6 您计划购买多大面积的商品房?

1.60 m² 以下   2.61~90 m²   3.91~120 m²

4.121~150 m²   5.151~180 m²   6.181 m² 以上

Q2-7 购房时,您首选区域( ),其次( ),再次( )。针对此三个区域,您分别可承受每平方米的最高均价是?(请在意向价位区间序号上进行勾选)

1 思明区	1.6 000 元以下	2.6 001~8 000 元	3.8 001~10 000 元	4.10 001~12 000 元	5.12 001~15 000 元	6.15 001~20 000 元	7.20 001 元以上
2 湖里区	1.6 000 元以下	2.6 001~8 000 元	3.8 001~10 000 元	4.10 001~12 000 元	5.12 001~15 000 元	6.15 001~20 000 元	7.20 001 元以上
3 集美区	1.6 000 元以下	2.6 001~8 000 元	3.8 001~10 000 元	4.10 001~12 000 元	5.12 001~15 000 元	6.15 001~20 000 元	7.20 001 元以上
4 海沧区	1.6 000 元以下	2.6 001~8 000 元	3.8 001~10 000 元	4.10 001~12 000 元	5.12 001~15 000 元	6.15 001~20 000 元	7.20 001 元以上
5 同安区	1.6 000 元以下	2.6 001~8 000 元	3.8 001~10 000 元	4.10 001~12 000 元	5.12 001~15 000 元	6.15 001~20 000 元	7.20 001 元以上
6 翔安区	1.6 000 元以下	2.6 001~8 000 元	3.8 001~10 000 元	4.10 001~12 000 元	5.12 001~15 000 元	6.15 001~20 000 元	7.20 001 元以上

Q2-8 您能承受商品房的最高总价是?

1.30 万~60 万元   2.61 万~90 万元   3.91 万~120 万元

4.121 万~150 万元   5.151 万~200 万元   6.201 万~300 万元

7.301 万元以上

Q2-9 您在购房时,比较看重住房哪方面因素?前五项依次是____、____、____、____、____。

1.价格   2.交通便捷   3.周边生活配套

4.周边教育配套　　　　5.物业管理　　　　6.开发商品牌信誉

7.房屋升值潜力　　　　8.治安状况　　　　9.户型设计

10.小区景观设计(绿化面积)　　　　　　　　99.其他

Q2-10 您认为理想的楼盘小区内最需要哪些公共配套设施? 前三项依次是____、____、____。

1.充足的停车位　　　　2.公共娱乐场地　　　　3.公共健身设施

4.安全监控设施　　　　5.幼儿园　　　　　　　6.园林景观

7.餐厅、咖啡厅　　　　99.其他

Q2-11 除了常规的保安保洁外,您认为理想小区还应具备哪些物业服务和配套设施?

前五项依次是____、____、____、____、____。

1.整治绿化　　　　　　2.水电维修及房屋维　　　3.车辆停放管理

4.警卫安全监控　　　　5.家政服务　　　　　　　6.电子防盗系统

7.房屋代管/看管/代租 8.宽带网络系统　　　　　9.小区统一净水

10.小区自有发电设备　　　　　　　　　　　　　　99.其他

Q3 信息渠道与购买决策

Q3-1 你通常从哪些渠道获取购房信息? 首选(　　),其次(　　),再次(　　)。

1.报纸广告　　　　　　2.电视广告　　　　　　3.广播广告

4.杂志广告　　　　　　5.网络广告　　　　　　6.手机广告

7.户外广告(含楼宇电梯广告)

8.人际传播(如购房中介和亲友介绍)

Q3-2 在您的购房决策过程中起到关键性作用的是?

1.配偶/恋人　　　　　　2.子女　　　　　　　3.父母

4.朋友　　　　　　　　5.地产从业人员

99.其他_____(请注明)

Q3-3 针对近期政府出台的一些房地产政策,对您的购房计划产生了较大的影响的是?

1.厦门最新入户政策

2.全国将征收房产税

3.限购令(两套以内)

4.强化差别化住房信贷政策(提升第二套房首付及房贷利率底线)

99.其他_____

Q3-4 具体影响表现在?

1.延迟购房计划

2.取消购房计划

3.利用各种关系,想办法绕过政策壁垒

Q4 个人信息

Q4-1 您目前出行的主要交通工具

1.私家车 2.出租车 3.BRT

4.公交车 5.自行车/电动车 6.步行

99.其他_____

Q4-2 您的性别

1.男 2.女

Q4-3 您的年龄(周岁)

1.18～24 岁 2.25～34 岁 3.35～44 岁

4.45～54 岁 5.55～60 岁 6.61 岁以上

Q4-4 您的婚姻状况

1.未婚 2.已婚/同居 3.分居/离异/鳏寡

Q4-5 您的户籍所在地

1.厦门岛内(含鼓浪屿) 2.厦门岛外 3.福建省_____市

4.外省(_____省_____市) 5.外国_____

Q4-6 您家中目前的常住人口数_____

Q4-7 您所从事的职业

1.劳务职(含普通工人、运输员等体力劳动者)

2.技能职(含司机、美容师等技术工人)

3.服务职(含售货员、服务员、护士/保安等)

4.事务职(含秘书、后勤人员等)

5.销售职(含公司采购或销售等)

6.技术职(含工程师、程序员等)

7.技术类外的专门职(含教师、医生、律师、记者等)

8.自由职业者(含自营业的医生、律师、自由撰稿人)

9.企业/公司管理人员

10.行政管理人员/公务员

11.经营者(含合伙人、私营企业主等)

12.个体户

13.军警

14.全日制在校生

15.家庭主妇

16.下岗/待业人员

17.离退休人员

99.其他_____(请注明)

Q4-8 您的最高教育程度

1.小学及以下   2.初中   3.高中/中专/高职/技校

4.大学专科   5.大学本科   6.研究生及以上

Q4-9 您的个人月收入(包括所有奖金/工资/津贴在内)

1.无收入   2.1 000 元以下   3.1 001～3 000 元

4.3 001～6 000 元   5.6 001～10 000 元   6.10 001～15 000 元

7.15 001～20 000 元 8.20 001～25 000 元   9.25 001～30 000 元

10.30 001 元以上

Q4-10 您的家庭月收入(包括所有奖金/工资/津贴/租金收益在内)

1.无收入   2.1 000 元以下   3.1 001～3 000 元

4.3 001～6 000 元   5.6 001～10 000 元   6.10 001～15 000 元

7.15 001～20 000 元 8.20 001～25 000 元   9.25 001～30 000 元

10.30 001～40 000 元 11.40 001 元以上

为了我们今后能更好地回馈您的理解和支持,请留下您的姓名和联系方式

Q4-11 您的姓名_____

Q4-12 您的联系方式(电话)_____

访问到此结束,再次感谢您的支持和配合! 预祝您购房愉快!

第八章
文献研究法

广告调研会采用一定的手段、方法去获取资料,这些手段、方法就是所谓的资料采集方法。广告调研的资料采集方法有很多种(参见图 8-1),不同方法的特点、适用条件、所需费用和获得的资料不尽相同。调研时要注意辨别这些异同,选择使用最合适的方法,保证调查有效地获得所需的资料。

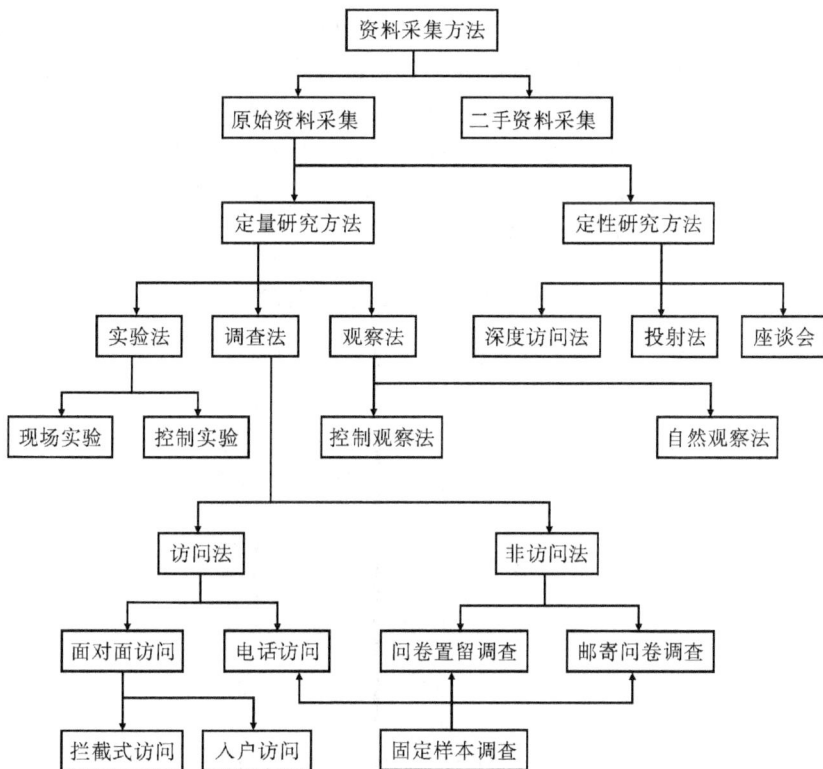

图 8-1　资料采集方法

图 8-1 罗列的资料采集方法很多,本章先介绍二手资料的采集方法,这种方法也叫作文献研究法。实验法更多使用在学术研究之中,本书不予介绍,其他方法在随后三个章节中展开。

第一节 文献研究法的概念

一、什么叫作文献研究

文献研究法,是收集、整理和分析二手资料的方法。所谓二手资料,是已经被别人获得或已经以某种形式存在的资料,二手资料是针对原始资料而言的,原始资料是指研究者为了某种具体的目的而通过专门调查研究获得的资料。举个例子来说,如果想了解中国的城市消费者用手机网购的原因,我们就可以通过收集二手资料来获得,因为有关资料或报告已经存在,例如在 nielsen.com 就有尼尔森市场调查公司 2014 年提供的《网络购物行为研究报告》,在报告中就可以找到我们需要的资料(如图 8-2)。但这种资料时效性很强,容易失效,对了解不断变动的最新情况不一定有帮助。当依靠收集二手资料不能达到目的时,唯一的办法就是通过调查研究收集原始资料。

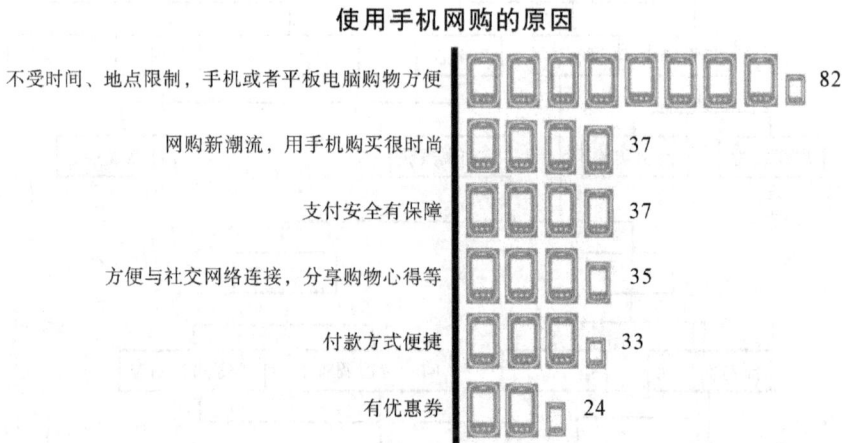

使用手机网购的原因

不受时间、地点限制,手机或者平板电脑购物方便	82
网购新潮流,用手机购买很时尚	37
支付安全有保障	37
方便与社交网络连接,分享购物心得等	35
付款方式便捷	33
有优惠券	24

图 8-2 中国城市消费者使用手机网购的原因

资料来源:尼尔森市场调查公司 2014 年《网络购物行为研究报告》

采用文献研究收集二手资料有以下三个优点：简单，速度快，费用低。不足之处是收集到的资料可能会有过时、不全面、相关性不够、数据不准确等缺陷。克服文献研究中存在的这些缺陷是文献研究中需要注意的问题。

二、文献研究的用处

（1）文献研究在探测性研究和研究决策过程中起着重要的作用。在广告调研中，研究者了解研究背景、选取问卷设计的素材和决定题目设计、抽样框等很大程度上依赖于文献研究提供的信息。例如在进行配额抽样时，样本的配额是以人口统计资料为依据的。

（2）文献研究获得的信息一定程度上可以洞察或解决研究的问题。例如企业根据多年的销售资料可以适当地预测企业未来的销售情况，广告主利用市场调查公司提供的广告监测资料可以清楚地了解各竞争对手的媒体广告投入量，广告代理商利用市场调查公司提供的有关资料（如市场占有率、品牌知名度等）来决定广告目标。

（3）文献研究可以为第一手资料的研究提供必要的研究工具。例如关于广告态度的测量，如果能够得到他人研究使用的量表，不但可以省去重新编制量表的麻烦，测量的信效度也更有保证。

（4）文献研究可以警告研究者潜在的问题和困难。例如从有关调查研究的资料、书籍中可以得知，邮寄问卷调查的回收率是比较低的。了解了这些，研究者如果决定采用邮寄问卷调查进行研究就会提前考虑如何提高回收率。

（5）文献研究收集到的二手资料可以解释和补充研究结果。第一手资料有时无法完全说明问题，需要二手资料才能清楚地加以解释。例如在一次调查中得到品牌的第一提及率为 20％。这个结果要得到很好的解释，就必须通过二手资料了解之前该品牌的第一提及率是多少，或者其他产品类别中各第一提及率的基本情况，这样才能通过比较加以鉴别。

（6）文献研究获得的二手资料可作为评价原始资料的标准。例如，可用人口普查资料或人口抽样调查资料的人口构成数据来判断广告研究样本结构的合理性。

第二节 二手资料的收集

文献研究首先是收集二手资料,然后再分析收集到的文献资料。在收集二手资料的时候必须弄清楚以下三个问题:二手资料从哪里获得,即来源问题;收集哪些资料和放弃哪些资料,即标准问题;怎么收集,即方法问题。

一、二手资料的来源

二手资料主要以印刷出版物、音像出版物、电子出版物、网上在线资料等四种形式出现。在进行文献研究之前,首先要弄清楚这些二手资料经常来自什么地方,从哪里能够获得。由于广告研究经常跟广告主或企业有关,因此,这些资料的来源,不外乎就是企业内部和企业外部。

(一)企业内部来源

企业内部的二手资料包括:货物记录、销售结果记录、广告费用记录、财务收入记录、产品报告和计划、消费者资料、销售人员报告、管理者报告、财务支出报告、决算、中间商报告和反馈、营销计划、广告计划、广告印刷、音像等各种存档资料等。

在企业的这些内部资料中,值得一提的是消费者资料。目前,世界上许多著名公司都建立有消费者信息的数据库,并依据消费者数据库进行企业决策和营销活动。消费者数据库资料包括市场调查数据、消费者购买和使用产品的数据、订货单、销售人员的访问报告,以及其他渠道收集到的数据。例如,一些知名企业在出售自己的产品和服务时,往往要求购买者填写一张关于个人信息、联络方式的表格。这些表格反馈到企业后,经过整理就成了最基本的消费者数据库。

(二)企业外部来源

企业外部的二手资料从来源分类上包括:政府来源、协会组织来源、专业类出版物来源、网络来源等。

就我国的情况而言,常见的二手资料如表8-1所示。

表 8-1　企业外部数据来源表

来源分类	具体资料
政府来源	①中国人口普查资料：全国及各省的人口普查资料,包括全国各地区的人口、性别、年龄构成、婚姻状况、就业等统计信息
	②工业普查资料：介绍全国工业的规模大小、分布状况等
	③中国/各省市统计年鉴：每年出版一册,提供全国经济、人口、消费等方面的统计资料
协会组织	④中国广告年鉴
	⑤各专业市场研究机构或行业组织定期或非定期的各种统计报告,如收视率报告、阅读率报告、媒体的广告监测报告等
专业类出版物(通常包含观点、建议而非单纯的数据,适合思考启迪而非提供分析所需的专业数据)	⑥主要报刊：《经济日报》《经济参考》《市场报》《经济信息时报》《中国工商时报》《消费指南》等
	⑦各种广告刊物,国内的包括《现代广告》《中国广告》《国际广告》《广告大观》《广告导报》等。国外的包括 *Advertising Age*、*Ad week* 等。
	⑧公开出版的各类广告图书、音像资料
网络资料(数据多样且比较杂乱,收集之后需要进行认真的归纳梳理)	⑨公司信息门户、官方网站
	⑩网络数据库
	⑪专业类网站,例如艾瑞网(iResearch)、梅花网等。

　　需要强调的是,任何数据搜索的起点是审视是否有企业内部二手资料,若数据不足再进行外部二手资料的收集。在两者都无法满足数据需求时,我们方才考虑开展原始数据的收集。为方便读者,我们引入下面这张数据搜集流程图。

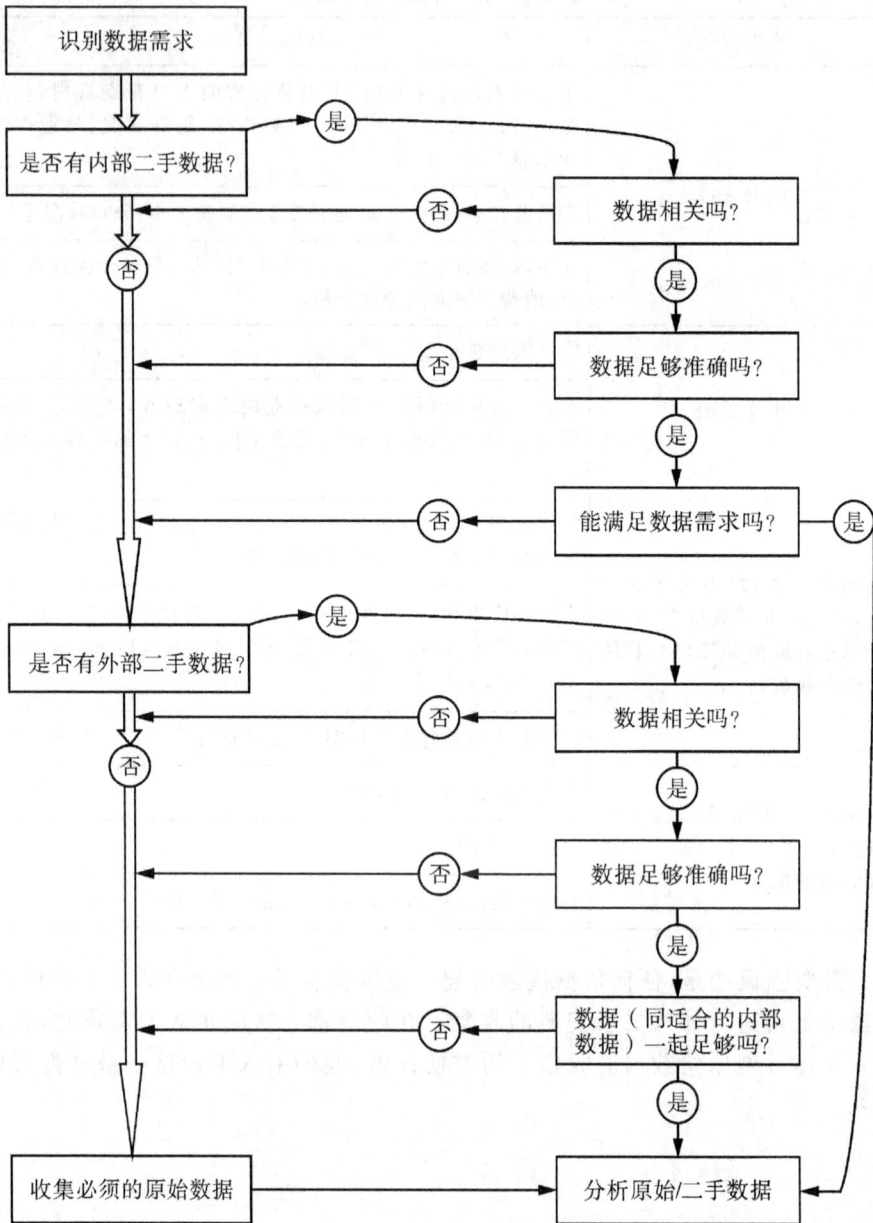

图 8-3 数据搜集流程图

资料来源:[美]帕拉苏拉曼,《市场调研》(第 2 版),中国市场出版社,2009:87

二、二手资料收集的标准

二手资料形式多样,从时间上来说,有久远的,有近期的;从来源上看,有个人提供的,有机构提供的;从质量上说,有真实可靠的,也有虚假的;从目的来说,有对研究有用的,也有对研究没有价值的。收集二手资料时,要确立一些标准或条件来判断资料的价值。这些标准主要是:

(一)原始资料提供者的信誉

信誉好的机构,资料采集过程比较客观、科学,数据资料一般也比较可靠。采用不知名的资料提供机构提供的资料,最好能具体了解该机构收集资料的方法、过程、目的,以判断所提供资料的可靠性。

(二)原始资料收集的目的

原始资料的提供者在收集资料时总是抱有目的,有以向客户提供资信服务为目的的,他们采集资料不是为自己服务,而是为客户服务,如各种专业化的市场咨询研究公司;有的则是为了本身的利益采集资料,这种资料往往令人怀疑,如国内曾经有一些媒介单位自己调查视听率,其目的是将收集的资料提供给媒介的买主,诱使他们购买媒体的时间或版面,这种资料的可信度就比较低。

(三)原始资料的采集时间

原始资料的采集时间决定着资料的时效性。有些资料是近期公开发表或出版的,资料采集却在很早以前进行,这种资料可能已失去时效性,不再有价值。即使是近期采集的,也可能由于市场的迅速变化而失去其针对性。

(四)原始资料的研究方法

研究方法运用的恰当性是判断研究结果客观性、可信性的重要依据。在审查原始资料的价值时,要了解原始数据提供者对数据调查方法的详细描述,如问卷回收率、抽样方法、样本量、调查实施过程等。要分析每一个可能影响数据质量的细节,发现问题就要认真检查该问题对数据质量的影响。

特别值得注意的是,许多研究往往都是在限制条件下进行的,其结论有局限性,如对某一群体(如大学生)的调查结果不一定能推论到不同群体或更大的群体(青年群体)。收集二手资料时一定要注意结论产生的条件。

(五)与其他信息的一致性

二手资料之间经常会出现不一致的情况。调查者应深入探究造成矛盾的各种可能。不同的样本结构、时间因素、抽样方案、问卷设计以及其他许多因素都会导致调查结果的不同。调查者应尽量评价各种调查的可靠性,从而决定应该使用哪一个调查结果。

三、二手资料的优点和局限性

(一)二手资料的优点

一般来讲,搜集二手资料比搜集原始资料方便,能节省时间和费用。除此之外,二手资料还有以下几方面的优点:

(1)有助于明确或重新明确探索性研究中的研究主题。二手资料在探索性研究中起了非常重要的作用。

(2)可以切实提供一些解决问题的方法。调查人员所遇到的问题有时是相同或是类似的,如某地的收入水平、人口结构、家庭结构、地理分布、某一行业的生产能力、地区分布、市场范围等,这些资料可能有人收集过。调查人员可以从已经存在的二手资料里摘取自己所需要的信息。

(3)可以提供收集原始资料的备选方法。也许二手资料里已经提供了其他调查人员相类似的调查,只是针对不同的产品或是在不同的地区。针对当前的调查问题,调查人员可以借鉴其他调查人员的收集资料方法,使调查结果有一定的可比性。

(4)提醒市场调查人员注意潜在的问题和困难。二手资料还能暴露出潜在的危险,如收集方法不受欢迎,样本选择有困难或被调查者有敌意等。

(5)提供必要的背景信息使调查报告更具说服力。二手资料经常能为设计调查计划或方案提供大量的背景资料。它能够粗略地概括出潜在消费者和非消费者、产业数据、新产品和已有产品的优缺点等。

(二)二手资料的局限性

二手资料除了有以上所述的各种优点以外,也存在一定的局限性。主要有:

(1)缺乏可得性。对于某些问题,可能就是不存在二手资料。

(2)缺乏相关性。已经存在的二手资料往往是为其他目的而收集,因此在形式上(数据计量单位等)、方法上(变量种类的划分、定义等)、时间上不能被调查人员直接使用。

(3)缺乏准确性。使用二手资料时应评估资料的准确性。在调查者收集、整理、分析和提交资料的过程中,会有很多潜在的错误。使用二手资料并不意味着调查者可以不评估资料的准确性,即使是某些权威机构的资料也应注意可能存在的误差。

四、二手资料的收集方法

二手资料的收集整理因目的不同而有所不同。

(一)以资料积累为目的

原始资料有的是周期性的,有的是非周期性。对非周期性资料或一般印刷资料来说,首先要建立资料分类目录,如以产品类别,或以资料来源将原始资料进行分类,然后按目录收录这些资料以便检索。一般公司企事业单位的非周期性企业内外部资料都是采用这种方法处理。

对周期性的资料来说,收集整理过程大致如下:

1.明确资料收集整理的目的

要明确资料收集整理后有何用,用于何处;出售给客户,还是自己使用。例如有一定规模的广告公司通常都要收集当地主要报纸的广告,目的是为广告客户服务。

2.提出建立数据库的基本要求

为了使用方便,一般要用电脑数据库来储存管理周期性资料。因此在明确目的之后,要根据收集整理的目的,提出建立数据库的基本要求。例如对报纸广告建立数据库资料,可能要求资料包含广告主、商品类别、品牌名称、发布日期、版面、版面位置、广告版面大小、广告标题、主要广告语、广告代理者、广告费等信息。

3.开发数据库管理文件

根据目的和基本要求,由计算机软件开发公司开发数据库管理文件。

4.收集数据资料

根据资料收集的目的,将相关的资料收集起来并进行适当的编码。以电视广告的监测为例来说,监测人员先要将各频道的电视广告录制下来,然后把有关情况编码登记在表 8-2 这样的记录表中。

表 8-2 电视广告监测记录表

序号	类别	时间	长度	品牌/栏目	产品/内容	质量	版号	备注
1		： ：						
2								
3								
4								
5								

续表

序号	类别	时间	长度	品牌/栏目	产品/内容	质量	版号	备注
6								
7								
8								
9								
10								
11								
12								
13								
14								
15								
16								
17								
18								
19								
20								

监测地点：＿＿＿ 监测台套：＿＿＿ 频道代号：＿＿＿ 录像时段：（ ： ： — ： ： ）
监测时间:20＿＿年＿＿月＿＿日星期＿＿录像带编码：（第＿＿盘）第＿＿页 共＿＿页

5.资料保存

由资料管理员定期按数据库要求录入资料。

(二)以个别研究为目的

1.明确目标问题

商业性的广告研究多数是为广告策划中的广告决策服务的,例如确定广告目标、广告竞争战略等。广告研究的目的可能就是了解竞争对手以及行业的情况——竞争对手的广告宣传主题、单一媒体广告费投入、产品销售的趋势、产业的发展趋势等。

学术性广告研究收集资料的目的是加深对某个研究领域的了解,或弄清楚某个研究领域的研究状况,如广告全球化、广告表现的文化差异、广告中的性别角色、性诉求的效果等。

2.资料收集

明确目标问题之后就可以着手进行资料收集。收集的途径有很多：可以要求被服务客户提供详尽的资料，可以从电脑数据库中提取相关的资料，可以从公司印刷资料库中收集相关的资料，可以从政府公开出版的统计年鉴中寻找相关资料，可以从学术刊物上寻找相关的资料，可以从政府的内部刊物上收集相关资料，可以在网上进行搜索。

学术研究中收集资料一般采用以下两种方法。一种方法是从各种相关杂志寻找收集近期出版的相关研究领域的文章，然后根据该文章的参考文献找出更早发表的文章，一直追溯到该领域最早的研究报告。另一种方法是根据现有的研究文章的关键词搜索出有关文献的标题、作者、刊物名称、期号、摘要等，通过摘要阅读得到的信息查找全文。

第三节　二手资料的分析

许多二手资料不需要进一步的分析就可以直接作为相关论点的依据或佐证，有些二手资料是具有一定结构的数据资料，这类资料可以通过统计处理来揭示其中隐含的规律或意义。还有些资料是具有一定结构的非数据资料，这类资料难以直接引用，也不能直接进行统计分析，要揭示资料中隐含的规律或意义，必须通过复杂的分析过程。这一节，我们着重介绍分析这种资料的方法，即内容分析法。

一、什么是内容分析法

内容分析法最早是传播学的研究方法，后来广泛运用于社会和行为科学研究。内容分析法客观系统和定量地描述信息交流形式的明显内容，所谓"信息交流形式"，不仅包括借助于书籍、报纸、杂志、电视、广播、互联网等大众媒体的信息交流形式，还包括口头或书面的人际交流形式等；所谓"明显的内容"是指信息交流中的物质形态，是指那些看得见、听得着的东西，如图片、语言等；所谓"客观的、系统的"，意味着内容分析有相应的规范。它要求研究者预先做好分析计划，制定分析规则，然后依照一定的步骤进行。所谓"定量的"，说明内容分析要将各种"明显的内容"转化为数据并统计分析这些数据。

二、内容分析的基本过程

内容分析的基本过程包括抽样、编码和信度分析。

（一）抽样

内容分析与调查一样，都面临着抽样问题。在广告以及传播研究中，内容分析的对象（如报纸广告、杂志广告、电视广告）的总体往往相当大，不可能全部分析，只能抽取其中的一部分代表总体进行分析。假设要了解我国电视广告中产品类别分布情况，首先要解决抽样的问题。因为每天的电视广告成千上万，研究者不可能分析一年 365 天里全国各电视频道中播出的所有电视广告。因此，研究者就要决定哪些日子、哪些时段、哪些频道发布的电视广告要收集。

在内容分析研究中，最常见的抽样方法是多阶抽样。例如上述例子，首先要考虑电视频道的性质、覆盖范围等因素，从大大小小的频道中抽取若干个频道（如中央一套等）；其次根据抽样的方便性等因素决定抽取一个或几个固定时段（如 19：00—22：00）；再次，根据拟抽取的样本量（如 1 000 则广告）和被抽取频道每天在确定的时段（如 19：00—22：00）播出的不重复的产品广告量（100 则），确定从一年中抽取多少天（如 10 天），然后结合考虑季节等因素，采用分层抽样方法确定抽取一年中的哪十天。这样剩下的问题就是在选定的日子、从选定的频道中将在选定的时段播出的所有电视广告录制下来进行分析。

（二）编码

编码是资料收集之后的一个必然步骤，关于定量研究的编码问题，我们会在第十二章中专门介绍，这里我们着重讨论内容分析时的编码问题。

内容分析中的编码，实际上就是依据一定的规则将样本资料转化为符号或数字的资料简化过程。在这过程中，研究者首先要确定编码的项目，界定每个项目的分析标准，然后让编码员依据项目分析标准逐一对样本进行编码。例如黄合水（2002）在其研究中，为了探讨强、弱品牌在品牌联想是否存在差异，先提供给被试者一些词（包括品牌名字和产品类别），让被试者在限定的时间内记录下由这些词所联想到的所有的词、思想、特征、符号或形象，然后让两个编码员依据表 8-3 的编码标准，对被试的记录材料进行分析。

表 8-3 联想结果编码项目及说明

项　目	说　　明
(1)属性	产品的色彩、香型、状态、泡沫、材料等特点
(2)利益	产品给顾客带来的好处,或相关的描述,如蛀牙、防蛀牙、抗过敏、增白等
(3)价格	产品的价格信息,如昂贵或廉价等
(4)产地	明确指出生产产品的国家或地区,或出现明显象征某地区和国家的符号或词
(5)主观广告量	包含广告、广告内容以及指出广告的数量
(6)主观流行度	指出产品的流行及其程度,如大众化产品、许多人使用
(7)主观知名度	出现与品牌知名度有关的字眼,如名牌、知名度高等
(8)使用者	使用产品的人是什么样的人
(9)包装	关于包装的描述和对包装的评价,如包装漂亮等
(10)公司规模	指出所属公司以及公司的大小
(11)名人	知名人士,包括产品推荐人和品牌缔造者
(12)品牌历史	品牌的年龄或市场导入的相对顺序,如历史悠久等
(13)质量	关于产品的评价或品质说明
(14)竞争品牌	说出竞争者的名字
(15)产品类别	产品所属的小(或大)类别,即牙膏、彩电或电视机或家电
(16)词义联想	品牌名字本身或其中的字所具有的约定俗成的含义
(17)独特联想	与同类产品其他三个品牌不同的联想
(18)共同联想	与产品类别共同的联想

值得注意的是,在制定编码标准或规则时,每个项目的说明或操作定义一定要明显、清晰,避免混淆产生的归类错误。

(三)信度分析

让编码员依据编码标准将样本资料进行归类,但一个编码员的归类不一定可靠,因此大多数内容分析研究都是让两个或两个以上的编码员依照同样的编码标准分别进行编码,然后分析不同编码员之间的一致性程度。一致性高,内容分析的信度就高;一致性低,内容分析的信度亦低。

内容分析的信度依据如下公式计算:

$$信度 = \frac{n \times 平均相互一致率}{1 + [(n-1) \times 平均相互一致率]}$$

式中,n 是指编码员的人数;平均相互一致率是指每两个编码员之间的相互一致率的均值。相互一致率是指两个编码员做出相同归类项目的数目占所有归类项目数的比例,假设归类的项目有 80 个,其中两个编码员做出相同归类的项目有 72 个,这两个编码员的相互一致率为 0.90 或 90%。

假设有三个编码员 A、B、C,他们对某一内容的一致率分别是:A、B 为 85%,A、C 为 92%,B、C 为 87%,那么

$$信度 = \frac{3 \times (0.85 + 0.92 + 0.87)/3}{1 + [(3-1) \times (0.85 + 0.92 + 0.87)/3]} = 0.956\ 5$$

理想的内容分析信度是 1.00 或 100%。但这是不可能的。目前对内容分析的信度要求没有统一的标准,但许多研究都要求内容分析信度达到 85% 以上。

思考题:

1.什么是文献研究法?

2.文献研究有何用处?

3.二手资料的来源有哪些?

4.怎样判断二手资料的可靠性?

5.什么叫作内容分析?其主要过程有哪些?

6.如何对编码员的信度进行分析?

本章主要介绍三种定性研究方法。定性研究方法是广告研究、市场研究中不可或缺的方法,它与定量研究方法相辅相成、相互补充。定性研究方法主要有深度访问法(depth interviewing)、座谈法(focus group)和投射法(projective techniques)。

第一节 深 度 访 问 法

一、深度访问法的定义

深度访问法类似于记者采访,是一种无结构访问,指事先不拟定问卷、访问提纲或访问的标准程序,由访员与受调查者就某些问题自由交谈,从交谈中获得信息的资料采集方法。在访问过程中,受调查者可以随便地表达自己的意见而不管访员所需要的是什么。

二、深度访问法的过程

采用深度访问法采集资料,一般要经历以下过程(如图 9-1):

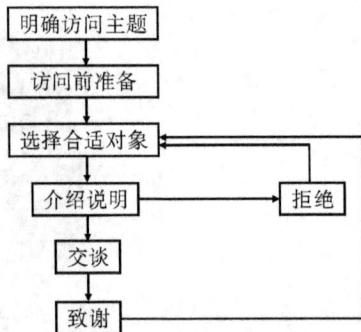

图 9-1　深度访问的程序

（一）明确访问主题

与一般的问卷访问对访员的要求有所不同，深度访问对访员的要求比较高。一般的问卷访问只要求访员按照规定的标准程序进行即可，而深度访问要求访员在执行中自己把握如何进行访问、问什么问题。在一般访问中，能否获得信息在很大程度上取决于受调查者，而在深度访问中，能否获得所需信息主要取决于访员。因此深度访问的访员在访问之前必须了解应该围绕着什么样的问题来进行、访问的目的是什么，这样才能做到有的放矢，保证访问获得必要的信息。如果访员不了解访问的主题，就无法采集到有用的信息，甚至无法判断哪些信息是有用的以及是否偏离研究目的。

（二）访问前准备

明确了访问主题之后，接下来就是做好访问前的准备工作。深度访问前的准备工作包括两个方面。

1.工具准备

最常用的工具是摄像机、录音机、纸笔、文具以及图片资料等。摄像机可以捕捉到很多信息，但使用起来很不方便，需要另一个人的协助，而且费时、费力，有时还会吓着受调查者，以致受调查者拒绝接受访问。

录音机携带、使用很方便，但是多数受调查者都不愿意被录音。如果录音前征求受调查者同意，容易遭拒绝，破坏访问气氛。即使不拒绝，也会因为担心答案出问题而小心谨慎。如果不征求受调查者同意而录音，一旦被知道，容易引起误会，使访问工作受阻。

纸笔是最重要的工具。在许多情况下，录音机、摄像机都不能用，即使用上了，资料的分析也相当麻烦，所以用纸笔来记录是深度访问中必然发生的。访员应尽可能详细记录，记录不及时在纸上留下一些回忆线索也是十分必要的。

有些深度访问需要向受调查者提供图片资料,然后要求他们发表意见。这类图片资料可能是问题的关键,所以访问前必须准备好。

2.礼品、礼金

深度访问会花费受调查者的时间和精力,因此必须给受调查者适当报酬。报酬可以是礼品,也可以是礼金。访员在出发前必须准备好,以便及时支付。

(三)选择合适的访问对象

深度访问的受调查者必须与调研目的相关,换言之,受调查者在相关领域有比较丰富的经验。除此之外,受调查者还应该是比较健谈的人。例如,在关于参制品调查的预备性深度访问中,合适的受调查者应该是那些近期购买并经常服用该产品的消费者,这样的消费者有较多的参制品经验、体会和感受,能够充分发表他们的意见和见解,与他们交谈可以获得较丰富的信息。访员在选择受调查者时,一般根据自己的经验来判断。

(四)介绍说明

介绍说明就是访员自我介绍,以取得受调查者的信任;说明调查的目的,让受调查者了解他们提供的信息的意义和重要性,并帮助他们解除对访问的戒备。

自我介绍相当重要,能有效解除受调查者的防备心理,让受调查者配合访问工作。自我介绍是一种艺术,通常要注意以下问题:

(1)介绍时要不卑不亢,不要畏畏缩缩,以免让人怀疑。访问是对别人正常生活的一种侵扰,有些访员在访问前会有得罪人或内疚的心理,在受调查者面前表现得不够自信。事实上受调查者在接受访问之后都可以得到相应的报酬,访员完全不必感到亏欠。当然,也不能盛气凌人、高高在上,好像别人非得接受访问不可。

(2)说明自己的身份,避免受调查者因访员身份不明而拒绝访问。一般人对陌生人的戒备心比较强,在不了解访员的身份时是不会相信访员并回答访员问题的。在介绍自己是某某调查公司的访员时,受调查者不一定熟悉这家公司,访员可以略微介绍公司的情况,尽可能提起公司具有较大影响、受调查者易于了解的行为事件,这样就比较容易获得他们的信任。

(3)要忍受受调查者的无礼或偏见。访问过程中常会碰到一些怕麻烦或不友好的受调查者,他们有时会对访员无礼,例如声称"我讨厌调查,你走开!"等。碰到这种情况,访员一定要忍耐,不要因别人的偏见和无礼而影响情绪和态度,更不能跟受调查者发生争执。

如果成功地把自己介绍出去,得到受调查者的信任,紧接着就要详细地说明访问的目的和意图,解除他们的顾虑,促使他们在正式访问时知无不言,言无不尽。

如介绍说明后仍然遭到受调查对象的拒绝,就重新选择受调查对象。

（五）交谈

交谈是深度访问获取信息的关键步骤。它往往从活跃气氛开始，然后转入正题。

1.活跃气氛

介绍说明是开始正式交谈的前提，介绍自己和说明访问的目的并不能确保访问达到目的。一般而言，成功的访问需要轻松、愉快、友好的气氛，这样受调查者才会感到舒适和无拘束，才能畅所欲言。所以访员还必须努力营造这种气氛，这就是交谈前的预热。

预热的办法是在介绍说明的同时注意观察受调查者的行动，表示适当的礼貌和尊重，然后找个轻松的话题聊一聊，让气氛活跃起来。也可以从受调查者感兴趣的事物谈起。此时，访员要注意自己的情绪和态度，因为要使别人愉快轻松，自己必须先愉快轻松起来。气氛活跃起来之后，再寻找时机切入正题。

2.谈论正题

谈论正题是由访员提出问题，受调查者对问题发表意见、见解的过程，是一问一答不断进行的过程。访员的问题通常是在受调查者前一个问题的答案的基础上提出的。例如访员说出一句广告语之后问"您觉得这句广告语怎么样?"受调查者可能回答"不怎么样"，于是访员就可以接着问"您为什么觉得它不好?"

在交谈中，访员应该注意以下事项：

（1）当一个好的听众。这要求访员在访问中做到以下两点：第一，不要打断受调查者，不清楚的地方要等受调查者讲完之后再询问；第二，要集中精力、专心致志，注意用体态语言来表现自己对受调查者谈话的高度重视。有些话是访员不愿意或不必要听的，但无论受调查者说什么，访员都要耐心地听，做一个好听众，不应表现出厌烦、无奈情绪。

（2）巧妙地转移话题，保持交谈的良好气氛。在受调查者的谈话偏离主题时，访员要注意选择适当的机会将话题转移到正题上来，还应当尽可能使对方觉察不出来，千万不能生硬地打断对方的谈话或强行插问而破坏谈话的气氛。受调查者谈得兴高采烈时突然被人转移话题或打断谈话会感到很扫兴，这会影响他回答后续问题的热情。

转移话题的时机，通常是受调查者谈话过程中的停顿。一旦受调查者停顿，访员就要及时插话，如"您刚才讲得很精彩，但是您对这个问题是怎么看的……"，"您讲得很好，刚才您说到……，您为什么这样认为"等。

（3）有意识地运用试探技巧。访员在与受调查者的交谈过程中时常会发现，有些问题受调查者没有表述清楚，或者没有表达完整。这种情况可能是由于受调查者缺乏表达能力造成的，也可能是受调查者不愿意让访员了解引起的。此时，访员就要运用适当的试探技巧来弄清楚问题所在。试探技巧在第四章已经介绍,这里就不再赘述。

(4)清楚表述问题。受调查者如果不清楚问题而不作答也会影响访问气氛,出现这种情况,常与访员的语言陈述不清楚或太抽象有关。访员在询问时必须尽量清楚表述问题。

(六)致谢

深度访问的访问时间一般在 2 小时以内,当受调查者提供了足够的信息之后,访问就可以结束。访员在结束访问之前,要礼貌地向受调查者表示感谢,"今天您花了一小时的时间向我们提供了重要的信息,我代表某某公司对您的协助与支持表示衷心的感谢,为了表达我们的谢意,我公司送给您这件小礼品,谨作纪念",同时访员将礼品或礼金送给受调查者,"再次感谢您的帮助,再见!"

三、深度访问法的优缺点

深度访问法适合于了解那些复杂和抽象的问题。这类问题往往三言两语说不清楚,只有通过自由交谈才可以谈得详尽、明白。所以诸如动机、意见、态度,正式研究之前确立研究假设的预备性研究,调查研究之后有关问题的深入探讨等方面的问题,常常采用深度访问法。

(一)优点

运用深度访问法进行研究时,具有以下四个主要优点:

(1)可以获得比较全面的材料。深度访问不限制问题的答案,可以获得研究者始料未及的资料。

(2)有较多机会评价所得资料或答案的效度和信度。访员可以从受调查者的行动、表情和语调上观察他们的动机和态度,分辨他们的回答是真是假。

(3)访问的弹性相当大。可以重复询问,可以解释问题以保证受调查者明白问题的含义,访员明白受调查者答案的真正意思。

(4)深度访谈受访者比较自由。在座谈会中,被访者容易受到群体的影响,屈从于他人的观点(下一节会详细介绍座谈法)。在深度访谈中,没有他人的影响,受访者更可能表达自己真实的想法。

(二)缺点

深度访问也有不足之处:

(1)对访员的素质、访问技巧要求较高。从另一个角度来说,访员的训练比较麻烦。

(2)样本量小,偏差或误差较大。

(3)访问所得资料难以量化统计和推论。

(4)深度访谈单一样本成本较高,因而在一个调研项目中深度访谈的数量是十分有限的。

（5）客户参与难度大。深度访谈是一个一个进行的，访谈时间长，客户难以连续观察对所有被访者的访谈。

第二节　座谈法

一、座谈法的定义

座谈法也叫重点小组、焦点小组或小组访谈，是由研究者与受调查者就某些问题一起座谈，展开讨论，以获得必要信息的资料采集方法。市场研究中的座谈会与人们日常工作中的座谈会不同，与深度访问和其他市场研究方法也不一样，其主要特点是：

①是经过精心组织安排的，不是随意进行的聚会闲聊。

②是一对多的交谈，而不是一对一的交谈。

③有一份访问提纲，受调查者的回答既不像标准问卷作答那样严格，也不像深度访问那样可以自由畅谈。

二、座谈会的过程

座谈会的实施一般可以按图 9-2 示意图的程序进行，大致分为两个阶段，即准备阶段、座谈阶段。

（一）准备阶段

座谈会准备阶段要做的事情包括：

1.拟订座谈大纲

召开一个座谈会，常要讨论多个问题，或一个问题的多个侧面。为了让座谈会主持人更好地把握座谈会的进程，抓住座谈问题的要点线索，事先列出欲探讨、了解的问题很有必要。拟订座谈大纲与问卷设计既有相同的地方，也有不同之处。相同的是，都要根据研究的目的、研究对信息的要求来编写。不同的是，问卷对要获取的信息的规定比较明确，问卷中的题目一般是封闭性的；而座谈会大纲仅仅是限定获取信息的范围，大纲中的问题通常是开放性的题目，而且前后问题之间要有一定的逻辑关系。

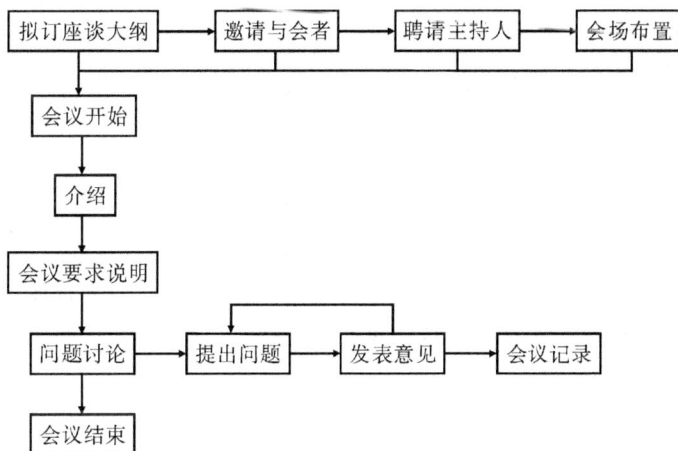

图 9-2　座谈会实施流程

2.邀请与会者

座谈法一般要求与会者对讨论的问题要有相当的经验,因此研究者通常要确定一定的标准来进行筛选。例如在一项关于医疗器械的座谈会中,要求与会者必须是具有 50～300 张床位的医院的医疗设备科科长或主要负责人。在一些关于日常用品的座谈会中,与会者可以在会议室附近地区抽取。需要特别强调的是,在筛选与会者时要注意尽量避免挑选那些曾经参加过类似活动的人群或者"职业性"受访者。

在选择与会者时,调研人员也可以从已经掌握的一些基本资料中筛选出符合调查要求的目标人群。比如可以从前期调查回收的大量问卷中找寻符合条件的受访者,这主要通过查看问卷上填写的个人资料部分来筛选。个人资料上的信息主要可以帮助市场调查人员搭配好参加小组访谈人员的性别、年龄、学历、职业的比例。

在会议开始之前会有一个电话预约与会者的过程。在预约过程中要特别注意和与会者的沟通交流,电话接通后首先要向其解释是如何获知其电话号码的,从而打消他们不必要的疑虑和戒备;然后对座谈会的目的、内容做一个大致介绍,在征得他们同意参加之后,告知小组访谈的时间、地点、报酬,有必要的话还要详细地告诉与会者前往座谈会地址的路线。电话预约过程其实就是一个事前和与会者沟通的过程,如果能在电话里与会者沟通融洽的话,在小组访谈正式召开的时候就可以较好地保证小组访谈的气氛。一般来说,一场座谈会的与会者以 8～12 人最为适宜,为了确保足够的人数,防止所邀请的与会者突然因故不能参加,可以多邀请1~2位。

一个调查项目总共需要邀请多少与会者,主要取决于座谈的分组情况。分几组座谈主要看主持人能否预测下一组与会者的反应,如果主持人能够准确预测,说明主要看法或意见基本上都搜集到了,就不需要再开一组座谈会。一般来说,组织两组座谈会为宜。

在小组的安排上,参加同一组访谈的成员应以同质性为佳,例如在年龄、兴趣、学历、职业等方面有一定的相似性,以免造成访谈时的沟通障碍,影响讨论气氛。但是并非所有的小组访谈都如此,有时候根据调查目的的具体需要,我们必须在同一组访谈中邀请到不同层次的人,这样才可以了解到不同层面的信息,从而避免获取信息的趋同。

3.聘请主持人

座谈会的主持人相当关键,座谈会能否顺利,能否成功,主持人起着举足轻重的作用。因为与会者愿否提供建议、提供建议的多少都取决于主持人的激励。座谈会的主持人通常要具备以下条件:

(1)有能力判断采用座谈会是否合适;

(2)保持倾听而不是告知的态度;

(3)能够注意与会者的各种非言语传播;

(4)有能力处理不同与会者的争论;

(5)判断意见是否得到充分的表达或问题是否得到充分的讨论;

(6)具备中断别人谈话的技巧以及使讨论继续进行和转移问题的能力;

(7)能够创造轻松安全的气氛;

(8)当讨论跑题时,有能力将问题扭转回来;

(9)能够判断新一组座谈会能否获得新的信息;

(10)能够避免与会者中出现领袖;

(B11)避免自己的观点介入座谈会,影响与会者。

总之,主持人应该具备会议组织能力,善于鼓励与会者表达自己的见解,灵活地处理座谈会中出现的问题,对研究问题有深入了解,最好有过成功组织座谈会的经历。

4.会场布置

选择一个合适的场所作为会议室。对会议室的基本要求是:

(1)能容纳10~20人。

(2)桌椅的设置应该使与会者彼此能够看得见,圆桌或椭圆桌比较理想。

(3)最好装有单向玻璃,以便于从室外观察或录像。

(4)能隔音。若不能隔音,周围的环境必须噪音小,比较安静。

在会议室内,给每个座位上分发一张空白小卡片、一支笔,还有饮料、水果以及座谈会用的产品样品等。

(二)座谈阶段

当一切条件都准备好,所有与会人员到齐之后,会议就可以开始了。整个座谈会的进程大致按以下步骤进行:

1.介绍

首先主持人自我介绍,简要说明座谈会的目的,之后让每个与会者简单自我介绍。经过介绍,使与会者之间彼此有所了解,消除陌生感,让会议的气氛先活跃起来。

2.会议要求说明

自我介绍完毕,接下去的事情就是由主持人宣布会议要求。会议的要求如下:

(1)每人每次发言不得超过3分钟。

(2)发言时不得批评其他人,如"您这种说法不对……",但是欢迎大家补充和发展别人的观点。

(3)别人发言结束之前,不要插话。如果自己有了想法怕遗忘,可先记录在空卡片上,等别人把话讲完再讲。

事先说明会议要求对于确保会议顺利进行很重要,因为有了明确的要求,与会者通常就会自觉地遵守,即使有人没有遵守,主持人提醒他一下,由于"有言在先",他们也不会觉得主持人不尊重他。

3.问题讨论

这是座谈会最关键的阶段,资料就是在这一阶段获得的。在主持人宣布会议要求之后,接下去就是显示问题情境并提出第一个问题,而后让与会者就所提出的问题发表意见和看法。

与会者一个一个发表意见,每人每次发言应该有时间限制,超出时间,主持人可以礼貌地提醒发言者时间已到,让他停止发言。

如果问题提出无人主动发言,主持人也可指名发言。只要有人打开话题,讨论也就容易被激活起来。一般来说,主持人不应该谈论自己对问题的看法,即使是为了诱发与会者也不行。因为主持人的观点会对与会者产生较大的影响,导致研究结果不客观。

主持人可以根据讨论纲要主持会议,但要及时抓住讨论过程中出现的新问题,引导与会者讨论,发表见解。

在整个座谈过程中,与会者的发言都应记录下来,一般是由一两个记录员记录。为了避免遗漏以及方便座谈会之后分析,许多座谈会都安排在装有单向玻璃的会议室进行,并在会议室外将座谈会的全过程录像保存下来。在这种场所举行座谈会,还可以让委托人直接观察座谈会的全过程,了解、感受座谈会的气氛。

问题讨论完,座谈会将结束时,主持人可以采用驱迫方法来诱出与会者的意见。如主持人可以说"会议只剩 5 分钟,有意见者赶快提出来","在会议结束之前,请每个人再说出一种看法"等。

所有人都表达完最后的意见以后,主持人可以宣布会议结束,同时向与会者表示感谢,发送适当的礼品或酬金。此后的事情就是制作座谈结果的分析报告。

一般来说,座谈会控制在两小时左右比较理想。

三、座谈会的优缺点

(一)座谈会的优点

(1)小组访谈中的群体动力是激发受访者产生新观念、新思想和新创意的最佳方式,这也是我们常说的"滚雪球效应",即一个人的想法会启发其他人产生想法,产生连锁反应,这是座谈会的最大优点,对于产生新观念、新思想、新创意很有裨益。

(2)能获得大量建议、看法或观点。与会者的回答不受答案类型的限制,每个反应者都可以陈述自己的看法。

(3)抽样人数比较少,比较节省人力、物力和财力,同时可以在较短时间内完成研究工作。

(4)小组访谈可以对数据的收集过程进行密切的监视,观察者可以亲自观看访谈的情况并可以将讨论过程录制下来用作后期分析。

所以,座谈会是一种获得建议、意见或创意的重要方法,广泛用于关于广告创意、包装设计、广告设计等研究之中。

(二)座谈会的缺点

(1)抽样人数少,误差可能比较大。由于访谈人数一般较少,从人群中招募到错误代表的可能性往往要大于一般样本量较大的调查方法。

(2)所得资料编码困难、复杂,难以量化统计处理。

(3)要求主持人有较丰富的经验和组织控制能力。

四、座谈会的新进展——在线座谈会(online focus groups)

传统座谈会要将与会者集中到一个地点,这在时间和空间上都要协调。互联网迅速发展后,空间上的协调就变得容易多了。与会者只要在指定的时间坐到电脑前,在虚拟的会议地点就可以与其他与会者交流。比如 QQ 群、新浪 UC 的房间等,这些都可以作为在线座谈会的会议室。

在线座谈会的实施过程是:抽取合适的与会者 8～10 人,用传统的电话访问方式甄别与会者的资格,然后用 E-mail 给与会者发送进入虚拟座谈会室的时间和密码,提示与会者提前进入虚拟会议室,以便技术人员进行技术测试。

座谈会开始之前,先对所有与会者进行技术测试,直到没有任何技术问题之后,会议就可以正式开始。会议的过程及应注意的问题与普通座谈会基本一样。

第三节　投射法

一、投射法的定义

在问卷调查以及各种访问中,消费者的动机是通过消费者对问题的正面作答来了解的。消费者有时会隐瞒自己的真实态度和动机,有时则对自己的动机认识模糊,回答常常不客观、不真实,所以投射法这种最早为心理学用于研究人的性格的方法被引用到广告和市场研究中,用以了解消费者的态度和动机。所谓投射法,就是让受调查者完成一定的作业,然后分析作业以了解作业中反映出来的受调查者的动机和态度。这种方法通常要隐瞒调查的真正意图,降低受调查者的心理防御,使受调查者在无意之中、在没有心理防御的情况下透露出他们的真实态度或动机。

二、投射法的种类

(一)字词联想法(Word Association Tests)

字词联想法是向受调查者出示一个字或词,然后要求他们写出看到这个词时所想到的其他词语,例如:呈现"奔驰"两字时,受调查者可能联想到"豪华""舒适""有钱人""当权者"等字眼;呈现"牙膏"时,则可能联想到"防酸""洁白""防蛀""黑妹""含氟"等。

运用字词联想法时,要注意受调查者反应的三个方面:

(1)联想词语的数量。这个指标反映了给定词的意义性,数量越多,说明该词的意义越丰富;数量越少,说明该词的意义越贫乏。

(2)联想词语的性质。联想出的词语可分为三类：第一类为积极的、肯定的或褒义的；第二类为中性的；第三类为消极的、否定的或贬义的。

(3)每一个词的联想时间。如果反应迅速，说明该字词对受调查者具有较强的刺激力，同时也能说明反应的态度或动机比较强。反之，如果反应缓慢，说明该字词刺激力较弱，受调查者的态度和动机不强。

字词联想法可用于产品的消费动机和偏好调查。如"牙膏"一词，如果消费者迅速联想到"防酸"，可能说明反应者比较看重牙膏的防酸作用；如果消费者迅速联想到"黑妹"，说明他们对"黑妹"牙膏有特殊的偏好或者比较常用黑妹牙膏。

字词联想法也可用于企业形象和品牌形象的调查。例如向受调查者呈现"海尔"二字，消费者可能联想到"电冰箱""中国最著名品牌""家用电器""服务及时""张瑞敏"等。从这些反应中，市场研究者可以分析出受调查者对"海尔"的印象。

字词联想法还可以用于商品名称、企业名称的命名调查之中。例如国外有一个"汽艇"的命名调查，先给受调查者提供了下列备选名称，要求他们在看到这些名称后把所联想到的东西依次写下来。

爱　琳＿＿＿＿＿　＿＿＿＿＿　＿＿＿＿＿　＿＿＿＿＿

西霍克＿＿＿＿＿　＿＿＿＿＿　＿＿＿＿＿　＿＿＿＿＿

多尔芬＿＿＿＿＿　＿＿＿＿＿　＿＿＿＿＿　＿＿＿＿＿

哈利肯＿＿＿＿＿　＿＿＿＿＿　＿＿＿＿＿　＿＿＿＿＿

企业和商品通常希望自己的名称会让人产生有利的联想，尤其是让人联想起企业的性质、商品的用途等。透过受调查者的联想，研究者可以发现哪些名词更适合商品或企业。

(二)句子完成法(Sentence and Story Completion)

该方法是将未完成的句子呈现给受调查者，由他们完成句子。未完成的句子如：

驾驶别克汽车的人是＿＿＿＿＿＿＿＿＿＿＿

阅读《参考消息》的人是＿＿＿＿＿＿＿＿＿＿＿

口渴时最想喝的是＿＿＿＿＿＿＿＿＿＿＿

运用语句完成法时，在未完成的句子中一般不要有第一或第二人称。这样可以避免受调查者产生防备心理。

在分析和解释所获得的资料时，研究者需要具备专门的知识(如要经过社会心理学的专门训练)，这样才能准确地解释答案的真正意旨，例如对"拥有一部汽车"，女性受调查者的回答是"拥有一部汽车是很好的事"，男性受调查的回答则是"拥有一部汽车是必需的"。据此可以推断，女性认为拥有一部汽车是一件很体面的事,而男性将汽车看成是一种必需品。这种资料对确定广告宣传策略、推销方法都很有意义。

(三)卡通测验(Cartoon Tests)

该方法是将一幅卡通展示在受调查者面前。卡通展示了一个对话情境,其中有一方提出问题,但另一方的回答是空白,要求受调查者替卡通中的另一方作答。例如,卡通内容可能展示一家电器店柜台前售货员与顾客的对话情境。售货员向顾客问道:"您要哪一种牌子的电视机?"顾客的回答留一空白。受调查者替顾客的回答可能是如下反问:"您认为哪一种质量较好?"如果答案是这个,说明受调查者对各种品牌的电视尚不太了解。如果受调查者的回答是"哪一种牌子买的人多",则说明受调查者可能是"从众购买者"。如果受调查者的答案是具体的某一种品牌,说明受调查者对该品牌比较偏爱或情有独钟。

采用卡通测验时,卡通人物必须是模糊的,避免给受调查任何暗示。这样可以使受调查者更好地随意表现自己。而漫画中人物双方的关系,最好扮作父子、夫妻、朋友等较为具体的关系。

除了漫画测试法,研究人员还有直接用墨渍染成图形,作为刺激受测试者的工具,以分析其反应的方法,该方法称为洛谢克法(Rorschach Test)。

漫画测试法可以有多种用途,比如可以用来测试消费者对某种产品和品牌的态度强度,还可以确定消费者特定的态度等。

(四)主题统觉测验(Thematic Apperception Test)

该方法与卡通测验相近似,由研究者向受调查展示一张(或多张)照片或图片,要求他们在看了这张图片或照片之后,根据自己的理解,虚构一个故事或虚构出图片中人物的内心想法。例如图片上可以展示一个家庭主妇,手提购物篮,面对罐头食品陈列架,让受调查者看了之后谈谈家庭主妇在想什么。受调查者的回答可能是:"这个家庭主妇看到一包包装很漂亮的零食,但以前没有尝过,想买又不知好不好吃,所以有点犹豫不决。"

这类答案对于产品市场推广策略的拟订很有参考价值。

(五)相片分类(Photo Sort)

相片分类技术是美国最大的广告公司之一的环球 BBDO 公司(BBDO Worldwide)开发出的一种投射法。具体做法是向受调查者出示一些照片,内容是从商务经理到大学生的各种各样的人,让受调查者将人与品牌联系起来,即让他们判断什么样的人使用该品牌。BBDO 为美国通用电气(General Electric,GE)进行相片分类时发现,消费者认为该品牌吸引保守的、年龄大的商人。为了改变这种形象,GE 发起了"Bring Good Things to Life"运动。BBDO 还利用相片分类技术访问了啤酒目标市场 100 名消费者(男性,21~49 岁,每周喝 6 次以上啤酒者）。研究人员向每个受调查者出示 98 张照片,要求他们将每一照片与啤酒品牌进行匹配。结果显示 80％的产品是给男性消费的,而有些品牌如 Cools 有一定的女性形象。

（六）消费者绘画（Consumer Drawings）

这种方法是让受调查者画出他们对某一特定物体的印象。例如麦卡恩埃利克森广告代理公司（McCann-Erickson）曾想找出某些市场 Raid 喷射杀虫剂比 Combat 杀虫盘卖得好的原因。在访问中,大多数使用者认为 Combat 是一种较好的产品,因为它杀蟑螂毫不费劲。McCann-Erickson 公司要求 Raid 的使用者（低收入的南方妇女）画出被杀的臭虫,目的是了解她们对这种肮脏工作的感受。接受访问的 100 名妇女都将蟑螂画成男人。结果发现"她们对蟑螂的许多感情跟她们在生活中对男性的感情非常相似"。这些妇女说蟑螂像她们生活中的男人,"当他想吃的时候才来"。喷杀蟑螂的活动以及看到蟑螂死可以满足这个受挫折的没有权利的群体的情感。Combat 杀虫盘使用麻烦较少,但不能给她们那种感觉。使用喷射剂可以让她们参与到杀害过程中,让她们获得控制感。

（七）第三者技术（Third-person Techniques）

这是一种最容易使用的方法,该方法跟一般的询问方法相似,都是直接提出问题。不同的是该方法不直接询问受调查者的感受或看法,而是让他们说出其他人的看法。如不问"您为什么不买某某产品?"而是问"为什么其他人（或指具体的人）不买某某产品?"

在广告研究的实践中,由于投射法的技术难度大,使用范围比较窄,所以运用不是很普遍。

思考题：

1.在什么情况下使用深度访问法？在什么情况下不使用深度访问法？

2.投射法包含哪些方法？

3.投射法适用于什么问题的研究？

4.座谈会有什么优缺点？

5.使用深度访问法、座谈会过程中分别应注意哪些问题？

CTR 的深度访问和座谈会工作流程

1.深度访问的工作流程

①接项目通知书；

②确定项目人员,制定项目预算；

③培训联络员；

④准备深度访问用的相关物品(采访机、录音机及一些项目特殊要求的物品)；

⑤被访者名单甄别,填写甄别记录表；

⑥合格被访者预约,填写被访者资料表和预约进度表；

⑦发送被访者邀请函和公司路线图；

⑧通知研究员预约时间和地点,交接相关文件(被访者签到表、礼金领取表)和礼金；

⑨深度访问后,填写进度确认表,整理录音带；

⑩向研究员提交笔录；

⑪做项目决算和联络员劳务费发放。

2.座谈会的工作流程

(1)项目确定

执行督导应对座谈会的基本情况与研究部门进行确认,具体情况如下：

①确定座谈会的场数及每场到会人数；

②确定举行每场座谈会的具体日期及具体开会时间；

③了解每场座谈会被访者的背景要求；

④明确每组座谈会被访者构成有无具体限定。

(2)组织约人工作

和研究者进行必要、详细的沟通之后就要组织预约工作了。

①督导应根据研究人员提供的参加每一场座谈会的被访者的条件,列出书面甄别条件,组织联络员进行约人工作,符合条件者应同时符合一般调查的甄别条件；

②督导应及时对联络员上报的被访者名单进行一次和二次甄别,并将甄别结果详细记录在案,以便从中挑选合适人选；

③整个约人和甄别工作应至少在座谈会召开前 3 天全部就绪,这样可给项目督导留下充足的时间以防不测；

④参加座谈会的被访者要经过正式督导的最终甄别才可以到会。

（3）座谈会准备工作

①检查监听室的录音、录像设备是否正常；

②行政部领取数量充足的录音和录像带；

③为参加会议者提供一些方便食品；

④遇有顾客提供的财产项目督导与研究部门一道和客户进行沟通，就顾客财产保护与处置达成一致意见，按照该意见采取相应措施，要求有记录的应予记录和保持，并指定专人对顾客财产进行保管；

⑤准备座谈会使用的相关资料，如座次名签、签到表、座次表、礼金发放表等。

（4）会议进行中

①被访者应提前至少15分钟到达会场，在签到处签到，并再次甄别和核实受访者情况；

②签到后由服务人员引入会议室，按名签位置依次入座；

③项目督导应为主持人、研究人员、客户及时提供一份准确翔实的到会者名单；

④会议进行中，项目督导应时刻注意保持会场外的环境，避免有闲杂人员及噪音干扰座谈会正常进行；

⑤项目督导应随时准备将客户和研究人员在监听过程中产生的一些新的想法、建议和意见，向主持人传递；

⑥项目督导应准备好为参加会议的被访者准备的礼金和礼品；

⑦保证整个会议进行当中录音、录像设备的正常运转。

（5）会议结束后

①向参加会议的被访者发放礼金和礼品，并向他（她）们对我们工作的支持与理解表示感谢。

②及时清扫座谈会现场。

③整理笔录，应对在座谈会进行中漏记的信息依据录音和录像带进行整理，使之达到主持人的要求。整理完毕后，及时将笔录提交给研究部。

④录音录像带应标明座谈会名称、××年/××月/××日/第×盘/等字样。

"小护士"广告测试讨论大纲

（此案例由北京华通现代提供）

1.热身（10 min）

1.1 表达谢意

1.2 公司介绍和主持人自我介绍

1.3 介绍座谈会的目的——关于护肤品的品牌和广告研究

1.4 介绍座谈会室的设备和讨论规则

1.5 被访者自我介绍（姓名、家庭、职业、个人爱好等）

2.护肤品的使用和购买行为（20 min）

[此部分的目的:重点了解用户的品牌决策过程]

2.1 大家目前都用哪些类型的护肤产品？平均来说,每月大约花多少钱？

2.2 用的是什么品牌？最早使用这个品牌在什么时候？当时是怎么想到用这个品牌的？

2.3 现在去店里购买同类产品时,会怎样决定品牌？（提示:是每次都买以前用过的,还是会购买一些不同的牌子?）

2.4 如果总是购买以前用过的,什么情况下会考虑换品牌?

2.5 如果购买不同的牌子,会怎样选择品牌？（提示:例如是在店内,还是店外就已决定;在店内/店外的影响因素分别是什么?）

2.6 对现在使用品牌的满意度如何？有哪些好的/不好的方面？（注意:这里只是简单提问）

2.7 大家理想的美白产品/滋润产品是什么？（注意:这里只是简单提问,是否有不同意见?）

3.品牌评价(30 min)

[此部分的目的:重点了解用户对"小护士"及主要竞争品牌的评价]

3.1 除了现在正在用的,大家还知道哪些牌子的护肤品?

3.2 如果请大家把这些品牌分一下类的话,大家会怎样分？原因。（尽量从不同角度对所有牌子做划分,以了解不同牌子在用户心目中的定位）

3.3 在这些牌子当中,大家更喜欢哪个牌子？原因。

3.4 如果购买的话,大家最可能选择哪个牌子？原因。

3.5 如果把这个牌子想象成一个人的话,大家觉得她会是一个怎样的人?（年龄,性格,穿怎样的衣服,平时喜欢些什么?）（主要品牌:小护士、佳雪、玉兰

油、丁家宜、东洋之花、大宝)

3.6 大家心目中理想的品牌是怎样的？应该具备哪些特征？

3.7 对于"小护士"，怎样改变一下的话，大家会更喜欢它？

4.广告评价——回忆部分(30 min)

[此部分的目的：重点了解用户对目前护肤品广告的总体评价，以找到"好"的广告所具备的特点]

4.1 在所有您看过的关于护肤产品的电视广告中，哪个广告给您的印象最深？原因是什么？

4.2 有没有哪个广告是您特别喜欢/不喜欢的？具体是哪个广告？原因。

4.3 有没有哪个广告对您做出购买/不购买它的产品影响特别大？具体是哪个广告？原因。

4.4 有没有见过"小护士"的电视广告？见过哪些广告(回忆一下具体的内容)？

4.5 总体来看，大家会怎样评价"小护士"的电视广告？喜欢还是不喜欢？喜欢什么？不喜欢什么？

4.6 跟竞争对手比(如佳雪、玉兰油、丁家宜、东洋之花、大宝等)，"小护士"的广告表现如何？

4.7 看过"小护士"的广告后，有没有想过去购买小护士的产品？原因。

5.广告评价——现场观看(40 min)

[此部分的目的：了解广告是否清楚准确地传达了产品概念信息，其信息是否有吸引力，是否合适，是否可信；另外，对广告的表达方式进行评价，手法是否可以接受，总体感觉以及对这个手法所表现的产品和品牌的印象如何]

[分别播放两支广告]

对每个广告提出下面的问题：

总的感觉

5.1 对这个广告的总的印象如何？原因。

5.2 这个广告的哪些地方对您是有吸引力的？喜欢它的什么方面？

内容的传达

5.3 它主要想告诉您什么？(这里面讲的是一个什么样的产品？该产品的特点是什么？)

5.4 您觉得广告中的内容可信吗？哪些可信？哪些不可信？原因。

表现手法

5.5 与以前看过的广告表现手法相比，这个表现得如何？它与以前看过的有何不同？好在哪？不好在哪？原因(重点了解一下观众对广告中模特的看法,喜欢还是不喜欢？与"小护士"的形象是否相吻合？)。

5.6 这个广告中的表现手法有哪些是您不太明白的？如何改进更好？

5.7 如果我们想告诉您（读出创意说明），这种表现手法是否讲清楚了？什么地方清楚？什么地方不清楚？

受众

5.8 这个广告是不是给您看的？什么地方适合？什么地方不适合？原因。

5.9 如果不是给大家的，那是给谁看的？

产品形象

5.10 看完这个广告后，您觉得其中的产品是一个什么样的产品？好处和优点是什么？

5.11 您觉得这个品牌是怎样的一个品牌？

说服力

5.12 您对广告中的产品是否有购买兴趣？原因。

改进意见

5.13 怎样改进，您觉得这个广告会更让您喜欢？

6.附加题(Tag-on)

6.1 今后想用哪些新功能的护肤产品？

6.2 如果"小护士"想做一些改变，大家觉得以下三种改变中最能接受的是哪一种？最不能接受的是哪一种？

A：从生产护肤品，向沐浴露、洗手液等个人清洁用品发展

B：生产彩妆

C：扩大顾客群，为不同年龄段和不同性别的顾客提供产品（如中年人、老年人等）

第十章
观察法

观察法、调查法和实验法,是社会科学研究的三种基本资料采集方法。

第一节　观察法的概念和特点

一、什么是观察法

观察法是一种对行为或现象进行系统观察记录以获取所需信息的资料采集方法。观察法既包括观察人,又包括观察现象;既可以由人员来进行,又可以由机器来进行。观察法具备有别于其他研究方法的最显著的优点是它对行为或现象等一手资料的收集,这就避免了运用其他调研法时所产生的误差因素。在现实生活中,市场调研人员可以避免由于受访者回答问题的意愿和能力而产生的问题。同时,使用观察法可以更快、更准确地收集某些类型的数据。

观察法在现实生活中被广泛运用,"啤酒和尿布"堪称为营销界中的经典案例,许多人对此津津乐道并衍生出商品相关性研究和购物篮分析等理论。"啤酒与尿布"的故事产生于 20 世纪 90 年代的美国沃尔玛超市中,它们将"啤酒"和"尿布"这两个看上去没有关系的商品摆放在一起进行销售,并获得了很好的销售收益。其实,这是沃尔玛超市对年轻父亲购买尿布和啤酒的行为进行系统观察记录,并分析资料结果发现的提升销售额的秘诀。在美国有婴儿的家庭中,一般是母亲在家中照看婴儿,年轻的父亲前去超市购买尿布。父亲在购买尿布的同时,往往会顺便为自己购买啤酒,这样就会出现啤酒与尿布这两件看上去毫不相干的商品经常会出现在同一个购物篮的现象。如果这个年轻的父亲在卖场只能买到两件商品之一,则他很有可能会放弃购物而到另一家商店,直到可以一次同时买到啤酒与尿布为止。沃尔玛通过细致、系统的观察发现了这一独特的现象,开始在卖场尝试将啤酒与尿布摆放在相同的区域,让年轻的父亲可以同时找到这两件商品,这使得沃尔玛获得了较好的商品收入,"啤酒和尿布"也成为企业利用观察法获利的典范。

二、观察法的特点

观察不仅是一种科学研究的方法,也是人们日常生活中的普遍行为。例如出门之前观察一下天气,看看会不会下雨;购物时,到商店观察一下有哪些品牌,哪一家商店在促销打折。然而与人们日常生活中的观察不同,科学的观察法具有如下特点:

(1)目的性。观察法的实施是以具体的研究目的或假设为前提的,观察的设计,观察的内容、方法、时间安排都要符合既定目的或假设。

(2)计划性。观察法需要具备系统的设计,如记录的方法、记录表单的设计都是事先确立并准备的。观察并不是随意进行的,是事先已做好计划的。

(3)系统性。观察法在研究假设或目的的指导下,有序地、系统地进行观察,系统的记录便于随后分析、研究。

(4)客观性。观察法的实施过程中要尽量避免观察人员的主观和偏见。日常的观察常常带有个人的偏见,而科学的观察法要求尽量客观、公正。

(5)可查证性。根据观察法得出的结论,可以通过重复观察的方式检验已有观察结果是否正确。

第二节　观察法的使用条件和应用范围

一、使用条件

采用观察法进行研究必须满足三个条件。第一,观察法的目标信息必须是可以观察到的,或者是能够从观察到的行为中推断出来的。无法观察到的现象或行为推断出来的信息(如消费者购买苹果手机的原因)就不能采用观察法进行研究。第二,所要观察的行为必须是重复出现的、有频率的、按某种方式可以预测的。第三,所要观察的行为必须是持续时间比较短的。如果行为持续时间太长,就无法进行观察。例如购买一套房子的决策过程可能要几周或几个月,行为持续时间较长,这就不容易观察。

二、应用范围

观察法单独方法使用时,可用于下列各种问题研究的资料采集:

(1)商品的购买者特征研究。即了解各种商品的购买执行者的年龄、性别、外在形象、人数等。这种研究可以为市场细分、广告目标确定提供依据。

(2)②家庭商品储存稽查。检查家庭中储存的品牌、数量等情况。

(3)商店的人流量调查。了解不同位置的人流量分布情形。

(4)竞争品牌的数量、价格、销售网点等。

(5)商品陈列、橱窗布置、售货员态度和行为方式等因素对销售的影响。

(6)产品品牌、包装、造型对消费者品牌选择的影响。

(7)POP、户外广告的效果研究。

(8)儿童的广告观看行为等。

在广告或市场研究中,观察法更经常作为一种辅助手段配合其他方法使用。例如在座谈会研究中,通常也会采用观察法记录与会者的行为表现;在实验研究中,要利用观察法去获得实验控制情景中被试者的行为反应;在国内外的收视率调查中,观察法仍是获取观众观看行为的主要手段。

第三节　观察法的若干问题

采用观察法进行研究,以下几个问题是必须考虑的。

一、观察情景

观察通常在两种情景下进行。一种是在完全自然的情景下进行,这种观察也叫作自然观察。例如,观察员观察每天有多少人到商店进行购买,观察某服装专卖店顾客的有关情况等。另一种是在人为的情景下进行,叫控制观察。如研究者把自愿参加者引进实验室,然后观察他们在实验室的行为;如研究招募一些自愿者,给他们提供一定金额购物券,让他们在特定的商场购买他们日常使用的物品,对他们的购买行为进行观察。近年来,宝洁公司在使用在线模拟环境来观察消费者的行为。在经过设计的环境下进行观察,调研人员能够更好地控制对人们行为产生影响或者能够解释人们行为的外部变量。此外,模拟环境能加快数据收集过程。在相同的时间内可以进行更多的观察,因此能够收集到较多的样本数据,加快目标样本数据的收集过程,有效地降低调研活动成本。

在自然观察中,被观察者并不知道自己被观察,因此行动不受观察的影响,比较真实。但观察者所要观察的行为或现象不一定发生。而在控制观察中,研究者可以通过控制某些因素来影响被观察者的行为,而无须等待自然行为的产生,但不足的是被观察者的行为不是在真实的情况下产生的,因此观察结果不一定符合现实。既往研究发现,观察到的行为可能与人们所处的环境相关,所设计的环境越自然,被观察的个体的行为就越可能接近真实状态。

二、观察的方式

观察方式一般有两种。一种是观察者作为一个旁观者,冷静地观察现场发生的各种情况。这种观察方式要求观察者选择一个适当的位置,能够把自己隐藏起来或使自己的观察工作不引起受观察者的注意,以免使受观察者觉察出观察而破坏观察的自然状态。

另一种是观察者作为一个参与者参与现场活动,身临其境地进行观察。参与观察可分为两种途径:公开参与观察和隐蔽参与观察。公开参与观察即观察对象了解观察者的身份。由于观察者和他们长期相处,熟悉了他们的语言,并遵守他们的风俗习惯及生活方式,和他们建立了友好关系,甚至友谊,观察对象不再把观察者当作"外人"。例如,云南民族研究所对位于我国攀西地区的泸沽湖——世界唯一的母系社会进行长期的定时观察就属这种类型。观察者每年定时到泸沽湖考察,了解他们的风俗、习惯及其沿革与变化,与当地人建立了良好的关系。

隐蔽参与观察就是观察者不暴露自己的身份,参与到以其他方式不能进入的特殊团体中进行观察。如焦点小组座谈过程中,产品经理可以从单向镜后观察人们对不同包装设计的反应;观察者在商店里充当售货员或顾客,观察顾客的购买行为。这种观察方式要求观察者具有很强的注意分配能力和良好的记忆力,以保证注意现场发生的各种情况,能够在观察之后回忆记录下来。美国的西尔斯(Sears)公司的人员定期到 J.C.Penney 和其他零售店,观察商店布局、商品陈列、商店的买卖、促销活动等。麦当劳公司派受过训练的雇员充当顾客到各个分店视察。

三、观察的结构化程度

观察根据结构化程度不同,可分为结构化观察和非结构化观察。

(一)结构化观察

结构化观察有明确的观察目标,有较为详细的观察计划、步骤,能获得翔实的材料,并能对观察资料进行定量分析研究。在结构化观察中,观察员根据观察的要求,将观察到的行为或现象记录在事先准备好的记录表(如下超市观察记录表)上。

超市观察记录表

开始观察时间＿＿＿＿＿＿＿结束观察时间＿＿＿＿＿＿＿

性别：　　(1)男　　　　　(2)女

婚姻状况：(1)已婚　　　(2)未婚　　　　(3)不知道

年龄估计：(1)10岁以下　　(2)11～20岁　(3)21～30岁　(4)31～40岁

　　　　　(5)41～50岁　　(6)51～60岁　(7)61岁以上

伴随：　　　(1)单独一人　　　(2)同＿＿＿＿＿人一起

同伴是：　　(1)家人　　　　　(2)非家人

购物情况：　(1)日用品　　　　(2)食品　　　　(3)其他＿＿＿＿

进超市最先购买的是：＿＿＿＿＿＿＿＿＿＿＿

同售货员的接触情况：　(1)＿＿＿＿＿　　(2)一个也没接触

同其他顾客的交谈情况:(1)＿＿＿＿＿　　(2)一个也没交谈

评价目的性：　有目的　　　　0　　　浏览

(二)非结构化观察

非结构化观察对观察者观察什么、如何记录没有特定的要求,由观察者将所观察到的行为、现象直接记录下来。这种观察方法对研究的范围采取较松懈而弹性的态度,一般观察者在完全自然的场所或状态进行观察,不人为地创设情境。

作为一种开放式的观察活动,非结构化观察允许观察者根据当时的情境调整自己的观察视角和内容。观察者可以事先设计一个观察提纲,但这个提纲的形式比较开放,内容也比较灵活,可以根据当时的情形进行修改。在完全的非结构性观察中,观察员只是对被观察者的行为做一下记录,即观察者在观察中不期待任何特定行为,而仅在行为发生时进行观察,并记录下来。

一般来说,如果事先不了解要观察的现象和行为,或者观察现象比较复杂,那就只能采用非结构化观察;如果事先了解要观察的行为,而且比较简单,只需要记录一种活动发生的次数等,就采用结构化观察。

四、记录方式

记录观察的现象、内容是观察工作的一部分。这一重要工作可以让人来完成,也可以让仪器来完成。

(一)人员记录

在许多仪器设备发明以前,人员记录是观察法的主要记录方式。最佳的人员记录方法是边观察边记录,这样能够及时而详尽地记录下观察到的内容。但有许多情况无法当场记录,例如一连串事件急剧发生或许多细微事件同时发生,要一边观察一边记录就不容易做到,这会妨碍观察。此外,当场记录有时会引来被观察者的抵制,所以观察者要慎重地选择记录的时间。一般来说,假如当场已不可能记录,事件或活动又甚为复杂,可以先用若干特殊符号注明,用它们代表时间顺序发生的各种事件,以帮助记忆。事件过后再立即把观察到的内容详细写下来。为了保证记录结果的客观、准确,也可以同时由两个观察者共同观察记录,或由一个助手协助主要观察者做记录,然后对照两份记录,取长补短,使记录更为完整、准确。

(二)仪器记录

仪器记录是借助于仪器设备记录所发生的现象或行为。例如利用商店的电子扫描器记录每日商品流通的情况,利用收视率记录仪记录电视观众的电视收视行为。录音机、摄像机、交通监视器等都是观察记录的仪器。

一般来说,用仪器代替人员观察所得到的数据结果可能更准确。因为在某些特定的环境下,仪器可能比人员更精确、更容易更节约成本工作。如交通流量的统计设置,肯定比人员的直接观察更为准确,价格更低廉,结果也不会出现由于人为原因造成误差等问题。而像 AC 尼尔森这样的收视率调查公司,也更偏向于使用仪器法来做收视率调查。因为利用专门的仪器作电视收视率的数据收集,要比传统的日记式方法更为准确,但是仪器的成本很高,整个调查所要花费的预算一般会比较昂贵;并且仪器记录只能记录现象,还需要人工分析才能得到所需的信息,在这种情况下它比人员记录还要麻烦。

为了方便记录,可事先根据研究目的和观察内容设计记录表,将观察中可能出现的现象、行为等列入表格之中,这样就可以减少观察记录的数量。

五、观察的内容

因研究的问题不同,观察的内容也有不同,但下面五个方面总是不可缺少的:

(1)情境。情境是事件或活动出现的舞台与背景,它对于事件或活动具有极大的影响力和约束力。人物的活动、事件的发生都与情境有很大的关系,有些事件或活动在特定的情境下才会发生,因此必须重视情境的观察。例如,观察商店的人流量,要注意商店里是否有特殊展销,周围是否发生引人兴趣的事件。

(2)现象。有些观察研究感兴趣的现象,如某一路段、商业街区、高速公路的车流量。

(3)人物。在各种各样的市场活动中,人是行为的主体,任何事件的发生都离不开人,所以观察人物是观察者最主要的工作。观察人物时,要注意观察他们的身份、年龄、性别、外表形象、人数、人与人之间的相互关系等。

(4)行为。观察人物的各种行为活动,包括言语、表情、姿态、动作、动作过程,行动如何引起,行动的趋向、行动的目标、行动的性质、行动的内容细节等。

(5)频率和持续期。即观察事件发生或人物及其动作重复出现的时间、频率、延续时间等。

第四节　观察法的优缺点

一、观察法的优点

(1)可以当时、当地观察到现象或行为的发生,可以把握全盘现象,同时还可以注意到特殊的气氛和情境,这些是访问法无法得到的资料。

(2)能够得到不愿作答或不便作答者的资料。问卷调查时常常会遇到一些不友善的合作者,或由于访问问题过于敏感,受调查者不愿意作答的情况,观察法一般不会发生这种情况。

(3)真实性强。由于调查人员不直接向调查对象提问,受观察者并未意识到自己被观察,不受外界因素的影响,因而不会影响自己的行为,搜集到的资料比较客观。

(4)调查人员影响小。在面谈询问中,调查人员自身对问题的看法常常会在提问中不由自主地流露出来,如提一些诱导性问题,而在观察调查法中,因调查双方并不正面接触,故不会出现上述问题。尤其是依赖记录器械的记录观察,调查资料更为深入、详细、真实。

二、观察法的缺点

(1)想观察的事件、现象可遇不可求。也就是说,想观察的有时观察不到。

(2)观察者难免带有自己的主观偏向,影响结果的客观性。

(3)观察结果难以量化统计。

(4)有些现象、行为不能直接观察。观察法通常只针对行为以及物理特征的观察,很难了解人们的动机、态度、想法和感受。同时,只有公开的行为才能被观察到,一些私下的行为很难被观察。

(5)观察法对观察者的业务水平要求比较高。观察法要求调查人员具有敏锐的观察力、良好的记忆力,以及必要的心理学、社会科学知识和现代化设备的操作技能等,否则将无法胜任此项工作。

思考题:

1.观察法可用于什么问题的研究?

2.观察法有什么特点?

案例一

真维斯专卖店"神秘顾客"暗访调查

真维斯在武汉市区开设了 20 多家专卖店,为了督促各专卖店提高服务质量,真维斯委派调查员装作普通顾客对各专卖店进行调查评分,根据评分结果给予奖惩。以下是为此专门设计的调查评比表格。

"神秘顾客"暗访调查表

店铺地址: 店铺编号

访问日期: 进店时间: 店内顾客人数:

访员: 调查表编号: 总得分:

调查项目	等级	评分标准
1.营业员的礼貌		
①顾客进店时,有营业员立即面对顾客打招呼	优 良 中 差	有营业员立即面对顾客热情自然地打招呼 有营业员面对顾客打招呼,但不自然、热情 有营业员打招呼,但不面对顾客 不打招呼
②营业员衣着统一,佩戴胸卡,发饰整洁,化妆自然	优 良 中 差	衣着统一,佩戴胸卡,发饰整洁,化妆自然 四项中有一项欠缺 四项中有两项欠缺 四项中有三项以上欠缺或其中一项严重欠缺
③营业员各就各位,无倚靠、聊天、干私事现象	优 良 中 差	营业员各就各位,无倚靠、聊天、干私事现象 四项中有一项欠缺 四项中有两项欠缺 四项中有三项以上欠缺或其中一项严重欠缺
④能用普通话接待顾客,礼貌用语,面带笑容	优 良 中 差	礼貌用语,面带笑容(顾客讲普通话时,营业员也讲普通话) 四项中有一项欠缺 四项中有两项欠缺 四项中有三项以上欠缺或其中一项严重欠缺
⑤当顾客只想看看时,营业员没有板起面孔的现象	优 良 中 差	营业员态度热情,并适当推荐一些特色商品 营业员态度热情,但未推荐商品 营业员态度有较大变化,也未推荐商品 营业员板起面孔
⑥收银员的态度和蔼,唱收唱付,并说"谢谢"	优 良 中 差	态度亲切、和蔼,唱收唱付,并说"谢谢" 态度一般,并说"谢谢" 态度一般,不说"谢谢" 态度差

续表

调查项目	等级	评分标准
2.营业员的推销技巧		
⑦同停留在货架前挑选货品的顾客主动打招呼并询问其需求	优 良 中 差	店员主动过来打招呼并询问需求 店员主动过来打招呼但不询问需求 店员未主动打招呼,但顾客招呼时,能迅速过来 店员未主动打招呼,当顾客招呼一遍以上时才过来
⑧主动热情地介绍商品的特性、面料及洗涤方式	优 良 中 差	全面详细地介绍商品的特性、面料及洗涤方式 顾客询问后,一问二答或以上 顾客询问后,被动解答,一问一答 顾客询问后,因反感而不答
⑨鼓励顾客试穿,乐意陪顾客到试衣间,并将待试服装为顾客准备好	优 良 中 差	鼓励顾客试穿,陪同顾客到试衣室,并将待试的服装准备好 鼓励顾客试穿,陪同顾客到试衣室,但未将待试服装准备好 不鼓励顾客试穿,顾客提出试穿后同意顾客试穿,但不陪同顾客到试衣室 不鼓励顾客试穿,也不同意顾客试穿
⑩告诉顾客售后服务的内容,包括:免费修改裤长、更换颜色、尺码等	优 良 中 差	主动告诉顾客全部售后服务的内容 告诉顾客两项售后服务内容 告诉顾客一项售后服务内容 未告诉顾客售后服务内容
⑪如果服装不合适,则主动、热情地给顾客更换或介绍其他商品给顾客试穿	优 良 中 差	若顾客提出不合适,主动征询不合适原因,并能提供相应的合适货品给顾客 若顾客提出不合适,没有征询不合适原因,就为其提供其他货品 若顾客提出不合适,让顾客自己挑选其他货品 若顾客提出不合适,收回货品,不予理睬,或强行推销该货品
⑫如试穿满意,顺便向顾客介绍、配搭其他商品和饰品	优 良 中 差	主动介绍并主动引导顾客配搭其他货品 未主动为顾客配搭,当顾客提出配搭要求后,能热情帮助配搭 顾客提出配搭要求后,不情不愿地寻找相应货品 顾客提出配搭要求后,没有反应
⑬服饰配搭恰到好处,令顾客满意	优 良 中 差	服饰配搭恰到好处,顾客非常满意 服饰配搭较好,顾客比较满意 服饰配搭一般,顾客可以接受 服饰配搭太差,顾客不能接受
⑭在不需同时接待其他顾客时,陪同顾客到收银处付款,并说致谢语	优 良 中 差	陪同顾客付款,并说致谢语 陪同顾客付款,不说致谢语 让顾客自己去付款,说致谢语 让顾客自己去付款,不说致谢语

续表

调查项目	等级	评分标准
⑮顾客离店时,有营业员能立即主动地对每位离店顾客说送别语	优 良 中 差	顾客离店时,营业员热情、自然地招呼 顾客离店时,营业员打招呼,但不热情 有营业员偶尔对个别离店顾客打招呼 不打招呼
3.购物环境		
⑯在收银台附近,整洁摆放或张贴着"顾客服务热线"的标牌	优 良 中 差	店内收银台附近有标牌,且很整洁 店内收银台附近有标牌,但不够整洁 店内收银台附近有标牌,但很脏 无标牌
⑰店内货架、橱窗、门面招牌、地面整洁	优 良 中 差	店内货架、橱窗、门面招牌、地面整洁 一项欠缺 两项欠缺 三项或四项欠缺,或有一项严重损害商店形象
⑱货品摆放整齐,货架不空置,货品及模特无污渍、无损坏	优 良 中 差	货品摆放有条不紊,分门别类,货架不空置,货品及模特无污渍、无损坏 有一个货架(或货品、模特)未达到要求 有两个货架(或货品、模特)未达到要求 货品乱放,或三个以上货品及模特有污渍、损坏
⑲试衣间整洁,门锁安全,设施齐全(配备衣钩、拖鞋)	优 良 中 差	试衣间整洁,门锁安全,设施齐全 三项中有一项欠缺 三项中有两项欠缺 三项均有欠缺或其中一项以上严重欠缺
⑳灯光明亮,音响适中,温度适宜,走道通畅(无杂物堆放)	优 良 中 差	灯光充足,音响适中,温度适宜,走道畅通(无杂物堆放) 四项中有一项有欠缺 四项中有两项有欠缺 四项中有三项或四项有欠缺,或有一项以上严重欠缺

说明:①对每项调查内容,优5分、良4分、中3分、差1分,满分100分。

②为使得调查顺利、有效地进行,"神秘顾客"需按如下流程图进行暗访。

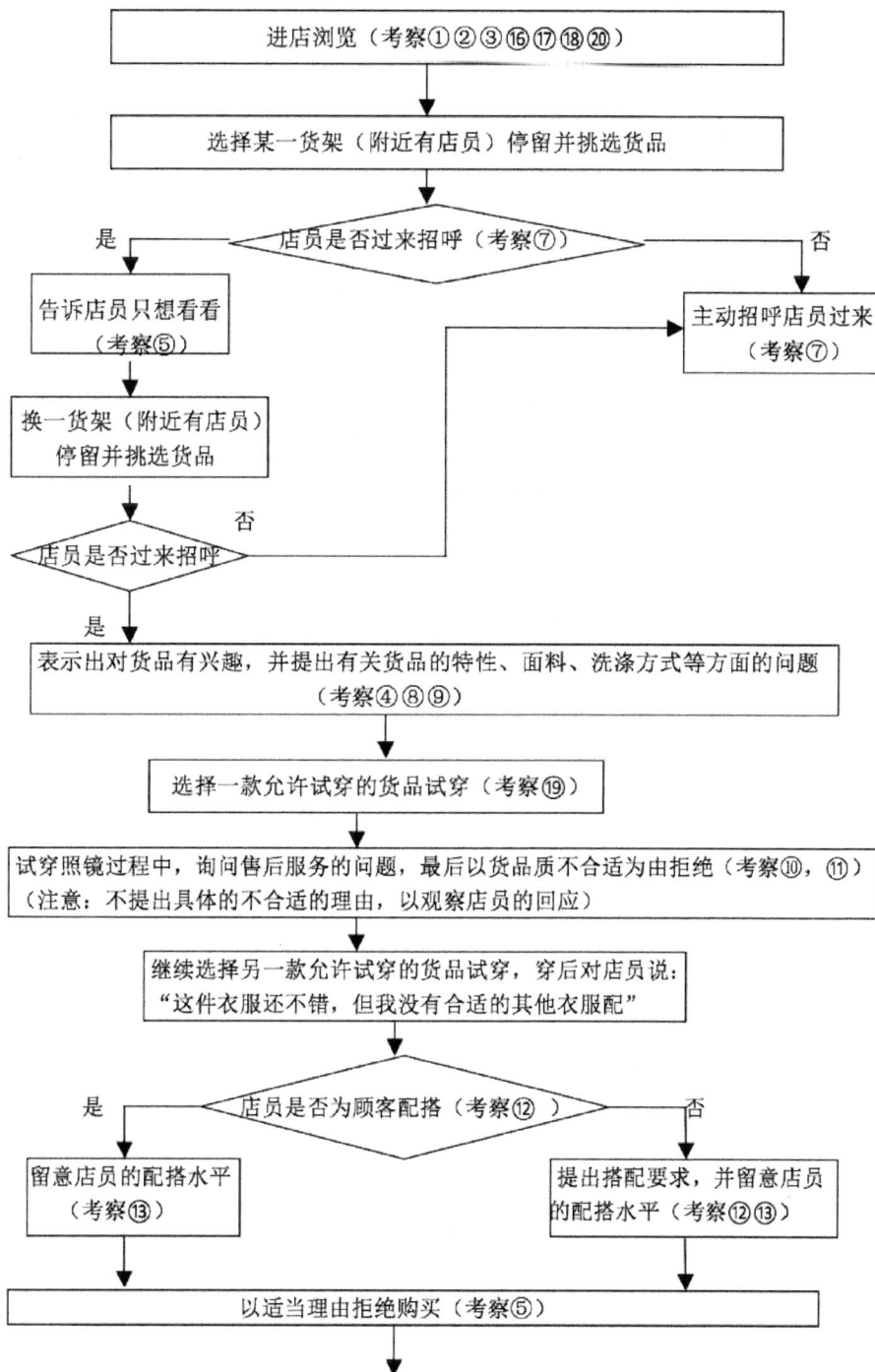

进店浏览（考察①②③⑯⑰⑱⑳）

选择某一货架（附近有店员）停留并挑选货品

店员是否过来招呼（考察⑦）

是 ——→ 告诉店员只想看看
（考察⑤）

否 ——→ 主动招呼店员过来
（考察⑦）

换一货架（附近有店员）
停留并挑选货品

店员是否过来招呼 ——否→

是

表示出对货品有兴趣，并提出有关货品的特性、面料、洗涤方式等方面的问题
（考察④⑧⑨）

选择一款允许试穿的货品试穿（考察⑲）

试穿照镜过程中，询问售后服务的问题，最后以货品质不合适为由拒绝（考察⑩，⑪）
（注意：不提出具体的不合适的理由，以观察店员的回应）

继续选择另一款允许试穿的货品试穿，穿后对店员说：
"这件衣服还不错，但我没有合适的其他衣服配"

店员是否为顾客配搭（考察⑫ ）

是 ——→ 留意店员的配搭水平
（考察⑬）

否 ——→ 提出搭配要求，并留意店员
的配搭水平（考察⑫⑬）

以适当理由拒绝购买（考察⑤）

留意顾客付款情况（考察⑥⑭）

↓

离店（考察⑮）

↓

统计客流量（5分钟）

↓

填写《"神秘人"暗访调查表》

↓

结束

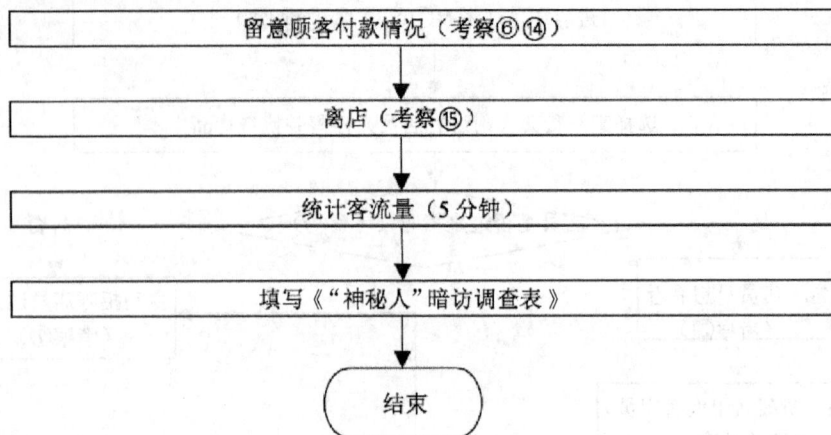

"神秘顾客"暗访操作流程图

调查法是通过观察被调查对象对有关问题的直接反应来获得资料的方法。它是广告研究中最常使用的方法。

调查法可分为访问法和非访问法两大类。使用访问法时访员与受调查者有语言交流,而使用非访问法则一般没有语言交流,即使有,也不是获取信息的主要手段。访问法包括入户访问、拦截访问(也称街头访问)和电话访问等。非访问法包括邮寄问卷调查、置留问卷调查等。本章将具体介绍这些方法。

第一节　入户访问

入户访问是访员以挨家挨户访问受调查者的方式完成的,访问地点在受调查者家中。访问时,访员必须严格按照问卷要求(见本章案例一),依题目顺序一一询问受调查者,并根据受调查者的回答依次记录下来。一般来说,受调查者作答范围是有限制的,多数情况下只能在访员提供的答案中进行选择。

在我国的市场调查中,入户访问曾是被广泛运用的方法。但近年来随着社会环境的变化,入户访问使用率逐步降低。其主要原因如下:人口越来越少的家庭结构使得接受访问的对象也越来越少;社会治安情况的恶化使得入户的拒访率升高;尽管与其他方式相比,入户访问的问题回答率较高,但他们之间的差距在缩小。

一、入户访问的实施过程

调查法中除了邮寄问卷调查之外,其他几种方法在实施时,首先都要培训访员,给每个访员指派任务,具体说明访员的访问地点、访问人数、访问对象,以及给他们分发问卷、文具和礼品等。关于访员培训,本书第四章中有系统介绍,本章凡涉及这一问题时就不复赘述。

入户访问从寻找受调查者开始,如图 11-1。在寻找受访户时,常会发生找不到受访户的现象。原因之一是地址不详,原因之二是受访户搬迁,原因之三是访问时机不合适。如果是地址不详,访员要向抽样人员进一步核实;如果是搬迁,只好按要求寻找替代样本;如果是访问时间不合适,访员要另找时间访问,在不同时间访问三次之后仍然找不到,再找替代样本。

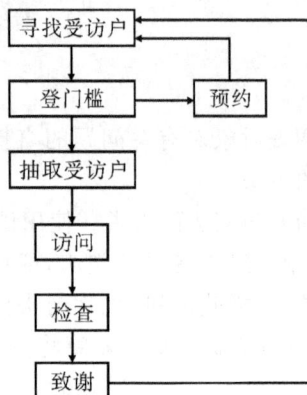

寻找受访户 →

登门槛 → 预约

抽取受访户

访问

检查

致谢

图 11-1　入户访问的过程

找到受访户之后,访员就要想方设法登门槛。登门槛既有客观的障碍(如层层的防盗门),也有主观的障碍(有些受调查者不愿接受调查访问)。访员在登门槛的时候一定要有耐心并说明来意。若个别受访户的确不能当场接受访问的,访员可以与他们另约时间。

登门槛成功后,访员接下来就要根据抽样要求抽取家中的受调查者。有时被抽到的受调查者会要求由家中其他成员替代接受访问,这样做会影响调查结果,访员应该委婉拒绝,坚持原则。一般来说,一个已经同意接受访问的家庭,只要访员耐心地说服,他们会同意按要求接受访问。在这种情况下,访员对原则的坚持相当重要,在访员培训时要特别强调这一点。

当受调查者同意接受访问后,访员就依照问卷的题目顺序或培训时的要求进行询问并相应记录。在访问过程中,有时受调查者会要求自己填答,一般来说,这是不允许的,因为自行填答会影响调查结果。

受调查者回答完所有问题后,访员要当场检查答案,看有无遗漏,发现问题及时解决。

访问结束,访员要向受调查者以及受访户中的其他人致谢,并赠送礼品或礼金。

二、入户访问的注意事项

(一)访问之前的注意事项

在访问之前,访员要注意带好各种材料,包括:

(1)访问对象资料:受调查者的人数、受调查者的地址、户内受调查者的抽样表等;

(2)问卷:携带的问卷数目要大于受调查者数目,以作为备用;

(3)记录工具:笔和笔记本等;

(4)交通地图:确保顺利找到受调查者;

(5)介绍信或证明访员身份的证件;

(6)给受调查者的礼品或礼金;

(7)访问所需的差旅、食宿等费用。

(二)访问过程中的注意事项

(1)不能轻易地放弃一个受访户。不愿意受陌生人打搅的家庭越来越多,如果访员轻易放弃,样本的代表性就会受到影响。

(2)严格按要求询问,受调查者不理解题意时,可以重复提问,但不能自作解释。

(3)避免受调查者回头更换答案。

(4)开放性题目的记录,要尽量用受调查者的措辞,而不要用访员自己的措辞。

(5)不要暗示或提示答案,同时防止其他在场者提示。

(6)如果受调查者的回答偏离询问话题,要巧妙地将话题拉回,但不能伤害受调查者的自尊。

(7)未经许可,不可让受调查者自己填写答案,否则就变成置留问卷调查了。

三、入户访问的优缺点

(一)入户访问的优点

(1)访员容易建立与受调查者之间的信任和合作关系,一些敏感问题也容易进行询问;复杂的问卷也能够保证有效问卷的回收率。

(2)访员可以使用其他辅助工具,如制作好的图片或答案卡片等。

(3)可以避免有意漏答题目的现象。

(4)减少受调查者因不理解题意而随意作答的情况。

(5)访员可以在询问过程中观察受调查者的表情、姿态等非语言行为,借此来判断受调查者答案的真实性。

（二）入户访问的缺点

（1）费用大。实地访问要求访员——询问受调查者，这需要付出大量的人力和时间，费用比较大。

（2）访问过程控制较为困难。访员分散作业，要检查他们是否尽责、有无欺骗行为比较困难。

（3）询问偏见。入户访问是由访员按问卷的题目——询问受调查者，访员的询问态度或语气难免影响受访调查者，容易出现询问偏见。

（4）入户困难。许多居民住宅装有安全防盗门，甚至有多重防盗门。居民对陌生人的防备心理比较强，访员经常会被拒绝在防盗门之外。

（5）个别受调查者相当热情，延长访问时间，访员的工作效率会受到影响。

第二节　拦截访问

一、拦截访问的定义

拦截访问，也叫街头访问，即访员在拦截地点拦住受调查者进行访问。拦截访问通常在调查对象具有一定特殊性或总体抽样框难以建立的情况下采用。

二、拦截访问的基本过程

拦截访问的实施过程如图 11-2 所示。首先是抽样，即由访员对出现在拦截

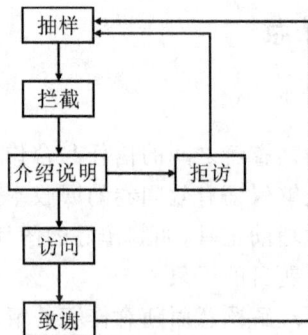

图 11-2　拦截访问流程

地点的人进行抽样。拦截访问的抽样方法通常是任意抽样或判断抽样,有时也采用等距抽样(它不是严格的等距随机抽样,抽样距离由研究人员事先主观确定好)。其次是拦截,即访员上前拦住目标受调查者,向他们介绍自己的身份,说明调查的目的或意图,尽量争取他们的配合和支持。目标受调查者同意接受访问,访员就可以按照问卷要求进行询问。访问时,受调查者有时会要求访员填写答案,是否可行访员不能自己主观做决定,必须严格按要求执行。研究者在制定访问规则时要充分考虑这一情况,以免这种情况影响调查的准确性。询问完毕,访员应当面致谢并赠送礼品或礼金。

拦截访问主要有两种方法。第一种是由经过培训的访员在事先选定的若干地点,如交通路口、展览会场等,按照一定的程序和要求,如时间间隔和客流量间隔等,选取访问对象,在现场按照问卷进行简短的面访调查。这种方式常用于需要快速完成的小样本的探索性调查。第二种方式也叫中心地调查或厅堂测试,是在事先选定的若干场所内,租借好访问专用的房间,根据调查的要求,可能还要摆放供受访者观看或使用的物品,然后按照一定的样本选取程序,拦截访问对象,并使用专用的房间进行面访。这种方式常用于需要实物显示或特别要求的有现场控制的探索性调查项目,如新产品的测试、广告测试等。

拦截访问与入户访问基本相似,所不同的是:第一,入户访问的受调查者只能从事先确定的受访户中抽取,比较确定,而拦截访问的受调查者是在访问现场抽取,具有一定偶然性;第二,入户访问的访问地点是在受调查者家中,而拦截访问是在户外。

三、拦截访问的注意事项

由于拦截访问与入户访问有相似之处,所以访员在访问过程中也要遵循入户访问的规则和要求,比如如何介绍说明、访问过程的控制等。拦截访问也有自己的独特性,因此在拦截访问时要特别注意以下几个方面:

问卷设计(参见本章案例二和案例三)上,第一,应尽可能简短,保证访问过程不超出受调查者的承受意愿。受调查者通常是站着回答问题的,时间长了容易疲劳而拒绝访问;受调查者通常"有事",时间长了会误人家的"正事"。第二,问题不能涉及隐私等难以回答的问题。拦截访问是在大庭广众之下进行的,这样的问题容易遭到拒绝。

访问过程中应当要求访员注意两个问题:第一,避免在场的其他人包括受调查者的同伴影响受调查者作答;第二,检查受调查者是否是合适的调查对象。公众的场合有时会碰到一些热心肠或喜欢自我表现的人,他们会主动要求接受访问,此时访员要注意甄别。如果不合适,要婉言拒绝,但不能挫伤别人的自尊心。

在访问质量的控制上,要加强对访员的现场监督。由于拦截访问难以通过回访来判断访员的可靠性,所以只能通过加强调查现场的监督来减少个别访员不负责任带来的各种问题。

四、拦截访问的优缺点

(一)拦截访问的优点

(1)费用比较节省。由于访问时间地点比较集中,对调查对象的要求也不那么严格,可以节省每个样本的访问费用。

(2)避免入户的困难。入户访问中访员容易遇到入门难的困扰,拦截访问不存在这一问题。

(3)便于对访员的监控。拦截访问的时间、地点通常比较集中,而且是研究者事先确定的,访员必须在指定的地点完成访问工作。所以指派督导员在现场监督访员的工作比较可行。

(二)拦截访问的缺点

(1)不适合随机化的抽样调查。因为调查对象在调查地点的出现带有偶然性。很多拦截访问都会选择人口流量较大的商场和超市等地方,在这些地点很难找到能够代表大部分地区消费者的样本,样本会存在一定的偏差。

(2)被访问对象的拒绝率比较高。因为调查对象有很多很充足的理由拒绝访问。

(3)不适合较长的问卷调查,并且访问质量难以保证。由于访问通常在人流量较大的地方,这些地方往往嘈杂、拥挤,受访者可能因此感到不安或匆忙而无法认真仔细地接受访问,访问的质量不高。

(4)不适合复杂或不能公开问题的调查。

五、拦截访问的新发展

许多新技术的发展都跟计算机有关,传统拦截访问在计算机的帮助下形成一种新的拦截访问方法——计算机辅助面访(Computer Assisted Personal Interviewing,CAPI)。CAPI系统通常的工作流程是:由计算机、平板电脑等智能终端管理与呈现问卷,访员可依据设备屏幕上的问题进行面访工作,并将受调查者的答案直接输入终端;受调查者也可选择在智能终端引导下自行填答,不经过访员面访,从而保障隐私。计算机辅助面访因为与网络相结合,当访问结束或告一段落时,访员就可通过互联网直接将问卷结果传回主办单位,从而方便数据的及时处理与分析。

第三节　邮寄问卷调查

一、邮寄问卷调查的定义

邮寄问卷调查是将设计好的问卷制成邮件,附上回邮信封寄给受调查者,由受调查者填写好之后再寄回给研究者的资料采集方法。作为一种资料采集方法,邮寄问卷调查在西方很早就为人们所使用,是西方市场研究的重要方法之一。但由于问卷回收率较低,所以在我国的市场调查研究中较少使用。邮寄问卷调查的基本过程见图 11-3。

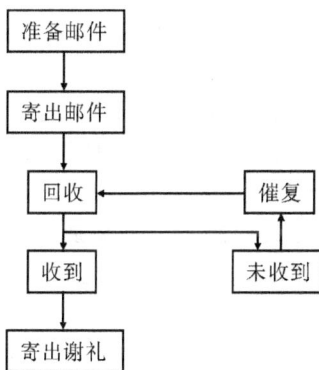

图 11-3　邮寄问卷调查流程

二、邮寄问卷调查的基本程序

首先是准备邮件。在邮寄问卷调查中,研究者与受调查者之间的关系是借助邮件建立起来的,邮件的内容很重要。

标准的调查邮件通常包含一份问卷、一封介绍信、一个回邮信封以及一个精美的信封。

问卷是邮件的主体,问卷(参见本章案例四)如何设计,第五章已有详细的叙述,这里着重再强调几点:

(1)注明每一道题的作答方法,是单选还是复选,答案填在何处,打钩还是画圈。

(2)尽量减少或避免使用开放性问题。

(3)避免设计复杂难答的问题。

(4)问题表述要简洁、明了。

(5)避免跳答(或相倚)的题目。

(6)前后题目不能相互提示。

介绍信是促使受调查者作答和回邮的信函,其形式与一般信函相同,有称呼、内容、致贺、落款及时间。信函的内容一般要包含以下要点:

(1)研究目的和研究的重要性。

(2)为什么受调查者的意见值得重视。

(3)由谁完成问卷。

(4)如有疑问,怎样寻求解答。

(5)告诉受调查者若不及时寄回,还会有催复信函随后寄到。

邮寄问卷调查中也有采用电话联络的办法先征求受调查者的同意然后再寄出问卷的。在这种情况下,邮件中就可以省略掉介绍信。

回邮信封要写上调查机构的地址、联系人姓名,同时要贴上邮票。回邮信封的目的是减少受调查者不寄回问卷的理由。

邮件准备好后就可以在同一时间一起寄出,也可以根据不同受调查者的回程时间先后寄出,以便保证在相对集中的时间回收。

邮件寄出后,要等候受调查者的回复。受调查者接到邮件后,通常愿意回答者会马上作答并且在两三天内邮出。如果放置太久,回答的可能性就大为降低,所以邮件寄出去一段时间(来回邮程)之后,就要考虑对没有寄回问卷者给予催复。

催复的方法有电话催复和寄信催复,目的在于唤起受调查者回答问卷的兴趣。催复应再度提示问卷的重要性并阻止受调查者丢掉问卷,在催复信中不能表示不悦或不耐烦。催复信的内容包括提醒受调查者有关邮寄问卷之事;叙述再寄这封信的理由,对已寄出问卷的受调查者表示感谢,对没收到邮件者解释理由(如可能是误投或其他人拿走),并请他在随信寄去的问卷上作答并尽快寄回。

估计能回收到的问卷都收到了之后,礼品就可以寄出,也可以在收到问卷时及时寄出,或者同问卷一起寄出。

三、邮寄问卷调查的优缺点

(一)邮寄问卷调查的优点

(1)节省费用。一般而言,由访员个别访问受调查者,费用包括访员劳务费、差旅费、问卷印制费以及访员训练费等。每次成功访问花费少者几元,多则几十元。而邮寄问卷调查以同样数量的样本计算(以最精美的问卷、信函、最高的邮费算),费用也远较入户访问少。在电信业发达的国家,电话访问费用也相对较少,但电话费及访问总费用分摊在每个样本上,仍然高于邮寄调查。

(2)调查区域广泛。调查区域不受调查者所在地的限制,邮政所达地区均可列为调查区域。例如境外、国外均可用此法进行调查。

(3)受调查者作答自由度大。受调查者不一定要在特定的时间内完成所有问题,而且还能够先易后难地回答问题,可以多花点时间思考比较难回答的问题。

(4)避免访员偏见。访员现场访问可能产生多种误导,如通过声调变化来提示或将自己的看法告诉受调查者等。此外也存在着这样的可能性,即访员念错问题,或调查者误解访员的意思、访员误解调查者意思、访员在登记时出现笔误等。这些问题在邮寄调查中都能够得到克服。

(5)便于联系。地理上很分散的受调查者,花一点邮资即可全部联系上,旅行费用支出较小。

(二)邮寄问卷调查的缺点

(1)回收率低。由于没有访员在场催促,受调查者容易因对调查不感兴趣,不愿意回答某些问题,或因问卷过长、过于复杂等原因拒绝作答。在我国,根据笔者的经验推断,回收率一般不会超过15%。

(2)有意无意漏答问题。由于没有访员的监督、检查,受调查者常会有意无意地漏掉某些问题。例如国外的研究人员发现,尽管有时问卷回收率达50%以上,但某些问题通常只有30%左右的人回答。

(3)答卷者可能不是目标受调查者。有时受调查者没有时间或由于其他原因,让旁人代为回答,或者受调查者认为自己不属于调查对象,而找一名他认为适合的人作答,这样也会损害样本代表性。

(4)低教育程度者难以作答。

(5)问题次序无法控制。研究人员为消除回答偏见而精心设计的问题次序因为受调查者在回答之前先浏览整份问卷、跳过某些问题或不按问题的次序回答问题而遭到破坏;有时受调查者会先看问卷后面的问题而改变前面问题的答案。

(6)回答日期无法控制。市场调查研究往往需要在一定的时间内完成。邮寄问卷虽然可以要求受调查者在指定时间内完成,但受调查者能否按期完成并寄回问卷,研究者无法把握。此外,邮寄问卷无法用于那些需要在短时间内获得资料的研究任务。

(7)调查性质不吻合。例如有的市场调查的目的在于探测消费者的个人内在动机,用拟好的问卷直接询问。这种做法多数不能了解受调查者的真正动机。

(8)缺乏机动性。例如受调查者误解了问题,无法及时得到纠正;无法通过观察受调查者的非言语行为来判断答案的真实性;无法控制作答环境等。

四、邮寄问卷调查的新发展

同拦截访问一样,在互联网时代,也出现了与传统邮寄问卷相似的调查访问形式。电子邮件调查与邮寄问卷调查很相似,都是将问卷寄给受调查者,让受调查者自行填答并寄回答案。所不同的是,电子邮寄调查的一切作业都是通过计算机互联网络,速度比较快;而邮寄问卷调查的作业则依赖于邮政系统和传统的纸笔,速度比较慢。现在,通过电子邮件进行市场调查正逐步成为重要的资料采集手段。

第四节　置留问卷调查

置留问卷调查时,访员会将问卷发放到受调查者家中,说明调查的目的和填写要求后,让受调查者自行填答,约定过一段时间后再将问卷收回。为了感谢合作,通常也要向受访者会赠送小礼物。

一、置留问卷调查的实施过程

置留问卷调查的实施过程如图 11-4 所示。

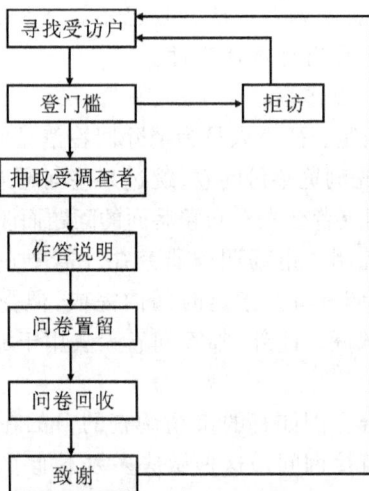

图 11-4　置留问卷调查流程

比较图 11-1 和图 11-4 可以看出，置留问卷调查实施过程中的前三个步骤和与入户访问是一样的，但以后的过程就有所不同了。置留问卷调查中，访员在确定受调查者之后，要向受调查者详细说明如何作答（如跳答与否）、如何填写问卷（是打"√"还是"○"，答案填写在哪里等），尽管问卷中通常会说明作答的方式、方法（访员的说明是必要的，因为有些受调查者会不看说明就作答）；告诉受调查者遇到问题（如不理解题意）时怎么办，约定回收问卷的时间。一切都交待清楚之后，访员就可以留下问卷，让受调查者自己填答，到预约的时间再来收回问卷。回收问卷时，访员必须检查问卷，看看是否有漏答或其他问题。

一般来说，受调查者填答的问卷总会有瑕疵，如答案填写不规范、不清楚、漏答等，访员在回收问卷时一定要注意发现并纠正这些问题。

二、置留问卷调查对问卷设计的要求

针对置留问卷调查这种方法，在问卷设计（参见本章案例五）时应特别注意以下问题：

（1）尽量在每一道题上注明作答的方式、方法。

（2）卷首语中要清楚说明调查的目的以及受调查者作答的重要性。受调查者不一定会在访员发放问卷之后马上就填答。通常会在比较空闲的时候作答，此时他们会不会作答跟他们认为调查是否重要有关。

（3）题目的表述要简洁、明了。因为题意不清楚或不好理解，他们可能会随意作答或漏答。

（4）避免跳答（或相倚）的题目。这样的问题，受调查者往往不会按要求作答，这将影响数据的质量。

（5）前后题目不能相互提示。

三、置留问卷调查的优缺点

（一）置留问卷调查的优点

（1）能够保证问卷的有效回收。置留问卷调查通常是访员登门收问卷，这样即使受调查者没有及时作答，甚至把问卷丢失，访员收问卷时也可以要求他们当场作答。

（2）克服漏答造成无效问卷。置留问卷调查虽然同样会出现邮寄问卷调查时受调查者漏答问题的现象，但访员回收问卷时可以及时将漏答的问题补齐。

（3）受调查者作答比较自由。受调查者可以选择比较合适的时机回答问卷。

(4)这种方式比入户访问由访员一个一个问题的询问容易获得受调查者的配合。在没有其他人员在场的情况下,受访者如实填写个人资料的可能性更大。

(5)克服由于访员造成的种种负面影响。

(二)置留问卷调查的缺点

(1)是否由被抽到的受调查者亲自作答不得而知。

(2)作答是否受他人的影响不得而知。

(3)入户困难。

(4)问卷容易丢失。

第五节　电话访问

一、电话访问的定义

电话访问法是市场调查中使用较多的一种调查方式,这一方法在电信业较为发达的地区得到了广泛的运用。20 世纪 90 年代起,我国电话普及率迅速提高;进入新世纪后,移动电话普及率更是反超固定电话,截至 2014 年年底,手机已近乎人手一部(见图 11-5)。随着我国电话普及率的提高、调查机构信息化程

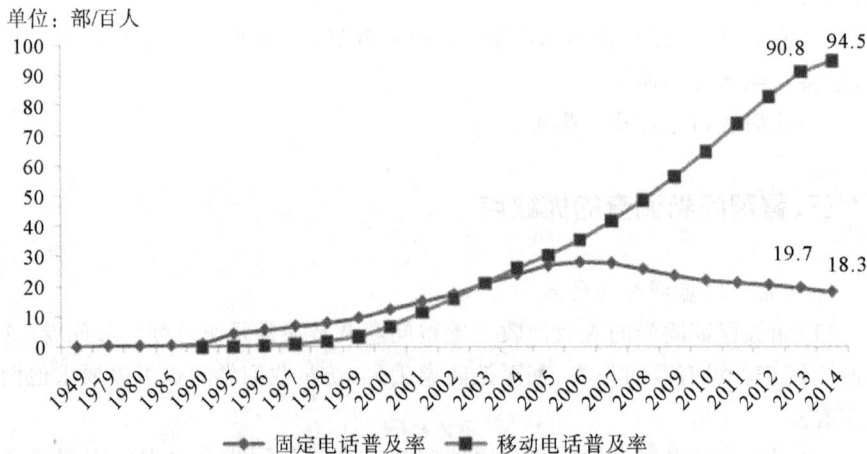

图 11-5 1949—2014 年我国固定电话、移动电话普及率

资料来源:工信部 2014 年通信运营业统计公报

度的提高,以及公民个人安全隐私保护意识的增强,传统的入户访问成功率越来越低,而电话调查方法,尤其是计算机辅助(CATI)的电话访问在各个专业领域应用越来越广泛。电话访问需要一个安静、光线充足、通风良好、无外界干扰、安装有若干部电话的办公室,每一部电话最好配备一台录音机、若干访问问卷和访问记录用纸笔。如果条件允许,每部电话配备一台计算机,将所有电话号码输入计算机,让计算机自动进行电话号码抽样、拨号以及显示调查的问题。访员还可在访问的过程中直接将受调查者的答案输入计算机,减少访问后数据录入的麻烦。

二、电话访问的抽样方法

电话访问抽样的基本原理跟其他调查方法一样,但在操作上有其独特性。具体包括下列三个步骤:

(一)抽取样本户

电话访问常用的两种抽样方法是电话簿抽样和随机拨号法。

1.电话簿抽样

电话簿抽样方法步骤为:

(1)根据电话簿的页数及样本大小,决定平均每间隔若干页抽取一个样本。假设这个间隔为 n。

(2)在 $1\sim n$ 的数字中,随机抽出一个数字,然后以这个数字为第一页,每隔 n 页抽出样本户所在的页码。

(3)从第一页中随机抽出第 x 栏,第 y 个号码为样本户,以后每一页均以这个位置的号码为样本。

2.随机拨号法

随机拨号法有两种具体方法,即简单随机拨号法和集群随机拨号法。

(1)简单随机拨号法的程序是:

①选定要访问的区域号;

②以随机方式选定用户号。

(2)简单随机拨号法经常会遇到空号,集群拨号法在一定程度会减小拨到空号的概率。其操作程序如下:

①确定一定数量(如 100 号)的号码为一群,因此每一个区域号下可分出若干群。

②以分层抽样方法决定每一区域号码中抽出若干个样本群。

③以随机抽样方法抽出若干个群,用随机拨号法试拨。如果某一群的第一个电话号码不是空号,这个群就保留为样本群,再抽取群内的样本。如果第一电话是空号,就放弃整个群,另抽取一群来代替。

无论是电话簿抽样,还是随机拨号法,都存在一定缺点。电话簿抽样可能由于新增电话没有列入电话簿以及用户不愿意公开电话号码等缘故而使得抽样框不够完整。随机拨号法可以克服电话簿抽样中不能涵盖所有电话用户的缺点,但是常常会拨到空号。

(二)选择受调查者

抽出一个样本户之后,还要决定访问户内哪一成员,常用的选择方法有两种:

(1)任意成人法。即抽取户内的任何一名成人。

(2)随机访问派斯利(Paisley)表法。即先询问样本户家中有几位不在学的成人,再问其中不在学的女性数目,然后根据这两个数字查表 11-1 决定访问哪一位。此法与抽样设计中提到抽取户中成员的方法原理相同。

表 11-1　随机选择受访者的派斯利表

1	0	男　　性
	1	女　　性
2	0	年轻男性
	1	男　　性
	2	年轻女性
3	0	最年长男性
	1	较年长男性
	2	较年长女性
	3	最年长女性
4	0	次年长男性
	1	次年长男性
	2	较年轻女性
	3	次年长女性
	4	次年长女性
5 人或以上	0	第三年长男性
	1	次年轻男性
	2	最年轻男性
	3	最年长女性
	4	次年长女性
	5 人或以上	第三年长女性

(三)选择替代样本

一般来说,选取好的样本不要轻易替换,但遇到电话打不通时,寻找替代样本也是不得已的事情。

寻找替代样本的办法,通常采用阶层取样。例如在采用电话簿抽样时,先将抽到的号码及其前一和后一位置的号码一起抄下来。当该号码拨不通时,拨前一号码;再不通,就拨后一号码。而在随机拨号抽样时,假设抽到号码为 2080375,当这号码拨不通时,依次拨 2080373、2080374、2080376 和 2080377。

三、电话访问的基本过程

电话访问的第一步是按抽样提供的电话号码进行拨号(见图 11-6)。拨号后有可能遇到家中无人,或被访者表示不适宜接受访问的情况。一般认为,铃响六次是判断样本户家中无人较为适宜的标准;尝试拨三次电话最为理想,如果三次不成功,该样本便可舍去。因为再追踪下去,成功的机会也不高。

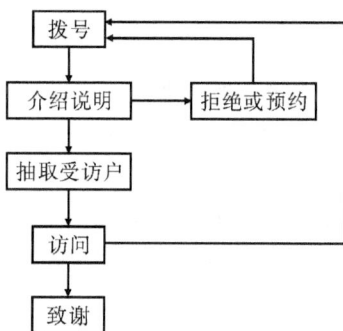

图 11-6 电话访问的流程

电话拨通之后,与入户访问一样,访员应先自我介绍,说明调查的目的以及访问所需时间,取得受访户的信任和接受。当受访户愿意配合调查时,进一步抽取受调查者并要求被抽到的受调查者接电话,再次简要说明调查目的。如果受调查者拒绝访问,就重新拨号;如果受调查者不能立即接受访问,跟他预约一个时间,届时再访问。如果一切顺利,访员就可以依照要求一一提问,直至问完所有问题。

四、提高访问完成率的方法

电话访问对被访者的控制很少,对方可以随时中断访问,所以访问时间不能太长,问题不宜过于复杂,访问前最好告知受访者大约的访问时长,一般认为访问时间不应该超过 15 分钟。此外,还可以采取一些方法来提高电话访问完成率:

(1)插足技术。在正式访问之前,先给受调查者打一个简短的电话,告诉他们有这么一个访问并预约好正式访问的时间。

(2)酬赏。允诺受调查者,如果他们愿意配合完成访问,访问后将送给他们一些小礼物,或一小笔酬金。

(3)追踪。如果电话访问遭到拒绝,可以通过短信、邮件或者信件的方式解释访问目的,再打电话去联系。

(4)选择最佳访问时段。在条件允许的情况下,确定最佳访问时段。一般较好的访问时间是晚上或节假日。同时应注意地区间的差异,例如在晚上访问时,北方地区应比南方地区早一些,小城市应比大城市早一些。

(5)访员。依据抽样城市选择擅长当地方言的访员,可以拉近与受访者的距离,从而提升访问完成率。此外,吐字清晰、声音亲切的访员也有助于提升访问率。

五、电话访问的优缺点

(一)电话访问的优点

(1)比较容易访问到社会经济地位高的人。社会地位或经济地位较高的人,采用入户访问方法不容易找到本人,即使找到也容易遭拒绝,采用电话访问成功的机会比较大。

中国各城市的拒访率不一样,大城市要高于小城市和乡村,但通常不超过30%。2013年,中国疾控中心针对慢性病相关政策在北京市西城区和昌平区进行了电话调查,共拨出93 524个电话号码。其调查效率、应答率和接受访问者的访问成功率分别为3.8%、26.2%和75.1%。造成调查效率和应答低的原因主要为"无人接听/占线"和"开始拒访"。

表 11-2　慢性病相关政策电话访问号码拨打状态分布

拨打状态				拨打电话数量	$r/\%$
无效号码			①空号	27 476	95.3
			②传真号	625	2.2
			③欠费停机/关机	720	2.5
			小计	28 821	100
有效号码	未接通号码		④不在服务区	5 485	8.5
			⑤无人接听/占线	42 627	65.9
	接通号码	开始拒访	⑥不愿意接受访问	10 822	16.7
		同意访问	⑦不符合甄别条件	2 364	3.7
			⑧配额满	143	0.2
			⑨中途拒访	812	1.3
			⑩访问成功	2 450	3.8
			小计	64 703	100

资料来源:亓晓,张勇,万霞,等.电话调查方法在北京地区的应用效果实例分析[J].卫生研究,2013:974-977

（2）更容易接触到一般受调查者。人们从门孔中看见门外站着陌生人，可能闭而不纳，但多数人听到电话铃声都会去接。

（3）节省经费。有研究表明，电话访问比入户访问可节省60％以上的经费。

（4）节省时间。访问一个样本，电话访问仅包括与受调查者对话的时间，而入户访问则需要加上交通的时间。如果样本比较分散，那么电话访问在时间上的优势就更明显。

（5）抽样过程比较简单。电话抽样一般采用系统抽样，比起入户访问的分层抽样方法简单多了。电话访问的抽样框也是现成的，无须再花时间去建立抽样框。

（6）易于控制。电话访问场所固定于某一地方，研究负责人可以及时解决执行过程中遇到的各种问题并监督访员，其他方法没有这么便利。

（7）访员的偏差减小。入户访问容易发生访员曲解受调查者意图的情况，但是电话访问是集中作业，曲解的可能性就会大大降低。

（二）电话访问的缺点

（1）抽样代表性。特别是在电话普及率不高的地区，电话访问会造成抽样误差。

（2）受调查者容易拒绝访问。不愿意接受访问的受调查者，不必找什么理由，只要把电话挂断就可以拒绝访问。

（3）无法判断受调查者作答的真实性。在面对面的访问中，访员可以根据受调查者的表情、动作等来判断回答的真实性，而在电话访问中，即使受调查者跟访员开玩笑，访员也难以明察。

（4）询问的问题不能提供太多的答案。所以电话访问的问卷要尽可能简单一些（参见本章案例六）。

（5）录音电话。有些家庭安装录音电话，这种设备使得与受调查者的直接对话变得困难。

（6）容易受等待通话服务（call-waiting service）的影响。等待通话服务是指当你与某人通话时，如果第三者打进电话，你可以听到信号声。这时只要挂断电话，就可以与新来者通话。这种技术的出现后，电话访问被中断的可能性增大，影响访问的成功率。

六、电话访问技术的发展

传统的电话访问技术在计算机科学发展的影响下，也发生了一系列变化。先后出现计算机辅助电话访问（Computer Assisted Telephone Interviewing，简称CATI）和全自动电话调查（Computer Assisted Telephone System，简称CATS）。

（一）CATI

CATI是由电话、计算机、访员组成一体的访问系统，是将传统电话调查的问卷设计、调查实施管理、数据录入和统计等步骤计算机化的调查方法，近几年在国内市场中的运用越来越普遍。

CATI对设备方面的要求有硬件和软件两个部分：硬件一般包括用于控制和管理的服务器、若干台计算机、耳机（耳塞）式电话和电话线等设备；软件方面，CATI系统的管理软件一般包括预拨号服务系统、项目管理系统、问卷设计系统、项目监控、工作站监控（监听、录音、发送座席消息）和简单统计系统等。

1.CATI的主要环节

下面将对CATI系统操作的几个主要环节做简要的介绍。

（1）样本管理

CATI系统的样本管理主要包括样本设置、样本抽取、样本维护和执行策略等方面，其中样本抽取是样本管理的核心。

样本设置主要是对样本的状态、优先级别和分配进行设置。为了准确描述电话样本在访问过程中的所有状态，可以预先对可能存在的状态进行描述，并定义编号、显示模式、属性及是否包含到统计数据库等信息。在话务员执行访问时，就可以根据访问的实际情况，为每个电话样本指定此时的状态，如占线、拒访、中途拒访、成功完成等。电话样本的状态可以由管理人员预先设定。样本设置还能够根据不同的特征对样本设优先级，优先级高的样本将首先被拨打。同时可以根据样本的特征，如方言特征等，分配给不同的访员拨打，从而提高访问效率。

在CATI系统中，样本抽取的目的旨在为电话访问提供有效的电话号码样本。随机号码的抽取，需事先设定抽样方案，然后固定前几位电话号码，电话后几位数字则由系统随机抽取。当随机号码用完之后，可再重新生成。除了随机号码抽取外，CATI系统也可以导入样本库，例如消费者满意度调研，调研者通常拥有消费者数据库，可以将这一数据库导入系统中，从而降低随机号码的空号率，提高访问效率。

样本维护主要是查看样本的接触信息，并依据接触信息、查询、增补、修改、删除样本，同时也可以导入新样本，或导出系统中已有的样本库。

执行策略具体可以分为项目运行周期设定、配额控制、拨号策略等。项目执行周期是对整个项目的运行周期进行设定，包括访问开始和结束的日期，也可细化到为每名访员安排每周具体的执行时段。配额控制指在电话调查项目中，可以依据样本特征对访问对象的数量进行控制，例如对地区、年龄和性别进行控制等，在CATI系统中可以通过编写代码来自动控制配额，当某一配额完成后，系统会自动提醒访员结束访问，从而提高访问效率。拨号策略指对执行规则进行设置,包括电话拨号方式选择——预览拨号、智能预拨号和混合模式、待拨样本队列大小、抽取待拨样本最小数量、最多拨打次数、重拨最小间隔、问卷最长执行时间、回访时限、黑名单失效期限、样本消耗最小频率、扫描样本池的时间间隔、补充样本的上浮系数等。

(2)问卷管理

CATI 系统的问卷管理设计器具有问卷设计、调试检验、保存和问卷的导入导出的功能。其中问卷设计是问卷管理系统的核心。

CATI 系统的问卷设计分为四个层次:第一层为问卷层,第二层为子问卷层,第三层为问题组层,第四层为问题层。问题层可以插入单选题、多选题、表格题等多个题型。调研者可以根据研究需要合理安排问卷层次,选择具体的题型。

在问卷设计前,需先设置整份问卷的属性,包括问卷的欢迎语和结束语。结束语需针对问卷访问的不同情况,如不在调查范围内、不符合配额要求或配额已满、顺利完成等不同情况进行赋值,以便在实际访问中甄别不同的访问对象。在问卷设计的过程中,可以对问卷进行跳答题设计,系统可以依据受访者的答案实现自动的逻辑跳转。当受访者在回答跳答题时,根据受访对象的回答,计算机会自动进行到下一个相关的问题。访员只需要按照电脑显示的问题提问,计算机可以自动检查受访对象回答的适当性和一致性。自动跳答可以降低访员的访问难度,提高访问的准确性和访问效率。同时,也可以在具体题项上,将访员提问时的注意事项进行标注,帮助访员进行访问。

问卷设计完成后,可以选择调试问卷,从而避免问卷出现错误。一份合格的问卷,需满足问卷调试正常、逻辑控制正确、问卷中存在提交配额检查、问卷属性设置完整等条件。

(3)答卷管理和数据分析

通常,访员只要成功拨通号码,产生接触状态,系统就会自动将问卷及相关信息,包括访问时长、访员代码和录音文件保存至服务器。通过答卷审核我们可以重现访员在访问过程中的所有操作以及他与被访者的通话录音,项目督导可以通过审核录音对话来核实以上答卷操作是否真实有效,并鉴别问卷是否成功完成。问卷审核完成后,项目督导应当及时导出问卷并做好数据备份。

问卷审核完成后,CATI 系统还可以提供基础的数据统计,包括话务统计、样本统计、单题统计、交叉统计、审核统计和样本分类统计等内容。项目督导可以通过数据统计,把握项目执行进度。

2.CATI 调查的实施阶段

CATI 调查的实施阶段总体可以分为前期准备、实施过程和后期数据处理三个部分,如图 11-7。

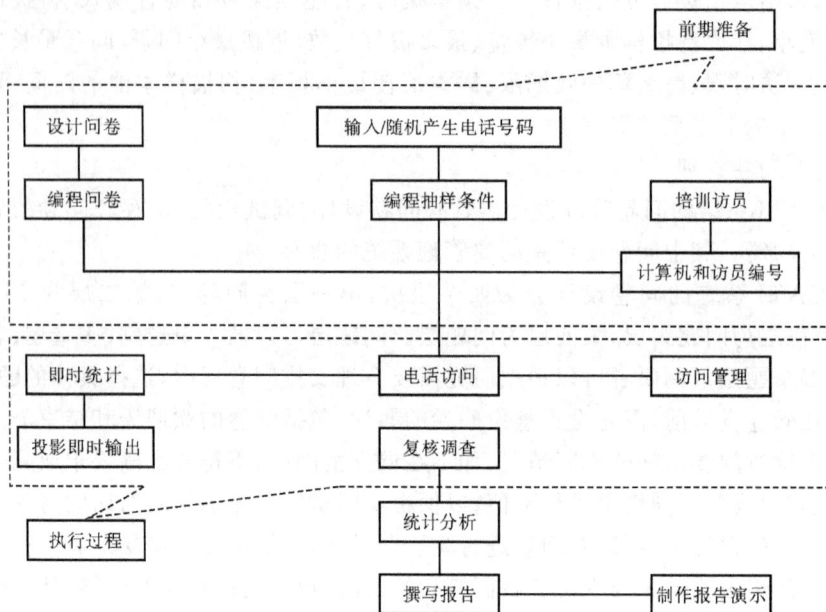

图 11-7 CATI 调查流程

访问执行中,经过培训的访员戴上耳机,对应地坐在 CATI Station 旁边,按照电脑屏幕提示的工作程序进行工作。自动随机拨号系统会根据调查人员事先设计好的抽样方案自动拨号并保存拨号记录。电话拨通以后,访员按照电脑屏幕上显示的问答题(访问问卷)对受访者进行提问,并通过计算机的键盘或鼠标将数据即时录入计算机中。

在 CATI 调查中,督导在现场的控制和检查工作非常重要,通过监控设备,督导可以看到每个访员的工作情况、访问数量、进行成功率的统计等,而且可以直接监听成功率较低的访员的访问过程,以便及时指出访问中的问题。特别是训练新访员的时候,对访员的访问过程中可能出现的问题能及时纠正。计算机中心的服务器可以随时提供访问的进展情况、阶段性的数据总结,督导根据这些数据对访问的过程进行控制和调节,如调节样本的性别比例、年龄比例等。对于受访者不在家需要追访,或受访者没有空需要另约时间的情况,CATI 系统也会自动储存下来,并且按照要求,提示下次访问的时间,到时该号码会自动出现在拨号系统中。利用 CATI 进行调查要注意控制好项目的进度,这与访员的数量有关:访员数量太多会对督导员的工作造成太大压力,访员太少也会直接影响调查进度。

CATI 软件对电话调查的数据可以进行简单的统计,如果需要对数据进行进一步的分析,也可以从 CATI 系统中以数据库的形式复制到其他专业的统计软件包中。

3.CATI 的优点

相比于传统的电话调查,CATI 的优势在于:

①省略了数据的录入、检查和编辑的工作。借助现代化的电脑,在访谈进行过程中,数据就已经逐步录入并保存在计算机中,省却了传统的电话调查中再次录入问卷的过程。此外,在访谈过程中,如果回答的形式或组合不符合规定时,计算机将不接受这一答案。

②统计工作可以随时展开。以往的电话访谈,必须在全部样本都调查完成时才能开始统计工作,而计算机辅助电话调查就可以实现提前统计,并通过提前统计出来的数据来调整调查计划,以节约以后的调查时间和经费。例如,如果98%的受访者对某一问题的回答是相同的,基本上就不需要再提问这个问题了。同样,统计结果也可能会提出增加某些问题的要求。

(二)CATS

CATS 是利用内置交互式语音应答(Interactive Voice Response,IVR)技术来进行访问,CATS 利用专业访员的录音来代替访员逐字逐句地念出问题和答案。当问题为封闭题时,受调查者只要在按键电话机上按一下相应号码即可;当问题为开放题时,则将受调查者的回答录音下来。

CATS 有两种类型:向外拨号方式和向内拨号方式。向外拨号方式需要一份准确的样本电话本,电话会按照号码自动进行拨号,播放请求对方参与调查的录音;向内拨号方式则是由受访者拨打指定的电话号码进行回答,这些号码通常是事先邮寄给受访者征求其同意的。

第六节　固定样本调查

一、固定样本调查的定义

所谓固定样本调查,是指按一定抽样方法选定一些消费者(受调查者)作为固定样本,给每一被试分发记录表,要求他们逐日按要求记录每一调查项目,或在他们家中安装记录仪器,让他们在适当的时候开启仪器记录他们的活动情况,并由调查人员定期收集汇总记录表或仪器记录的资料,或由受调查者定期地将资料直接寄回市场研究机构。市场研究人员统计处理这些资料即可得到所需的数据结果或数据报告。

二、固定样本调查的基本过程

固定样本调查的资料采集过程大致包括三个过程(如图 11-8):建立调查网、日记记录和资料汇总。

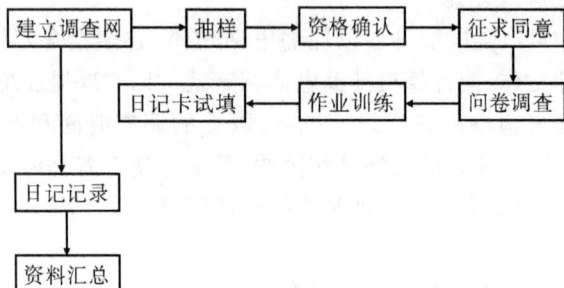

图 11-8　固定样本调查的基本程序

(一)建立调查网

根据抽样计划抽取适当的样本。由访员确认样本的资格,符合抽样要求的,征取获得他们的配合。在获得受调查者的同意之前,访员应充分说明调查的目的以及调查的过程,让受调查者知道调查的意义,他们需要完成什么工作,还有多少人或单位同他们一样接受调查,调查可能会给他们带来什么麻烦,每天需要花他们多少时间,调查从什么时候开始,到什么时间结束,他们的配合可以得到什么报酬等。

在美国,居民对这种调查的合作率一般低于 60%。而在调查过程中逐渐退出的比例高达 20%。在我国,居民的合作率因地区的不同而异,一般来说,经济越发达的地区,居民的合作率越低,有的地方甚至不到 20%。就一个地区来说,经济收入水平越高的家庭,拒绝接受调查的可能性也越大。

在获得受调查者的同意之后,访员通常还需要就受调查者个人或家庭的基本情况进行问卷调查,以便于今后按人口统计学特征来分析数据。

基本情况调查完毕,访员就可以对受调查者进行作业培训,指导他们填调查表或使用仪器。在培训过程中,一般要让受调查者试填一段时间的日记卡。在日记卡试填中发现问题,访员要及时纠正,直至受调查者完全清楚作业的程序。

（二）日记记录

受调查者同意接受调查并熟悉作业程序之后，就可以按计划进行日记记录。受调查者在日记记录过程中常常会遇到各种各样的问题。有的问题是受调查者主观方面原因造成的，有的则是客观存在的。无论如何，只要有问题，必然会影响到调查数据的准确性和客观性。因此，访员或督导员应适当监督受调查者的作业。

受调查者日记记录中常见的问题有：

（1）没有按规定的时间填写。如调查中要求受调查者当天购买的物品当天记录，而受调查者几天之后才记录，这样就会因遗漏发生记录错误。

（2）没有按要求填写或操作。如在收视率调查中，要求受调查者每次重新收看节目时，就要记录一次频道号码，而受调查者在停止一段时间之后继续收看该频道时，不再填写频道号码。

（3）由他人代填。由于种种原因，受调查者不是自己填写调查表，而是让家中的其他人代为填写。

（4）填写字迹不清楚。如字写得太潦草以致无法识别。

（三）资料汇总

即回收受调查者填写好的调查表。一般来说，资料的汇总工作由访员来完成，让他们挨家挨户将调查表收回来。但也可以让受调查者定期将填写好的调查表寄到某一个指定的地点，寄给某一个具体的人。由访员挨家挨户收取可以保证调查表比较准时地收回，但费用比较大，而且可能会出现访员作弊现象，如收不到调查表时，访员自己填写补上。由受调查者自己寄回，虽然可以节省费用，但是会带来几个问题：一是回收时间无法把握，二是调查表可能遗失。

收集资料时，访员要详细检查受调查者的填答情况，及时发现问题，当场纠正。

如果个别受调查者的记录资料收不到，要询问并记录其原因。

三、固定样本调查的基本类型

固定样本调查依据调查对象和调查内容的不同一般可以分为三种类型。

（一）购买小组

即由一定样本的商品购买者组成，如我国央视调查咨询中心的消费者固定小组由 5 100 个样本户构成，网盖全国六大行政区的十大城市：沈阳、北京、天津、上海、南京、济南、广州、武汉、西安、成都。购买小组成员记录的内容包括每天购买的产品类型、品牌名称、产品型号、购买数量、价格、包装容量或重量、购买金额以及购买者等。调查记录的产品类别通常是日常消费品，包括：食用油、饼干、方便面、奶粉、豆奶粉、乳酸制品、白酒、啤酒、汽水、功能性饮料、果汁、包装水、胶卷、香皂、肥皂洗衣粉、卫生巾、牙膏、洗发水、护发素、沐浴液、洗发膏、摩丝、发胶、护肤品、干电池等。

通过统计分析购买小组日记记录资料,研究者可以了解消费者的购买频率、每次购买数量、每次购买金额、品牌忠诚度、品牌转换情况以及各竞争品牌的市场占有率,进而分析产品类别的市场容量、竞争对手的状况,品牌的市场地位,品牌的目标消费群体、潜在消费者等。

这些资料对于企业评价广告策略、销售策略、价格策略、包装策略具有相当重要的价值。

(二)电视观众小组

电视观众小组用于调查观众的电视收视情况。小组成员是从使用电视机的家庭中抽选出来的。每一个接受调查的家庭都发给日记记录卡及相关的资料,在调查进行期间,要求他们将观看电视的时间和频道等情况记录在日记卡中;也可以在每一个接受调查的家庭中安装一台电视收视记录仪,要求他们在打开和关闭电视机的同时也打开和关闭记录仪,这样记录仪就会自动记录观众的收视情况。将所有小组成员的资料搜集汇总后就可以进行各种有关的资料分析工作。

收视率调查可以提供时段收视率、节目收视率、频道占有率等数据资料,也可以分析各节目的目标观众等。这些资料对于企业广告活动的媒体决策,对电视台的节目评估都是极为重要的客观依据。

在我国,目前有央视-索福瑞媒介研究公司、SRG 公司提供这种服务。国际上提供这种服务比较著名的公司有美国的 A.C.尼尔森(Nielson)、日本的电通以及英国的 TNSOFRES 集团等。

(三)零售商小组

该小组的成员是销售商,从零售各种物品的商店中抽取出来。调查过程中,他们需要记录每日销售的各类商品的品牌、规格、数量、单价等。在电脑化管理的商店中,由于结账是在电脑上进行的,记录过程不会带来额外的负担。

通过销售商小组获得的资料,可以分析出有关产品各品牌的日、周、月、季度以及年市场占有率等资料,可以了解竞争品牌一段时期的市场变化情况,还可以收集有关产品类别各种品牌的存货情况。

四、固定样本调查的注意事项

固定样本调查属于纵向研究,是一种长期性的资料采集工作。比起横向研究来,固定样本调查对数据的准确性、客观性的要求更高。因此从调查策划开始就要特别慎重,尤其要注意以下几个方面的问题。

（一）抽样设计计划的科学性

样本的代表性是固定样本调查关键中的关键。所以在制订抽样计划或抽样手册时应该明确界定:调查对象是谁,是什么样的;各级抽样的总体及抽样单元是什么;以什么资料为抽样框,如何获得抽样框资料;总样本量多少,各子样本量多少;采用什么样的抽样方法、各层抽样分别采用什么方法;样本如何更新替换或补充等这些抽样实施细节。

（二）调查表设计的简单性

固定样本调查是长时间、连续的调查,受调查者配合的意愿主要取决于调查给他们带来的麻烦的大小。如果每天都要花他们较多的精力和时间,他们拒绝调查的可能性就大。所以应该让他们很方便完成填答任务。具体地说,调查表要尽可能简单明了,容易填答,最好只让他们做一些简单的标记,如果需要让受调查者填写文字的话,填写的内容也一定不能太多。

（三）对受调查者填答质量的监控

在这种长期性的调查中,受调查者刚开始接受调查时积极性会比较高,但会因为不熟悉作业方式而在填答时发生麻烦。当他们熟悉了调查作业之后,可能因为长期机械的工作方式而把调查工作看成是一种负担,产生厌烦情绪,因而填写调查表时不认真,应付了事,如不及时记录,有意遗漏,甚至伪造记录资料,等等。这些问题都会影响调查资料的客观性,因此对受调查者进行有计划的、严格的监控是十分必要的。

监控受调查者填答质量的主要方法:一是检查调查表资料,看看是否出现逻辑错误;二是突然检查,例如在收视率调查中,可以在受调查者交回调查表之后,询问他们记录中看过的节目的情况,以此判断受调查者记录的真实性。

（四）对访员的严格管理

在调查研究中,抽样设计、问卷设计和调查实施过程对数据资料质量的影响最大,其中抽样设计和问卷设计是研究人员可以直接控制的,但调查实施过程则很大程度上控制在访员手上。

在固定样本调查中,访员一般比较稳定,而在采用其他方法进行的调查中,访员通常是临时的,更换比较频繁。稳定的访员一方面给访员的管理带来了方便,但另一方面如果访员不认真负责出了问题,对调查质量的负面影响也较大。所以从事固定样本调查时,一般都要制订一整套访员的管理措施,包括:访员的素质要求、访员的职责、访员的培训计划、访员的奖惩条例等。除此之外,在工作过程中也要严格监督访员,督促他们认真完成工作,避免由于工作不认真而带来问题。

五、固定样本调查的优缺点

(一)固定样本调查的优点

(1)资料翔实准确。固定样本调查要求受调查者在事件或行为发生之后立即记录,这比事件或行为发生一段时间之后进行的问卷调查或访问记录得到的资料更为准确。因为后者所得资料来自记忆,而记忆是会发生遗忘的。例如当询问消费者"您这一周内买过什么东西""在哪里购买""什么品牌""数量多少"时,由于一周内买过的东西很多,受调查者不一定记得清楚,回答很难全面、准确。

(2)提供动态资料。多数资料采集方法都是通过访问或问卷调查一次性获得,资料仅显示某一时间横断面的情况。固定样本调查则不然,其资料由受调查者源源不断提供,不仅能显示某一时间横断面的情况,还能显示不同时间的变化状况,如原来使用 A 品牌者有多少改用其他品牌,不使用 A 品牌者有多少改用A 品牌等。

(3)提供市场实验对象。市场研究者在进行市场实验时,可利用固定样本作为实验对象,因为固定样本成员与市场研究机构保持着长期联系,便于监控。例如进行新产品测试时,固定样本就是最合适的实验对象。

(4)可以分摊研究经费。固定样本调查的费用比较昂贵,但是固定样本可以作为若干市场研究或调查的资料采集对象。这样,固定样本调查的费用就可以分摊到每一项调查研究上,单项研究的费用支出反而减少。

(二)固定样本调查的缺点

(1)样本的代表性可能受下列原因影响。第一,尽管固定样本调查的样本是用适当抽样方法(如分层抽样)抽出,但有些被抽到的成员(如高收入消费者)可能拒绝当受调查者。第二,固定样本成员可能中途退出,如迁居其他地方等。虽然可选候补新成员,但无形中影响了样本的随机性。第三,一旦被选为固定样本的成员,就要接受一段较长时间的调查。在这段时间里,有些消费者的经济收入、职业等情况会发生变化,这样就会影响样本的结构,进而影响整个样本的代表性。

(2)费用大。建立一个消费者调查网络,需要每个受调查者天天做记录,需要许多访员与受调查者联络,收取资料,还要周期性地进行资料处理等,费用支出较大。

(3)实验者效应。在选取样本时,被选取的对象是自然状态下的消费者,但当他们被要求记录某些内容时,他们要记录的内容以及他们参与调查研究这一行为极可能使他们由原来自然状态的行为活动变成有意识的行为活动,如选购商品时更加细心,这会改变习惯、方式,在一定程度上损害调查结果的客观性。

思考题：

　　1.入户访问应注意哪些问题？

　　2.比较置留问卷调查、邮寄问卷和固定样本调查的异同点。

　　3.比较分析入户访问、拦截访问和电话访问的异同点。

　　4.各种调查方法分别如何提高问卷回收率或访问的成功率？

［入户访问类］

案例一

纸巾手感度测试调研问卷

（此案例由上海大正市场研究有限公司提供）

问卷编号：

访问日期：＿＿＿＿＿　　访问开始时间：＿＿＿＿＿　　访问结束时间：＿＿＿＿＿

访问地点：＿＿＿＿＿＿＿＿＿＿＿　　访员【签名】：＿＿＿＿＿＿＿＿＿＿＿

访问检查	我郑重声明，并以人格担保，本问卷的访问完全按照培训的要求进行，访问的结果客观、真实。	
一审		督　导【签名】
二审		审核员【签名】
复核		复核员【签名】

编码【签名】	编码检查【签名】	第一录入【签名】	第二录入【签名】

被访者姓名：＿＿＿＿＿＿＿＿＿　　联系方式：＿＿＿＿＿＿＿＿＿

被访者居住区属：＿＿＿＿＿＿＿＿＿＿＿＿＿＿＿＿＿＿＿＿

P1 城市	C111	P3 年龄	C113	P5 组别顺序	C115
上海	1	18～22 岁	1	组别一：Q-W-S	1
广州	2	23～29 岁	2	组别二：W-S-Q	2
武汉	3	30～35 岁	3	组别三：S-Q-W	3

续表

P2 性别	C112	P4 品牌用户	C114		
男	1	××	1		
女	2	××	2		
		××	3		
		××	4		
		××	5		

产品留置日期				最终访问日期			
C(121)				C(151)			

您好,我是××市场研究公司的访员。为了解消费者对产品的使用体验,我们正在进行一项关于纸巾使用手感度的研究,此次研究将有助于我们改善产品质量,以便为您提供更为完善的产品服务。我们向您承诺对您所提供的一切信息我们都将予以保密,希望您能支持我们的工作,谢谢。

20××年×月×日

甄别部分
S1.记录性别

	编码 C210	【跳转】
男	1	检查配额
女	2	

S2.请问您在这个城市居住多久了?

	编码 C211	【跳转】
在本地已连续居住 2 年以上,并且会继续住下去	1	S3
在本地已连续居住 2 年以上,但很快会搬去其他地方了	2	终止
在本地连续居住不满 2 年	3	终止

S3.请问您和您的家人或亲密朋友中,有在以下行业工作的吗?

	编码 C212	【跳转】
广告公司/公关公司/营销公司	1	终止
电台/电视台/报纸/杂志/网络等新闻和媒介机构	2	终止
市场调研公司/咨询公司/信息公司/统计局	3	终止
生活用纸生产/加工/批发/零售企业	4	终止
政府机关/事业单位	5	S4
银行机构/金融保险	6	S4
以上均无	7	S4

S4.请问您最近6个月内是否参加过任何形式市场调研活动(包括问卷调查和座谈会等)?

	编码 C213	【跳转】
是	1	终止
否	2	S5

S5.请问您的实足年龄是多少?我指的是您最近一次过生日时的年龄。

	编码 C222	【跳转】
18 岁以下	1	终止
18~22 岁	2	检查配额
23~26 岁	3	检查配额
27~29 岁	4	检查配额
30~35 岁	5	检查配额
36 岁及以上	6	终止

S6.请问您的最高学历是?

	编码 C223	【跳转】
初中及以下	1	终止
高中/中专/职校/技校	2	S7
成人教育大专/全日制大专	3	S7

续表

	编码 C223	【跳转】
成人本科/全日制本科	4	S7
硕士及以上	5	S7
拒答	6	终止

S7.最近一个月,请问您都购买过以下哪些生活用品呢?(可复选)

	编码 C231	【跳转】
洗发产品	1	
沐浴产品	2	
化妆品	3	
生活用纸/纸巾	4	如未提及,终止
香水	5	
衣物护理用品	6	
以上均无	7	

S8.请问下列哪种说法最能描述您为自己或家人购买生活用纸/纸巾的过程中所扮演的角色呢?

	编码 C261	【跳转】
都是我自己购买,或者是我的家人按我的要求购买	1	S9
我一般都不自己购买,但会要求家人购买我喜欢的产品	2	S9
我偶尔会自己购买,一般都是家人买什么我就用什么	3	终止
我从不会自己购买,家人买什么就用什么	4	终止

【出示品类图片】

S9 请问卡片上的这些生活用纸/纸巾产品中,哪些是您本人在最近一个月内曾经使用过的呢?(复选)

	编码 C311	【跳转】
卷筒纸	1	
盒装抽取式面纸	2	

续表

	编码 C311	【跳转】
软包抽取式纸巾	3	
手帕纸	4	如未提及,终止
袖珍面纸/钱夹纸	5	
其他(请注明:_____)	6	
以上均无	7	终止

S10.在过去的 3 个月内,请问您本人使用手帕纸的频率平均来看最符合以下哪个说法?

	编码 C351	
每天都会使用手帕纸	1	
每周有 5~6 天会使用手帕纸	2	
每周有 3~4 天会使用手帕纸	3	
每周有 1~2 天会使用手帕纸	4	终止
很少使用手帕纸(平均每周用不到 1 次)	5	

S11.请问在手帕纸产品中,有哪些品牌是过去 3 个月内您本人曾经购买并使用过的呢?(多选)

S12.请问过去 3 个月内,您最常使用的是哪个品牌的手帕纸呢?

	曾经使用 C411	最常使用 C471	【跳转】
心相印	1	1	
清风	2	2	
维达	3	3	续问 S13
妮飘	4	4	
洁柔	5	5	

续表

	曾经使用 C411	最常使用 C471	【跳转】
五月花	6	6	
洁云	7	7	
舒洁	8	8	
真真(两层)	9	9	
唯洁雅	10	10	S12 选中 则终止
得宝	11	11	
好吉利	12	12	
纯点	13	13	
其他(请注明:_____)	98	98	

【访员要求被访者出示最常使用的纸巾,检查产品外包装,并确认纸张层数】

S13.请问您最常使用的_____(插入 S12 选项)的纸巾是几层的?

	编码 C480	【跳转】
两层	1	终止访问
三层	2	
四层	3	
无法出示产品	4	终止访问

主体问卷部分:产品测试

A0 检查封面 P5,圈出产品代号,按相应的产品代号向被访者发放纸巾。

	编码 C510	【跳转】
组别一:Q 产品	1	
组别二:W 产品	2	
组别三:S 产品	3	

【访员读出:请您在接下来的几天内,根据您平时的使用习惯来使用,尽量全部使用完。在我下一次登门拜访时,会就这款纸巾来询问您的一些评价和意见。】

【访员注意:将两包测试产品交给被访者,并告知自己再次登门拜访的时间】

【再次登门时开始访问】

【访员读出:请麻烦将您剩余没用完的纸巾交还给我,谢谢】

访员记录剩余纸张数:

【访员注意:如被访者未使用完至少一包,则终止访问】

【访员读出:下面这些问题是针对上次预留给您的两包纸巾来询问的】

A1.总体来说,请问您对这款纸巾喜欢程度是怎样的呢?

	编码 C513	【跳转】
非常喜欢	5	先问 A2, 再问 A3
比较喜欢	4	
谈不上喜欢不喜欢,一般	3	
不太喜欢	2	先问 A3, 再问 A2
一点也不喜欢	1	

A2.对于这款纸巾,请问您喜欢它的哪些方面呢? 请告诉我您能想到的任何方面。

【注意追问】还有呢?【追问最多三次】C611

_____

_____

A3.对于这款纸巾,请问您不喜欢它的哪些方面呢? 请告诉我您能想到的任何方面。

【注意追问】还有呢?【追问最多三次】C711

_____

_____

A4.请问您对这款纸巾产品(逐一读出每个产品属性询问)的评价如何呢?

编码	属 性	非常好	比较好	一般	比较差	非常差	无法评价
C811	干时不易破裂	5	4	3	2	1	0
C812	遇水不易破	5	4	3	2	1	0
C813	吸水快	5	4	3	2	1	0
C814	吸水量大	5	4	3	2	1	0
C815	无粉尘/碎屑	5	4	3	2	1	0
C816	使用后不在皮肤上留纸屑	5	4	3	2	1	0
C817	擦拭效果好	5	4	3	2	1	0
C818	不易分层	5	4	3	2	1	0
C819	大小正合适	5	4	3	2	1	0

【访员出示一张相应的纸巾给被访者(即之前留置的那款产品)】

下面是一些关于纸巾的属性描述,请根据您使用过的感觉来评价一下这款纸巾在以下具体属性上的表现。

A5.请问您对(逐一读出每个产品属性询问)的评价如何呢?

编码	属 性	非常好	比较好	一般	比较差	非常差
C821	这款纸巾产品的厚实感	5	4	3	2	1
C822	这款纸巾产品的柔软度	5	4	3	2	1
C823	这款纸巾产品的细腻度	5	4	3	2	1
C824	这款纸巾产品的光滑度	5	4	3	2	1
C825	这款纸巾产品的紧实感(密度)	5	4	3	2	1
C826	这款纸巾产品的外观颜色	5	4	3	2	1
C827	这款纸巾产品的压花图案	5	4	3	2	1

A6.根据您的喜好,请问您觉得这款纸巾的厚实度如何呢?

	编码 C831	【跳转】
太厚了	1	
有点偏厚	2	
正合适	3	
有点偏薄	4	
太薄了	5	

A7.根据您的喜好,请问您觉得这款纸巾的<u>柔软度</u>如何呢?

	编码 C832	【跳转】
太硬了	1	
有点偏硬	2	
正合适	3	
有点偏软	4	
太软了	5	

A8.根据您的喜好,请问您觉得这款纸巾的<u>光滑度</u>如何呢?

	编码 C833	【跳转】
太滑了	1	
有点偏滑	2	
正合适	3	
有点偏糙	4	
太糙了	5	

A9.根据您的喜好,请问您觉得这款纸巾的<u>外观颜色</u>如何呢?

	编码 C834	【跳转】
太白了	1	
有点偏白	2	
正合适	3	
有点偏黄	4	
太黄了	5	

A10.如果这款纸巾在您通常去的商店里有卖,请问卡片上的哪句话最适合描述您购买它的可能性呢?

	编码 C835	【跳转】
肯定会购买	5	
可能会购买	4	
不确定	3	
可能不会购买	2	
肯定不会购买	1	

A11.请问这些纸巾都是您在什么情况时使用的？（复选）

A12.请问您有几张纸巾是使用在_____（插入 A11 的答案）上的？

【注意检查总数与剩余纸巾数量的总和等于 16】

	A11 (C911)	A12 (C961)	【跳转】
擦拭面部肌肤	01		
擦鼻涕	02		
擦嘴	03		
擦手	04		
卸妆/当化妆棉	05		
擦拭厨房油腻	06		
上厕所用/擦屁屁	07		
给宝宝用	08		
擦拭食物上的水渍	09		
擦拭油炸食物上的油渍	10		
其他（请注明：_____）	98		

N.背景资料部分

【访员请读出：现在我想问一些有关您个人的一些问题。这些问题答案仅供研究之用，我们绝对尊重您的隐私和权利。】

N1.请问您的职业是？

	编码 C2411	【跳转】
私营企业主/企业合伙人	01	
政府或事业单位的中层或高层管理人员	02	
政府或事业单位的一般工作人员	03	
企业的中层或高层管理人员	04	
企业单位的一般办公室职员	05	
小商铺/饭店等的业主	06	
工人/蓝领/体力劳动者	07	
服务行业(如饭店、商铺)的蓝领服务人员	08	
中高级专业人士(如律师、医生、教授、科学家等)	09	
兼职人员/自由职业者	10	
学生	11	
退休人员	12	
无业/失业	13	
家庭主妇	14	
其他(请注明:＿＿＿＿＿＿＿＿＿＿)	98	

N2.下列哪个选项最能代表您的婚姻状况?

	编码 C2413	【跳转】
已婚有孩	1	
已婚没孩	2	
未婚	3	
其他	4	

N3.请问您的个人月收入大约在下述哪一范围内?请把奖金、津贴、第二职业收入等所有收入都包括在内。(仅询问 N1 选中 01～10 的被访者)

N4.请问您的家庭月收入大约在下述哪一范围内?请把奖金、津贴、第二职业收入等所有收入都包括在内。

	N3 个人月收入 （C2414）	N4 家庭月收入 （C2416）	【跳转】
1 500 元以下	01	01	
1 500～1 999 元	02	02	
2 000～2 499 元	03	03	
2 500～2 999 元	04	04	
3 000～3 999 元	05	05	
4 000～4 999 元	06	06	
5 000～5 999 元	07	07	
6 000～6 999 元	08	08	
7 000～7 999 元	09	09	
8 000～8 999 元	10	10	
9 000～9 999 元	11	11	
10 000～11 999 元	12	12	
12 000～14 999 元	13	13	
15 000～19 999 元	14	14	
20 000 元及以上	15	15	
不清楚/不知道	99	99	

我们的访问到此结束，非常感谢您的合作！

［拦截访问类］

案例二

奥运会宣传效果调查问卷

（此案例由 AC 尼尔森市场研究公司提供）

您好，请您抽出 5 分钟的时间，填写一份与奥运有关的问卷。非常感谢您的支持！在这份调查问卷中，请您填写答案或在您认为合适的选项前打"√"。

您来自：_____（中国人请填写省份，外国人请填写国家）

您的性别：□男性□女性　　您的年龄：_____岁

Q1. 您的此次北京之行是来：

    1.□旅游   2.□观看奥运   3.□参加比赛

    4.□拜访亲友   5.□商务旅行   6.□其他_____

Q2. 奥运期间，有很多品牌开展了奥运宣传推广，其中您印象最为深刻的三个品牌分别是：

    1._____   2._____   3._____

Q3. 您还知道都有哪些品牌开展了奥运宣传推广：

    a.□大众/奥迪   b.□联想   c.□通用电气

    d.□可口可乐   e.□三星   f.□中国移动

    g.□中国银行   h.□海尔   i.□强生

    j.□中国国际航空公司   k.□阿迪达斯   l.□UPS

    m.□柯达   n.□中国人保   o.□麦当劳

    p.□松下   q.□VISA   r.□中国电信

    s.□国家电网   t.□中石油   u.□中国网通

    v.□伊利   w.□欧米茄   x.□其他_____

Q4. 您从哪里了解到××品牌的奥运宣传推广？

    a.□电视   b.□广播电台   c.□报纸杂志

    d.□互联网   e.□户外广告   f.□公关 PR

    g.□举办的活动   h.□奥运展厅   i.□奥运网吧

    h.□奥运客户接待中心 k.□店面促销   l.□北京国际新闻中心

    m.□店面海报/宣传单 o.□其他_____

    p.□没有接触过（选择 p 项请直接跳至 Q6）

Q5. ××品牌的奥运宣传给您留下印象深刻的是什么？

_____

Q6. 来北京之前，您对××品牌的了解程度如何？（分数越高表示越了解，分数越低表示越不了解）

	很了解				很不了解
对××的了解程度	□5	□4	□3	□2	□1

Q7. 现在您知道××品牌是做什么的吗？

    1.□投资公司   2.□通信公司   3.□互联网

    4.□电脑生产制造 5.□交通运输   6.□咨询服务

    7.□其他_____ 8.□不知道××这个品牌

Q8. 来北京观看完奥运后，您对××品牌的看法是？

1.□比以前好了,加深了对××的了解

2.□和以前一样

3.□还不如以前

4.□不了解××品牌,无法评价

Q9.来北京观看完奥运后,您对××产品购买/使用倾向是?

1.□比以前更愿意购买/使用××的产品

2.□与以前一样

3.□还不如以前

4.□不了解××品牌,无法评价

Q10.通过接触××的奥运宣传推广,您对××品牌在以下几个方面的认知提升的幅度如何?

请用 1~5 分打分,分数越高表示提升幅度越高。

	5	4	3	2	1	无法评价
国际化	□	□	□	□	□	□
杰出的设计	□	□	□	□	□	□
技术先进	□	□	□	□	□	□
高品质	□	□	□	□	□	□
可信赖的科技	□	□	□	□	□	□
令人向往的	□	□	□	□	□	□

Q11.现在您对××牌的产品和品牌有什么新的看法和认识?

_____

_____

问卷到此结束,非常感谢您参与我们的调查!

[拦截访问类]

案例三

候车厅广告效果调查问卷

(此案例由 AC 尼尔森市场研究公司提供)

访问区属	1	2	3	4	5
	一环以内	一环线上	一二环间	二环线上	二环以外

访员姓名(编号)：_____（　　）　　访问日期：_____年____月____日

访问开始时间：_____时_____分　　访问结束时间：_____时_____分

访问需时：_____小时_____分钟

一审督导姓名：_____　　审核日期：_____年____月____日

二审督导姓名：_____　　审核日期：_____年____月____日

复核员姓名(编号)：_____（　　）　　复核日期：_____年____月____日

拦截地点：_____

问卷甄别部分

S1.请问您在××居住多久了？

1.短暂停留 ······························· 1→终止访问

2.居住半年以内 ························· 2→终止访问

3.居住半年或以上 ····················· 3

S2.请问,您本人或您的家人中,现在有没有人在下列地方工作的呢？

1.研究公司/社情民意调查机构 ········· 1→终止访问

2.广告公司 ····························· 2→终止访问

3.公交系统 ····························· 3→终止访问

4.以上均没有 ·························· 4

S3.请问,在过去半年里,您有没有接受过市场调查人员的访问呢？

1.有 ································· 1→终止访问

2.没有 ······························ 2

S4.请问,您的年龄是：_____（请记录被访者实际年龄,并在以下选项上标记）

1.15 岁及以下 ······················· 1→终止访问

2.16～25 岁 ·························· 2

3.26～35 岁 ·························· 3

4.36～45 岁 ·························· 4

5.46～55 岁 ·························· 5

6.56 岁及以上 ······················· 6→终止访问

S5.请问,您经过_____（访员读出访问所在路段）的频率是怎么样的？

1.平均每周经过少于 1 次 ··············· 1→终止访问

2.平均每周要经过 1 次 ················· 2→终止访问

3.每周要经过 2～3 次 ················· 3

4.每周要经过 4～5 次 ················· 4

5.每周要经过 5 次以上 ••••••••••••••••••••••••••••••••••••• 5

主体问卷部分

A 部分:媒体接受程度

A1.请问,在过去一个月里,您外出的交通工具或方式包括什么?不包括旅行、出差。(复选)

A2.请问,在上述您提及的交通工具中,您平时外出最主要的交通工具或方式是什么?(单选)

	A1(复选)	A2(单选)
步行	1	1(跳至 A5)
自行车	2	2(跳至 A5)
公交车	3	3
单位班车	4	4
出租车	5	5(跳至 A5)
摩托车	6	6(跳至 A5)
家用汽车	7	7(跳至 A5)
其他	8	8(跳至 A5)

A3.请问您平均每次乘车花在等公交车(班车)上的时间有多少?(单选)

1.5 分钟左右   2.10 分钟左右   3.15 分钟左右

4.20 分钟左右   5.25 分钟左右   6.30 分钟左右

7.30 分钟以上

A4.请问您平均每天乘公交车(班车)多少次?(单选)

1.1 次   2.2 次   3.3～4 次

4.5～6 次   5.7 次及以上

A5(1).相对而言,您更愿意接触下列哪类媒体的广告?(复选)

A5(2).相对而言,您不愿意接触下列哪类媒体的广告?(复选)

	候车亭等户外广告	电视广告	报纸广告	杂志广告	广播广告	网络广告	邮寄广告
A5(1) 愿意接触	1	2	3	4	5	6	7
A5(2)不愿意接触	1	2	3	4	5	6	7

A6.相对而言,您接触下列媒体的频率如何?(单选)

	几乎每天都接触	每周接触4~5天	每周接触2~3天	每周接触1天	每周少于1天
候车亭广告	5	4	3	2	1
电视广告	5	4	3	2	1
报纸广告	5	4	3	2	1
杂志广告	5	4	3	2	1
广播广告	5	4	3	2	1
网络广告	5	4	3	2	1
邮寄广告	5	4	3	2	1

A7.请问,您是否注意过公交候车亭广告这种广告形式? 不管注意得是否仔细。(单选)

     1.从未注意过 ·················· →跳至 P 部分

     2.注意过

A8.请问,您平均每天关注公交候车亭广告的频次如何? 对某块候车亭广告关注 3 秒及以上算一次。(单选)

注意频次	1	2	3	4	5	6	7	8	9	10	10 以上

A9.请问,对您而言,您对下列观点的认同度如何?

(用 1~5 分对这些方面的表现给予评价,5 分为"非常符合",4 分为"比较符合",3 分为"一般",2 分为"不太符合",1 分为"非常不符合"。)

	非常同意	比较同意	一般	不太同意	非常不同意
1.一些候车亭广告吸引了我的注意	5	4	3	2	1
2.我觉得一些候车亭广告的内容非常有趣	5	4	3	2	1
3.有一些候车亭广告里的产品或服务正好是我想购买(消费)的	5	4	3	2	1
4.我能回忆起候车亭广告中我想购买的产品和品牌	5	4	3	2	1
5.看过候车亭的广告后我购买了广告中的产品或服务	5	4	3	2	1

A10.请问,现在您是否能回忆起 3 个月内看过的公交候车亭广告内容或品牌?

1. 一个也回忆不起来

2. 能回忆起 1~2 个内容或品牌

3. 能回忆起 3~4 个内容或品牌

4. 能回忆起 4~5 个以上的内容或品牌

5. 能回忆起 5 个以上的内容或品牌

A11. 请问,您对下列观点的认同程度如何?

(用 1~5 分对这些方面的表现给予评价,5 分表示"非常同意",1 分表示"非常不同意"。)

	非常 同意	比较 同意	一般	不太 同意	非常 不同意
1.广告是生活中不可缺少的东西	5	4	3	2	1
2.购买商品时还是以有广告的品牌比较可靠	5	4	3	2	1
3.广告格调低的产品我不会购买	5	4	3	2	1
4.我喜欢追求流行、时髦与新奇的东西	5	4	3	2	1
5.我愿意多花钱购买高质量的物品	5	4	3	2	1
6.节假日我愿意外出而不是待在家里	5	4	3	2	1

B 部分:广告关注及消费状况

B1. 请问,您平时比较关注哪些方面的广告? (复选)

1.食品/饮料/酒类广告		11.餐饮娱乐广告	
2.家用电器广告		12.展览/会议广告	
3.房地产广告		13.招生/招聘/留学咨询广告	
4.医药/营养保健品广告		14.演出/电影/音像制品广告	
5.汽车广告		15.公益/企业形象广告	
6.电脑/数码/IT 类广告		16.金融/保险广告	
7.商业/商场促销广告		17.电信广告	
8.化妆/洗涤/护肤/护发/洗发广告		18.网络广告	
9.服装广告		19.其他	
10.旅游广告			

B2. 在未来一年内,您是否打算进行以下消费或活动呢? (复选)

1.家用电器		7.看电影	
2.电脑/数码相机/摄像机/MP3		8.去成都周边旅游	
3.汽车		9.使用信用卡	
4.手机		10.网络游戏	
5.高档酒类		11.其他	
6.购买保险			

B3.在未来五年内,您家是否会购买房产? 如果购买的话,可能何时购买?(单选)

      1.一年内会购买   2.三年内会购买   3.五年内会购买

      4.五年内不会购买   5.不清楚/不知道

B4 请问,通常一个月里,您在购买食物以及交通、休闲娱乐和通信(指电话和上网)方面的消费金额大约是多少?

	食品/用餐	交通费用	休闲娱乐	电话及上网
1.没有	1	1	1	1
2.1～49 元	2	2	2	2
3.50～99 元	3	3	3	3
4.100～199 元	4	4	4	4
5.200～299 元	5	5	5	5
6.300～399 元	6	6	6	6
7.400～499 元	7	7	7	7
8.500～599 元	8	8	8	8
9.600～699 元	9	9	9	9
10.700～799 元	10	10	10	10
11.800 元或以上	11	11	11	11
12.不清楚/不知道	12	12	12	12

B5(1).请问,在您家食品和家庭日用品主要是由您购买吗?

B5(2).请问,在您家购买耐用消费品(如冰箱、彩电等)方面是您最有发言权吗?

B5(3).请问,您是您家庭收入的最主要来源吗?(收入是指全年所有收入)

	B5-1	B5-2	B5-3
是	1	1	1
否	2	2	2

P.部分背景资料:

这些资料仅供我们研究时参考,保证决不外泄。

P1.被访者的性别是:

　　1.男　　　　　　　　2.女

P2.请问,您目前从事的职业属于以下哪个行业?（单选）

1.国家机关/党政机关/社会团体		8.商业(批发/零售/贸易/餐旅业)	
2.科学研究和综合技术服务		9.IT行业(半导体/电脑软硬件及周边)	
3.金融/保险		10.邮电/通信业	
4.交通运输/仓储业		11.房地产/租赁业	
5.制造业		12.卫生/体育/社会福利	
6.教育/文化/艺术		13.咨询/广告/信息服务业	
7.建筑业(包括装饰装修)		14.其他行业	

P3.您所在的企业属于哪种性质?（单选）

1.国有企业		5 中外合资企业	
2.民营企业		6.私营企业	
3.外商独资企业		7.股份制企业	
4.集体所有制		8.其他	

P4.请问,您目前的职位是?（单选）

1.党政机关/社团/事业单位领导干部		7.企业/公司中层管理人员	
2.党政机关/社团/事业单位一般干部		8.企业/公司一般管理人员	
3.高级专业技术人员/教师/医生		9.企业/公司/商业/服务业一般职工	
4.中级专业技术人员		10.制造业/生产性企业一般职工	
5.初级专业技术人员		11.个体户/自营职业者	
6.企业/公司高层管理人员		12.其他	

P5.您的个人税前月收入是?（单选）

1.499 元或以下		6.3 000～3 999	
2.500～999 元		7.4 000～4 999 元	
3.1 000～1 499 元		8.5 000～5 999 元	
4.1 500～1 999 元		9.6 000 元或以上	
5.2 000～2 999		10.拒绝回答	

P6.您的家庭月收入是?（单选）

1.999 元或以下		6.5 000～6 999 元	
2.1 000～1 999 元		7.7 000～7 999 元	
3.2 000～2 999 元		8.8 000～9 999 元	
4.3 000～3 999 元		9.10 000 元及以上	
5.4 000～4 999 元		10.拒绝回答	

【问卷结束】感谢您的支持!

［邮寄问卷类］

§案例四§

××用户需求和满意度调查问卷

20××年×月

亲爱的用户:

十分感谢您能够参加本次调查活动,您是在全国范围内通过科学方法抽选出来的代表,您的详尽填答将有助于我们了解其他未被访问的千万用户的情况和意见,因此,我们诚恳地希望得到您的支持与合作,占用您几分钟的时间填写本调查表,您的反馈将作为我们衡量服务质量的标准,对我们十分重要。为了感谢您对于本次活动的支持与关心,我们特别为您准备了丰富精美的礼品,会在收到您寄回的问卷后寄出,请您注意签收。

占用了您的宝贵时间,向您致以深切的谢意!

第一部分：基本信息

如果您不是学生，请回答下面问题！

性别：_____ 　　职务：_____ 　　公司名称：_____

公司地址：_____ 　　部门：_____ 　　邮编：_____

电话：_____ 　　传真：_____ 　　手机：_____

电子信箱：_____ 　　公司主页：_____

公司行业：银行□　保险□　证券□　政府□　电信□　邮政□　企业□

　　　　　学校□　其他_____

A1.您的年龄（周岁）

14～19 岁□	20～24 岁□	25～29 岁□
30～34 岁□	35～39 岁□	40～44 岁□
45～49 岁□	50～54 岁□	55～59 岁□
60～69 岁□	70 岁以上□	

A2.您的文化程度是：

小学及以下□	初中□	高中(含职高、中技)□
中专□	大专□	本科□
研究生及以上□		

A3.您现在从事的职业是：

工人□	军人、武警、公安□
农民□	党政机关干部□
科、教、文、体、卫工作者□	企业领导或管理人员□
个体及私营业主□	公司职员□
商业服务业人员□	待业、无业人员□
离、退休人员□	在校学生□
其他(请注明_____)	

A4.您全家每月的平均收入(所有的收入)大约有多少？

300 元以下□	301～600 元□	601～900 元□
901～1 200 元□	1 201～1 500 元□	1 501～2 000 元□
2 001～3 000 元□	3 001～4 000 元□	4 001～5 000 元□
5 001～6 000 元□	6 001 及以上□	

如果您是学生，请回答下面各题！

学校名称：_____ 　　学校地址：_____ 　　邮编：_____

性别：_____ 　　电话：_____ 　　手机：_____

A5.您的年龄：_____（周岁）

A6.您现在在读：

小学□　　　　初中□　　　　高中(在读含职高、中技中专)□

大专□　　　　本科□　　　　硕士研究生及以上□

A7.你的居住地是：

城市市辖区□　　　　　　　　县城(城关镇)□

乡镇(乡政府所在地)□　　　　农村□

第二部分：观点与看法

· 以下这些陈述，你同意吗？

请选择：	非常 不同意	不同意	说不清	同意	非常 同意
B1.现代社会中,家庭是一个美好温馨的港湾					
B2.金钱是衡量成功的最重要标准					
B3.随地吐痰、乱扔垃圾应该受到重罚					
B4.我要父母给我买电视广告中的产品或品牌					
B5.现代婚姻家庭越来越不稳定					
B6.每个人应当通过正当合法的劳动获得财富					
B7.公交车上不一定给老人儿童让座					
B8.暴力可以解决一切争议和冲突					
B9.电视中出现的正直勇敢的人物会让我感动					
B10.课堂之外,电视是我增长知识的最重要方式					
B11.我喜欢像电视节目里的孩子、年轻人那样打扮					
B12.电视节目中的不良情节容易让人模仿学坏					
B13.电视节目寓教于乐,是对青少年进行思想、品德、情感教育的好途径					
B14.我想为2008年奥运会做些有益的事情					

第三部分：电视收视情况

C1 您家里现在有多少台电视？

①黑白电视机_____台　　②彩色电视机_____台

C2 您经常收看的电视节目有(可以多选)：

国内新闻□	国际新闻□	动画片□
音乐类□	少儿类□	教育□
教学类□	综艺类□	体育类□
科技类□	军事类□	法制类□
经济类□	戏剧曲艺类□	电视剧□
电影□	探险冒险类□	环境保护类□
动物自然类□	天气预报□	谈话类□
益智竞猜/游戏□	谈话类节目□	历史、文化、地理、人物□
大型直播类节目□	商业广告□	公益广告□
电视购物□	其他(请注明)_____	

C3 您每天大概收看多长时间的电视？　　　　　　　　　_____分钟

C3_1 您每天收看多长时间的电视剧？　　　　　　　_____分钟

C3_2 您每天收看多长时间的少儿节目？　　　　　　_____分钟

C3_3 您每天收看多长时间的新闻？　　　　　　　　_____分钟

C3_4 您每天收看多长时间的电影？　　　　　　　　_____分钟

C3_5 您每天收看多长时间的专题节目？　　　　　　_____分钟

C3_6 您每天收看多长时间的综艺节目？　　　　　　_____分钟

C3_7 您每天收看多长时间的体育节目？　　　　　　_____分钟

C3_8 您每天收看多长时间的音乐节目？　　　　　　_____分钟

C3_9 您每天收看多长时间的生活服务类节目？　　　_____分钟

C3_10 您每天收看多长时间的财经类节目？　　　　_____分钟

C3_11 您每天收看多长时间的法制类节目？　　　　_____分钟

C3_12 您每天收看多长时间的教学类节目？　　　　_____分钟

C3_13 您每天收看多长时间的外语类节目？　　　　_____分钟

C3_14 您每天收看多长时间的戏剧类节目？　　　　_____分钟

C3_15 您每天收看其他节目的时间：

A3_15_1 _____节目　_____分钟

A3_15_2 _____节目　_____分钟

A3_15_3 _____节目　_____分钟

C4.您经常收看的电视频道有(可以多选)：

CCTV 电影频道□　　　CCTV 综合频道□　　　CCTV 体育频道□

CCTV 科教频道□　　　CCTV 经济频道□　　　CCTV 少儿频道□

CCTV 音乐频道□　　　CCTV 电视剧频道□　　省卫视频道□

省娱乐频道□　　　　　其他(请注明)＿＿＿＿＿＿＿

C5.您收看电视是为了(可以多选)：

娱乐消遣□　　　　　　增加聊天话题□　　　　增加课堂外的知识□

追求艺术享受□　　　　了解国内外知识□　　　了解时尚信息□

关注社会现实□　　　　情感寄托□

如果您是学生,请继续回答 C6、C7、C8；如果不是,请直接回答第四部分。

C6.您经常收看的儿童类节目有(可以多选)：

知识类□　　　　　　　新闻类□　　　　　　　体育类□

科教类□　　　　　　　娱乐类□　　　　　　　儿童类□

知识儿童类□

C7.你经常在哪些地方收看电视？

自己家□　　　　　　　同学、朋友家□　　　　亲戚家□

学校宿舍□　　　　　　学校教室□　　　　　　学校食堂□

公共场所□　　　　　　其他(请注明)＿＿＿＿＿＿＿

C8.您的家长对您看电视有限制吗？

有□　　　　　　　　　没有□

选"有"的请继续下面的四道题,选"没有"的请直接回答第四部分。

C8_1 家长对你看电视有哪些限制？(可以多选)：

规定我哪些时间可以看电视□　　　过问我看的节目内容□

限制我看电视的时间长短□　　　　没限制,尊重我自己的选择□

C8_2 如果选择了规定我哪些时间可以看电视,请回答该题。家长允许你什么时间看电视？

每天做完作业后□　　　　　　　　吃饭的时候□

大人看电视的时候,我都可以跟着看□　　其他(请注明)＿＿＿＿＿＿＿

C8_3 如果选择了过问我看的节目内容,请回答该题。家长允许你看什么内容的节目？

知识教育类□　　　　　新闻时事类□　　　　　娱乐放松类□

言情类□　　　　　　　恐怖类□　　　　　　　其他(请注明)＿＿＿＿＿＿

C8_4 如果选择了限制我看电视的时间长短,请回答该题。家长一般允许你每天平均看多长时间的电视?

0.5 小时以内☐　　0.5～1 小时☐　　1～1.5 小时☐

1.5～2 小时☐　　2～2.5 小时☐　　2.5～3 小时☐

3 小时以上☐

第四部分:网络视频收视情况

D1.您是否在网上收看过视频电视?

收看过☐　　　　　没有收看过☐

如果看过,请继续回答;如果没有收看过,请直接回答第五部分。

D2.您经常收看的网络电视节目有(可以多选):

国内新闻☐	国际新闻☐	动画片☐
音乐类☐	少儿类☐	教育☐
教学类☐	综艺类☐	体育类☐
科技类☐	军事类☐	法制类☐
经济类☐	戏剧曲艺类☐	电视剧☐
电影☐	探险冒险类☐	环境保护类☐
动物自然类☐	天气预报☐	谈话类☐
益智竞猜/游戏☐	谈话类节目☐	历史、文化、地理、人物☐
大型直播类节目☐	商业广告☐	公益广告☐
电视购物☐	其他(请注明)＿＿＿＿＿＿	

D3.您每天大概收看多长时间的网络视频电视?　＿＿＿＿分钟

D31 您每天收看多长时间的网络视频电视剧?　＿＿＿＿分钟

D32 您每天收看多长时间的网络视频少儿节目?　＿＿＿＿分钟

D33 您每天收看多长时间的网络视频新闻?　＿＿＿＿分钟

D34 您每天收看多长时间的网络视频电影?　＿＿＿＿分钟

D35 您每天收看多长时间的网络视频专题节目?　＿＿＿＿分钟

D36 您每天收看多长时间的网络视频综艺节目?　＿＿＿＿分钟

D37 您每天收看多长时间的网络视频体育节目?　＿＿＿＿分钟

D38 您每天收看多长时间的网络视频音乐节目?　＿＿＿＿分钟

D39 您每天收看多长时间的网络视频生活服务类节目?　＿＿＿＿分钟

D30 您每天收看多长时间的网络视频财经类节目?　＿＿＿＿分钟

D31 您每天收看多长时间的网络视频法制类节目?　＿＿＿＿分钟

D32 您每天收看多长时间的网络视频教学类节目?　＿＿＿＿分钟

D33 您每天收看多长时间的<u>网络视频外语类节目</u>？ _____分钟

D34 您每天收看多长时间的<u>网络视频戏剧类节目</u>？ _____分钟

D35 您每天收看其他视频节目的时间：

    A351 _____节目 _____分钟

    A352 _____节目 _____分钟

    A353 _____节目 _____分钟

D4.您经常收看的网络视频频道有（可以多选）：

    CCTV 电影频道□   CCTV 综合频道□   CCTV 体育频道□

    CCTV 科教频道□   CCTV 经济频道□   CCTV 少儿频道□

    CCTV 音乐频道□   CCTV 电视剧频道□   省卫视频道□

    省娱乐频道□   其他（请注明）_____

D5.您收看网络视频是为了（可以多选）：

    娱乐消遣□   增加聊天话题□   增加课堂外的知识□

    追求艺术享受□   了解国内外知识□   了解时尚信息□

    关注社会现实□   情感寄托□

D6.您经常在哪些地方收看网络视频电视（可以多选）：

    自己家□   单位□

    旅行或出差的路上及间歇无线上网收看□   网吧□

D7.您为什么选择在网上收看视频？（可以多选）：

    没有电视□   不受播放时间限制□   上网方便□

    可以重复看□

如果您是学生，请继续回答 D8、D9、D10；如果不是，请直接回答第五部分。

D8.您经常收看的网络视频儿童类节目有（可以多选）：

    知识类□   新闻类□   体育类□

    科教类□   娱乐类□   儿童类□

    知识儿童类□

D9.你经常在哪些地方收看网络视频电视？

    自己家□   同学、朋友家□   亲戚家□

    学校宿舍□   学校教室□   学校食堂□

    公共场所□   其他（请注明）_____

D10.您的家长对您看网络视频有限制吗？

    有□   没有□

选"有"的请继续下面的四道题，选"没有"的请直接回答第五部分。

D10_1 家长对你看网络视频有哪些限制？（可以多选）

规定我哪些时间可以看电视□　　　过问我看的节目内容□

限制我看电视的时间长短□　　　没限制，尊重我自己的选择□

D10_2 如果选择了规定我哪些时间可以看网络视频，请回答该题。家长允许你什么时间看网络视频电视？

每天做完作业后□　　　　　　　　吃饭的时候□

大人看电视的时候，我都可以跟着看□　　其他(请注明)_____

D10_3 如果选择了过问我看的节目内容，请回答该题。家长允许你看什么内容的网络视频节目？

知识教育类□　　　　新闻时事类□　　　　娱乐放松类□

言情类□　　　　　　恐怖类□　　　　　　其他(请注明)_____

D10_4 如果选择了限制我看网络视频电视的时间长短，请回答该题。家长一般允许你每天平均看多长时间的网络视频电视？

0.5 小时以内□　　　0.5～1 小时□　　　1～1.5 小时□

1.5～2 小时□　　　2～2.5 小时□　　　2.5～3 小时□

3 小时以上□

第五部分：手机视频收视情况

E1.您是否用手机看过电视？

收看过□　　　　　　没有收看过□

如果看过，请继续回答；如果没有，问卷到此结束。

国内新闻□　　　　　国际新闻□　　　　　动画片□

音乐类□　　　　　　少儿类□　　　　　　教育□

教学类□　　　　　　综艺类□　　　　　　体育类□

科技类□　　　　　　军事类□　　　　　　法制类□

经济类□　　　　　　戏剧曲艺类□　　　　电视剧□

电影□　　　　　　　探险冒险类□　　　　环境保护类□

动物自然类□　　　　天气预报□　　　　　谈话类□

益智竞猜/游戏□　　　谈话类节目□　　　　历史、文化、地理、人物□

大型直播类节目□　　　商业广告□　　　　　公益广告□

电视购物□　　　　　　其他(请注明)_____

E3.您每天大概看多长时间的手机视频电视？　　　　　_____分钟

C3_1 您每天收看多长时间的手机视频电视剧？　　_____分钟

C3_2 您每天收看多长时间的手机视频少儿节目？　_____分钟

C3_3 您每天收看多长时间的<u>手机视频新闻</u>？ ＿＿＿＿＿分钟

C3_4 您每天收看多长时间的<u>手机视频电影</u>？ ＿＿＿＿＿分钟

C3_5 您每天收看多长时间的<u>手机视频专题节目</u>？ ＿＿＿＿＿分钟

C3_6 您每天收看多长时间的<u>手机视频综艺节目</u>？ ＿＿＿＿＿分钟

C3_7 您每天收看多长时间的<u>手机视频体育节目</u>？ ＿＿＿＿＿分钟

C3_8 您每天收看多长时间的<u>手机视频音乐节目</u>？ ＿＿＿＿＿分钟

C3_9 您每天收看多长时间的<u>手机视频生活服务类节目</u>？ ＿＿＿＿＿分钟

C3_10 您每天收看多长时间的<u>手机视频财经类节目</u>？ ＿＿＿＿＿分钟

C3_11 您每天收看多长时间的<u>手机视频法制类节目</u>？ ＿＿＿＿＿分钟

C3_12 您每天收看多长时间的<u>手机视频教学类节目</u>？ ＿＿＿＿＿分钟

C3_13 您每天收看多长时间的<u>手机视频外语类节目</u>？ ＿＿＿＿＿分钟

C3_14 您每天收看多长时间的<u>手机视频戏剧类节目</u>？ ＿＿＿＿＿分钟

C3_15 您每天收看其他手机视频节目的时间：

    A351 ＿＿＿＿＿节目 ＿＿＿＿＿分钟

    A352 ＿＿＿＿＿节目 ＿＿＿＿＿分钟

    A353 ＿＿＿＿＿节目 ＿＿＿＿＿分钟

E4.您经常收看的手机视频频道有（可以多选）：

    CCTV 电影频道□   CCTV 综合频道□   CCTV 体育频道□

    CCTV 科教频道□   CCTV 经济频道□   CCTV 少儿频道□

    CCTV 音乐频道□   CCTV 电视剧频道□

    其他（请注明）＿＿＿＿＿＿＿

E5.您收看手机视频是为了（可以多选）：

    娱乐消遣□   增加聊天话题□   增加课堂外的知识□

    了解国内外知识□   了解时尚信息□   关注社会现实□

    追求艺术享受□   情感寄托□

    其他（请写明）：＿＿＿＿＿＿

E6.您经常在哪些地方收看手机视频电视（可以多选）：

    自己家□   单位□

    旅行或出差的路上及间歇无线上网收看□

E7.您为什么选择在手机上收看视频电视？（可以多选）：

    没有电视□   手机方便□   及时快捷□

> 如果您是学生，请继续回答 E8、E9、E10；如果您不是，问卷到此结束。

E8.您经常收看的手机视频儿童类节目有（可以多选）：

    知识类□   新闻类□   体育类□

科教类□　　　　　　　娱乐类□　　　　　　　儿童类□

知识儿童类□

E9.你经常在哪些地方收看手机视频电视？

自己家□　　　　　　　同学、朋友家□　　　　　亲戚家□

学校宿舍□　　　　　　学校教室□　　　　　　学校食堂□

公共场所□　　　　　　其他(请注明)＿＿＿＿＿＿

E10_1 您的家长对您看手机视频有限制吗？

有□　　　　　　　　　没有□

选"有"的请继续下面的四道题,选"没有"的问卷到此结束。

E10_1 家长对你看手机视频有哪些限制？(可以多选)：

规定我哪些时间可以看网络视频电视□

过问我看的网络视频节目内容□

限制我看网络视频电视的时间长□

没限制,尊重我自己的选择□

E10_2 如果选择了规定我哪些时间可以看手机视频,请回答该题。家长允许你什么时间看网络视频电视？

每天做完作业后□　　　　　　吃饭的时候□

大人看的时候,我都可以跟着看□　其他(请注明)＿＿＿＿＿＿

E10_3 如果选择了过问我看的节目内容,请回答该题。家长允许你看什么内容的手机视频节目？

知识教育类□　　　　　新闻时事类□　　　　　娱乐放松类□

言情类□　　　　　　　恐怖类□　　　　　　　其他(请注明)＿＿＿＿＿

E10_4 如果选择了限制我看手机视频电视的时间长短,请回答该题。家长一般允许你每天平均看多长时间的手机视频电视？

0.5 小时以内□　　　　0.5～1 小时□　　　　1～1.5 小时□

1.5～2 小时□　　　　2～2.5 小时□　　　　2.5～3 小时□

3 小时以上□

问题到此结束,非常感谢您的合作！

案例五

白领媒介接触习惯日记卡
（此案例由 AC 尼尔森市场研究公司提供）

留置时间：＿＿月＿＿日　星期＿＿　　　日记卡编号：☐☐☐☐☐☐

回收时间：＿＿月＿＿日　星期＿＿

城市编码：	北京	上海	广州	成都
	1	2	3	4

本问卷每隔两天回收

被访者姓名：☐☐☐☐

被访者编号：☐☐☐

日记卡填写说明与填写范例：

Q1～Q6 填写说明

Q1.活动类型。请您从表1中选择活动类型填入相应的空格内。

[填写说明]

1.如果在某时间段内先后有两项及以上活动发生,请在相应的空格内记录该时间段主要活动类型的编码。

2.如果在连续两个及两个以上的时间段从事同一类活动,请在从事该活动的所有时间段内填写该活动类型的编码。

3.如果表1中没有您经历的活动类型,请您在相应的空格中直接注明。

Q2.活动内容描述。请您在空格内填写活动的大致内容。

[填写说明]

1.活动内容描述包括:活动内容、活动地点、其他参与者等。

2.如果是户外活动,除需要记录活动内容外,请您注明达成的交通工具、起始地点与大致线路。

3.如果某一项活动经历几个时间段,可以在活动开始的时间段写清活动内容描述,并在以后的时间段注明"同上"。

Q3.接触到的媒体类型。请您从表2中选择媒体类型填入相应的空格内。

[填写说明]

1.如果在某一项活动中接触多个媒体类型,请您注明该时间段您接触的最主要的媒体类型。

2.某种活动持续了较长时间,如果在此期间内只在其中的某个时间段接触到媒体,请在该时间段内回答 Q3～Q6;如果在此期间内某几个时间段接触的媒体不同,请分别在接触媒体的相应时间段内回答 Q3～Q6;如果在某时间段没有接触媒体,则不需要回答 Q3～Q6。

3.如果在某时间段没有接触到任何媒体,请注明"99",且不需要继续回答 Q4～Q6。

4.如果表 2 中没有您接触的媒体类型,请您在相应的空格中直接注明。

Q4.接触到的媒体名称。请您直接填写您接触到的媒体名称。

[填写说明]

1.媒体名称是指电视台名称、报纸名称、杂志名称、广播频道、网站名称、在什么位置的户外广告牌或者霓虹灯广告、看到在××路公共汽车的车身广告、家人向您介绍的××产品、厂家为××品牌产品做的促销活动等。

2.如果接触某媒体的持续时间较长(例如 10:30－12:00 看中央一套的黄金时段电视剧),则在第一个时间段填写媒体名称(10:30－11:00 中央一套),其余时段的媒体名称填写"同上"即可。

3.如果在某时间段接触同一种类型不同名称的媒体,则填写该时间段所接触的最主要的媒体名称。

Q5.对媒体形式的偏好程度。请您用 1～5 分评价您对这种媒体类型(注意:不是媒体名称)的偏好程度。

[填写说明]

非常不喜欢	比较不喜欢	无所谓	比较喜欢	非常喜欢
1	2	3	4	5

1.请您回答对媒体形式而非媒体名称的偏好程度。例如您在某时间段看了不同频道的电视,您只需给出您对电视这类媒体的偏好度。

2.如果您在某时间段接触几种不同的媒体类型,请您填写您在该时段对主要接触的媒体类型的偏好度评价。

3.如果您在连续两个或两个以上时间段接触同一种类型的媒体,请您在接触该媒体类型的第一时间段填写您的偏好度,其他时段不用填写。

Q6.信息类型。请您从表 3 中选择信息类型填入相应的空格中。

[填写说明]

1.如果在连续两个或两个以上时间段接触同一名称的媒体,并接收同类信息,请您在接触同名称媒体、接收同类型信息的所有时间段内填写信息类型编码。

2.如果表 3 中没有您接收的信息类型,请您在相应的空格中直接注明。

Q7.对应录像带编号。本题您不用填写,由访员填写。

以下是一个填写范例:

采用 24 小时制	Q1 活动类型 (见表1)	Q2 活动内容描述	Q3 接触到的媒体类型 (见表2)	Q4 接触到的媒体名称	Q5 对媒体的偏好程度	Q6 信息类型 (表3)	Q7 对应的照片编号
6:00—6:30	27	睡觉	99				
6:30—7:00	27	同上	99				
7:00—7:30	1	刷牙、洗脸	99				
7:30—8:00	2	吃早饭	4	中国国际广播电台	4	2	
8:00—8:30	3	独自开车去单位上班,从西三环到国贸	4	北京交通广播	4	31	
8:30—9:00	3	同上	8	西二环中路的广告牌	1	18	
9:00—9:30	6	在去办公室的电梯间口看到液晶电视上有房产信息	29	电梯口的液晶电视	2	29	
9:30—10:00	7	打开 outlook 收发电子邮件	8	企业邮箱	5	17	
10:00—10:30	7	上网浏览今天的新闻	7	新浪新闻频道	5	2	
10:30—11:00	6	写文件	99				
11:00—11:30	6	召开部门会议	99				
11:30—12:00	6	同上	99				
12:00—12:30	8	到公司地下一层的员工餐厅吃饭	99				
12:30—13:00	8	同上	99				
13:00—13:30	27	躺在办公室的沙发上休息	99				
13:30—14:00	5	开车去客户那里参加客户会议,从国贸到盛福	26	燕莎商厦外的家居展示	1	14	

续表

采用 24 小时制	Q1 活动类型 (见表 1)	Q2 活动内容描述	Q3 接触到的媒体类型 (见表 2)	Q4 接触到的媒体名称	Q5 对媒体的偏好程度	Q6 信息类型 (表 3)	Q7 对应的照片编号
14:00—14:30	5	下车到盛福大厦大堂	25	Nokia 手机展示	3	6	
14:30—15:00	5	参加客户会议	99				
15:00—15:30	5	同上	99				
15:30—16:00	6	回公司修改文件	99				
16:00—16:30	6	同上	99				
16:30—17:00	6	同上	99				
17:00—17:30	6	参加经理级例会	99				
17:30—18:00	6	同上	99				
18:00—18:30	3	开车回家路上堵车,从三环绕行	17	300 路候车厅演唱会海报	3	18	
18:30—19:00	3	同上	15	特 8 华邦果汁广告	2	18	
19:00—19:30	2	和太太一起吃饭	99				
19:30—20:00	28	帮助洗碗,做家务	99				
20:00—20:30	17	和太太一起看电视	1	中央一套的黄金剧场	3	8	
20:30—21:00	17	同上	1	同上	3	8	
21:00—21:30	17	同上	1	同上	3	8	
21:30—22:00	20	看管理类图书	33	新书预告	2	18	
22:00—22:30	20	同上	99				
22:30—23:00	1	洗澡	99				
23:00—23:30	27	睡觉	99				
23:30—24:00	27	睡觉	99				

表 1 活动类型

1	洗漱/洗浴	9	去医院看病/看望朋友	17	看电视	25	接送家人/朋友
2	在家做饭/吃饭	10	探亲/访友	18	看DVD/VCD	26	演奏钢琴/小提琴等乐器
3	上下班	11	去饭馆/宾馆吃饭	19	看报纸/杂志	27	睡觉/休息
4	上学/放学	12	去商场/超市/集市购物	20	看书	28	做家务
5	外出办公	13	去郊外游玩	21	参加培训课程	29	玩电脑游戏
6	办公室办公	14	去健身场所参加健身/游泳/打球/体育锻炼	22	去美容院/理发店/浴场/按摩室等场所	30	散步/遛狗
7	上网	15	在家/家附近参加体育锻炼	23	逛街/逛公园	31	和家人/朋友聊天
8	在工作地点吃工作餐	16	去电影院/歌厅/酒吧/茶馆/咖啡厅等休闲场所	24	聚会/打牌	32	其他,请注明:

表 2 接触到的媒体类型

1	电视	10	展会	19	经销点海报	28	楼宇电梯内海报
2	报纸	11	机场	20	经销点的展示	29	电梯液晶电视
3	杂志	12	出租车	21	经销点的宣传手册/小礼品	30	听家人介绍某种产品
4	广播	13	地铁车厢内	22	厂家邮寄资料	31	听朋友/同学介绍某种产品
5	电影院	14	地铁站	23	厂家举办的体验活动	32	销售/促销人员推荐
6	音乐厅/剧院	15	公共汽车车身	24	街上散发的宣传手册/产品目录	33	报纸/杂志/书籍的宣传夹页
7	网站	16	公共汽车内	25	商场/大厦里的展示	34	歌厅/酒吧/茶馆/咖啡厅等场所活动宣传物,液晶电视
8	电子邮件	17	公共汽车候车亭	26	商场/大厦外的展示		
9	户外广告牌/户外电子屏	18	路边的灯箱	27	手机短消息	35	其他,请注明:

表3 信息类型

1	国际新闻	9	财经	17	教育/培训	25	人物
2	国内新闻	10	饮食/烹饪	18	广告	26	军事/国防
3	社会新闻	11	健康/健身/医疗/保健	19	天气预报	27	故事/散文
4	体育	12	休闲/旅游/度假	20	家电	28	科技
5	汽车	13	婴幼儿保健	21	生活	29	房产
6	IT/互联网/通信	14	家居	22	招生招聘	30	风景/名胜/人文地理
7	服装/服饰/美容	15	自然/动物	23	法律法制	31	交通信息等讯息
8	影视/娱乐	16	文学/艺术/音乐	24	社论/评论	32	其他,请注明:

Q8—Q9 填写说明

Q8.请问您今天是否在这种类型的媒体上看到/听到过广告?

[填写说明]

1.如果您今天接触过这种类型的媒体广告,请在 Q8 是否阅读这个答案的"1"上画圈,并继续回答 Q9。

2.如果您今天没有接触过这种类型的媒体广告,请在 Q8 是否阅读这个答案的"2"上画圈即可,并不需要回答 Q9。

Q9.请您评价您对这种类型媒体广告的关注程度,并将评分填写在相应的空格内。

[填写说明]

非常不关注	比较不关注	无所谓	比较关注	非常关注
1	2	3	4	5

以下是一个填写范例:

	电视	报纸	杂志	广播	电影院	网站
Q8 是否接触过该类型媒体广告	①	①	1	①	1	①
	2	2	②	2	②	2
Q9 关注程度	4	5		3		5
	电子邮件	户外广告牌/电子屏	展会	机场	出租车	地铁车厢内

续表

	电视	报纸	杂志	广播	电影院	网站
Q8 是否接触过该类型媒体广告	①	①	1	1	1	1
	2	2	②	②	②	②
Q9 关注程度	5	3				

	地铁站	公共汽车车身	公共汽车内	公共汽车候车亭	路边的灯箱	经销点海报
Q8 是否接触过该类型媒体广告	1	①	1	1	①	1
	②	2	②	②	2	②
Q9 关注程度		1			2	

	经销点的展示	从经销点得到的宣传手册/小礼品	厂家邮寄资料	厂家举办的体验活动	街上散发的宣传手册/产品目录	商场/大厦里的展示
Q8 是否接触过该类型媒体广告	1	①	1	1	1	1
	②	②	2	②	②	②
Q9 关注程度			1			

	商场/大厦外的展示	音乐厅/剧院	手机短消息	楼宇电梯内海报	电梯液晶电视	报纸/杂志/书籍的宣传夹页
Q8 是否接触过该类型媒体广告	1	①	1	1	1	1
	②	2	②	②	②	②
Q9 关注程度	2					

	歌厅/酒吧/茶馆/咖啡厅等场所活动宣传物,液晶电视	其他,请注明:
Q8 是否接触过该类型媒体广告	1	1
	②	②
Q9 关注程度		

_____月_____日 星期_____

请您回答 Q1～Q6

采用 24 小时制	Q1 活动类型（见表1）	Q2 活动内容描述	Q3 接触到的媒体类型（见表2）	Q4 接触到的媒体名称	Q5 对媒体的偏好程度	Q6 信息类型（表3）	Q7 对应的照片编号
6:00—6:30							
6:30—7:00							
7:00—7:30							
7:30—8:00							
8:00—8:30							
8:30—9:00							
9:00—9:30							
9:30—10:00							
10:00—10:30							
10:30—11:00							
11:00—11:30							
11:30—12:00							
12:00—12:30							
12:30—13:00							
13:00—13:30							
13:30—14:00							
14:00—14:30							
14:30—15:00							
15:00—15:30							
15:30—16:00							
16:00—16:30							
16:30—17:00							
17:00—17:30							
17:30—18:00							
18:00—18:30							

续表

	Q1	Q2	Q3	Q4	Q5	Q6	Q7
采用 24 小时制	活动类型（见表1）	活动内容描述	接触到的媒体类型（见表2）	接触到的媒体名称	对媒体的偏好程度	信息类型（表3）	对应的照片编号
18:30—19:00							
19:00—19:30							
19:30—20:00							
20:00—20:30							
20:30—21:00							
21:00—21:30							
21:30—22:00							
22:00—22:30							
22:30—23:00							
23:00—23:30							
23:30—24:00							

表 1　活动类型

1	洗漱/洗浴	9	去医院看病/看望朋友	17	看电视	25	接送家人/朋友
2	在家做饭/吃饭	10	探亲/访友	18	看 DVD/VCD	26	演奏钢琴/小提琴等乐器
3	上下班	11	去饭馆/宾馆吃饭	19	看报纸/杂志	27	睡觉/休息
4	上学/放学	12	去商场/超市/集市购物	20	看书	28	做家务
5	外出办公	13	去郊外游玩	21	参加培训课程	29	玩电脑游戏
6	办公室办公	14	去健身场所参加健身/游泳/打球/体育锻炼	22	去美容院/理发店/浴场/按摩室等场所	30	散步/遛狗
7	上网	15	在家/家附近参加体育锻炼	23	逛街/逛公园	31	和家人/朋友聊天
8	在工作地点吃工作餐	16	去电影院/歌厅/酒吧/茶馆/咖啡厅等休闲场所	24	聚会/打牌	32	其他,请注明:

表 2　接触到的媒体类型

1	电视	10	展会	19	经销点海报	28	楼宇电梯内海报
2	报纸	11	机场	20	经销点的展示	29	电梯液晶电视
3	杂志	12	出租车	21	经销点的宣传手册/小礼品	30	听家人介绍某种产品
4	广播	13	地铁车厢内	22	厂家邮寄资料	31	听朋友/同学介绍某种产品
5	电影院	14	地铁站	23	厂家举办的体验活动	32	销售/促销人员推荐
6	音乐厅/剧院	15	公共汽车车身	24	街上散发的宣传手册/产品目录	33	报纸/杂志/书籍的宣传夹页
7	网站	16	公共汽车内	25	商场/大厦里的展示	34	歌厅/酒吧/茶馆/咖啡厅等场所活动宣传物,液晶电视
8	电子邮件	17	公共汽车候车亭	26	商场/大厦外的展示		
9	户外广告牌/户外电子屏	18	路边的灯箱	27	手机短消息	35	其他,请注明:

表 3　信息类型

1	国际新闻	9	财经	17	教育/培训	25	人物
2	国内新闻	10	饮食/烹饪	18	广告	26	军事/国防
3	社会新闻	11	健康/健身/医疗/保健	19	天气预报	27	故事/散文
4	体育	12	休闲/旅游/度假	20	家电	28	科技
5	汽车	13	婴幼儿保健	21	生活	29	房产
6	IT/互联网/通信	14	家居	22	招生招聘	30	风景/名胜/人文地理
7	服装/服饰/美容	15	自然/动物	23	法律法制	31	交通信息等讯息
8	影视/娱乐	16	文学/艺术/音乐	24	社论/评论	32	其他,请注明:

请您回答 Q8～Q9

	电视	报纸	杂志	广播	电影院	网站
Q8 是否接触过该类型媒体广告	1	1	1	1	1	1
	2	2	2	2	2	2
Q9 关注程度						

	电视	报纸	杂志	广播	电影院	网站
	电子邮件	户外广告牌/电子屏	展会	机场	出租车	地铁车厢内
Q8 是否接触过该类型媒体广告	1	1	1	1	1	1
	2	2	2	2	2	2
Q9 关注程度						
	地铁站	公共汽车车身	公共汽车内	公共汽车候车亭	路边的灯箱	经销点海报
Q8 是否接触过该类型媒体广告	1	1	1	1	1	1
	2	2	2	2	2	2
Q9 关注程度	1				2	
	经销点的展示	从经销点得到的宣传手册/小礼品	厂家邮寄资料	厂家举办的体验活动	街上散发的宣传手册/产品目录	商场/大厦里的展示
Q8 是否接触过该类型媒体广告	1	1	1	1	1	1
	2	2	2	2	2	2
Q9 关注程度						
	商场/大厦外的展示	音乐厅/剧院	手机短消息	楼宇电梯内海报	电梯液晶电视	报纸/杂志/书籍的宣传夹页
Q8 是否接触过该类型媒体广告	1	1	1	1	1	1
	2	2	2	2	2	2
Q9 关注程度						
	歌厅/酒吧/茶馆/咖啡厅等场所活动宣传物,液晶电视	其他,请注明:				
Q8 是否接触过该类型媒体广告	1	1				
	2	2				
Q9 关注程度						

问卷到此结束,感谢您的参与!

[电话访问类]

案例六

××地产客户电话回访调查问卷

(此案例由上海大正市场研究有限公司提供)

数据质量控制

访问日期:_____ 访问开始时间:_____ 访问结束时间:_____

访问检查	我郑重声明,并以人格担保,本问卷的访问完全按照培训的要求进行,访问的结果客观、真实。	
一审		督　导[签名]
二审		审核员[签名]
复核		复核员[签名]

编码[签名]	编码检查[签名]	第一录入[签名]	第二录入[签名]

被访者姓名:_____ 联系电话:_____

您好!请问是××先生/小姐吗?我是××市场研究的访员,受××地产的委托,想给您做一个关于销售现场服务满意度的客户回访,您的意见非常宝贵,请问您能抽出3～5分钟的时间接受我们的访问吗?谢谢您的合作。

【访员注意:如果选定的被访者现在不能接受访问,请约好下次访问的时间,并记录在下表】

第二次预约时间:_____(年)____(月)____(日)____(时)____(分)

第三次预约时间:_____(年)____(月)____(日)____(时)____(分)

Part A:总体评价

A1.您对我们××地产销售服务的总体满意度如何?请您用1～5分打分,5分表示非常满意,1分表示非常不满意。

	【代码】	【跳转】
非常满意(5分)	5	Part B—>Part C—>Part D—>Part E
比较满意(4分)	4	
一般【不读出】(3分)	3	继续
不太满意(2分)	2	
非常不满意(1分)	1	

【A1=1～3分的,追问】

A2.您不满意的主要原因是? 我们会如实记录您的意见与建议,并尽快反馈给××地产。

请选择相应的跳转顺序

A3.请选择 A2 中提及的选项内容【多选】

	【代码】	【跳转】
售楼处氛围不好(如硬件环境、秩序等)	1	Part B—>Part C—>Part D—>Part E
对售楼处工作人员的印象不好(包括服务态度、专业性、介绍楼盘信息详细度等等)	2	Part C—>Part B—>Part D—>Part E
其他	3	Part B—>Part C—>Part D—>Part E

A3 逻辑跳转说明:

【代码】	【跳转】
1/3/1+2/1+3/1+2+3	Part B—>Part C—>Part D—>Part E
2/2+3	Part C—>Part B—>Part D—>Part E

Part B:售楼处环境

【访员读出:下面我们了解一下您对售楼处环境方面的满意度情况】

B1.总体上来看,您对_____【读出案场名称】售楼处的整体环境的满意度如何? 请用1～5分打分。【单选】

非常满意	比较满意	一般【不读出】	不太满意	非常不满意	说不清【不读出】
5分	4分	3分	2分	1分	9

B2.售楼处附近的指引标识是否清晰可见？您的满意度如何？请用 1～5 分打分。【单选】

非常满意	比较满意	一般【不读出】	不太满意	非常不满意	说不清【不读出】
5分	4分	3分	2分	1分	9

B3.您觉得售楼现场的环境整洁美观吗？您的满意度如何？请用 1—5 分打分。【单选】

非常满意	比较满意	一般【不读出】	不太满意	非常不满意	说不清【不读出】
5分	4分	3分	2分	1分	9

B4.您认为售楼现场秩序是否井然有序、有条不紊？您的满意度如何？请用 1～5 分打分。【单选】

非常满意	比较满意	一般【不读出】	不太满意	非常不满意	说不清【不读出】
5分	4分	3分	2分	1分	9

Part C：员工印象

【访员读出：下面我们了解一下您对我们销售现场员工的印象】

C1.总体上来看,您对_____【读出案场名称】售楼处的员工的满意度如何？请用 1～5 分打分【单选】

非常满意	比较满意	一般【不读出】	不太满意	非常不满意	说不清【不读出】
5分	4分	3分	2分	1分	9

C2.下面我会列举一些案场的工作人员,具体来说,您对_____的印象如何？是非常好,还是不太好？【逐项读出,单选】

	非常好	一般	不太好	没有接触/没印象
1.销售主管	1	2	3	4
2.销售员	1	2	3	4
3.保洁人员	1	2	3	4
4.保安人员	1	2	3	4
5.吧台客服	1	2	3	4

续表

	非常好	一般	不太好	没有接触/没印象
6.售后人员	1	2	3	4
7.财务人员	1	2	3	4
8.银行信贷员	1	2	3	4

C3 针对 C2 选中 3 的不同员工分别询问

C3.请问_____(逐项读出 C2 选中 3 的员工),您对他/她不满意的主要原因是:【不读出选项,多选】

员工态度方面	1.态度傲慢、冷漠	
	2.推销意愿过于强烈	
	3.不能领会或漠视我的需求	
	4.签约前后态度判若两人	
	5.在售楼处与客户起争执	
	6.客户服务不规范、不到位(例如未倒水,当客户面打扫卫生等)	
员工着装方面	7.着装不够专业	
员工专业技能方面	8.销售人员的销售道具(户型图、宣传手册等)不够齐全	
	9.对项目介绍不全面	
	10.介绍内容不可靠/与实际情况不符	
	11.对专业知识掌握不全	
其他		

C4 仅当 C2-1 选择答案 3 时询问

C4.您提到销售主管给您留下不太好的印象,请问您还记得该销售主管的姓名和特征(性别/发型/服装等)吗?

C5 仅当 C2-2 选择答案 3 时询问

C5.您提到销售员给您留下不太好的印象,请问您还记得该销售员的姓名和特征(性别/发型/服装等)吗?

Part D：销售流程

【访员读出：下面我们想问您对整个销售流程的印象】

	是 1	否 2	说不清 9
D1.您是否一进入售楼处就得到销售人员的问候？			
D2a.销售人员是否主动询问您的姓名？			
D2b.销售人员是否主动询问您的联系方式？			
D2c.销售人员是否主动询问您的工作/居住区域？			
D3.销售人员是否主动询问您是通过什么渠道知道本楼盘的信息的？			
D4a.销售人员是否主动询问您的房型面积需求？			
D4b.销售人员是否主动询问您的总价？			
D5a.销售人员是否向您介绍了房屋性能（朝向/户型/建材/保温性能等）？			
D5b.销售人员是否向您介绍了小区规划？			
D5c.销售人员是否向您介绍了周边配套设施？			
D5d.销售人员是否向您介绍了小区周边交通？			

D6.销售人员在介绍楼盘时，以下哪个销售道具您觉得最有用、最能帮助您了解这个楼盘？【读出，单选】

1.品牌展示区	2.区位图	3.沙盘
4.建材陈列区	5.样板房	6.其他_____

D7a.请回想一下您第一次来该案场的情形，您离开的时候，销售人员是否为您提供相关的楼盘资料？【单选】

1.是	2.否	9.说不清【不读出】

D7b.您离开的时候，销售人员是否有送您出门，致欢送辞？【单选】

1.是	2.否	9.说不清【不读出】

D8.总体上来看，您对_____【读出案场名称】整个销售流程的满意度如何？请用1～5分打分【单选】

非常满意	比较满意	一般【不读出】	不太满意	非常不满意	说不清【不读出】
5分	4分	3分	2分	1分	9

D9 仅针对 D8 选择 1～3 分时询问

D9.请问您对××的销售流程有什么不满意的地方？

_____

_____

Part E：信息介绍

E1.您对我们_____【读出案场名称】这个楼盘，是否有认可的地方？
【单选】

1.有认同的地方(跳至 E2a)	2.完全没有认可的地方(跳至 E3a)	9.说不清【不读出】

E2a.您对我们_____【读出案场名称】这个楼盘哪些方面比较认可呢？
【读出选项,多选】

(注意:若 E2a 题项选择少于或等于三项,则 E2b 不问)

1.有升值空间,适合投资	2.楼盘地段好	3.户型符合我的要求
4.楼盘质量好	5.小区环境好	6.开发商是大品牌企业,名气很响
7.价格合理	8.销售服务态度好,专业性强	9.样板房展示效果好
10.物业好(如物业单位、物业价格、物业标准等)	11.交通便捷	12.楼盘定位档次高
13.购买人群素质高	14.其他	

E2b.以上各因素中,请挑选您最认可的三个因素。【读出选项,最多三项】

E3a.您对我们_____【读出案场名称】这个楼盘不太认可的原因是?
【读出选项,多选】

(注意:若 E3a 少于或等于三项,则 E3b 不问)

1.有升值空间,适合投资	2.楼盘地段好	3.户型符合我的要求
4.楼盘质量好	5.小区环境好	6.开发商是大品牌企业,名气很响
7.价格合理	8.销售服务态度好,专业性强	9.样板房展示效果好

续表

10.物业好(如物业单位、物业价格、物业标准等)	11.交通便捷	12.楼盘定位档次高
13.购买人群素质高	14.其他	

E3b.以上各因素中,请挑选您认为最不认可的三个因素。【读出选项,最多三项】

注:仅当 E1 选择 1 时提问

E4.在目前的政策环境下,您是否愿意购买_____【读出案场名称】这个楼盘?【读出,单选】

1.看政策变化,正在观望中	2.还在看其他楼盘,正在考虑
3.不考虑买这个楼盘了	4.其他,请注明_____

注:仅当 E1 选择 1,且 E4 选择 3 时提问

E5a.您对_____【读出案场名称】认可,但是不购买的原因是?【读出选项,多选】

(注意:若 E5a 少于或等于三项,则 E5b 不问)

1.已购买其他小区	2.投资用途,觉得价格不会涨	3.价格可能会跌	4.楼盘地段不好
5.户型不符合我要求	6.楼盘质量不好	7.小区周边环境不好	8.开发商的品牌知名度不高
9.价格不合理	10.销售服务态度不好,专业性不够	11.样板房不够好	12.物业不够好(如物业单位、物业价格、物业标准等)
13.交通不方便	14.楼盘定位档次不高	15.购买人群素质不高	16.其他:

E5b.以上各因素中,请挑选您认为最重要的三个因素。【读出选项,最多三项】

E6.这个楼盘还有哪些信息是您希望了解但是案场没有提供的?

_____

E7a.您购房时主要会关注的因素有哪些呢?【读出选项,多选】

(注意:若 E7a 只有一项,则 E7b 不问)

E7b.其中最重要的考虑因素是?【单选】

1.价格	2.房型	3.楼层	4.采光	5.楼间距
6.无噪音	7.交通	8.周边环境	9.装修配套（如商业、生活配套）	10.质量
11.开发商品牌	12.小区购买客户的素质层次	13.其他：		

我们的访问到此结束,谢谢您的宝贵意见,我们也会及时向××地产进行反馈,同时也希望您能向您的朋友推荐我们××地产。再次感谢您,再见。

§附录§

CTR的街头访问、入户访问和CATI的工作流程

一、街头访问工作流程

1.街头访问场地准备

(1)根据项目需要,寻找合适场所,项目督导要对新地点进行观察,以适应场所环境;

(2)在访问间内,应尽可能避免有外人走动;

(3)访问间内要求无噪音、无异味、灯光明亮;

(4)依据物品清单核对所需物品,有顾客财产的项目督导与研究部门应和客户沟通,就顾客财产保护与处置达成一致意见,按照该意见采取相应措施,要求有记录的应予记录和保持,并指定专人对顾客财产进行保管。

2.访问准备

(1)项目督导对访员进行项目培训;

(2)安排访员一对一的模拟;

(3)组织访员进行试访;

(4)针对模拟及试访出现的问题,进行总结;

(5)准备一切项目所需的物品,如问卷、卡片、礼品、配额表、质量记录表等。

3.开始访问工作

(1)发放问卷给访员,访员佩戴胸卡在街访点或其他规定位置对过往路人进行甄别,如果被访者合格而且愿意接受访问,则将其带至访问地点;

(2)项目督导或者兼职督导应做好陪访工作,访问结束后进行指导、更正,切勿在访问进行中打断访员访问;

(3)访员在访问甄别时,不应让别的被访者在一旁观看或旁听;

(4)访员应服从项目督导的配额调整;

（5）项目督导应对问卷进行一审、二审；项目督导或者地方督导对一审、二审后的问卷应做出明确的标识，这种标识能够表明审核状态及审核人员的信息。

4.质量控制

（1）对每个访员要进行100%的现场监控。

（2）项目督导和兼职督导当场进行100%的审卷。若发现有事实性的漏问须进行电话补问，逻辑性错答则该问卷作废。对每个访员的被访者甄别和访问的工作至少要进行20%的现场视查或抽查。

（3）项目督导应安排兼职督导根据项目要求每天做手工统计，并给访员每天规定配额。

5.后期工作

（1）访问结束后，项目督导将项目执行流程、进度、最终手统表（配额表）E-mail给研究人员和项目经理；

（2）结算劳务费。

二、入户访问的工作流程

1.前期准备

（1）根据项目通知书，项目经理应做出项目预算和人员分工；

（2）项目督导根据项目要求进行抽样工作；

（3）遇有顾客提供的财产（包括物品和知识产权），应与研究部门一道和客户沟通，并就保护顾客财产达成一致意见，必要时形成文件。根据客户达成的意见采取相应措施，要求有记录的应予记录和保持，对涉及使用财产的相关人员进行保护措施的培训。

2.中期控制

（1）培训

①基础培训：具体内容详见"访员基础培训讲义"，培训时间在4个小时及以上；

②项目培训；

③进行5人一组的模拟访问，使每个访员实际操作一遍；

④集体讨论，结合模拟访问，访员与督导再次对问卷的内容和疑问加以讨论和解决；

⑤试访，督导在试访中对出现的问题应及时纠正并在试访后总结。

（2）执行

①陪访。正式访问时督导要对访员进行陪访，新的访员在CTR做的前三个项目要求陪访一个项目，有经验的老访员要求每年至少陪访一次。项目整体陪访率应不低于10%。

②审卷。100％的一审和二审。项目督导或地方督导在一审、二审后的问卷应做出明确的标识,这种标识能够表明审核状态及审核人员的信息。

③复核。包括实地和电话复核。对访员进行100％复核,电话和实地的复核率不低于20％。复核废卷率不高于5％。

(3)客户提供的质量记录

在项目执行过程中,如果客户有特殊要求,要求使用客户提供的过程控制记录表单,项目督导应比较客户提供的过程控制记录表单与此作业指导书提供的质量记录并确定:

①客户提供的过程控制表单种类完全涵盖本作业指导书提供的质量记录种类,且记录内容与本作业指导书提供的质量记录相当,项目执行人员可以全部采用客户提供的过程控制记录表单;

②客户提供的过程控制记录表单种类部分涵盖本作业指导书提供的质量记录种类,且记录内容与本作业指导书提供的部分质量记录相当,执行人员在采用客户提供的过程控制记录表单的同时,还应使用未涵盖部分本作业指导书提供的其他质量记录。

3.后期规整

(1)项目资料的归集;

(2)给访员做出评估。

4.不合格品的控制

(1)不合格品的评审

发现不合格品后应立刻将不合格品退还给督导,并由督导对不合格品进行处理,然后根据核实后的结果对不合格品进行分类定级。

①轻微不合格品指在卷审和复核中发现的因个别访员或个别问卷而产生的范围小且对整体数据结果影响不大的不合格数据;

②严重不合格指由于某项数据指标不合格且是信息源缺失而导致最终产品降级或让步使用,以及比此更严重的不合格;

③一般不合格品指除轻微和严重不合格品外的其他不合格数据。

(2)不合格品的处理

①对轻微不合格品的处理,督导可随时修正处理;对其中无法修正的错误,如果对整体数据影响不大,可以放行。

②对一般不合格品和严重不合格品的处理根据《不合格品控制程序》中的相关规定执行。

(3)纠正及预防措施

①不合格事件发生后,中心督导应迅速与相关项目督导及相关环节负责人

制订纠正及预防措施,并经上级主管批准后负责落实及监督过程的事实,直至获得良好的效果;

②不合格产品的纠正和预防工作执行《纠正和预防措施控制程序》中的相关规定。

三、CATI 项目工作流程

1.前期筹备期

(1)项目会议:接到项目通知书后,项目经理安排督导进行试访,了解问卷内容及难易程度,修正项目预算。组织项目督导开项目会议,讨论项目时间安排、项目分工及问卷内容等,必要时请编码、DP 人员参加项目会议。项目会议的参会情况记录在《培训情况记录单》上,并有到会人员的签名。只有《培训情况记录单》上的到会人员才可对项目进行管理。

(2)各种系统文件的编写:包括 Qfile、Tfile、Sfile。项目的系统文件由系统督导编写,必要时参照各种《ODIN 使用手册》。各系统文件完成后,由项目督导和经理分别做一级、二级审核,正确则在《项目筹备资料审核单》的系统文件审核处签字确认,否则返回系统督导更改。

(3)培训资料的编写:由项目督导完成。培训资料的命名均为"培训须知",抬头应规范为:项目名称+培训须知+定稿日期。如果是再培训的注意事项,应在抬头处标出"续"及续稿的定稿日期。培训资料中应包含对问卷中每一道题的理解及说明,对题目的重点理解及注意事项用粗体、加框、加颜色的方式着重标出。培训资料可与问卷合并为一体(即在每道题后加注释),也可以单独编写。培训资料是否详细完整,由系统督导和经理分别做一级、二级审核,正确则在《项目筹备资料审核单》的培训资料审核结果处签字确认,否则返回项目督导更改。

(4)项目访员的招聘:兼职文员根据《访员月工作时间表》挑选,最终由项目督导确认名单及人数。最终参加项目的访员名单记录在《培训情况记录单》上,并由项目督导签字确认。

(5)其他资料的准备:其他项目资料包括《项目出勤表》《监听情况记录表》等表单及访员座位分配等工作,由项目督导完成。其他资料的准备工作是否完成由系统督导及经理做二级检查,并在《项目筹备资料审核单》的其他资料审核结果处签字确认。

(6)项目安装:由项目督导在根据《项目筹备资料审核单》的系统文件审核结果的注意事项注明的信息完成项目的系统安装。该工作在 CATI 中心完成。安装结果在访员试访及项目督导检查后在《项目筹备资料审核单》的项目安装审核结果处签字确认。

2.项目访问期

(1)访员培训:培训由项目督导完成。培训前让访员签到并保证每名访员手中有一份最终问卷和培训须知。培训后要对培训中的重点内容及易错的地方进行测试。培训后要求访员在试访系统中进行练习,对试访也要进行评分。签到结果及培训试访的测试结果(5分制)记录在《培训情况记录单》上。如果项目进行中对问卷要求做了更大更改或在访问期间发现重大的访员的共性错误,一定要进行再培训。再培训应将访员集中起来进行;一定要编写《培训须知续》,并保证每名访员手中一份。再培训结束后进行测试,测试结果记录在新的《培训情况记录单》上,并在《培训情况记录单》的抬头处标明再培训。

(2)出勤记录:为了保证项目按时间表要求进展,一定要做好访员出勤的统计工作。出勤结果与劳务费结算紧密挂钩。具体办法详见《访员管理办法》。

(3)进度控制:系统督导在每天访问结束后,将重要回应编码的频次、成功样本量及配额的完成情况记录在《进度报告》中。项目督导可以从该报告的各项数据中总结当天访问的情况是否正常,是否符合进度要求,方便进行以后工作的安排。

(4)访问监听:访问进行中的监听由系统督导、项目督导即所有现场督导共同完成。现场监听的同时,配以访问画面的监看,更严格地进行访问质量的控制。监听时发现的问题要及时处理。要求监听比例不低于20%,且每名访员都要被监听到。每一次的监听及监看的情况都要详细记录在《监听情况记录单》上,根据文本"3-4-1不合格品的判定"对错误进行判定:发生A类错误时,应要求当事访员立刻停止访问,其样本当场作废,同时将当事访员开除;B、C类错误发现后,待当次访问结束后,项目督导应针对该次访问进行个别指导,能补救的补救,不能补救的重新询问。各种错误的处理结果均记录在《监听记录单》上。A、B、C三种错误在项目结束后作为统计项目错误系数的重要依据。项目结束后,应将监听情况的总结写入《质量报告》。

(5)数据转换及清理:由系统督导完成。项目完成后或必要时在项目进行中将数据转换成SPSS格式,检查重点题目的频次分析。分析异常数据,及时汇报项目经理,查找访问中的问题,尽快解决。在此环节发现的访问问题,一并写入《质量报告》的访问情况总结中。

3.项目总结期

(1)质量总结:项目结束后,项目的执行情况主要通过三个比例来体现,包括项目回应率、项目错误指数、项目甄别合格率三个方面。

①项目回应率:体现项目的最终样本在抽样样本中的代表性。

公式:项目回应率=成功样本/[成功样本+中途拒访+开始拒访×甄别合格率+预约(推论的所有合格样本量)]

②项目错误指数：统计监听发现的错误比率。体现项目访问质量的好坏。错误级别分为 A、B、C 三类：A 类错误定义为访问过程中出现诱导答案行为、作假、不真实记录答案、根据前面答案自行判断后面问题答案并进行选择等作弊性的错误；B 类错误定义为选项未按要求读出、接触结果掌握不准确、阅读问题错误、答案选择失误、追问不彻底、访员未按要求选择答案、对问题的理解和解释出现错误偏差、访问中不动脑筋对答非所问的也记录等影响数据准确性的错误；C 类错误定义为访员访问技巧不成熟、阅读不顺畅、访问过程中出现和被访者聊天的情况等访问技巧方面的失误。上述三类错误的处理方法见前面访问监听部分。

公式：项目错误指数＝$(A×7＋B×2＋C×1)$/监听数量

③甄别合格率

公式：甄别合格率＝[成功样本＋中途拒访(甄别合格的样本)]/[成功样本＋中途拒访＋甄别不合格(所有进行甄别的样本)]

（2）访员的项目评估：访员的项目评估成绩由其在出勤、监听结果、完成样本量三方面的表现决定，三方面的评估分数各为 5 分。项目评估成绩的计算公式为：项目评估成绩＝监听结果评估×60%＋出勤评估×30%＋完成样本量×10%。访员的评估分数直接影响到是否被继续留用以及年度评估的成绩。项目评估结果记录在《访员评估报告》上。

（3）相关资料录入系统：项目督导负责将访员的项目评估成绩及项目培训情况录入访问资料库(QCSI)中保存。

（4）资料存档、验收

①资料存档：将项目资料按照执行日期划分存放，首页目录区分不同月份，记录此月份执行的项目名称、编号、具体执行日期；分页目录体现项目编号、名称、培训日期、访问的开始和结束日期、项目档案包含的内容及各种报告名称并遵循如下顺序：

问卷→培训须知→项目筹备资料审核单→培训情况记录单→出勤记录单→进度报告→监听记录单→质量报告→访员评估报告。

②验收项目资料存档后，系统督导及经理进行一级、二级审核，检验各种表格、报告是否完备，报告中的各种比例计算是否正确，相关资料是否录入 QCSI。资料完整正确且各相关资料已入 QCSI 的，在项目分页目录上签字确认。

4.不合格品的发现及改正办法

（1）不合格品的判定

针对 CATI 项目，所谓不合格品即不合要求的数据记录。根据《不合格品控制程序》中的规定，CATI 项目监听中对错误的分类如下：

①严重不合格：在 CATI 项目中对应的错误种类为 A，指因作弊、诱导等产

生的虚假数据,严重影响数据质量,且这种影响必须剔除、补救,需向客户说明要求让步以及比此更为严重的不合格;

②一般不合格:在CATI项目中对应的错误种类为B,指因未完全按培训要求执行而出现的失误;

③轻微不合格:在CATI项目中对应的错误种类为C,指因访问技巧不熟练而出现的失误。

(2)不合格品的发现及评审

对于在监听过程中发现的问题,项目督导要及时确定发生的不合格的范围及数量,并及时进行错误归类(A、B、C),进行相应的处理。

(3)不合格品的改正办法

①对于B、C类错误且尚可补问的情况,进行数据的修正;

②对于B、C类错误但因调查的时效性或其他原因不能再补问的情况,将有误数据删除,并追加有效样本;

③对于A类错误数据,项目督导应宣布该数据作废,并追加有效样本,保证提交的全部是有效数据,填写《不合格品评审记录》。

5.不合格纠正预防措施

(1)对于项目中出现的严重不合格(A类错误),项目督导应填写《纠正(预防)措施记录表》。

(2)纠正预防措施由项目督导具体提出并执行,项目经理对具体措施进行效果评审并监督执行。

第十二章
资料的处理

资料的处理是指整理、统计分析通过各种方法收集到的资料,集中简化庞大的、复杂的、零散的资料,使资料变得易于理解和解释。简言之,资料统计处理就是将收集到的第一手或第二手资料转变成为数据结果,以便研究者了解、揭示其中的含义。在广告和市场研究中,研究人员经常接触的资料是问卷资料,所以本章着重阐述问卷资料的统计处理方法。

资料的处理大概要经历下列几个步骤(见图 12-1)。

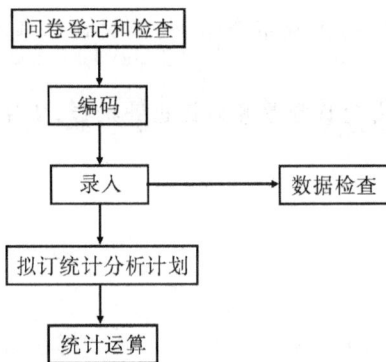

图 12-1　资料处理流程

第一节　问卷登记和检查

资料采集之后,所有资料都要汇总,以便统计处理。在汇总的过程中,为了避免信息损失以及便于评价访员的工作成绩,应按资料到达顺序登记分类。如按地区、访员等分类,分别记录各地区、各访员交回的问卷数量、交付时间、实发问卷数量、丢失问卷数等情况。

收回的问卷全部都要进行质量检查,剔除无效的或不合格的问卷。一般来说,出现以下情况时,问卷为无效问卷:

①相当一部分题目没有作答。

②答案记录模糊不清。如字迹不清楚,把"√"打在两个答案之间等。

③不符合作答要求。如单选题型,填答时勾选了不止一个选项。

④调查对象不符合要求。如有的调查中规定某种行业的人员不能成为调查对象,如果问卷是由这一类人作答,就是无效问卷。

⑤问卷答案前后矛盾或明显错误。如"年龄"的答案是 20~30 岁,而"职业"的答案为退休人员。又如"您一周在家洗几次头发?"答案是"10 次"。

⑥答案选择高度一致。如不管什么题目都选第一个答案,或所有的开放题目都未填答。

⑦缺损问卷。指问卷不完整,个别页码丢失。

第二节　编　码

编码是把原始资料转化为符号或数字的资料简化过程。编码以后,更便于资料输入计算机进行统计分析。合理、正确的编码对于统计计算和结果解释工作很有帮助。但在答案简单的问卷调查中,这一步工作可省略。

编码有时复杂而有趣,有时则枯燥乏味。编码程序是简单还是复杂,要视资料形式而定。一般而言,标准化的封闭式问卷资料编码过程比较简单,开放性的问卷资料或讨论、记录资料的编码过程比较复杂。

编码可依据编码时间分为事前编码和事后编码。事前编码是指问卷设计者在编写题目时就给每个变量和可能答案一个符号或数字代码,事后编码则指在调查实施之后再进行编码。通常,封闭性问卷的调查研究采用事前编码,这样可节省研究时间;而开放性问卷资料或讨论、观察记录等资料,由于事先不知道有多少可能答案,常常采用事后编码。

编码包括下列几个方面的工作。

一、规定变量名

一份调查问卷通常包含若干问题(变量)。为了便于统计处理,在输入数据之前,必须先赋予每个问题或变量一个变量名。变量名一般为英文字母与阿拉伯数字的组合,如 S、Age、X1、Y2 等等。

定义变量名时要把个人基本情况与其他问题区分开。受调查者的个人基本情况如性别、年龄、职业、文化程度等,这些变量通常可以直接用英文单词、英文的第一个字母或前几个字母来命名。例如性别可规定为"Sex",年龄规定为"Age",文化程度规定为"Edu"等,也可以用汉语拼音字母等来命名。

其他问题的题目数量通常比较多,所以常用"X1,X2,…,Xn"或"Y1,Y2,…,Yn"等字母与数字系列组合方式来表示,也可以按问题的含义来定义。

二、规定各量表值

量表值可以用字符串表示,也可以用数字表示,一般用数字来代表答案比较方便。下面举两个例子来说明。

例 1.题目:您的性别

答案:A.男　　　B.女

由此,可把"男"规定为"1","女"规定为"0"或"2"。

例 2.题目:您对黑人牙膏的喜欢程度

答案:A.非常喜欢　　　B.喜欢　　　C.有点喜欢

D.有点不喜欢　　　E.不喜欢　　　F.非常不喜欢

像这个量表,可以直接依答案顺序分别规定为 1、2、3、4、5、6,但也可以将次序颠倒过来。把"非常不喜欢"规定为"1","不喜欢"规定为"2"……"非常喜欢"规定为"6"。

定义量表值时,还应当注意到有些受调查者不按问卷设计要求作答,如多选或漏选。如果是个人基本项目出现这种情况,该问卷是无效问卷,不纳入统计处理;如果是个别其他问题出现多选或漏选现象,则要另加一个或两个量表值,把它们归为一类或两类,以例 2 来说,可将"漏选"和"多选"分别规定为"7"或"0"。

在规定变量名称和量表值时,还要注意以下几种情况:

(一)非问卷题目的有关问题

如在大规模的调查中,通常包含许多地区,统计时需要分析不同调查地区的差别。那么地区本身就是一个变量,在命名规定量表值时也要考虑进去。例如某调查分别在北京、上海、广州和成都四个地区调查,可以将该变量命名为"Scg",将北京规定为"1",上海为"2",广州为"3",成都为"4",没有注明或不知为哪个地区的规定为"9"。

(二)多选题

对于单选题,每个问题就是一个变量,一个问题有 n 个答案,就有 $n+1$ 个量表值。而对多选题,情况就复杂一些,下面我们用一个例子来说明。

例3.您是通过哪些渠道知道××品牌的?

a.电视广告　　　b.报纸广告　　　c.杂志广告　　　d.广播广告

e.网络广告　　　f.手机广告　　　g.户外广告　　　h.商店店面广告

i.别人介绍　　　j.其他

这样一个问题,编码时就要将 10 个答案变成 10 个变量,然后依照顺序分别命名,如分别规定为 X9a、X9b、X9c、X9d、X9e、X9f、X9g、X9h、X9i 和 X9j。每个变量的量表值根据是否被选择来规定,如选择规定为"1",没选择规定为"2"或"0"。如果想了解答案数量的分布情况,就增加一个变量,命名为"X9",量表值则根据答案数量来规定,选择 1 个答案规定为"1",2 个答案为"2"……

(三)开放性问题

有些开放性问题只要统计出确切的受调查者数,这时编码就比较简单,只要给每一个题目相应地起一个名称,然后用"1"表示作答,用"0"表示未作答即可。如果要对答案进行量化分析,编码工作就比较复杂。编码员首先要将多数作答者的答案浏览一遍,列出各种可能答案,根据答案是单选或多选,规定变量名称和量表值,然后将答案分类。例如对于"您为什么喜欢瓶装食用油而不喜欢散装食用油?"这样一个开放性问题,答案可以分类为卫生、质量、购买方便……,变量名称为 Xh1,Xh2,Xh3,…,每一个变量的量表值为"1"时表示答案涉及该方面内容,"0"表示答案未涉及该方面内容。

规定好所有变量和量表值后,编码人员要编写一本编码簿,说明各变量名的意思。市场调查研究中通常有大量变量和数据资料,这些资料一旦输入电脑,只有编码人员知道各变量名称以及数码的意义,不制作手册,很可能遗忘,因此编写一本编码簿很有必要。

编码簿具有三种功能:

(1)录入人员可根据编码簿说明来录入数据;

(2)研究人员或电脑程序员根据编码簿编拟统计分析程序;

(3)研究者阅读统计分析结果,不清楚各种代码的意义时,可以查询编码簿。

在大多数较为复杂的市场调研中,编写编码簿是必要的程序。编写编码簿时,各项说明要尽量详尽。

表 12-1 是本章附录"厦门市民在线电子支付现状调查问卷"的编码簿。从表 12-1 可以看出,编码簿通常包含七个主要项目,即变量序号、变量含义、相应问卷题号、变量名称、是否跳答、数据宽度、数据说明。

表 12-1 编码簿

变量序号	变量含义	相应问卷题号	变量名称	是否跳答	数据宽度	数据说明
1	性别	Q1	Q1-1	否	1,0	1=男,2=女
2	出生年份	Q2	Q2-1	否	4,0	1 = 1970,2 = 1971,20 = 1989,21=1990,99=漏答
…	…	…	…	…	…	…
6	使用电子支付消费	Q6	Q6-1	是	1,0	1=是,2=从未使用过
…	…	…	…	…	…	…
9	使用在线电子支付频率	Q9	Q9-1	否	1,0	1=2 次及以下,2=3～6 次,3=7～10 次,4=11 次及以上,9=漏答
…	…	…	…	…	…	…
14	操作简便性满意度	Q14	Q14-1	否	1,0	1=非常满意,2=满意,3=普通,4=不满意,5=非常不满意,9=漏答
15	交易效率满意度	Q14	Q14-2	否	1,0	同上
16	信息查询方便满意度	Q14	Q14-3	否	1,0	同上
…	…	…	…	…	…	…
24	总体满意度	Q14	Q14-10	否	1,0	1=非常满意,2=满意,3=普通,4=不满意,5=非常不满意,9=漏答
25	改进建议	Q15	Q15-1	否	1,0	1=安全性,2=开通流程,3=操作体验,4=推广及普及,5=线下促销,6=客服质量,7=交易额度,8=其他,9=漏答
…	…	…	…	…	…	…
29	电子支付理财方式	Q19	Q19-1	否	1,0	1=购买电子基金,2=购买相应银行理财产品,3=第三方支付平台所提供理财产品,4=其他,9=漏答

变量序号	变量含义	相应问卷题号	变量名称	是否跳答	数据宽度	数据说明
…	…	…	…	…	…	…
35	未来可能使用电子支付情况	Q25	Q5	否	1,0	1＝服务费比传统渠道低, 2＝设施更加安全、完善, 3＝有人告知我如何使用, 4＝很多亲戚朋友在使用, 5＝强制情况下, 6＝其他, 9＝漏答

资料来源:厦门大学品牌与广告研究所"2013年厦门市民在线电子支付现状调查"

变量序号表示各变量在数据库中的输入顺序;变量含义,即问卷中问题意思的概括,使研究者或程序设计师很快得知这一变量的意思;相应问卷题号指变量属于问卷中的第几题,便于查寻原来的题意;变量名称是变量的代号,便于计算机识别和统计操作,方便研究者由代号查寻其含义;数据宽度描述该变量的数据最多是几位数及小数点之后有几位数;数据说明是对各数码代表受调查者的何种特征的说明。

有了编码簿之后,储存于计算机中的资料的含义就一清二楚。目前常用的SPSS统计软件中,编码簿的主要内容可以输入文件之中,直接体现在统计结果中。

第三节　数据录入

由于计算机的普及,现代广告市场调查早已用计算机统计处理代替以往的人工统计。计算机统计处理首先要面对数据录入这一问题。

以常用的统计软件SPSS的19.0版本为例来说,录入数据包括以下几个步骤。

一、录入变量名

SPSS 19.0版本的数据库格式如表12-2,横行表示样本录入顺序,序号由计算机自动生成;纵列表示变量,变量的名称由使用者规定。如果使用者没有规定,计算机就自动生成,自动生成的变量名按先后顺序依次为变量 1、变量 2、变量 3……

表 12-2　SPSS 19.0 版本的数据库格式(数据视图)

	变量	变量	变量	变量	变量	变量	变量	变量
1								
2								
3								
4								
…								

变量名可按照编码簿的规定录入。利用 SPSS 19.0 版本录入变量名时,先选择"变量视图",此时界面就变成表 12-3 格式。其中第一列可依顺序输入变量名,如"性别""年龄""收入"等;第二列是关于数据的形式,包括"数值""字符串""日期"等 8 种,研究者可根据原始资料的形式选择相符合的形式,如变量的出生时间(年、月、日),则选择"日期";第三列用于定义数据的宽度,如果定义为"8",说明该变量的数据最多只能有 8 个字符;第四列表示小数的位数,默认值是"0";第五列用于说明变量名的含义;第六列用于说明各相关数据的意思,如"1"表示"男","2"表示"女";第七列用于说明用什么来代表"遗漏的数据";第八列用于定义数据库格式中每一列的宽度,如果定义宽度为"1",那么"数据视图"界面上只能显示一位数,数据位数超过 1 位的,都显示"﹡";第九列用于定义数据的排列形式,包括"左对齐"、"居中"和"右对齐"三种形式;第十列定义数据的水平,包括"度量(S)"、"名义(N)"和"序号(O)"三种水平(如果原始数据是等距或比率量表资料,选择"度量(S)";如果是命名量表资料,选择"名义(N)";如果是次序量表资料,选择"序号(O)");最后一列是定义变量在后续统计分析中的功能作用,当打开对话框时,满足角色要求的变量将自动显示在目标列表中,包括"输入(I)""目标(T)""两者都(B)""无(N)""分区(P)""拆分(S)"六种类型,其中,"输入(I)"表示变量将用作输入(如预测变量或自变量的设置),"目标(T)"表示变量将用作输出或目标(如因变量的设置),"两者都(B)"表示变量将同时用作输入和输出,"无(N)"表示变量没有角色分配,"分区(P)"表示变量用于将数据划分为单独的训练、检验和验证样本,"拆分(S)"表示变量不会在 IBM SPSS Statistics 中用作拆分文件变量,此类型功能主要是为了方便与 IBM SPSS Modeler 相互兼容。

表 12-3　SPSS 19.0 版本的变量名输入格式(变量视图)

	名称	类型	宽度	小数	标签	值	缺失	列	对齐	质量标准	角色
1											
2											
3											
4											
...											

二、数据录入

变量准确无误录入之后,接下来就可以一份一份录入问卷资料。一般来说,问卷的编号要与计算机自动生成的序号相一致,这样可以避免混乱,也便于发现错误时更正。数据录入时,如果输入的数据位数多于研究者设定的数据宽度或类型不符合,计算机会出现提示符号,如设定的宽度是 1,如果输入两位数,计算机就会在相应的位置出现"＊"符号,出现这种情况时录入员要及时纠正。

三、数据检查

不管录入员多么认真细致,录入错误都是难免的,因此检查录入错误也是必不可少的。检查错误的有效办法是二次录入数据,然后对比两次录入的结果,核对不相同的数据查原始问卷资料,这种方法比较费时、费力。另一种方法(也是比较常用的方法)是逻辑查错。这种方法是先对一些变量进行频率分析或频率交叉分析,根据分析结果来判断是否存在错误。例如在性别变量上,答案只有"1"和"2"两种,对于频率分析的结果,两种答案的百分比之和应该为 100%。如果不这样,数据录入必然有问题。根据这个线索可以查出错误的数据并根据原始问卷更正。不过,这种方法只能查出不符合逻辑的错误,无法判断符合逻辑的错误,如把"1"录入为"2",就查不出来了。该方法也只能检查一些变量,难以检查所有数据。

四、缺失数据处理

缺失数据是指由于受调查者未作答或访员没有记录造成的未知变量值。处理缺失数据有以下几种方法:

（1）找一个中间值代替。如该变量的平均值、量表的中间值（如5点量表，用3代替）。遇到性别这种变量时，可以用男性数值代替第一个缺失值，用女性数值代替第二个缺失值，依次交替。

（2）用一个逻辑答案代替。例如家庭总收入缺失时，可依据家中就业人数及职业情况来判断；性别资料缺失时，可依受调查者的字迹等情况来判断。

（3）删除处理。一种情况是删除整个样本资料，另一种情况是在统计该变量时删除该样本。前一种删除在样本量比较大、缺失值不多且该变量是一个重要变量的情况下使用，后一种删除可以在该变量不是特别重要时采用。

需注意的是，实际上缺失值的任何一种处理方法都不是尽善尽美的。

第四节　拟订统计分析计划

拟订统计分析计划时，首先要熟悉各种统计方法，了解各种统计方法运用的要求，然后才能进行具体的操作。

一、统计方法简介

要熟练地拟订统计分析计划，不仅要求统计人员清楚调查研究所要解决的问题，而且还要熟悉各种统计方法及其运用条件。下面我们先简要介绍SPSS软件中的一些基本统计方法，第十三章和第十四章还将有详细的介绍。

（一）频率分析

频率分析用于统计一个变量不同值的出现频率，统计结果是次数和百分数。频率分析主要用于命名量表和次序量表的统计处理。例如，频率分析可用来计算调查对象中通过各种渠道获知某一品牌的实际比率。等距和比率量表也可以在转化为命名量表之后进行频率分析。

（二）交叉频率分析

用于统计两个或两个以上变量交叉分组的频率及百分数。例如要了解随机抽取的样本中各年龄段的男性和女性各占多少，就要采用交叉频率分析。

（三）描述统计

描述统计主要用于计算变量的平均数、标准差，如计算所有调查对象的平均收入。还可以用于计算一个变量按另一个变量分组的平均数、标准差。如求各种文化程度的消费者的月平均支出。

（四）平均数差异检验或 t 检验

平均数的差异检验分为独立样本 t 检验和配对样本 t 检验。独立样本 t 检验用于两组不相关样本的平均数的差异检验。配对样本 t 检验用于两个相关样本的平均数差异检验,两个变量可以是同一样本的前后两次观测值,也可以是不同样本的观测值,但必须存在相关关系。例如,如果想知道两个不同消费者小组每月购买某种日用品的消费支出是否有差别,可采用独立样本 t 检验;想了解消费者在促销前后购买某品牌的数量有无差别,就采用配对样本 t 检验。

（五）方差分析

方差分析,也叫变异数分析,包括一元方差分析、简单因素方差分析、一般因素方差分析、多元方差分析和重复测量方差分析等。

（1）一元方差分析:也称单因素方差分析或单因素变异数分析。用于两组以上独立样本的平均数差异检验,如高、中、低收入者对某品牌评价的差异检验。它适用于单因素的设计。

（2）单因变量方差分析:用于单一因变量的多因素设计的方差分析。可以检验各因素的效果以及因素之间的交互作用(最高级别的交互作用)。

（3）多变量方差分析:对两个或两个以上相关因变量的方差分析和协方差分析。用于检验一系列相关因变量与变量之间的关系。

（4）重复测量方差分析:用同一指标对同一被试者进行多次测量的平均数差异检验。

（六）相关分析

相关分析用于分析两个变量之间的线性关系。相关分析的方法有很多,包括:皮尔逊相关、斯皮尔曼(Spearman)相关、肯德尔(Kendall)和谐系数、净相关等。皮尔逊相关适用于两个变量均为等距量表的情况。当等距资料出现极端数据或变量分布为非正态时,一般采用斯皮尔曼相关或肯德尔和谐系数。净相关用于在控制其他变量的影响下求两个变量之间的相关系数。

（七）回归分析

回归分析的方法有许多,较常用的是线性回归。线性回归方法主要用于检验一个因变量与若干自变量之间的关系。该方法要求所有变量均为等距变量,如果自变量是命名变量,则必须是二分变量。如果因变量为二分变量,则采用逻辑回归方法。

（八）主成分分析和因子分析

这两种统计方法都是用少数几个因子去描述多个相关的变量。主成分分析的目的是生成少量几个新的变量。因子分析旨在获得因子的同时进一步揭示各因子与观测变量的关系。例如购买量与未来的购买意向具有相关关系,可以采用主成分分析方法将它们合并成为一个新的变量,也可以进一步采用因子分析方法探讨两个原始变量与新变量的关系,或两变量对新变量的贡献。

(九)聚类分析

聚类分析的目的是依据某些特征将事物或人分成几个较为同质的类别。例如可以根据观众对各种电视节目的偏好程度和收视频度,采用聚类分析方法将他们分成不同的观众群。

(十)多维量表分析

该分析标定客体在多维空间中的位置。例如可以根据口感、味道、价格等指标来确定各品牌啤酒的相对位置。

(十一)检验

检验是非参数检验的方法之一,用于检验变量的实际观测值与期望值的差异。如检验实际调查对象的年龄分布与抽样设计的年龄配额是否一致。

二、统计方法的选择

要准确、客观地描述资料的特征,合适的统计方法十分重要。选择统计方法时要考虑两个因素:调研问题的性质和数据资料的性质。

(一)调研问题的性质

广告市场调研的问题大都是描述性问题和关系性问题。在描述性问题研究中,研究者一般只想了解单一或若干事物(或现象)的状况,如消费者对某一电视广告的接触状况和反映、消费者对某品牌产品各方面特性的评价、不同阶层消费者对某一品牌的偏好差异等。对于这类研究,统计处理资料时常常采用频率分析和描述统计方法。

关系性问题探讨的是两个变量之间(或一个变量与一组变量)有无关系及其关系的程度。关系性问题分为相关关系问题和因果关系问题。前者探讨变量之间的共变关系,后者则探讨变量之间的因果关系及其关系的密切程度。关系性问题的统计分析可使用各种相关分析、方差分析和回归分析等。

(二)数据资料的性质

所有调研资料都可以归为质变资料和量变资料。质变资料指变量本身没有可以测量的数值单位,但可根据一项或数项所描述的特质加以区分的数据资料,如性别、职业等。通常由命名量表(或分类量表)获得的资料均属于这一类。次序量表资料严格地说也属于这一类。质变资料在统计方法的运用上受到的局限较大,一般只能使用频率分析、非参数检验来处理。量变资料指变量本身有可以测量的数值单位,它可以根据变量的特征作量的连续排列,如年龄、收入、销售量、知名度等。一般来说,等距量表、比率量表资料均属于量变资料。次序量表资料也可通过数学转换变成量变资料。对于量变资料,几乎所有的统计方法——描述统计、相关分析、回归分析、因子分析、方差分析等——都可以运用。

量变资料与质变资料虽然有很大的差别,但量变资料可以转变为质变资料。例如可以把个人月总收入这一量变资料转变 400 元以下,400～600 元、600～1 000元和 1 000 元以上四个类别,然后采用质变资料的统计方法来处理。质变资料也可转化为量变资料,但限制很多。

三、计划的拟订

如何统计分析调查资料,研究人员在设计调查方案时已经心中有数。如图12-2 就是一个统计分析计划的构想,它指明了分析哪些变量、使用何种统计方法、分析的目的是要解决哪些问题。但是具体的计划一般在编码之后,变量名称及数据类型确定下来以后才拟定。

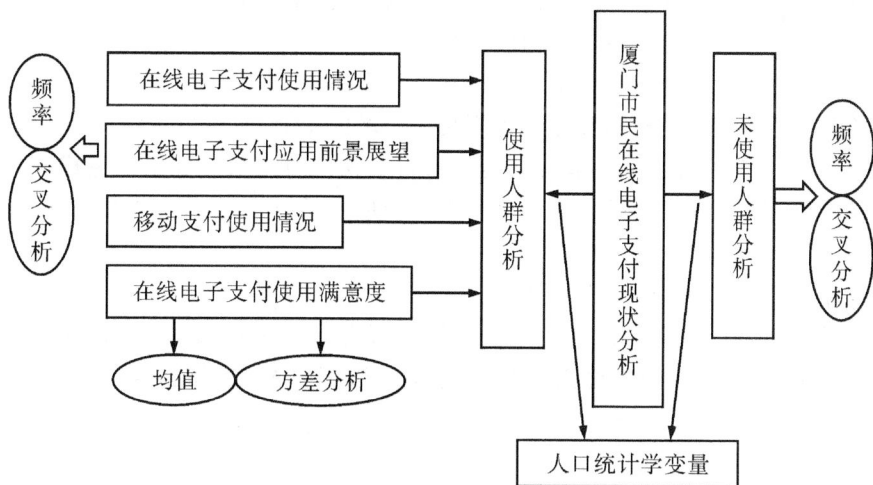

图 12-2　统计分析计划的构想

资料来源:厦门大学品牌与广告研究所"2013 年厦门市民在线电子支付现状调查"

拟订统计分析计划实际上就是列出一张统计分析清单,说明什么变量使用什么统计方法、要得到什么统计量。例如,对于图 12-2 的例子,统计分析清单可能包含下列项目:

(1)对 Q1～Q5 人口统计学变量进行频率分析。

(2)对 Q6～Q13,Q15～Q23,Q24～Q25 进行频率和交叉频率分析。

(3)对 Q14 中 10 个维度的满意度量表进行描述性统计和方差分析,计算出平均数并对其均值排序。

如图 12-2 所示,在商业性的广告或市场研究中,最常使用的分析方法就是频率分析、交叉频率分析和描述性统计分析方法。

第 五 节 　 统 计 运 算

统计运算就是根据统计分析计划要求给计算机下指令,让计算机输出结果。通常要先转换有关变量,生成中间变量。

中间变量可以由原始变量经过数据转换生成。在用拥有物品来衡量家庭经济状况的调查中,原始数据中通常用"1"表示拥有某一物品,"0"表示未拥有。由于各种物品的拥有程度不同,它们在衡量一个家庭的经济情况时也不是等价的,因此为了体现各种物品在衡量经济状况中的差别,经常要转换数据,如将原始数据转换为频率分析得出的"家庭拥有率"。

中间变量也可以由两个或两个以上变量采用加减法或加权法组合而成。例如将各种物品拥有情况的变量相加得到一个新的变量。

此外,中间变量还可以运用一定的统计方法运算生成。如采用主成分分析方法将受调查者的经济收入和教育程度这两项变量合并为"社会地位"这样一个中间变量。

中间变量生成之后,计算机操作人员就可以依据统计分析计划要求给计算机下指令,计算机会自动输出结果。所有的结果都输出后,资料的统计处理就可以宣告完毕。输出结果不能满足数据分析要求时,可以再次进行统计运算。

思考题:

1.如何判断无效问卷或不合格问卷?

2.事前编码和事后编码有什么区别?

3.选择统计分析方法时要考虑哪些问题?

4.常用的统计方法有哪些,它们分别用于解决什么问题?

厦门市民在线电子支付现状调查问卷

（本问卷由厦门大学品牌与广告研究所提供）

您好！我们正在做一项关于厦门市民在线电子支付现状的学术研究，非常需要您的帮助，请按照您的真实想法完成这份问卷，您的回答对我们的研究非常重要，谢谢您的合作！问卷中所有涉及您个人的信息，本课题组将严格遵守《保密法》相关规定加以保护。

厦门大学品牌与广告研究所
2013年10月

填答问卷提示单（问卷中有关名词的解释）

在线电子支付：在线电子支付是指消费者、厂商和金融机构等，通过在线电子支付平台进行货币支付或资金流转。

移动支付：移动支付是使用移动设备通过无线方式完成支付行为的一种新型的支付方式。移动支付所使用的移动终端可以是手机、笔记本电脑等。

Q1.请问您的性别？

    1.男   2.女

Q2.请问您的出生年份是_____。（例1988）

Q3.请问您的职业是？

    1.学生   2.军人   3.公务员

    4.企事业单位员工   5.企事业单位中高层管理人员

    6.自由职业者   7.离退休人员

    8.其他_____（请注明）

Q4.请问您的受教育程度是？

    1.初中及以下   2.高中/中专   3.大专/本科

    4.研究生及以上

Q5.您税后月平均收入是？

    1.1 500元及以下   2.1 501～3 500元   3.3 501～6 000元

    4.6 001～10 000元   5.10 001元以上

Q6.您是否使用过在线电子支付进行消费？

    1.是   2.从未使用过（跳至Q24）

Q7.您选择在线电子支付的原因是？（最多选择三项）

    1.避免携带现金带来的安全问题

2.有促销活动(如打折、返券优惠等)

3.更时尚的消费方式

4.支付迅捷

5.办理业务时的硬性捆绑要求

6.网购等某些消费的唯一支付手段

7.具体支付方式选择多(网银、手机银行、支付宝等)

8.其他_____(请注明)

Q8.请问您近三个月使用过的在线电子支付终端设备有_____。(多选)

  1.台式电脑   2.笔记本电脑   3.平板电脑

  4.智能手机   5.其他_____(请注明)

Q9.您每月使用在线电子支付的频率约是?

  1.2 次及以下   2.3～6 次   3.7～10 次

  4.11 次及以上

Q10.您能接受的在线电子支付的最大限额是?

  1.200 元及以下 2.201～500 元 3.501～1 000 元

  4.1 001～2 000 元 5.2 001 元以上

Q11.您平均每月在线电子支付的金额大约是?

  1.200 元及以下 2.201～500 元 3.501～1 000 元

  4.1 001～2 000 元 5.2 001 元以上

Q12.您一般通过_____网络平台进行在线电子支付?

  1.网上银行

  2.支付宝、财付通等第三方平台

  3.手机运营商

  4.其他_____(请注明)

Q13.您经常使用在线电子支付的哪些业务?(多选)

  1.账户管理   2.生活汇款、转账 3.商业投资理财

  4.手机充值、日常水煤电缴费   5.日常网购、消费

  6.网上办理签证等市政便民服务   7.票务、酒店预订

  8.其他_____(请注明)

Q14.请填写对在线电子支付满意度的评价

  请就您个人感觉,选出 1～5 之间任何一个数字来表示您的同意程度。其中"5"表示"非常满意","1"表示是"非常不满意"。

	非常 满意	不 满意	一般	满意	非常 满意
1.操作简便性	5	4	3	2	1
2.交易效率	5	4	3	2	1
3.交易信息查询方便	5	4	3	2	1
4.客户服务	5	4	3	2	1
5.手续费用	5	4	3	2	1
6.支付限额	5	4	3	2	1
7.平台稳定性	5	4	3	2	1
8.资金安全性	5	4	3	2	1
9.个人信息安全性	5	4	3	2	1
10.总体评价	5	4	3	2	1

Q15.您认为在线电子支付产品还有哪些方面需要改进？（可多选）

　　1.安全性　　　　　　　　2.开通流程

　　3.操作体验　　　　　　　4.推广及普及

　　5.线下促销配合线下促销配合（客户福利、优惠折扣等）

　　6.客服质量　　　　　　　7.交易额度（单笔限额及每日等）

　　8.其他_____（请注明）

Q16.对在线电子支付未来前景的态度是_____。

　　1.越来被人们接受,发展空间较大

　　2.存在较多问题与不足,发展前景

　　3.短期内不会有太大发展

　　4.其他_____（请注明）

Q17.当网上银行推出新产品和功能时,您是否愿意了解及使用？

　　1.非常不愿意　　　　2.不愿意　　　　　　3.一般

　　4.愿意　　　　　　　5.非常愿意

Q18.您是否已经或打算通过在线电子支付进行理财？

　　1.是　　　　　　　　2.从未有过(请跳至 Q21)

Q19.您通过在线电子支付进行理财的方式有_____。（可多选）

　　1.购买电子基金

　　2.购买相应银行的理财产品

　　3.第三方支付平台提供的理财产品

　　4.其他_____（请说明）

Q20.您对在线电子支付理财的建议有_____。（可多选）

1.加强理财宣传　　　　2.增大理财投资回报率

3.提高安全性　　　　　4.更多理财产品

5.其他_____（请注明）

Q21.您的手机或平板是否安装过移动支付类应用？

1.有　　　　　　　　2.没有

Q22.您对移动支付的担忧是_____。（可多选）

1.资金安全性　　　　2.个人信息安全性　　　3.移动设备丢失

4.移动设备中毒　　　5.移动支付提供商倒闭

6.其他_____（请注明）

Q23.您认为移动支付是否能成为未来的主流支付方式？

1.能，其前景一片光明

2.不能，自身缺陷难以克服

3.不好说，要看其自身和支付方式的发展

※【若被调查者使用过在线电子支付，答题到此结束，谢谢您的配合！】

Q24.您不使用在线电子支付的原因是_____。（可多选）

1.担心资金安全性

2.操作流程太麻烦

3.个人信息可能泄露

4.支付额度

5.手续费用

6.其他_____（请注明）

Q25.未来在_____情况下您会使用电子支付。（可多选）

1.服务费比传统渠道低

2.设施更加安全、完善

3.有人告知我如何使用

4.很多亲戚朋友在使用

5.强制情况下

6.其他_____（请注明）

※【答题到此结束，谢谢您的配合！】

第十三章
基本统计方法

统计处理资料是研究工作必要的一环。要做好统计处理,首先要熟悉各种统计方法,了解它们适用于什么样的数据,可以用来解决什么问题。其次,要掌握一种或几种统计软件,了解统计软件的统计方法及其操作方法。传统手工统计必须熟悉的各种方法的统计运算过程,由于有了现成的软件,变得次要了。本章中,我们将结合 SPSS 19.0 版本统计软件,着重介绍那些与广告研究有关的统计方法的使用条件和方法。

第一节　频率分析

频率分析是最简单的统计方法,也是应用性广告研究中最常见的统计方法之一。频率分析主要用于统计处理命名量表和次序量表,等距和比率量表也可以在转化为命名量表之后进行频率分析。频率分析包括一维频率分析和交叉频率分析。

一、一维频率分析

一维频率分析用于统计一个变量的不同值的出现频率。它主要用于统计处理命名量表资料,统计结果主要是次数和百分数。例如,问卷调查中经常出现类似问题:

例1:请问您税后月平均收入是?

　　①1 500 元及以下　　　②1 501～3 500 元　　　③3 501～6 000 元

　　④6 001～10 000 元　　　⑤10 001 元及以上

例2:请问您近三个月使用过的在线电子支付的终端设备有哪些?(可复选)

　　①台式电脑　　　　　　②笔记本电脑　　　　　　③平板电脑

④智能手机　　　　　⑤其他＿＿＿＿＿（请注明）

这类问题,可以采用一维频率分析。

当问卷资料经过编码输入 SPSS 统计软件之后,剩下来的操作如下,从 SPSS 19.0 的数据视图(如图 13-1)中:

图 13-1　SPSS 19.0 数据视图

(1)点击"分析(A)"键,拉开统计功能菜单;

(2)选择"描述统计"项,拉开更具体的菜单;

(3)选择"频率(F)"项,点击后,就会弹出一个窗口,如图 13-2;

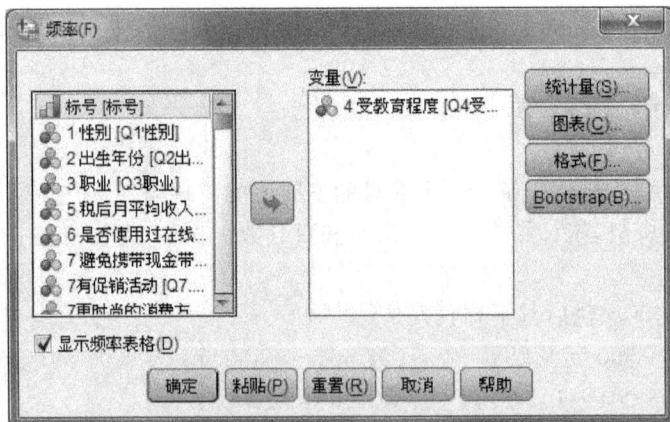

图 13-2　"频率(F)"操作窗口

（4）把窗口左框中需要进行频率分析的变量送入右框中，点击"确定"键。计算机就会自动输出表 13-1 的结果：

表 13-1　一维频率分析结果

		频率	百分比	有效百分比	累积百分比
	初中及以下	21	7.0	7.0	7.0
	高中/中专	45	15.0	15.0	22.0
有效	大专/本科	210	70.0	70.0	92.0
	研究生及以上	24	8.0	8.0	100.0
	总　计	300	100.0	100.0	

资料来源：厦门大学品牌与广告研究所"2013 年厦门市民在线电子支付现状调查"

在一维频率分析中应该注意计算百分数的基数问题。一般来说，如果调查访问了 300 人，那么进行频率分析的基数就是 300。某一特殊问题有 19 人回答"不知道"或没有做出回答，那么该问题的基数就应该是 281。SPSS 软件会把两种结果的统计结果都显示出来。

此外，还应注意不是所有的受调查者都回答所有问题。例如，一项调查中调查了 300 人，其中第五个问题询问受调查者是否使用手机，回答使用手机的有 240 人，那么计算手机使用率时基数是 300；而第六个问题是针对手机使用者提问的，那么在统计第六个问题的百分数时，基数就应该是 240 人。

二、交叉频率分析

交叉频率分析用于统计两个或两个以上变量交叉分组的频次及百分数。例如要了解随机抽取的样本中各年龄段的男性和女性各占多少，就要采用交叉频率分析。

交叉频率分析的统计操作如下：
（1）点击"分析（A）"键，拉开统计菜单。
（2）选择"描述统计"键，拉开更具体的菜单。
（3）选择"交叉表（C）"项，点击后，计算机会自动弹出一个窗口，如图 13-3；
（4）将窗口左框中需要进行频率分析的变量送入右框中。如果仅算频率分布，点击"确定"键即可。如果要计算百分数，则要点击下方的"单元格（E）"键，根据计算要求，选择新弹出窗口"百分比（C）"方框中有关统计量，也可以三项全选上，然后依次点击"继续""确定"，计算机就会自动输出如表 13-2 结果：

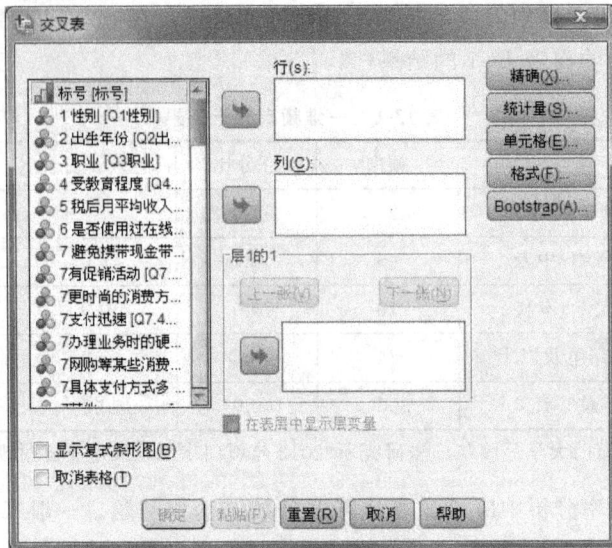

图 13-3 "交叉表"操作窗口

表 13-2 性别和年龄的交叉频率分析结果

			受教育程度				合计
			初中及以下	高中/中专	大专/本科	研究生及以上	
性别	男	计数	9	16	109	15	149
		性别中的百分数	6.0%	10.7%	73.2%	10.1%	100.0%
		受教育程度的百分数	42.9%	35.6%	51.9%	62.5%	49.7%
		总数的百分数	3.0%	5.3%	36.3%	5.0%	49.7%
	女	计数	12	29	101	9	151
		性别中的百分数	7.9%	19.2%	66.9%	6.0%	100.0%
		受教育程度的百分数	57.1%	64.4%	48.1%	37.5%	50.3%
		总数的百分数	4.0%	9.7%	33.7%	3.0%	50.3%
合计		计数	21	45	210	24	300
		性别中的百分数	7.0%	15.0%	70.0%	8.0%	100.0%
		受教育程度的百分数	100.0%	100.0%	100.0%	100.0%	100.0%
		总数的百分数	7.0%	15.0%	70.0%	8.0%	100.0%

资料来源:厦门大学品牌与广告研究所"2013年厦门市民在线电子支付现状调查"

在表 13-2 数据行中,第一行是各受教育程度中男性的人数,第二行是各受教育程度中的男性占所有男性的比例,第三行是各受教育程度组中男性占该受教育程度段所有人数的比例,第四行是各受教育程度组男性占总体的比例,以后各行依次类推。

在交叉频率分析结果中,有的比表 13-2 简单,有的比表 13-2 复杂。但总的来说,交叉频率分析结果不像一维频率分析结果那么简单,一目了然。所以在进行交叉频率分析前,研究者心中应该事先弄清楚分析的目的。

交叉频率分析与一维频率分析一样,存在基数问题,研究者在进行统计时要小心谨慎。

第 二 节　描 述 统 计

描述统计是描绘资料特征的最有效的手段,目的是了解数据的集中趋势和离散程度。

一、集中趋势

集中趋势有三种统计指标:算术平均数、中位数和众数。

(一)算术平均数

算术平均数适用于等距量表和比率量表数据。算术平均数的计算方法是:先计算某一变量的所有观测值的和,然后除以观测的数据个数。其计算公式为:

$$\bar{X} = \frac{\sum X_i}{n}$$

式中,$\sum X_i$ 表示所有数据之和,即 $\sum X_i = X_1 + X_2 + \cdots + X_i$;$n$ 为数据的个数;$\bar{X}$ 表示平均数。

例如,拦截访问 10 个啤酒饮用者,询问他们平均一天喝多少听、瓶或杯啤酒。调查结果如表 13-3。

根据公式进行计算,$\bar{X} = \dfrac{2+2+3+2+5+1+2+2+10+1}{10} = \dfrac{30}{10} = 3$,得每人平均喝 3 听、瓶或杯。

表 13-3　受访者平均每天喝酒的数量

受访者	平均每天喝的听、瓶或杯数
1	2
2	2
3	3
4	2
5	5
6	1
7	2
8	2
9	10
10	1

　　在调查中,观测变量常常被分成几个类别,如年龄被分为:18～34 岁、35～50 岁、51～70 岁。每个受调查者只能落在某个类别中(如 35～50 岁),但精确的数值多少则不得而知。在这种情况下,研究者往往选取类别中点作为该类别的观测值,在计算这类数据的平均数时,先计算每个类别中点与落入该类别的观测数据的数量的积的总和,然后除以所有观测值的数量。计算公式为:

$$\bar{X} = \frac{\sum_{i=1}^{h} f_i X_i}{n}$$

　　式中, f_i 为第 i 类别观测值的数量, X_i 为第 i 类别的中点, h 为类别的数量, n 观测值的总数量。

　　SPSS 19.0 中,平均数的统计操作如下:

　　(1)在"分析(A)"菜单中,选中"描述统计"项,拉开菜单;

　　(2)点击"描述(D)"项,计算机就会弹出图 13-4 窗口;

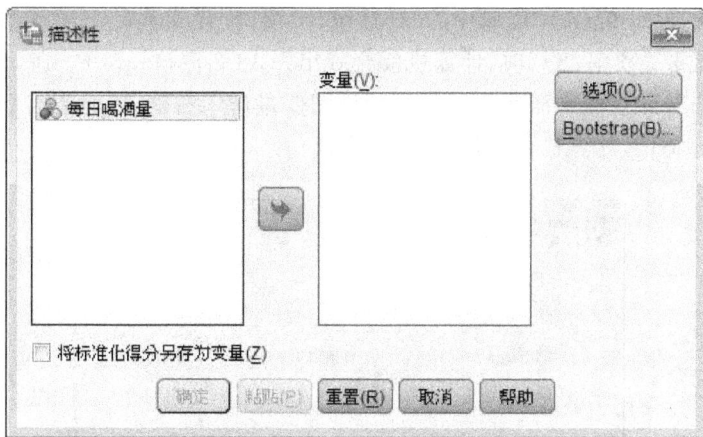

图 13-4　平均数计算操作窗口

（3）把窗口左框中需要统计平均数的变量送入右框中，然后点击"确定"，计算机就会自动输出如表 13-4 的结果。从表中（第五列）可以看出，平均数是 3。其他统计量分别是样本数量、最小值、最大值、标准差。

表 13-4　描述统计量

	N	极小值	极大值	均值	标准差
每日喝酒量	10	1.00	10.00	3.000 0	2.708 0
有效的 N（列表状态）	10				

（二）中位数

算术平均数受极端数据影响很大。例如，在调查消费者的个人年收入时，多数人的年收入可能在 5 万元以内，但可能存在个别受调查者的年收入在 10 万元以上甚至上 100 万元。采用算术平均数来描述这类数据的集中趋势，无疑会抬高普通消费者的收入水平。在这种情况下，中位数就是反映该变量集中趋势的合适指标，因为中位数不受这种极端数据的影响。

中位数适合命名量表数据之外的各种量表数据。将所有观测数据依照大小顺序排列起来，中间的数值就是中位数。例如，在表 13-3 中，将所有数据由小到大排列起来，即：

$$1、1、2、2、2、2、2、3、5、10$$

中间位置的数有两位，即第 5 和第 6 位，它们的数值都是 2，所以中位数为 2 听、瓶或杯（如果两个中位数数值不同，则取其平均值）。

SPSS 19.0 中，中位数运算的统计操作如下：

（1）选择"分析（A）"菜单中的"描述统计"项，拉开菜单；

（2）点击"频率（F）"项，计算机就会弹出图 13-2 窗口；

（3）把窗口左框中需要进行频率分析的变量送入右框，同时点击窗口左下端的"统计量（S）"，计算机会弹出图 13-5 窗口；

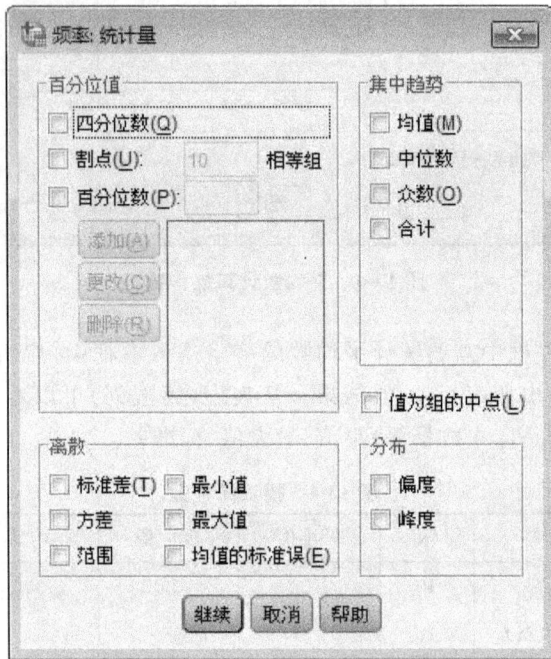

图 13-5　中位数计算操作窗口

（4）选中新窗口右上端"集中趋势"框中的"中位数"；

（5）相继点击"继续"和"确定"键，计算机就会自动输出如表 13-5 的结果。表中显示中位数为 2.00。

表 13-5　中位数计算结果

N	有效	10
	缺失	0
中位数		2.00

（三）众数

众数也是解决算术平均数容易受极端数据影响的方法之一，它适用于任何量表的数据。在所有观察值中出现频率最高的数值就是众数。表 13-3 的数据中,出现频率最高的数值是 2,因此该组数据的众数就是 2 听、瓶或杯。在频次分布中,众数是频次分布最高的变量的值。

SPSS 19.0 中众数的统计操作与中位数的操作过程基本相同,将"中位数"改为"众数(O)"即可。

众数的问题是可能出现多个众数,例如可能存在两个出现频率一样的数值,在这种情况下,众数就是那两个数值。

二、离散趋势

集中趋势是用于测量一个变量的代表数值,离散趋势则用于测量数据的分散情形。用来衡量离散程度的统计量有标准差、方差和范围。标准差可以按如下公式进行计算:

$$ S = \sqrt{\frac{\sum_{i=1}^{n} (X_i - \bar{X})^2}{n-1}} $$

式中,S 为标准差,X_i 为第 i 次观测值,$\bar{X}$ 为平均值,n 为样本量。将表 13-3 中的数据代入标准差公式计算,得 $S=8.12$。

方差是标准差的平方,其计算公式就是标准差公式去掉平方根。范围是指数据中的最大值与最小值之差。表 13-3 中方差为 66,范围为 $10-1=9$。

在 SPSS 19.0 中,离散趋势指标的统计运算都是与平均数同时进行的,在计算平均数时,标准差以及计算范围的最大值和最小值都会自动显示出来(见表 13-4)。

第三节   差异的统计检验

广告研究和实践中,经常要判断两个数据是否有显著差异。例如:

(1)事后测量的品牌第一提名率为 23%,事前测量的第一提名率为 20%,请问该品牌的第一提名真的提高了吗?

(2)顾客的满意度从 3 个月前的 92% 增加到今天的 93.5%,请问顾客的满意度真的增加了吗?

(3)某某连锁店在 A 地的店的顾客服务满意度比在 B 地的店高 1.2 个百分点,量表是 10 点量表。请问 A 地的顾客比 B 地的顾客真的更满意吗?B 地的经理要不要更换？A 地的经理要不要奖励？

（4）在一项产品测试中，19.8％被调查过的人说，他们更可能购买他们评价过的新产品，这是好事吗？这比去年另一相似的产品所得的调查结果更好吗？从导入新产品的角度来说，这些结果意味着什么？

（5）在一个市场细分研究中发现，年收入多于 3 万元的人平均每月到快餐店 6.2 次，那些年收入不到 3 万元的人平均每月光顾快餐店 6.7 次，这些差异是真的吗？有意义吗？

类似的问题只有通过统计上的差异检验才能更准确地来回答。

一、差异检验的基本概念

（一）假设

假设是研究者对有关研究问题的猜测。假设有两种基本形式，一种叫研究假设（用 H1 表示），即研究者根据已知的理论和事实对研究结果的预测或判断。例如，对品牌的追踪研究发现，某品牌半年前的知名度是 55％（无助回忆），半年后测验的结果是 60％，于是研究认为 H1 半年后的知名度显著高于半年前。另一种叫虚无假设，它是与研究假设对立的假设，用 H0 表示。在差异检验中，研究假设总是关于研究结果存在差异的假设，相反，虚无假设则是研究结果没有差异的假设，所以虚无假设也叫无差假设。

建立虚无假设的原因是：统计方法无法直接检验研究假设的真实性，只有通过反驳虚无假设从反面来证实研究假设。所以，研究的目的虽然是证实研究假设，但在统计上，只能通过证伪虚无假设来实现。换句话说，在前面的例子中，研究者只能证明"半年前、后的品牌知名度没有显著差异"不成立，而后推断"半年前、后的知名度存在显著差异"成立。

（二）显著性水平

在差异检验中，显著性水平是一个极其重要的概念，一般用 α 表示，它衡量两个数据之间的差异明显程度。显著性水平高，差异由抽样误差造成的可能性就小。为了确保研究的差异不由抽样误差造成，研究者普遍会将统计的显著性水平定在 0.05 或 0.01。0.05 或 0.01 显著水平的含义是，根据研究结果做出的推断犯错误的概率不到 5％ 或 1％。也可以说，根据研究结果做出的推断有 95％ 或 99％ 是正确的。

由于显著性水平实质上是一个比率，所以在实际研究报告中报告显著性水平时常常用 $P < 0.05$、$P < .0.01$、$P > 0.05$ 来表示。SPSS 统计软件用"Sig"来描述这一数据。

（三）自由度

自由度，常用其英文词组的第一个字母组合"df"表示，是指在统计问题中不受限制或自由变化的变量或观察值的数量。自由度的数值等于变量或观测值的数值减去计算一个统计量所必要的限制或假设的数值。举个简单的例子来说，5个数的平均数是20，在5个数中，只有4个数是自由变化的，因为只要确定4个数就可以确定第五个数。简单地说，自由度就是变量数或样本量减去1。例如，在单样本的差异检验中，如果样本量为35，那么自由度 df 就是34。在独立样本的差异检验中，如果两个独立样本的样本量分别为35和30，那么两个样本差异检验的自由度则为(35−1)＋(30−1)＝63。在方差分析中，如果要检验4个因素（或变量）的交互作用，而且四个因素分别有3、3、2、3个水平，那么其自由度则为(3−1)×(3−1)×(2−1)×(3−1)＝8。如果要检验一个因素（该因素有3个水平）的主效应，那么自由度就是3−1＝2。

在现代统计软件中，输出结果中都会显示各种检验的自由度，研究者不必再行计算。

（四）独立样本和相关样本

独立样本是指两个样本分别从不同的总体中抽取，它们之间没有任何关系。其实质是，一个变量在一个样本中的测量不影响该变量在另一个样本中的测量。相关样本，也叫作配对样本，指两个样本之间存在一一对应关系，一个变量在一个样本中的测量会影响其在另一个样本中的测量。

例如，在一项旨在了解性别对电视广告的态度是否存在差异的调查中，男性和女性这两个样本就是独立样本，它们取自不同的总体，在调查过程中，男性对问题的回答也不影响女性对问题的回答。但如果研究者的研究目的是探讨广告活动对品牌形象的影响，研究者就需要在广告活动展开前后对同一个样本进行两次测量。这样，前后测量的两个样本实质上是同一个样本，是一一对应的。由于同一个受调查者先后接受两次调查，前一次的调查就可能对后一次调查产生影响，这个调查里前后两次测量的样本就是相关样本。

（五）双侧检验和单侧检验

在统计检验中，只强调差异而不强调方向性的检验叫作双侧检验。就前面的例子来说，如果研究旨在了解不同性别对电视广告的态度是否存在差异，那么不管调查结果是男性对广告的态度好于女性，还是女性对广告的态度好于男性，都无关紧要，重要的是他们之间有没有显著的差异。对这个问题进行检验必须采用双侧检验。大多数广告研究普遍采用的都是双侧检验。

与双侧检验不同，强调某一方向差异的检验叫作单侧检验，也可以说单侧检验适用于检验某一参数是否"大于"或"优于"、"快于"、"慢于"另一参数。例如为了判断一家广告公司的电视广告创意水平是否比较高,我们对比他们制作的广告与其他公司的广告,此时的差异检验采用单侧检验就比较合适。

对于同样的数据资料和同样的显著水平,单侧检验与双侧检验的结果可能不一致。有可能单侧检验已经拒绝虚无假设,而双侧检验时还不能拒绝。所以,实际研究中何时采用单侧检验、何时采用双侧检验,一定要根据研究问题的性质来确定,绝不能随心所欲。

二、差异假设检验的步骤

差异假设检验一般要经过以下五个步骤。

(一)提出假设

提出假设就是提出研究假设和虚无假设。例如,某银行要求各窗口部门提高工作效率,确保每位顾客的平均等待时间不超过 3 分钟。为此该银行进行了一项调查来检验各窗口部门的落实情况。在这项研究中,假设包括:

虚无假设 H0:顾客平均等待时间小于或等于 3 分钟。

研究假设 H1:顾客平均等待时间大于 3 分钟。

(二)选择适当的检验方法

统计检验方法有许多种,如 χ^2 检验、t 检验、Z 检验、K-S 检验等。各种检验方法需要的条件不一样,研究者应该根据研究的问题、数据资料的特征等选择合适的检验方法。关于差异检验的各种方法,下一节将具体介绍。

(三)确定显著性水平

在调查研究中,两个数据一般会有数学上的差异,但是两个数据的差异多大时才可认为是真正的差异呢?这个标准就需要研究者来确定。这个标准也就是统计学上的显著性水平。尽管显著性水平由研究者确定,但是能够被其他研究者普遍接受的水平通常为 0.05 或 0.01。

(四)计算检验统计值

在这一步骤,首先要用适当的公式计算出检验的统计值。然后比较统计值与在0.05 或 0.01 显著水平的临界值(这一数据可以通过查表获得),根据比较结果指出是拒绝虚无假设还是不能拒绝虚无假设。

在现代统计软件中,只要在运行的软件中选择适当的指令,计算机就会自动显示结果。研究者无须按公式计算,也无须查表。

(五)陈述结论

即根据统计结果陈述研究得出的结论。

三、差异检验方法

(一)适合度检验(Goodness of Fit)

1.χ^2 检验

在应用性广告研究中,常常采用频率分析统计处理收集到的资料。频率分析可能还会带来一些问题:受调查者选择不同类别的数量与研究者所期望的或理论值是否一致(调查到的各类收入水平的受调查者的人数与研究者抽样时的配额要求是否一致)? χ^2 检验可以帮助研究者确定这一问题的答案,也即检验了观察值分布与期望值分布的适合度。

χ^2 检验的计算公式是:

$$\chi^2 = \sum_{i=1}^{k} \frac{(O_i - E_i)^2}{E}$$

式中,O_i 为第 i 类别的观测值,E_i 为第 i 类别的期望值,k 为类别的数量。

进行 χ^2 检验时,先将有关数据代入公式进行运算,得到一个 χ^2 值。然后根据自由度 df 和研究者确定的显著性水平 α 查附表4,得到 χ^2 检验的临界值。比较实际 χ^2 值与临界值,如果实际 χ^2 值大于临界值,说明研究假设成立;反之,如果 χ^2 值小于临界值,说明研究假设不成立。

例:假设有一个品牌的产品在 3 个月时间内分别采用三种 POP 广告,每个月用一种 POP 广告。三种 POP 广告期间该品牌的销售单位分别是:第一种 POP 广告期间销售 108 件,第二种销售 151 件,第三种销售 125 件。请问这三种 POP 广告对产品销售的影响有没有显著的差异?

根据题意,三种方式的期望值应该是三种方式的均值,即

$$E_i = \frac{108 + 151 + 125}{3} = \frac{384}{3} = 128$$

将观测值和期望值 E_i 代入公式,得

$$\chi^2 = \frac{(108-128)^2}{128} + \frac{(151-128)^2}{128} + \frac{(125-128)^2}{128} = 7.33$$

根据常规要求,显著性水平 $\alpha = 0.05$ 和自由度 df $= 3-1 = 2$,查附表 4 得 χ^2 的临界值为 5.99。

由于实际 χ^2 值(7.33)大于临界 χ^2 值(5.99),说明研究假设成立。即三种 POP 广告对产品销售量的影响不一样。这一结论犯错误的概率小于 5%。

上述例子是单一变量的 χ^2 检验,实际上,χ^2 检验还可以用于两个或两个以上变量的适合度检验。例如,一个便利店店主想了解顾客性别与惠顾频率的关系,她将惠顾频率分为每月 1~5 次、6~14 次和 15 次以上三种情形,调查结果见表 13-6。请问不同性别惠顾便利店的次数有无显著差异?

表 13-6　性别与惠顾情形的人数分布

惠顾频率	男性	女性	合计
1~5	14	26	40
6~14	16	34	50
>15	15	11	26
合计	45	71	116

根据题意,可以分别计算出顾客性别和惠顾交叉各种情形的期望值如表 13-7。

表 13-7　性别与惠顾情形的期望值分布

惠顾频率	男性	女性
1~5	$\dfrac{45\times 40}{116}=15.52$	$\dfrac{71\times 40}{116}=24.48$
6~14	$\dfrac{45\times 50}{116}=19.40$	$\dfrac{71\times 50}{116}=30.60$
>15	$\dfrac{45\times 26}{116}=10.09$	$\dfrac{71\times 26}{116}=15.91$

将观测值和期望值代入公式运算,即

$$\chi^2=\frac{(14-15.52)^2}{15.52}+\frac{(26-24.48)^2}{24.48}+\frac{(16-19.4)^2}{19.4}+$$

$$\frac{(34-30.6)^2}{30.6}+\frac{(15-10.09)^2}{10.09}+\frac{(11-15.91)^2}{15.91}$$

$$=5.12$$

根据显著性水平 $\alpha=0.05$,自由度 $df=(3-1)\times(2-1)=2$,查附表 4 可得 χ^2 的临界值为 5.99。由于实际 χ^2 值(5.12)小于临界 χ^2 值(5.99),说明研究假设不成立,即不同性别的顾客惠顾便利店的次数不存在显著差异。

在 SPSS 软件中,两个或两个以上变量的 χ^2 检验的操作过程与交叉频率分析的过程基本相同:

(1)选择"分析(A)"菜单中的"描述统计"项,拉开菜单;

(2)点击"交叉表(C)"项,计算机会弹出一个窗口;

(3)把窗口左框中需要进行频率分析的变量送入右框,同时点击"统计量(S)"键,在新弹出的窗口中,选中"卡方(H)",然后依次点击"Continue"和"OK",计算机就会自动输出如表 13-8 的结果。表中位数据显示 $\chi^2 = 5.12$,跟上述人工统计结果一致。

表 13-8　χ^2 检验结果

	值	df	渐进 Sig.（双侧）
Pearson 卡方	5.125	2	0.077
似然比	5.024	2	0.081
线性和线性组合	2.685	1	0.101
有效案例中的 N	116		

2.Kolmogorov-Smirnov 检验(简称 K-S 检验)

K-S 检验与 χ^2 检验都是适合度的检验方法。不同的是,K-S 检验关心的是累计观测值分布与累计理论或期望值分布之间的一致性程度,而且 K-S 检验适用于次序量表资料。

K-S 检验方法的统计过程如下:

首先,确定变量分布期望比率,如果次序量表是 5 点量表,那么期望值就是 0.20。

其次,计算累计观测值、累计期望值以及两者之差,累计观测值与累计期望值之差的最大值就是 D 值。

再次,计算 D 临界值,对于显著性水平 $\alpha = 0.05$ 和大样本($n \geqslant 30$)的 K-S 检验来说,D 临界值的计算公式为:

$$D = \frac{1.36}{\sqrt{n}}$$

式中,n 为样本量。

最后,比较实际 D 值和 D 临界值的大小,如果实际 D 值大于 D 临界值,说明研究假设成立;反之,研究假设不成立。

例:康柏计算机公司准备在家庭计算机领域导入新的产品线。在产品导入市场前的座谈会研究结果指出,许多潜在的家用计算机购买者偏爱棕色。随后康柏调查了 500 名计划半年内购买计算机的消费者,给他们看几种深浅不同的棕色,要求他们指出喜欢的颜色。调查结果如表 13-9。请问,潜在消费者对各种深浅程度棕色的偏爱有没有显著差别?

表 13-9　潜在消费者对各种深浅程度棕色的偏爱

棕色深浅	很浅	浅	中等	深	很深	合计
喜欢人数	150	170	80	45	55	500

根据题意,可以计算出期望值是 0.20。通过累计观测值、累计期望值以及二者之差的计算(见表 13-10),得实际 D 值为 0.24。

表 13-10　K-S 检验的资料

颜色深度	观测值	观测比率	累计观测比率	期望比率	累计期望比率	累计观测与期望比率之差
很浅	150	0.30	0.30	0.20	0.20	0.10
浅	170	0.34	0.64	0.20	0.40	0.24
中等	80	0.16	0.80	0.20	0.60	0.20
深	45	0.09	0.89	0.20	0.80	0.09
很深	55	0.11	1.00	0.20	1.00	0.00
合计	500					

将实际样本量代入公式,得 $D = \dfrac{1.36}{\sqrt{500}} = 0.06$。由于实际 D 值(0.24)大于 D 临界值(0.06),所以研究假设成立,说明潜在消费者对各种程度的棕色的偏爱存在显著的差异。

(二)平均数的差异检验

平均数的差异检验,实际上包括 Z 检验和 t 检验。Z 检验只适用于大样本($n \geqslant 30$),而 t 检验不仅适用于小样本($n < 30$)还适用于大样本。由于 t 检验普遍适用,一些统计软件(如 SAS、SPSS)只用 t 检验来处理,这里介绍 t 检验。

1.单样本 t 检验

单样本 t 检验是用来检验单个变量的平均数与某一常数(或总体平均数)的差异的方法。t 检验的统计运算过程如下:

(1)计算样本的平均值 $\bar{X}$

(2)根据以下公式计算样本标准差:

$$S = \sqrt{\dfrac{\sum\limits_{i=1}^{n}(X_i - \bar{X})^2}{n-1}}$$

式中，X_i 表示第 i 店每周的销售量，$\overline{X}$ 表示每周的平均销售量，n 表示商店的数量。

（3）根据以下公式计算平均数标准误

$$S_{\overline{X}} = \frac{S}{\sqrt{n}}$$

（4）根据以下公式计算 t 值

$$t = \frac{\overline{X} - \mu_0}{S_{\overline{X}}}$$

式中，$\overline{X}$ 为样本平均值，μ_0 为总体平均值或常数。

（5）根据显著性水平和自由度查附表 3 确定 t 检验的临界值。

（6）比较实际 t 值和临界值，做出推断。

例：某品牌产品在 15 家商店展开促销活动。促销前，该品牌在 15 家商店平均每周的销售量为 450 个单位。促销期间，每家商店的销售量如表 13-11。请问促销期间该品牌的销售量是否比以前提高？

表 13-11　促销期间 15 家商店的销售量

商店	销售量
1	412
2	566
3	532
4	489
5	429
6	472
7	503
8	408
9	428
10	515
11	453
12	499
13	525
14	467
15	484

由表 13-11 的数据可以计算出平均数

$$\overline{X} = 478.80$$

将平均数数据和表 14-11 中的数据代入标准差公式进行计算,得

$$S = 46.59$$

将 S 代入平均数标准误公式,得

$$S_{\overline{X}} = 12.03$$

将 $S_{\overline{X}}$ 值代入 t 值的计算公式,得

$$t = 2.394$$

根据显著性水平 $\alpha = 0.05$ 和自由度 $df = 15 - 1 = 14$,查附表 3,得单侧检验 t 的临界值为 1.761。由于实际 t 检验值 2.394 大于 $\alpha = 0.05$ 时的 t 检验临界值 1.761,说明研究假设成立,商店的平均销售量显著地超过 450 个单位。

在 SPSS 软件中,单样本 t 检验的操作非常简单,操作过程依次是:

(1)选中"分析(A)"菜单中的"比较均值(M)"项,拉开下一级菜单;

(2)点击"单样本 T 检验(S)"选项,弹出图 13-6 窗口;

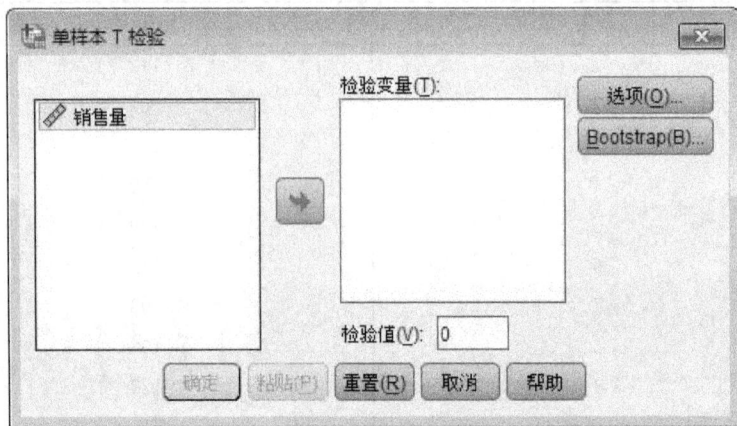

图 13-6　单样本 t 检验操作窗口

(3)将左边方框中要统计的变量移入右边方框中,同时在"检验值"处输入总体平均数或常数。

(4)点击"确定"键,计算机自动输出表 13-12 的结果。

表 13-12 是上述例子原始数据的运算结果。

表 13-12　单样本 t 检验结果

	检验值＝450					
	t	df	Sig.(双侧)	均值差值	差分的 95％置信区间	
					下限	上限
销售量	2.394	14	0.031	28.800 0	2.998 6	54.601 4

表中各列变量名称分别是 t 值、自由度、显著性水平(双侧)、平均数之差、95％的置信区间。t 值与人工统计结果一致。

值得注意的是,SPSS 软件的"单样本 T 检验"默认的是双侧检验。如果双侧检验显著,那么单侧检验也显著。如果双侧检验不显著,那么可以比较计算机统计结果中的 t 值与查附表 3 得到的单侧 t 检验临界值。

2.独立样本 t 检验

独立样本 t 检验用于检验两组随机抽取的样本的平均数的差异。其检验过程如下:

(1)先分别计算两个样本的平均数 $\bar{X}_1$、$\bar{X}_2$ 和标准差 S_1、S_2;

(2)按下列公式计算平均数之差的标准误:

$$S_{\bar{X}_1 - \bar{X}_2} = \sqrt{\frac{S_1^2}{n_1} + \frac{S_2^2}{n_2}}$$

式中,n_1 是第一样本的样本量,n_2 是第二样本的样本量。

注意,此公式只用于两个样本方差不相等,如果方差相等就要使用别的公式。在 SAS 和 SPSS 统计软件中,两个方差相等和不相等的结果都计算出来。

(3)计算实际 t 值,计算公式如下

$$t = \frac{(\bar{X}_1 - \bar{X}_2) - 0}{S_{\bar{X}_1 - \bar{X}_2}}$$

(4)将计算得到的 t 值与 t 临界值加以比较,得出结论。

例:国外一项关于便利店的调查中,发现男性(45 人)平均光顾便利店的次数是 11.49 次,标准差是 8.16,女性(71 人)平均光顾次数是 8.51 次,标准差是 5.23。请问,男、女光顾便利店有没有差别?

依据题意得知,$\bar{X}_1 = 11.49$,$\bar{X}_2 = 8.51$,$S_1 = 8.16$,$S_2 = 5.23$,$n_1 = 45$,$n_2 = 71$,将这些数据代入平均数之差的标准误计算公式,得:

$$S_{\bar{x}_1 - \bar{x}_2} = \sqrt{\frac{8.16^2}{45} + \frac{5.23^2}{71}} = 1.37$$

将有关数据代入 t 值计算公式,得

$$t = \frac{(11.49 - 8.51) - 0}{1.37} = 2.18$$

根据 $\alpha = 0.05$,df $= (45-1) + (71-1) = 114$,查附表 3 得双侧检验的 t 临界值是 1.98。由于实际 t 值(2.18)大于 $\alpha = 0.05$ 的 t 临界值 1.98,得出结论:男性与女性光顾便利店的次数存在显著差异。

采用 SPSS 统计软件进行独立样本 t 检验的过程如下:

(1)选中"分析(A)"菜单中的"比较均值(M)"项,拉开下一级菜单;

(2)点击"独立样本 T 检验(T)"选项,弹出图 13-7 窗口;

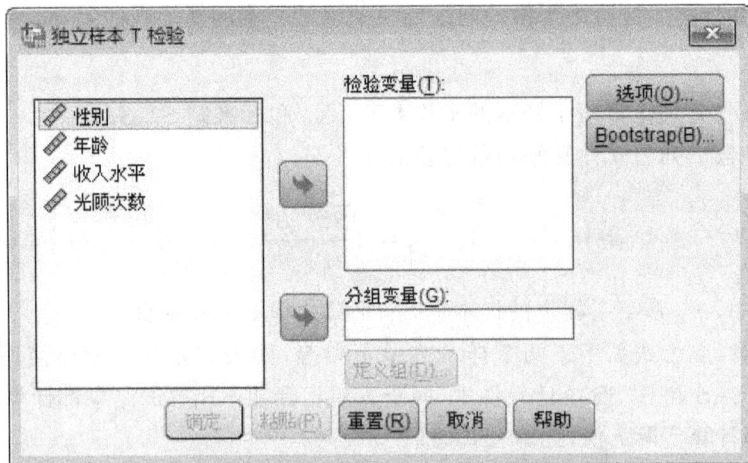

图 13-7　独立样本 t 检验操作窗口

(3)将左边方框中的因变量移入右上方"检验变量(T)"方框中,同时将左边方框中的自变量移入右边的"分组变量(G)"空格中;

(4)点击"定义组(D)",弹出一个小窗口,在窗口的"组 1(1)"和"组 2(2)"填入相应分组变量的数值,如果自变量是等距或比率量表数据,则在小窗口的"割点(C)"处填入数据分组的值。

(5)连续点击"继续""确定"键,计算机就会自动输出表 13-13 的结果。

表 13-13　独立样本 t 检验的统计结果

	方差方程的 Levene 检验		均值方程的 t 检验					差分 95% 置信区间	
	F	Sig.	t	df	Sig.（双侧）	均值差值	标准差值	下限	上限
假设方差相等	8.581	0.004	2.400	114	0.018	2.981 8	1.242 4	0.520 6	5.443 1
假设方差不相等			2.183	67.077	0.033	2.981 8	1.365 8	0.255 9	5.707 8

　　表 13-13 是根据上述例子原始数据统计的结果,表中各列的意思分别是方差齐性检验的 F 值、显著水平、t 值、自由度、显著性水平(双侧)、平均数之差、差异标准误、95% 的置信区间。两行数据中,上一行是方差相等的统计结果,下一行是方差不相等的统计结果。表中数据显示,方差不等时的 t 值为 2.18,与手工统计值相同。

　　注意,对于表 13-13 中的两种结果,如果方差齐性检验显著,那么研究结果就采用方差不等的 t 检验结果;如果方差齐性检验不显著,则采用方差相等的 t 检验结果。

　　3.相关样本 t 检验

　　相关样本 t 检验,也叫配对样本 t 检验,用于比较同一样本两个变量的平均数。它的统计过程如下:

　　(1)计算每一对数据之差(d_i)及其平均值($\bar{d}$),计两个变量的平均数 $\bar{X}_1$ 和 $\bar{X}_2$;

　　(2)根据下列公式计算两变量之差的标准差

$$S_d = \sqrt{\frac{\sum_{i=1}^{n}(d_i - \bar{d})^2}{n}}$$

　　(3)根据下面公式计算两个变量之差的平均数标准误

$$S_{\bar{d}} = \sqrt{\frac{S_d^2}{n-1}}$$

　　(4)计算 t 检验值。计算公式是

$$t = \frac{(\bar{X}_1 - \bar{X}_2) - 0}{S_{\bar{d}}}$$

(5)比较实际 t 值和 t 临界值,得出推论。

例:假设某研究者想了解品牌强度与品牌联想的关系,根据市场占有率指标选出强、弱势品牌各一个,让 30 名大学生被试由品牌名字进行自由联想。被试的联想结果见表 13-14。请问强、弱品牌的联想数量是否有差异?

表 13-14　品牌联想数量

被试	强势品牌	弱势品牌	被试	强势品牌	弱势品牌
1	5	9	16	12	10
2	8	4	17	16	7
3	7	6	18	13	6
4	9	3	19	9	6
5	15	3	20	15	7
6	14	4	21	11	8
7	3	6	22	6	6
8	11	4	23	6	3
9	6	12	24	20	9
10	18	6	25	7	4
11	8	5	26	5	3
12	9	5	27	18	11
13	17	6	28	11	21
14	20	15	29	15	5
15	14	6	30	6	4

根据原始数据可以算出,$\bar{X}_1=11.13$,$\bar{X}_2=6.83$,$\bar{d}=4.30$,将原始数据和 $\bar{d}$ 代入两变量之差的标准差公式,得 $S_d=5.41$。将 S_d 代入两变量之差的平均数标准误公式,得 $S_{\bar{d}}=1.00$。将 $S_{\bar{d}}$ 值代入 t 值计算公式,得 $t=4.35$。

$\alpha=0.05$,df$=30-1=29$,查附表 3 得双侧 t 检验的临界值为 2.045,小于实际 t 值 4.35,所以研究假设成立,强、弱品牌的联想数量的确存在显著差异。

采用 SPSS 进行相关样本 t 检验,操作过程如下:

(1)选中"分析(A)"菜单中的"比较均值(M)"项,拉开下一级菜单;

(2)点击"配对样本 T 检验(P)"选项,弹出图 13-8 窗口;

(3)连续选中左边方框中要比较的两个变量,移入右上方"成对变量(V)"方框中;

(4)点击"确定"键,计算机就会自动输出表 13-15 的结果。

表 13-15 是根据上述例子原始数据统计的结果,表中各列变量分别是配对差异平均值、标准差、平均数标准误、95%的置信区间、t 值、自由度、显著性水平(双侧)。

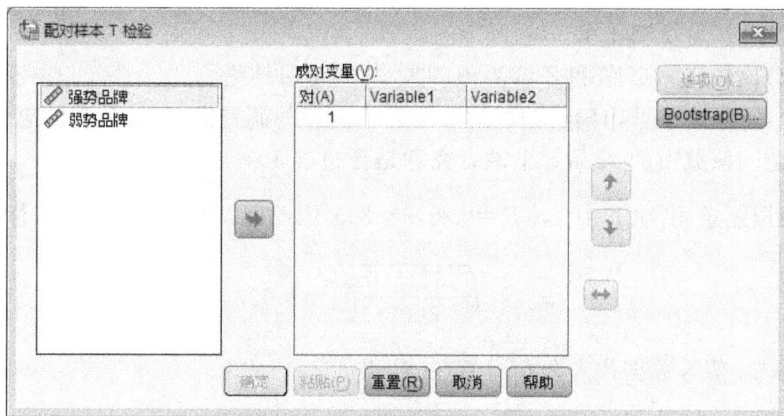

图 13-8　配对样本 t 检验计算操作窗口

表 13-15　相关样本 t 检验统计结果

	成对差分					t	df	Sig.（双侧）
	均值	标准差	均值的标准误	差分95%置信区间				
				下限	上限			
对 1	4.30	5.41	0.99	2.28	6.32	4.35	29	0.00

（三）比率的差异检验

在广告和营销研究中,比较比率大小差异也是常见的事。比率的差异检验因比较的对象不同,统计检验的方法也不一样。

1.单样本比率检验

单样本比率检验用于比较一个样本的比率与一个特殊的比率参数。它适用于次序、等距、比率和二分的命名量表,其统计检验过程如下:

（1）计算标准误,计算公式为

$$S_p = \sqrt{\frac{p(1-p)}{n-1}}$$

式中,p 为比率参数,n 是样本量。

注意,此公式的运用前提是 $np \geqslant 5$ 或 $n(1-p) \geqslant 5$。

（2）计算实际 Z 值,公式是

$$Z = \frac{p - p}{S_p}$$

式中，p 为观测比率。

(3)比较实际 Z 值和 Z 临界值的大小，并得出结论。

例：一项对某城市随机抽取的 300 名消费者的调查发现，A 品牌的忠诚者占 35%，请问该城市的 A 品牌忠诚者究竟是否超过 30%？

根据题意，已知 $p=0.35$，$P=0.30$，$n=300$，因此可以根据公式计算得标准误

$$S_p = \sqrt{\frac{0.3(1-0.3)}{300-1}} = 0.027$$

将 S_p 值等数据代入 Z 值计算公式，得

$$Z = \frac{0.35-0.30}{0.027} = 1.85$$

$\alpha=0.05$，查附表 2 得知单侧 Z 检验的临界值为 1.64。实际 Z 值大于临界值，说明 A 品牌的忠诚者的确超过 30%。这一推论犯错误的概率不超过 5%。

用 SPSS 软件来处理这类问题，操作过程如下：

(1)选中"分析($\underline{A}$)"菜单中的"非参数检验($\underline{N}$)"项，展开另一张菜单；

(2)点击"旧对话框($\underline{L}$)"下的"二项式检验($\underline{B}$)"项，弹出图 13-9 窗口；

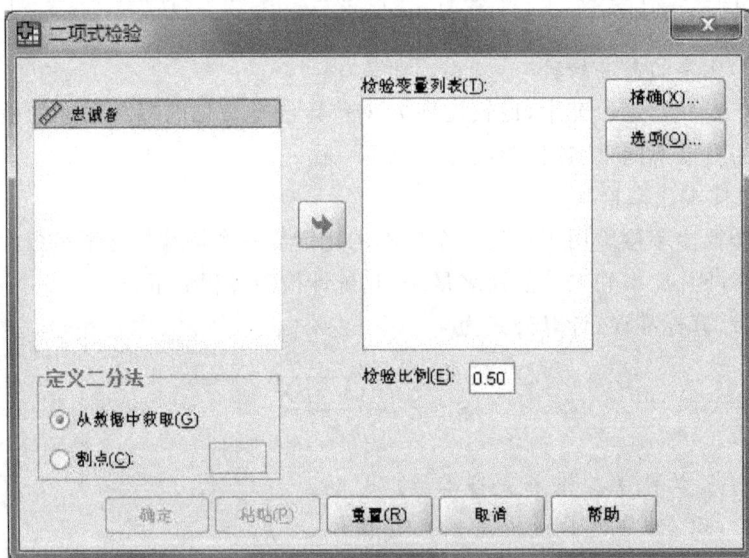

图 13-9　比例的差异检验

(3)将窗口左边方框中要进行统计的变量移入右边的"检验变量列表($\underline{T}$)"

框内,同时在"检验比例(E)"处填入要比较的比率参数;

(4)点击"确定",计算机就会输出如表 13-16 的结果,表中各列变量分别是类别、样本量、观测比例、检验比例(比率参数)、显著性水平。

表 13-16 单样本的比率差异检验结果

		类别	样本量	观测比例	检验比例	显著性水平
数值	第一组	1.00	105	0.4	0.3	0.034
	第二组	2.00	195	0.7		
	合 计		300	1.0		

2.独立样本比率的差异检验

独立样本的比率差异检验用于检验两个比率之间的差异,这两个比率必须来自两个不同样本。其统计过程如下:

(1)根据如下公式计算两个比率之间差异的标准误

$$S_{p1-p2} = \sqrt{p(1-p)\left(\frac{1}{n_1} + \frac{1}{n_2}\right)}$$

式中,p 是两个样本的总比率,计算方法是 $p = \frac{n_1 p_1 + n_2 p_2}{n_1 + n_2}$;$n_1$ 是第一个样本的样本量,n_2 是第二个样本的样本量;p_1 是第一个样本的比率,p_2 是第二个样本的比率。

(2)计算实际 Z 值,公式是

$$Z = \frac{(p_1 - p_2) - 0}{S_{p1-p2}}$$

式中,p 为观测比例。

(3)将实际 Z 值与临界值做比较,并做出推断。

例:国外一项关于便利店的调查中发现,45 名男性中有 26 人平均光顾便利店 9 次或 9 次以上(这类顾客称"常客");71 名女性中,平均光顾 9 次或 9 次以上的有 30 人。请问在常客中,男、女比率有没有差别?

依据题意,得知

$$n_1 = 45, n_2 = 71, p_1 = \frac{26}{45} = 0.578, p_2 = \frac{30}{71} = 0.423,$$

$$P = \frac{45 \times 0.578 + 71 \times 0.423}{45 + 71} = 0.483$$

将有关数值代入标准误公式计算,得

$$S_{p1-p2} = \sqrt{0.483(1-0.483)\left(\frac{1}{45}+\frac{1}{71}\right)} = 0.095$$

将 S_{p1-p2} 值等代入 Z 值计算公式,得

$$Z = \frac{(p_1-p_2)-0}{S_{p1-p2}} = \frac{(0.578-0.423)-0}{0.095} = 1.63$$

根据 $\alpha=0.05$,查附表 2 得知,双侧 Z 检验的临界值(1.96)大于实际 Z 值(1.63)。可见,在常客中,男、女比率没有显著的差异。

用 SPSS 软件进行独立样本比率的差异检验,操作过程如下:

方法一:

(1)在"分析(A)"菜单中,选中"描述统计"拉开下层菜单;

(2)选择"交叉表(C)"项,点击后,弹出窗口,如图 13-3;

(3)将窗口左框中的"光顾次数"选入"行(s)","性别"选入"列(C)";

(4)点击右侧"统计量(S)",在弹出的窗口中,勾选"卡方(H)",然后依次选择"继续""确定"。

计算机自动输出如表 13-17 的结果,表中显示 $P=0.103>0.05$,可见男、女比率没有显著的差异。

表 13-17　卡方检验结果

	值	df	渐进 Sig. (双侧)	精确 Sig. (双侧)	精确 Sig. (单侧)
Pearson 卡方	2.658[a]	1	0.103		
连续校正[b]	2.073	1	0.150		
似然比	2.666	1	0.102		
Fisher 的精确检验				0.128	0.075
线性和线性组合	2.635	1	0.105		
有效案例中的 N	116				

a.0 单元格(0.0%)的期望计数小于 5。最小期望计数为 21.72。

b.仅对 2×2 表计算

方法二:

(1)录入数据方式如图 13-10,"性别"变量中,"0"代表女性,"1"代表男性;"光顾次数"变量中,"1"代表平均光顾 9 次或 9 次以上,"0"代表光顾次数 9 次以下;"num"是频次,即各个组的个案数目。

	性别	光顾次数	num	变量
1	1	0	19	
2	1	1	26	
3	0	0	41	
4	0	1	30	
5				
6				

图 13-10 数据录入方式

(2)在"数据(D)"菜单中,选择"加权个案(W)"项,弹出窗口如图 13-11,在弹出窗口中选择右侧"加权个案(W)",将左侧框中的"num"选入"频率变量(F)"中。

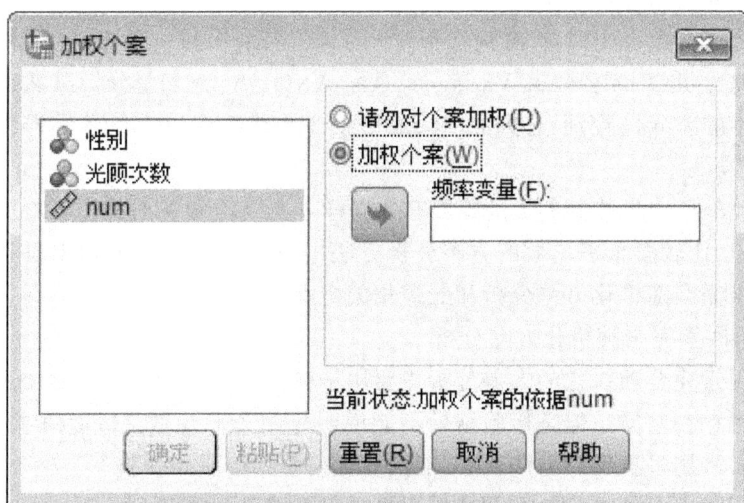

图 13-11 加权个案操作

(3)在"分析(A)"菜单中,选中"描述统计"拉开下层菜单。

(4)选择"交叉表(C)"项,点击后,弹出窗口,如图 13-3。

(5)将窗口左框中的"性别"选入"行(s)","光顾次数"选入"(C)"。

(6)点击右侧"统计量(S)",在弹出的窗口中,勾选"卡方(H)",选择"继续""确定"。

计算机自动输出如表 13-18 的结果,表中显示 $P=0.103>0.05$,可见男、女比率没有显著的差异。

表 13-18　卡方检验结果

	值	df	渐进 Sig.（双侧）	精确 Sig.（双侧）	精确 Sig.（单侧）
Pearson 卡方	2.658[a]	1	0.103		
连续校正[b]	2.073	1	0.150		
似然比	2.666	1	0.102		
Fisher 的精确检验				0.128	0.075
线性和线性组合	2.635	1	0.105		
有效案例中的 N	116				

a.0 单元格(0.0%)的期望计数小于 5,最小期望计数为 21.72;

b.仅对 2×2 表计算。

（四）方差分析

前面介绍指出,t 检验可以用于检验两个平均数的差异。但是,当平均数增加到 3 个或 3 个以上时,t 检验就不适用了,必须采用另一种方法,这种方法就叫作方差分析(Analysis of Variance,简称 ANOVA)。方差分析虽然也适用于两个样本的差异检验,但它更加广泛地用于 3 个或 3 个以上的独立样本平均数的差异检验。

与比较两个平均数的 t 检验中有独立样本 t 检验和配对样本 t 检验两种方法相对应,比较多个平均数的方差分析方法中也有相对应的处理来自独立样本的单因素完全随机化方差分析和处理相关样本的单因素重复测量方差分析。

1.单因素完全随机化方差分析

单因素完全随机化的方差分析主要用于检验来自不同样本的多个平均数总体上是否存在差异。但是检验结果不能说明每两个平均数之间存在差异,这种比较需要采用多重比较方法,而不能简单地对每两个平均数进行 t 检验。

单因素完全随机化的方差分析要经过如下统计运算过程:

(1)计算总平方和。总平方和是指实验数据中所有的变异,包括因素处理效应、无关变异和无差变异。计算公式是

$$SS_t = \sum_{i=1}^{n} \sum_{j=1}^{p} X_{ij}^2 - \frac{(\sum_{i=1}^{n} \sum_{j=1}^{p} X_{ij})^2}{np}$$

式中,X_{ij} 是第 j 组第 i 个观测值;n 是指各组的样本量;p 是指组数,也即处理种类数。

(2)计算组间平方和。组间平方和是指因素的处理效应。计算公式为

$$SS_b = \sum_{j=1}^{p} \frac{(\sum\limits_{i=1}^{n} X_{ij})^2}{n} - \frac{(\sum\limits_{i=1}^{n} \sum\limits_{j=1}^{p} X_{ij})^2}{np}$$

（3）计算组间均方。计算公式是

$$MS_b = \frac{SS_b}{df_b}$$

式中，df_b 是自由度，$df_b = p-1$。

（4）计算组内平方和。组内平方和是指所有不能用因素处理解释的变异。计算公式是

$$SS_w = SS_t - SS_b$$

（5）计算组内均方。公式是

$$MS_w = \frac{SS_w}{df_w}$$

式中，$df_w = p(n-1)$。

（6）计算 F 值

$$F = \frac{MS_b}{MS_w}$$

（7）比较实际 F 值与 F 临界值，并做出推论。

例：美国一个刹车修理连锁店考虑采用三种不同的服务作为店内促销手段，它们是前轮校正、换油、发动机调整。经理想知道三种服务的销售潜力有没有显著的差异。于是他们进行一项实验研究，从公司所属的店中随机选择 60 家大致相当的店，分布在 3 个城市，每个城市 20 家。每个城市推出一种服务。在公司的直接介入下，实验期间各城市商店的价格和广告都保持在相同的水平。实验进行 30 天，每个店的新服务的销售情况被记录下来（见表 13-19）。请问三种服务的销售是否存在显著差异？

表 13-19　新服务每天的销售量

前轮校正		换　油		发动机调整	
310	318	314	321	337	310
315	322	315	340	325	312
305	333	350	318	330	340

续表

前轮校正		换　油		发动机调整	
310	315	305	315	345	318
315	385	299	322	320	322
345	310	309	295	325	335
340	312	299	302	328	341
330	308	312	316	330	340
320	312	331	294	342	320
315	340	335	308	330	310

根据题意,将表中中位数据代入上述公式,依次得

$$SS_t = 14\ 952$$
$$SS_b = 1\ 720$$
$$MS_b = \frac{1\ 720}{2} = 860$$
$$SS_w = 13\ 232$$
$$MS_w = \frac{13\ 232}{57} = 232.14$$

将组间均方和组内均方代入 F 值计算公式,得

$$F = \frac{860}{232.14} = 3.70$$

根据 $\alpha = 0.05$,分子自由度为 2、分母自由度为 57,查附表 5 得知,双侧 F 检验的临界值 3.15,小于实际 F 值(3.70)。可见,三种服务的销售存在显著差异。

运用 SPSS 进行单因素完全随机化的方差分析的操作步骤如下:

(1)选中"分析(A)"菜单中的"比较均值(M)"项,拉开下一级菜单;

(2)点击"单因素 ANOVA"选项,弹出图 13-12 窗口;

(3)将左边方框中的因变量移入右上方"因变量列表(E)"方框中,将自变量移入"因子(F)"方框,如果要对各平均数进行事后比较,点击"两两比较(H)"键,并从新弹出的窗口中选择适当的方法如"LSD",然后点击"继续";

(4)点击"确定"键,计算机就会自动输出如表 13-20 结果。

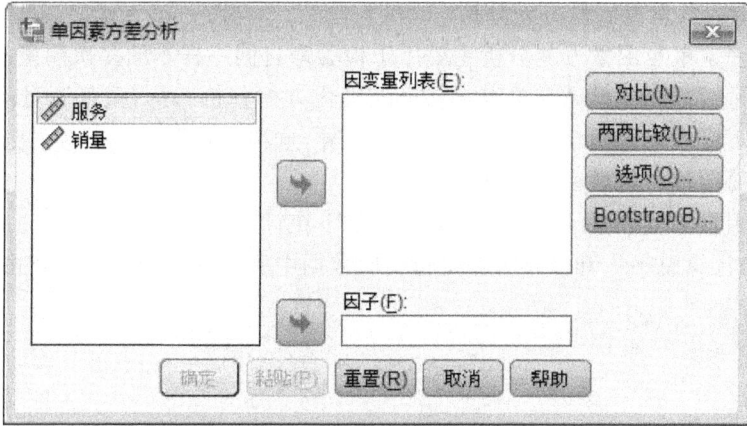

图 13-12　一元方差分析

表 13-20　单因素完全随机化方差分析结果

	平方和	df	均方	F	显著性
组间	1 720.000	2	860.000	3.705	0.031
组内	13 232.000	57	232.140		
总数	14 952.000	59			

表 13-20 是根据上述例子原始数据统计的结果，表中各列的意思分别是平方和、自由度、均方、F 值、显著性水平。各行的意思是组间、组内、合计。

如果进行多重比较，输出的结果中会增加表 13-21 的结果，表中结果说明第二种和第三种服务之间的销售量存在显著差异。第一种服务和第二种服务以及第一种服务和第三种服务之间的差异均不显著。

表 13-21　多重比较结果

(I)服务	(J)服务	均值差 (I−J)	标准误	显著性	95%置信区间 下限	95%置信区间 上限
1.00	2.00	8.000 0	4.818 1	0.102	−1.648 1	17.648 1
	3.00	−5.000 0	4.818 1	0.304	−14.648 1	4.648 1
2.00	1.00	−8.000 0	4.818 1	0.102	−17.648 1	1.648 1
	3.00	−13.000 0	4.818 1	0.009	−22.648 1	−3.351 9
3.00	1.00	5.000 0	4.818 1	0.304	−4.648 1	14.648 1
	2.00	13.000 0	4.818 1	0.009	3.351 9	22.648 1

2.单因素重复测量方差分析

单因素重复测量方差分析主要用于检验来自同一样本的多次测量的平均数总体上是否存在差异。与单因素完全随机化方差分析一样,重复测量的方差检验结果不能说明每两个平均数之间存在差异,这种比较需要采用多重比较方法,而不能简单地对每两个平均进行 t 检验。

单因素重复测量的方差分析要经过如下统计运算过程:

(1)计算总平方和。平方和是指实验数据中所有的变异。计算公式是

$$SS_t = \sum_{i=1}^{n} \sum_{j=1}^{p} X_{ij}^2 - \frac{(\sum_{i=1}^{n} \sum_{j=1}^{p} X_{ij})^2}{np}$$

式中, X_{ij} 是变量第 j 个水平的第 i 个观测值; n 是指样本量; p 是变量的水平数,也即处理种类数。

(2)计算被试间平方和。被试间平方和是指由被试个体差异引起的变异。计算公式如下

$$SS_b = \sum_{i=1}^{n} \frac{(\sum_{j=1}^{p} X_{ij})^2}{p} - \frac{(\sum_{i=1}^{n} \sum_{j=1}^{p} X_{ij})^2}{np}$$

(3)计算因素平方和。因素平方和是指因素的处理效应。计算公式是

$$SS_f = \sum_{j=1}^{p} \frac{(\sum_{i=1}^{n} X_{ij})^2}{n} - \frac{(\sum_{j=1}^{p} \sum_{i=1}^{n} X_{ij})^2}{np}$$

(4)计算因素均方。计算公式是

$$MS_f = \frac{SS_f}{df_f}$$

式中, $df_f = p - 1$ 。

(5)计算残差平方和。残差平方和是指由偶然因素造成的无差的效应。计算公式如下

$$SS_e = SS_t - SS_b - SS_f$$

(6)计算残差均方。公式是

$$MS_e = \frac{SS_e}{df_e}$$

式中，$\mathrm{df_e} = (n-1)(p-1)$。

（7）计算 F 值。公式是

$$F = \frac{\mathrm{MS_f}}{\mathrm{MS_e}}$$

（8）比较实际 F 值和 F 临界值，并得出结论。

例如，有一企业想了解自家产品（A）的电视广告与竞争产品（B、C）的电视广告的优劣，请了 20 名消费者，让他们对三条电视广告做总体评价，评价结果如表 13-22。请问，三条电视广告是否存在显著差异？

表 13-22　消费者对广告作品的评价（1～5 分）

被试	广告作品 A（AD1）	广告作品 B（AD2）	广告作品 C（AD3）
1	5.00	3.00	2.00
2	4.00	4.00	3.00
3	4.00	1.00	1.00
4	3.00	2.00	3.00
5	5.00	4.00	2.00
6	2.00	5.00	4.00
7	4.00	2.00	1.00
8	5.00	3.00	2.00
9	3.00	1.00	3.00
10	4.00	3.00	3.00
11	5.00	2.00	2.00
12	4.00	4.00	4.00
13	3.00	3.00	5.00
14	2.00	3.00	2.00
15	1.00	4.00	3.00
16	3.00	2.00	4.00
17	5.00	3.00	2.00
18	3.00	5.00	1.00
19	4.00	1.00	3.00
20	5.00	3.00	2.00

根据题目的意思可知，此问题需要采用单因素重复测量方差的方法来处理，于是研究者将表 13-22 中的数据依次代入上述公式，得

$$SS_t = 89.73$$
$$SS_b = 17.73$$
$$SS_f = 12.93$$
$$MS_f = 6.46$$
$$SS_e = 59.07$$
$$MS_e = 1.55$$
$$F = 4.17$$

根据 $\alpha = 0.05$，分子自由度 df_f 为 2、分母自由度 df_e 为 38，查附表 5 得知，双侧 F 检验的临界值 3.23，小于实际 F 值（4.17）。可见，被试对三条广告作品的评价存在显著差异。

采用 SPSS 来进行处理，操作起来很简单：

（1）选中"分析(A)"菜单中的"一般线性模型(G)"项，拉开下一级菜单；

（2）点击"重复度量(R)"选项，弹出图 13-13 小窗口；

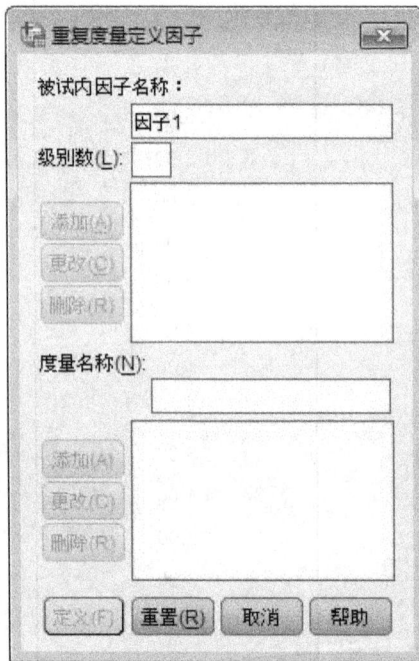

图 13-13　重复测量方差分析操作窗口之一

（3）在"级别数(L)"处输入单因素的水平数，本例应输入"3"，点击"添加(A)"；

（4）点击"定义(F)"，弹出图 13-14 窗口；

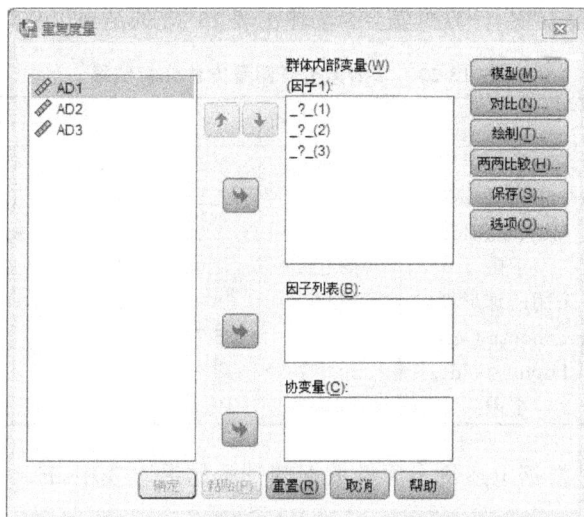

图 13-14　重复测量方差分析操作窗口之二

　　(5)将左边方框中的适当变量移入右上方"群体内部变量(W)"方框中,如果要对各平均数进行事后比较,那么就点击"选项(O)"键,将新弹出图 13-15 窗口左边方框中的变量移入右边方框中,选中"显示均值(M)",然后点击"继续";

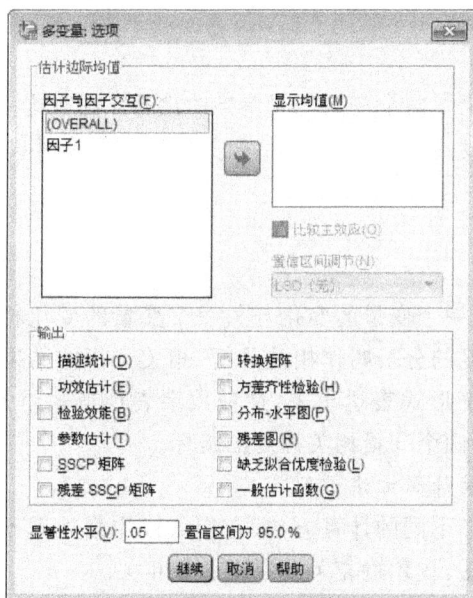

图 13-15　重复测量方差分析操作窗口之三

(6)点击"确定"键,计算机就会自动输出表 13-23 的结果以及其他统计信息。

表 13-23　单因素重复测量方差分析结果

源		III 型平方和	df	均方	F	Sig.
因子 1	采用的球形度	12.933	2	6.467	4.160	0.023
	Greenhouse-Geisser	12.933	1.880	6.881	4.160	0.026
	Huynh-Feldt	12.933	2.000	6.467	4.160	0.023
	下限	12.933	1.000	12.933	4.160	0.056
误差(因子 1)	采用的球形度	59.067	38	1.554		
	Greenhouse-Geisser	59.067	35.714	1.654		
	Huynh-Feldt	59.067	38.000	1.554		
	下限	59.067	19.000	3.109		

表 13-23 是根据上述例子原始数据统计的结果。表中,$F=4.16$,与手工统计结果一致。

表 13-23 还列出了其他一些检验值,如 Greenhouse-Geisser、Huynh-Feldt。这些是根据不同的计算公式计算出来的,初学者可以暂不考虑。

第四节　两个变量之间的关系测量

前一节主要讨论了两个变量之间差异的检验方法。这一节着重探讨的是两个变量相互联系程度的测量方法,包括相关分析和简单回归分析。

一、相关分析

所谓相关,是指一个变量的变化与另一个变量的变化相联系的程度。两个变量之间相联系程度的分析叫作相关分析,相关分析的结果就是将两个变量的相互关系程度用数字形式表达出来,这种数字表现形式就是所谓的相关系数。所以说,相关系数是两个变量相关程度的指标。

(一)相关系数的计算方法

相关系数有许多不同的计算方法,它们可以用来处理不同的数据资料。这里着重介绍两种方法:皮尔逊相关和斯皮尔曼相关。

1.皮尔逊相关

皮尔逊相关也称积差相关或积矩相关,是英国统计学家皮尔逊(Pearson)提

出的一种计算相关的方法,它适用于等距和比率量表资料。皮尔逊相关采用以下公式计算:

$$r = \frac{\sum xy}{nS_x S_y} \quad 或 \quad r = \frac{\sum xy}{\sqrt{\sum x^2 \sum y^2}}$$

式中,$x = X - \overline{X}$,$y = Y - \overline{Y}$,n 为样本量,S_x 是 X 变量的标准差,S_y 是 Y 变量的标准差。

2.斯皮尔曼相关

斯皮尔曼相关是等级相关的一种。它适用的资料只能有两列变量,而且须属于等级变量性质,具有线性关系。如果是等距或比率量表的变量,按大小赋以等级顺序,也可以计算斯皮尔曼相关。

斯皮尔曼相关采用以下公式计算:

$$r_R = 1 - \frac{6 \sum D^2}{n(n^2 - 1)}$$

式中,D 为各对偶等级之差,n 为样本量。

$$r_R = \frac{\sum x^2 + \sum y^2 - \sum D^2}{2\sqrt{\sum x^2 \cdot \sum y^2}}$$

式中,$\sum x^2 = \frac{n^3 - n}{12} - \sum \frac{k_x^3 - k_x}{12}$,$\sum y^2 = \frac{n^3 - n}{12} - \sum \frac{k_y^3 - k_y}{12}$,$D$ 为各对偶等级之差,n 为样本量,k_x 为 x 变量的同一等级的数目,k_y 为 y 变量同一等级的数目。

(二)相关系数的显著性检验

前面讲到,仅凭相关系数并不能确定两个变量之间的关系,还要考虑样本量,也就是说要进行显著性检验。相关系数的显著性检验的计算公式如下:

$$t = \frac{r - 0}{\sqrt{\frac{1 - r^2}{n - 2}}}$$

如果 t 大于 $\alpha = 0.05$ 时的 t 临界值,说明相关系数在 0.05 水平上显著,可以肯定两个变量存在相关关系。相反,如果 t 小于 $\alpha = 0.05$ 时的 t 临界值,说明统计得到的 r 值具有偶然性,凭 r 值不能断定两个变量是否存在相关,或者说相关系数 r 不显著。

例：在单因素重复测量的方差分析的案例中，研究者让 20 名被试总体评价三条电视广告，评价结果如表 13-22。请问，被试对三条电视广告的评价之间有没有关系？

依据题意，应该计算三个变量之间的皮尔逊相关。由原始数据计算平均值和标准差，得

$$M_1 = 3.70, M_2 = 2.90, M_3 = 2.60, S_1 = 1.17, S_2 = 1.21, S_3 = 1.10$$

将这些数据与原始数据一起代入上述公式计算，得

$$r_{(1,2)} = -0.20, r_{(1,3)} = -0.37, r_{(2,3)} = 0.12$$

将三个 r 值分别进行显著性检验，得

$$t_{(1,2)} = 0.870, t_{(1,3)} = 1.68, t_{(2,3)} = 0.52$$

$\alpha = 0.05$，$df = 20 - 2 = 18$，查附表 3 得双侧 t 检验的临界值是 2.10，比三个相关系数的 t 检验值都大，说明三个相关系数都不显著。也就是说，被试对三条广告的总体评价之间没有显著的相关。

采用 SPSS 软件来统计处理表 13-22 的数据，非常简单，只需：

（1）在"分析(A)"菜单中，选中"相关(C)"项，计算机会展开下一层菜单；

（2）点击"双变量(B)"项，弹出图 13-16 窗口；

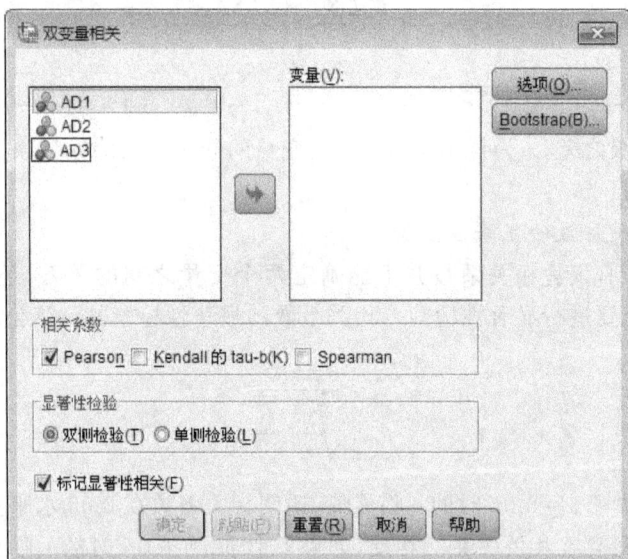

图 13-16　相关分析操作窗口

(3)从左边方框中选中要进行相关统计的变量送入右边"变量(V)"方框中,同时选中"相关系数"方框中的"Pearson"项;

(4)点击"确定",计算机会输出表 13-24 结果。

表 13-24　相关分析结果

		AD1	AD2	AD3
AD1	Pearson 相关性	1.000	-0.207	-0.385
	Sig.(双侧)	.	0.380	0.094
	N	20	20	20
AD2	Pearson 相关性	-0.207	1.000	0.127
	Sig.(双侧)	0.380	.	0.593
	N	20	20	20
AD3	Pearson 相关性	-0.385	0.127	1.000
	Sig.(双侧)	0.094	0.593	.
	N	20	20	20

表中位数据结果显示,被试对三条的评价之间的相关系数分别为 $r_{(1,2)}=-0.207$,$r_{(1,3)}=-0.385$,$r_{(2,3)}=0.127$,与手工统计结果基本一样。表中没有提供 t 检验值,但提供了显著性水平,用"Sig."表示,三个相关系数的显著水平分别是 0.380、0.094 和 0.593,均不显著,也与手工计算的检验结果相一致。

如果将表 13-22 的前三列数据转化为等级数据(见表 13-25),那么相关系数的计算方法也不同,应该采用斯皮尔曼相关。但由于出现相同等级,所以要采用斯皮尔曼相关计算方法中出现等级相同时的公式来计算。于是先计算 $\sum x^2$、$\sum y^2$ 和 $\sum D^2$,得

$$\sum x^2 = \frac{20^3-20}{12} - \left(\frac{6^3-6}{12} + \frac{6^3-6}{12} + \frac{5^3-5}{12} + \frac{2^3-2}{12}\right) = 619.5$$

$$\sum y^2 = \frac{20^3-20}{12} - \left(\frac{2^3-2}{12} + \frac{4^3-4}{12} + \frac{7^3-7}{12} + \frac{4^3-4}{12} + \frac{3^3-3}{12}\right) = 624.5$$

$$\sum D^2 = (17.5-11)^2 + (11.5-16.5)^2 + \cdots + (17.5-11)^2 = 1\,406.0$$

将这些数据代入公式计算,得

$$r_R = \frac{619.5+624.5-1\,406}{2\sqrt{619.5\times624.5}} = -0.13$$

表 13-25　表 13-22 转换为等级数据的结果

被试	广告作品 A	广告作品 B
1	17.5	11.0
2	11.5	16.5
3	11.5	2.0
4	6.0	5.5
5	17.5	16.5
6	2.5	19.5
7	11.5	5.5
8	17.5	11.0
9	6.0	2.0
10	11.5	11.0
11	17.5	5.5
12	11.5	16.5
13	6.0	11.0
14	2.5	11.0
15	1.0	16.5
16	6.0	5.5
17	17.5	11.0
18	6.0	19.5
19	11.5	2.0
20	17.5	11.0

采用 SPSS 软件来计算斯皮尔曼相关的操作过程与计算皮尔逊相关基本上一样,只是在选中"Pearson"选项步骤上改选"Spearman"选项即可。

二、回归分析

回归分析与相关分析一样,都是用来度量两个变量之间关系的。不同的是相关分析旨在分析两个变量之间关系的强度,而回归分析的目的在于确定变量之间数量关系的可能形式,并用一个数学模型来表示这种关系形式。

两个变量之间存在的各种各样的可能关系中,最简单的形式就是一次函数,对这种关系的分析叫作线性回归。这一部分,我们着重介绍一元线性回归。

（一）回归方程的求法

所谓一元线性回归,也称作简单线性回归,是指只有一个自变量的线性回归。一元线性回归方程的数学表达式是

$$\hat{y} = a + bx$$

式中,$\hat{y}$ 是对应于 x 的 y 变量的估计值。常数 a 表示该直线在 y 轴上的截距,常数 b 表示该直线的斜率,实际上也是 $\hat{y}$ 的变化率。在回归分析中,b 叫作回归系数。

回归系数 b 和常数 a 可以分别依照如下公式计算:

$$b = \frac{\sum X_i Y_i - n\overline{X}\,\overline{Y}}{\sum X_i^2 - n(\overline{X})^2}$$

$$a = \overline{Y} - b\overline{X}$$

式中,$\overline{X}$ 是自变量的平均值,$\overline{Y}$ 是因变量的平均值,n 是样本量。

例:国外有一项研究旨在探讨交通流量与商店的销售量的影响。为了避免其他因素的干扰,研究者找到广场大小、停车数量和周边人口特征等相当的 20 家商店进行调查和观察记录,收集到的各商店的平均日交通流量和年销售量数据如表 13-26。请用一种明确、量化的方式来描述两者之间的关系。

表 13-26　交通流量与商店销售量

商店	平均日交通流量(千辆)	年销售量(万元)
1	62	112.1
2	35	76.6
3	36	70.1
4	72	130.4
5	41	83.2
6	39	78.2
7	49	97.7
8	25	50.3
9	41	77.3
10	39	83.9
11	35	89.3

续表

商店	平均日交通流量(千辆)	年销售量(万元)
12	27	58.8
13	55	95.7
14	38	70.3
15	24	49.7
16	28	65.7
17	53	120.9
18	55	99.7
19	33	88.4
20	29	88.3

依据题意可知,此问题应该通过回归分析来解决。于是先计算 $\sum X_i Y_i$、$\sum X_i^2$、$\overline{X}$ 和 $\overline{Y}$,得

$$\sum X_i Y_i = 73\ 540.30, \sum X_i^2 = 36\ 526, \overline{X} = 40.80, \overline{Y} = 84.33$$

将这些数据代入上述公式,得

$$b = \frac{\sum X_i Y_i - n\overline{X}\,\overline{Y}}{\sum X_i^2 - n\,(\overline{X})^2} = \frac{73\ 540.3 - 20 \times 40.80 \times 84.33}{36\ 526 - 20 \times 40.80^2} = 1.46$$

$$a = \overline{Y} - b\overline{X} = 84.33 - 1.46 \times 40.80 = 24.76$$

于是得年销售量与交通流量的关系如下:

$$\hat{y} = 24.76 + 1.46x$$

(二)回归方程的检验

根据原始数据得到的回归方程是否真正反映了两个变量之间的线性关系,用它来预测或估计的有效程度如何,这是应用回归方程时首先要解决的问题。因此,建立了回归方程之后,要对它进行检验和评价。

1.回归结果的方差分析

回归结果的方差分析,目的是检验 x 与 y 的线性关系(或回归方程)显著与否。只有回归方程显著,用它来进行预测才有意义。回归结果的方差分析过程如下:

(1)计算总平方和,计算公式是:

$$SS_t = \sum (y - \bar{y})^2 = \sum y^2 - \frac{(\sum y)^2}{n}$$

(2)利用下列公式计算回归平方和:

$$SS_R = \sum (\hat{y} - \bar{y})^2 = b^2 \left[\sum x^2 - \frac{(\sum x)^2}{n} \right]$$

(3)计算误差平方和,公式是:

$$SS_e = SS_t - SS_R$$

(4)计算回归均方和误差均方,公式如下:

$$MS_R = \frac{SS_R}{df_R}$$

$$MS_e = \frac{SS_e}{df_e}$$

式中,$df_e = n - 2$。

(5)用下列公式计算 F 值,与 F 临界值比较,并得出结论。

$$F = \frac{MS_R}{MS_e}$$

根据这五个步骤对前面得到的回归方程进行检验,依次得
$SS_t = 8\ 735.96$,$SS_R = 6\ 891.89$,$SS_e = 1\ 844.07$,$MS_R = 6\ 891.89$,$MS_e = 102.45$,$F = 67.27$。

根据 $\alpha = 0.05$,分子自由度为 $df_R = 1$,分母自由度为 $df_e = 18$,查附表 5 得 F 临界值为 4.41,远小于实际 F 值,说明方程显著。

2.回归系数的显著性检验

对回归系数 b 的显著性检验,实际上也是用来说明方程的显著性的。如果回归系数显著,回归方程也显著,或者说,x 和 y 存在显著的线性关系。回归系数的检验是采用 t 检验方法,计算公式如下:

$$t = \frac{b - 0}{SE_b}$$

式中,SE_b 是回归系数的标准误,其计算公式为:

$$SE_b = \sqrt{\dfrac{MS_e}{\sum (x - \bar{x})^2}}$$

就上述例子来说,将有关数据依次代入回归系数标准误和 t 检验公式,得 $SE_b = 0.178$,$t = 8.20$,由 $\alpha = 0.05$,$df = n - 1 = 19$ 查附表 3 得 t 临界值是 2.09,远小于实际 t 值(8.20),说明回归系数显著。

3.决定系数

回归方程的方差分析和回归系数的显著性检验的目的都是确认回归方程显著与否。回归分析还关心回归效果——x 与 y 的线性关系程度。决定系数 (R^2)就是用来衡量 x 与 y 的线性关系程度的指标,其计算方法如下:

$$R^2 = \dfrac{\sum (\hat{y} - \bar{y})^2}{\sum (y - \bar{y})^2}$$

决定系数 R^2 是用来解释两个变量的共变程度。如果 $R^2 = 0.36$,说明变量 y 的变异中有 36% 是由变量 x 的变异引起的,或者说变量 y 的变异有 36% 可以由 x 的变异推测出来。

在前面的例子中,根据上述公式可以算出,

$$R^2 = \dfrac{\sum (\hat{y} - \bar{y})^2}{\sum (y - \bar{y})^2} = \dfrac{6\,891.89}{8\,735.96} = 0.79$$

说明变量 y 的变异有 79% 可以通过 x 的变异推测出来。

用 SPSS 软件来解决一元回归的问题,操作过程如下:

(1)在"分析(A)"菜单中选中"回归(R)"项,弹出下一层菜单;

(2)点击"线性(L)"选项,弹出图 13-17 窗口;

(3)将窗口左边方框中的因变量(销售量 y)送入右边的"因变量(D)"处,将自变量(交通流量 x)送入"子变量(I)"处;

(4)点击"确定",即可得到表 13-27、表 13-28、表 13-29 所示结果以及其他统计信息。

表 13-27 是决定系数的统计结果;表 13-28 是方程的方差分析结果;表 13-29 是回归方程的常数、回归系数以及对它们的显著性检验结果。其中 B(Beta)是标准回归系数,我们会在多元回归中具体介绍它。三个表中的结果与手工统计的结果一致。

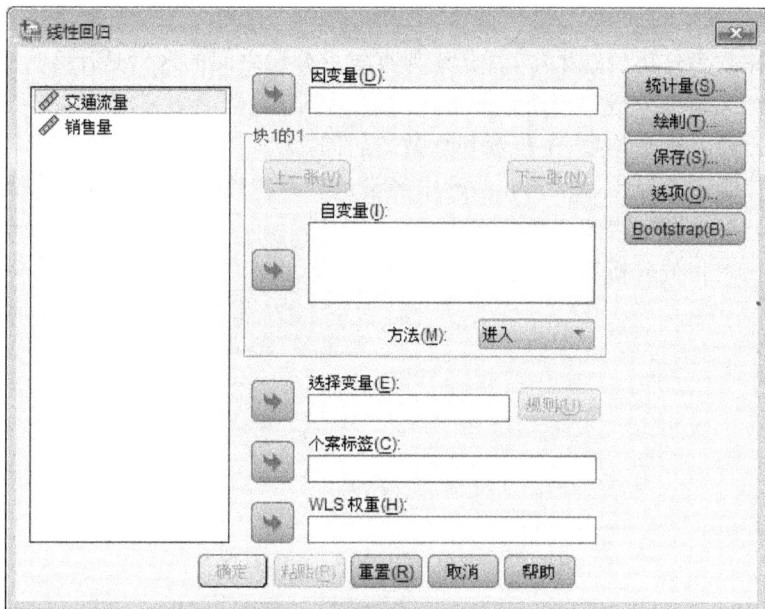

图 13-17　回归分析操作窗口

表 13-27　模型汇总

模型	R	R 方	调整 R 方	标准估计的误差
1	0.889	0.791	0.779	10.069 0

表 13-28　ANOVA[b]

模型		平方和	df	均方	F	Sig.
1	回归	6 911.023	1	6 911.023	68.166	0.000
	残差	1 824.939	18	101.386		
	总计	8 735.962	19			

表 13-29　系数[a]

模型		非标准化系数		标准系数	t	Sig.
		B	标准 误差	试用版		
1	（常量）	24.679	7.568		3.261	0.004
	交通流量	1.462	0.177	0.889	8.256	0.000

思考题:

1.在频率分析的结果中,百分比与有效百分比之间的区别是什么?

2.交叉频率分析的用途是什么?

3.比较分析平均数、中位数和众数的异同。

4.什么是差异检验? 差异检验中经常出现哪些统计量?

5.差异检验可以解决哪些问题?

6.比较相关分析和回归分析的异同。

　　调研报告是研究活动的结果,是对研究活动工作的介绍和总结。学术性的调研报告还会在公开的刊物上发表,与对该研究领域感兴趣的研究者共享。研究活动的成败以及研究结果的意义都体现在调研报告上,所以调研报告的撰写显得特别重要。然而,在着手撰写报告之前,首先要对数据进行分析和描述统计。

第一节　数据分析和描述

　　数据的分析和描述是为调查报告汇报会和撰写调查报告做准备的。一项调查所得资料经过统计软件(如 SPSS)的处理,通常会输出大量的结果。将这么多的数据资料全部纳入调查报告之中,报告会过于臃肿和繁杂,不便于读者阅读和接受核心信息。所以,必须对这些数据先进行分析和处理,了解各种数据说明的问题或揭示的规律,然后从中筛选摘取那些足以说明问题或规律的数据结果,并用一定的方法进行描述。

一、数据分析

　　数据分析是由研究人员对计算机输出的数据进行分析,判断各种数据分别说明了哪些问题,哪些是重要的、哪些是次要的,同时从运用各种统计方法输出的数据结果中筛选出能够说明问题的部分统计量。

　　为了让人们充分了解数据的性质特点或满足人们对数据结果的要求,现代统计软件中的统计方法通常都有许多不同的统计量,只要给计算机下统计指令,计算机就会自动输出各种统计数据。例如运用 SPSS 软件对变量进行频率分析,计算机会输出频率、百分数、有效百分数和累计百分数等四个统计指标(见表14-1);对配对样本进行 t 检验,计算机输出的结果包括配对样本数,两个变量的相关系数,双侧检验的显著性水平,两个变量各自的平均值、标准差、平均数标准误(见表14-2),还有配对差异的平均数、标准差、平均数标准误,t 检验值、自由度和显著性水平(见表14-3)。实际上,对于表14-1中的各种数据,我们关心的可能只是各个变量值的百分数或有效百分数。表14-2和表14-3中的各种统计量,只要根据 A、B 两个变量的平均数、t 值和显著性水平就可以看出问题。分析之后只要把这些数据摘取出来并体现在调查报告之中就可以了,不必把所有数据都写进报告之中。

表 14-1　某一变量的频率分析结果

数值	频率	百分比	有效百分比	累计百分比
1	10	10.0	10.0	10.0
2	13	13.0	13.0	23.0
3	18	18.0	18.0	41.0
4	31	31.0	31.0	72.0
5	14	14.0	14.0	86.0
6	14	14.0	14.0	100.0
合计		100	100.0	100.0

表 14-2　配对 t 检验统计输出结果(一)

变量	配对样本数	相关系数	Sig.(双侧)	均值	标准差	均值的标准误
A				3.6800	1.490	0.149
	100	-0.286	0.004			
B				2.2400	1.288	0.129

表 14-3　配对 t 检验统计输出结果(二)

均值	配对差异 SD	均值的标准误	t 值	df	Sig.(双侧)
1.440 0	2.231 95% CI(.997,1.883)	0.223	6.46	99	0.000

　　为迅速读懂数据结果并从中筛选出重要的数据结果,熟悉各种统计量或统计指标的含义是一个重要的前提。下面我们就简要介绍广告研究中常见的统计指标的含义及其应用。

（一）百分数

百分数（％）衡量的是 100 个单位里含有多少具有某种特征的单位。它是频率分析的主要统计指标。其计算公式是

$$\frac{x}{y} \times 100$$

其中 x 是总体中的一部分，y 是总体。

在广告和营销中，百分数通常有下列用途：

（1）说明发生某种现象或具有某种特征的团体占总体的份额。例如，在一项关于营养霜使用情况的调查中，得出表 14-4 的结果。表中数据说明，60％的家庭主妇使用 A 品牌，75％的家庭妇女使用 B 品牌……表中的百分数都是用以说明家庭主妇、职业妇女以及所有妇女中使用 A 品牌、B 品牌……F 品牌以及其他品牌的份额。

表 14-4　使用营养霜品牌的情况

	A 品牌	B 品牌	C 品牌	D 品牌	E 品牌	F 品牌	其他
家庭主妇	60	75	40	10	20	10	35
职业妇女	57.89	73.68	21.05	52.63	31.58	15.79	84.21
合　计	58.97	74.36	30.77	30.77	25.64	12.82	58.97

（2）比较份额。在统计比较中，有时比较各种计数资料没有意义，只有比较百分数才能看出其差别。例如，甲地区有 20 万个家庭拥有电视机，乙地区有 50 万个家庭拥有彩色电视机。哪一个地区的彩色电视机市场较大呢？这时单纯比较这两个数字不能得出结论。但如果把这两个地区的家庭总数联系起来，假设求出甲地区有 90％的家庭拥有彩电，乙地区有 50％的家庭拥有彩电。这就说明在乙地区销售彩电有更多的机会，因为该地区的饱和程度比较低。反之，如果求出甲地区有 40％的家庭拥有彩电，而乙地区 80％的家庭拥有彩电，则说明在甲地区销售的机会可能较大。

（3）作为从样本推算整体的依据。例如对 1 000 名男性的调查表明，其中有 50％喜欢喝啤酒，20％的人喜欢喝白酒，而且知道该调查对象总体有 200 万人，由此可以推断出该地区的男性大约有 100 万人喜欢喝啤酒，大约有 40 万人喜欢喝白酒。

（4）说明增长或减少的份额。例如某商场促销活动前一个月的销售额为 525 万元，促销活动开始的第一个月销售额为 736 万元，那么促销活动后一个月销售额增长的份额可用基月销售量（525）和增加的数量（736－525＝211）来计算，即（211/525）×100％＝40.19％，说明促销活动开始后的第一个月销

售额增长 49.19％。

(5)说明增长或下降的速度。例如企业的利润、销售、广告投入增长或下降率等都用百分数表示。

百分数是广告研究中使用最为广泛的统计指标。在使用以及解释百分数时应注意以下几点：

(1)如果总体(或基数)太小(如小于 20)，比较百分数没有意义。因为这时部分的增减都会对百分数造成较大的影响，容易夸大差别。

(2)在比较增长时，应当记住基数愈大，百分数的增长愈小。因此不能简单地对比百分数，要把基数考虑进去。例如从 10 万增长到 20 万，增长率是100％；而从 100 万增长到 150 万，仅增长 50％，但后者的实际增长量大得多。

(3)不能简单地只看表面值的大小就下结论。而应该在进一步统计分析之后分析其真实的大小，例如 10％和 12％，这两个百分数是否具有统计意义上的差异，只凭两者之差 2％是难以判断的，最好通过统计检验来判别。

(二)平均数

平均数包括算术平均数、加权平均数、几何平均数、调和平均数。其中算术平均数和加权平均数在广告研究中运用比较广泛。

1.算术平均数

算术平均数是描述一组数据的集中趋势的统计量，人们通常所说的平均数或均值以及 SPSS 统计软件计算出来的平均数都是指算术平均数。算术平均数可以用来衡量样本的总体水平，判断样本总体的情况，比较不同样本或不同对象之间的高低、优劣、好坏。例如在评价广告时，最好为 10 分，最差为 1 分，如果一则广告的平均评价值是 7 分，另一则为 5 分，那么可以说前者为中上水平，后者为中等水平，前者优于后者。值得注意的是，平均数只说明集中趋向，并不意味着评价者的判断都是一致的。事实上，对于同一广告，可能有一部分人认为很好，而另一部分人认为很差。另外在做平均数比较时，不能仅凭平均数的大小来说明两者之间的差别，必须根据检验(t 检验或方差分析)结果来确定两者之间是否有显著的差异。

2.加权平均数

加权平均数的计算公式如下：

$$M_w = \frac{\sum W_i X_i}{\sum W_i}$$

式中，$\sum W_i = W_1 + W_2 + \cdots + W_i$；$\sum W_i X_i = W_1 X_1 + W_2 X_2 + \cdots + W_i X_i$；$W_i$ 为权数，即指各变量在构成总体中的相对重要性或份额。

有些调查测量中,所得数据单位权重并不相等,这时计算平均数就不能用算术平均数,而应该使用加权平均数。例如,在一个分年龄段的抽样调查中,假设各年龄段的平均月消费支出和抽样的人数如表14-5所示,在这种情况下,由于样本中各年龄段的相对比重不同,要求得出人均月消费支出的平均值,就要以抽样人数为权重求加权平均数,即

$$M_w = \frac{20 \times 250 + 50 \times 200 + \cdots + 10 \times 220}{20 + 50 + \cdots + 10} = \frac{28\ 600}{150} = 190.67(元)$$

表 14-5　各年龄段的月消费支出和抽样人数

年龄段	8 岁以下	9～18 岁	19～30 岁	31～60 岁	60 岁以上
抽样人数	20	50	30	40	10
月消费支出(元)	250	180	180	150	220

一般来说,加权平均数是在算术平均数的基础上进一步运算得到的。在用 SPSS 进行统计处理时,也可以先进行加权的数据转换,然后再求算术平均数,这样得出来的平均数实际上就是加权平均数。

(三)标准差和方差

标准差是描述分析中的重要统计指标,用 σ 或 S 表示。标准差和方差都用以描述数据资料分布的离散程度。其值愈大,离散程度也大;其值愈小,说明数据分布愈集中。例如甲、乙两组消费者样本平均月收入均为 850 元,标准差分别为 60 和 35。那么可以认为甲群体内部的个人收入差别比较大,乙内部的差异比较小。

标准差和平均数还是参数估计的重要指标。例如在上述例子中,我们可以根据调查结果推断,在置信为 95% 的情况下,甲消费者群体的收入水平应该在 732.4～967.6 元之间,乙群体应该在 781.4～918.6 元之间。

(四)相关系数

相关系数是度量两个变量之间相互联系程度的统计量,用 r 表示。相关系数因数据资料性质不同,统计分析方法也不同,因而有皮尔逊相关、斯皮尔曼相关、肯德尔相关、净相关等。一般所说的相关系数是指皮尔逊相关系数。

相关系数的取值范围在 -1～1 之间,以小数形式表示。正负号表示相关的方向。正值表示正相关,说明一个变量增长(或下降),另一个变量也随之增长(或下降);负值表示负相关,说明一个变量增长(或下降),另一个变量则出现下降(或增长)。相关系数绝对值的大小表示相关的程度;相关系数为 0 时,说明两个变量不相关,不存在共变关系;相关系数为 1 时,表示两变量完全正相关;相关系数为 -1 时,说明两变量完全负相关。相关系数的绝对值愈大,两变量之间的关系愈密切,反之亦然。

在解释相关系数时,应注意:

(1)相关系数不是等距的度量值,因此在比较相关程度时,只能说绝对值大者比绝对小者的相关程度大,而不能说两者存在倍数关系。例如只能说相关系数为 0.60 的两个变量比相关系数为 0.30 的两个变量之间的关系程度更密切,但不能说前两者的密切程度是后两者的两倍。

(2)两个变量有相关关系,说明这两个变量存在共变关系,但不能说明它们存在着因果关系,也就是说,不能简单地凭相关关系说明某一变量决定另一变量或某一变量影响另一变量的变化。要说明有相关关系的两变量存在因果关系,还必须有其他资料为佐证。

(3)在判断两个变量是否真正存在相关关系时,不能简单地以相关系数为依据来推论,还必须把所抽取的样本结合起来考虑,也就是说要进行相关系数的显著性检验,并以检验结果来判断两变量是否存在共变关系,不这样可能导致错误的结论。例如样本为 20,皮尔逊相关系数要求达到 0.444 以上,才有 95％ 的把握说明两变量之间存在相关关系;而当样本增加至 100 时,相关系数只要达到 0.197 就有 95％ 的把握说明两变量存在相关关系。在 SPSS 统计结果中,既有相关系数,也有相关系数的检验结果。

(五)置信区间、置信度和显著性(置信)水平

在抽样调查研究中,常要用抽样的结果来估计总体,即参数估计。参数估计的一般方法是区间估计,即用轴上的一段距离来表示参数可能落入的范围,它不具体指出参数为多少,但能指出总体的未知参数落入某一区间的可能性有多大。

置信区间、置信度和显著性水平就是区间估计常用的三个术语。置信区间是指在某一置信度下,总体参数所在的区域范围。置信度表示用置信区间估计总体参数的可靠性和把握程度,用 $1\sim\alpha$ 表示;显著性水平(置信水平)则指估计某一参数落在置信区间内时可能犯错误的概率,用符号 α 表示。下面举一个例子来说明这些统计概念的意义及其相互关系。

某调查从总体中随机抽取 200 人,得出某一类商品的个人年消费支出为 50元,标准差为 3.40,要求由抽样调查结果推论总体情况。其把握程度(或置信度)要达到 95％。

由上述可见,置信度为 95％,显著性水平 $\alpha=1-0.95=0.05$,置信区间为 $5\pm1.96\times3.40$,即 $43.34\sim56.66$。也就是说,该类商品的个人年消费支出在 $43.34\sim56.66$ 元,这一估计犯错误的概率不超过 5％。其中 1.96 是由置信度查附表一得到的 Z 值。

在假设检验中,显著性水平还指拒绝虚无假设时可能犯错误的概率水平,在相关系数检验和 χ^2 检验中用 P 表示,在平均数的 t 检验中用"Sig T"表示,在

方差分析的 F 检验中用"Sig F"表示。在调研报告中,如果看到"P(或 Sig T、Sig F)<0.05"或"P(或 Sig T、Sig F)<0.01",它表示显著性水平为 0.05 或 0.01。有时也用"＊"的数量来表示显著性水平。如"＊"符号表示 0.05 显著水平,"＊＊"符号表示 0.01 显著水平,"＊＊＊"符号表示 0.001 显著水平,没有"＊"字符表示不显著。例如,$F=5.48^{＊＊}$,说明 F 检验非常显著,显著水平为 0.01。

在调查研究中,置信度和显著性水平一般由研究者确定,通常要求置信度在 95％ 或 99％,即显著水平为 0.05 或 0.01。

（六）t 检验、F 检验和 χ^2 检验

在各种调查调研报告中,经常会看到 t、F、χ^2 符号,它们是三种最常用的统计检验的代号。

1. t 检验

t 检验一般用于检验两个变量的平均数之间的差异,也用于比率的差异检验和相关系数的显著性检验。当实际计算出的 t 值超过已定显著性水平的 t 临界值时,说明在这一水平上差异显著或观测值(如相关系或平均数等)显著;反之则不显著。采用 SPSS 软件进行统计时,输出结果中自动显示 t 值和显著水平。例如,在回归分析结果中,进入和未进入方程的各变量的 t 值及显著性水平(用 Sig T 表示)都会显示出来。

2. F 检验

F 检验用于方差的差异检验,方差分析、回归分析的方程检验等都要用到 F 检验。一般而言,当研究统计所得 F 值超过已定显著水平的 F 临界值时,说明因素之间的交互作用或各实验处理之间的差异在这一水平上显著。SPSS 输出的统计结果中,一般都会同时标出 F 值和显著性水平。

3. χ^2 检验

χ^2 检验一般应用于有多项分类的命名量表资料的统计分析。当统计得出的 χ^2 值超过已定显著性水平的 χ^2 临界值时,说明检验问题差异显著,通常用"＊"(显著)或"＊＊"(非常显著)标注。

在广告研究中,χ^2 检验有两个主要用途:

第一,检验样本分布与总体分布有无显著差异,用以说明样本的代表性。如果 χ^2 检验显著说明样本分布与总体分布差异大,则缺乏代表性。例如,表 14-6 是台湾吴统雄关于电话调查样本和总体研究的 χ^2 检验结果。表中结果说明,样本年龄分布上与总体不一致($\chi^2=6.25^＊$),老年人偏多,年轻人偏少,但在性别和教育程度方面,样本分布与总体基本一致。

第二,应用于检验两个或两个以上因素的多项分类之间是否有关联或是否具有独立性的问题。

表 14-6   大台北地区人口资料与电话访问样本比较(%)

	性别		年龄			教育程度		
	男	女	老 ≥53	中 37~52	青 20~36	高 大专以上	中 中学	低 小学以下
样本	53.5	46.5	12.2	24.5	63.3	28.3	43.3	28.3
总体	51.8	48.2	20.6	27.5	51.9	21.1	40.2	38.7
χ^2	0.12		6.25*			5.5		

资料来源:吴统雄:1990:29

注:大台北地区包括台北市、板桥、三重、永各、中和、新庄、新店

二、数据的描述

数据的描述就是将经过分析摘取出来的有关统计数据资料转变为读者容易阅读的形式,通常就是将它转变成表格材料或图形资料。例如表 14-1 的数据结果,可以简化为表 14-7 或图 14-1,表 14-2 和表 14-3 可以简化为表 14-8。

表 14-7   频率分析结果

答案类别	1	2	3	4	5	6	总计
百分数(%)	10.0	13.0	18.0	31.0	14.0	14.0	100.0

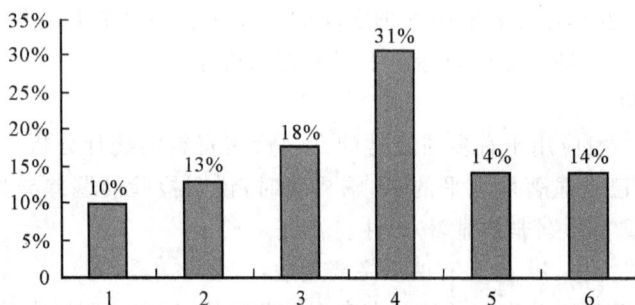

图 14-1   频率分析结果

表 14-8   配对 t 检验结果

变量	均值	标准差	T 值	自由度	显著性水平
A	3.680 0	1.490	6.46	99	0.000
B	2.240 0	1.288			

图 14-1 频率分析结果数据资料的描述看起来是一件简单的事,即将有关数据资料表示成表格或图形,但是要把资料隐含的意义清楚地表现出来不容易,关键在于选择适当的图表形式,不同形式的表格和图形分别适合于不同特点的数据资料。

(一)统计表

统计表是数字资料表现的一种重要方式。资料汇集并分类处理后一般都表现为统计表。统计表能够简明地描述资料的特性和资料之间的关系。统计得出的数据制作成统计表便于比较分析。所以,统计表是各种调查研究中普遍采用的资料表现方式。

1.统计表的构成

从构成形式来说,统计表一般包括下面几个项目(参见表 14-9):

表 14-9　版权剧集视频在线观看行为研究样本结构

列1	总	大学生	厦大	福大	漳师	嘉庚	其他省内大学	白领
总	505	345	153	48	61	61	22	160
男	239	160	74	23	29	30	4	79
女	266	185	79	25	32	31	18	81

资料来源:厦大品牌与广告研究所《2013 福建省版权剧集视频在线观看行为研究报告》

(1)序号:写在表的左上方,一般以文章或书本中出现的先后顺序列出,如"表 14-9"。

(2)标题:即统计表的名称,用简明扼要的文字说明全表的内容,写在表的上端,如"版权剧集视频在线观看行为研究样本结构"。

(3)标目:即分类的项目,包括横行标目和纵列标目。横行标目写在表的左侧即第一列,纵列标目写在表的第一行。

(4)数字:数字是统计表的语言,它通常占据表的大部分空间,如表 14-9 中的第一列以右、第一行以下都是。

(5)表注:写在表的下面,用以补充说明标题,或说明表中数据的来源等,它不是统计表的必要组成部分,可有可无,可多可少。

2.统计表的类型

最常见的统计表包括简单表、分组表和复合表。

(1)简单表:只列出调查名称、地点、时序或统计名称的统计表,如表 14-10。

表 14-10　历年保健食品申报获批情况

(单位:个)

年　份	2006	2007	2008	2009	2010	2011	2012
批准初次注册申请	829	407	642	613	710	711	653
批准变更申请	159	197	156	66	87	92	884
批准技术转让申请	133	116	181	84	193	125	130

　　数据来源:国家食品药品监督管理总局

　　(2)分组表:只按一个分类标志分组的统计表。分组的标志可以是数量(如表 14-11),也可以是品质(如表 14-12)。表 14-11 清楚地显示不同年龄段的在线电子支付用户占总体的比例,从表 14-12 中则可以清楚地看出"支付迅速"等因素对用户使用在线电子支付的影响。

表 14-11　在线电子支付用户的年龄分布

年龄组	15～21 岁	22～35 岁	36～45 岁	46～60 岁	60 岁以上
百分比(%)	17.7	57.3	13.3	9.0	2.7

资料来源:厦大品牌与广告研究所《2013 厦门市民在线电子支付调查研究报告》

表 14-12　用户使用在线电子支付的原因

原因	支付迅速	支付方式多	网购需要	避免现金安全问题	促销活动	时尚的消费方式	硬性捆绑要求	其他
百分比(%)	60.3	43.6	37.0	35.8	21.8	14.0	3.9	0.4

资料来源:厦大品牌与广告研究所《2013 厦门市民在线电子支付调查研究报告》

　　(3)复合表:按两个或两个以上的标志分组的统计表。复合表如果只有两个分组指标,则称二项表;若分组指标有三项,则称三项表;以此类推。复合表把较多的分组指标结合在一起,信息量较大,能够反映出各研究变量之间的关系。表 14-13 就是一个二项复合表,用以表示不同年龄段的用户使用在线电子支付原因的分布状况。

表 14-13　不同年龄段的用户使用在线电子支付的原因(%)

年龄组	15～21 岁	22～35 岁	36～45 岁	46～60 岁	60 岁以上
支付迅速	51.0	68.9	38.9	53.8	—
支付方式多	40.8	42.1	57.7	53.8	20.0
网购需要	32.7	39.6	38.5	7.7	60.0
避免现金安全问题	40.8	31.1	34.6	76.9	40.0
促销活动	16.3	22.6	34.6	15.4	—
时尚的消费方式	18.4	14.6	—	15.4	20.0
硬性捆绑要求	6.1	4.3	—	—	—

资料来源:厦大品牌与广告研究所《2013 厦门市民在线电子支付调查研究报告》

二项表中的两个变量,哪一个作为纵列变量,哪一个作为横行变量,视两个变量之间的关系来确定。一般而言,在自变量与因变量可辨认的情况下,自变量常用为纵列变量,因变量作为横行变量。但是如果自变量和因变量无法区别,或不存在这种关系时,则依据研究者的意愿来确定纵列和横行变量。

统计表看起来很简单,但制作时应引起注意下列几点:

(1)表的目的是简洁地提供数字,因此一个统计表不应有过多的细目。如果能用两个小表来代表一个大表,则倾向于选择两个小表。

(2)要有清楚而完整的标题。如果标题难以表达表格的完整意思,可用表注来补充解释,以免引起读者对标题的误解。

(3)标目要简明清楚,所有度量单位都要详细说明。

(4)如果表格中各栏紧挨着,可用网格表,以免数据混淆。但一般情况用三线表比较简单明了。

(二)统计图

统计图是根据统计资料特点,利用几何图形来表现统计资料的一种重要手段,也是分析统计资料的一种具体方法。统计图的优点是比数字更为具体而形象地展现事实或现象的全貌,给人以清晰、一目了然的印象,便于理解和记忆。其缺点是图示的数量不易精确,如果制图不当,还会掩盖事实真相,甚至产生误导。

1.统计图的结构

完整的统计图一般包括六个要素,即图号、图名、图目、图尺、图形和图注,见图 14-2。

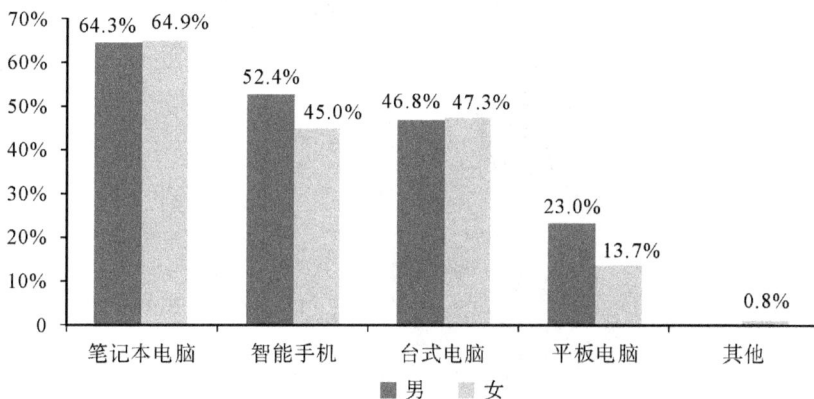

图 14-2 在线电子支付用户终端设备使用情况

资料来源:厦大品牌与广告研究所《2013 厦门市民在线电子支付调查研究报告》

(1)图号:即图的序号,按照图在调查报告中出现的顺序来确定。

(2)图名:即统计图的名称,是对图示资料内容的概括。通过阅读图名,读者能很快明白图形的含义。图名一般与图号一起,写在图的最下方。

(3)图目:写在图形基线上的各种不同类别、名称、时间或统计量,即横坐标或纵坐标上所用的单位名称。

(4)图尺:在统计图的横坐标或纵坐标上,常要用一定的距离表示单位,这些单位称为图尺。图尺有计数单位,也有百分单位。这要根据资料的情形选用。图尺分点要清楚,整个图尺大小要包括所有的数据值,如果数据值大小悬殊,可用断尺法或回尺法减小图幅。

(5)图形:即图的主要部分。由线或面构成。在表述不同的结果时,用不同的图形线或面加以区别。各种图形线或面的含义用图例标明,图例可选图外一适当位置表示。图形制作的要求是整个图形应和谐、美观、均衡。

(6)图注:图形的局部或某一点借助文字或数字来补充说明,均称为图注。图注的目的在于帮助读者理解图形所示资料,提高统计图的使用价值,或说明资料来源。

2.统计图的类型

常见的统计图按形状可分为饼状图(pie chart)、条形图(bar chart)和折线图(line chart)。

(1)饼状图:将资料展示在一个圆平面上。整个圆形代表整体,圆瓣代表各种情况。圆形图常用于类别资料,其主要目的是显示各部分在整体中所占的比重以及各部分之间的比较,显示的资料一般是百分数。饼状图的图尺为圆周,单位是把圆周分成 100 份,每 1% 相当于 3.6°,它的基线是圆内的半径,见图 14-3。

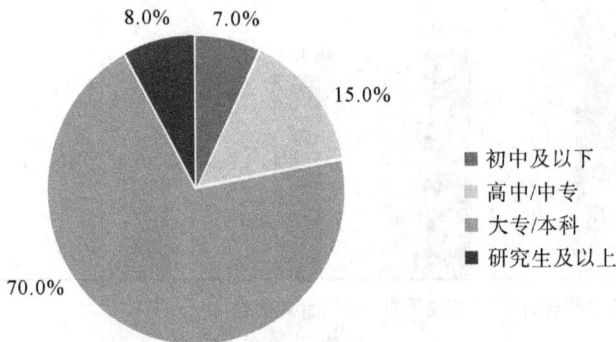

图 14-3　在线电子支付用户学历分布

资料来源:厦大品牌与广告研究所《2013 厦门市民在线电子支付调查研究报告》

（2）条形图：以宽度相同的条形的高低或长短来表示统计数值大小及数量关系的统计图形。这种图形绘制简单，便于对比，又容易给人留下深刻印象，因而广泛应用于实践中。条形图可再分为单式条形图（如图 14-4）与复式条形图（如图 14-5）。复式条形图可以进行双重比较。

条形图可以纵向排列，也可以横向排列。各长条之间可留间隙，也可以不留空隙。类别变量和等级变量资料常用条形图来表示。

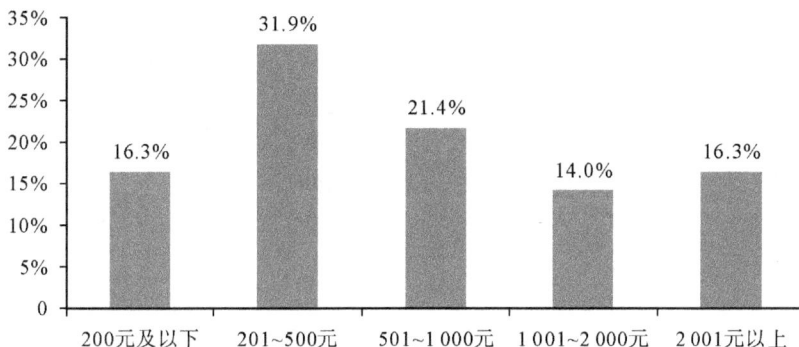

图 14-4　在线电子支付用户月平均使用金额

资料来源：厦大品牌与广告研究所《2013 厦门市民在线电子支付调查研究报告》

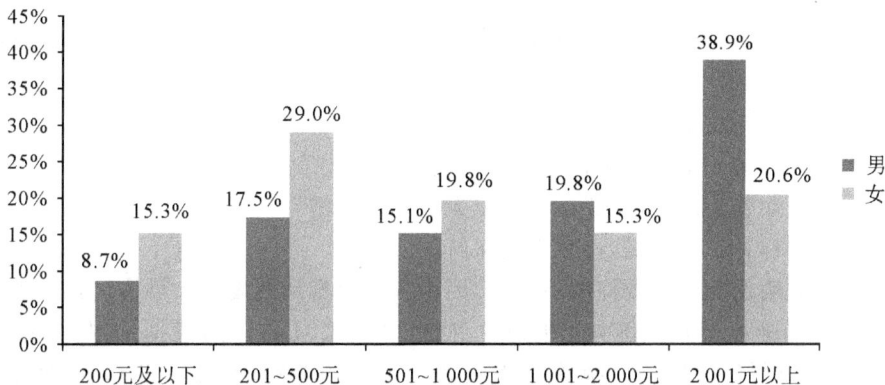

图 14-5　在线电子支付用户单笔最大接受额度

资料来源：厦大品牌与广告研究所《2013 厦门市民在线电子支付调查研究报告》

（3）折线图：对计数资料而言，只要用直线把条形图顶端中点连接起来，就可得到折线图。它可一目了然地展示资料的分布趋势。折线图更常用于连续性资料中，用以表示两个变量之间的函数关系，描述某种现象在时间上的发展趋势，或记录某连续变量的分布,如图 14-6。由图 14-6 可以看出,随着广告时长的缩短,受众的接受度不断增加,在中插广告中表现得尤其明显,30 秒与 15 秒的广告接受度差异显著。

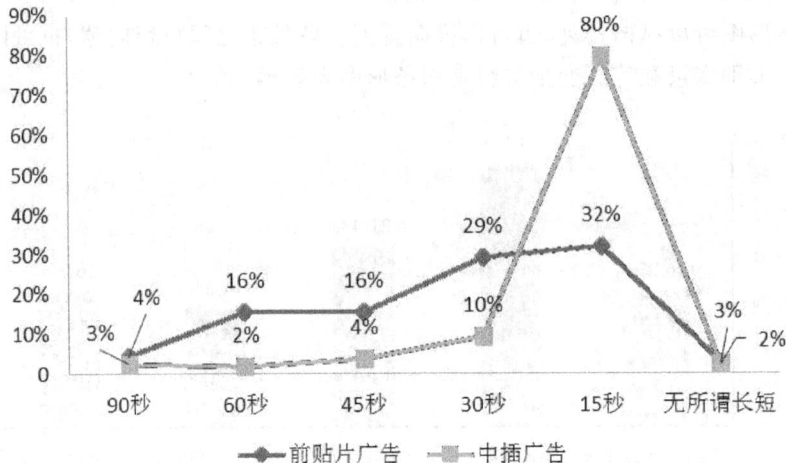

图 14-6　版权视频用户对广告时长的接受度

资料来源:厦大品牌与广告研究所《2013 福建省版权剧集视频在线观看行为研究报告》

统计图是一种直观的资料描述表达方法,但要使读者对图形所示资料一目了然,在制作统计图时,应注意下列事项:

(1)注意标出坐标的原点。

(2)标明每一个度量单位。

(3)在制作折线图时,要避免线条太多导致混淆。

(4)图注标示要清楚,避免引起误解。

(5)圆瓣图制作时要注明百分数,因为读者很难从圆瓣的大小估量其比例。

(6)要避免误导。例如,图 14-7 和图 14-8 来自同样的数据结果,阅读图 14-7,读者可能觉得两种品牌的知名度没有显著的差别;而阅读图 14-8,读者可能会产生另一种看法,即两种品牌的知名度差异明显。至于哪一个图形更为合理,则要根据两品牌间的占有率统计意义上的差异来判断。

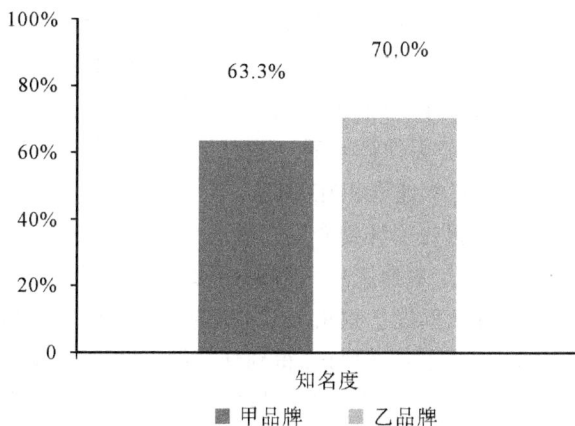

图 14-7　甲乙两品牌的知名度

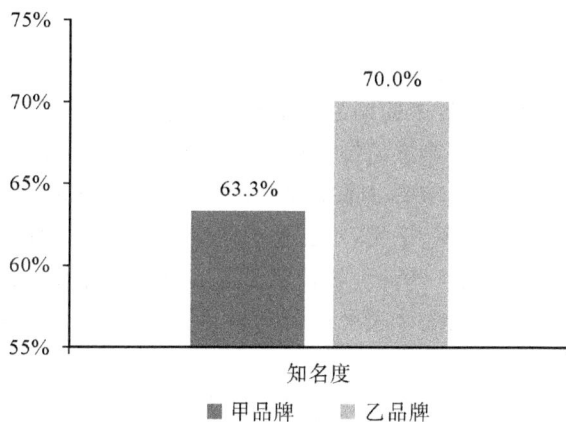

图 14-8　甲乙两品牌的知名度

第 二 节　　调 研 报 告 的 基 本 要 求

调研报告的内容和质量很关键,拙劣的调研报告能把即使是控制最好的研究活动弄得黯然失色;相反,写得好的报告可以使研究结果锦上添花。报告的好坏有时其至影响到研究结果在有关决策中的作用,影响其他读者阅读该调研报告的兴趣。

一份优秀的调研报告,起码要符合以下要求:

（1）语言简洁。读者阅读报告的目的是从报告中快速地获得信息，而不是欣赏小说。报告言语不必追究华丽，但要讲究简洁、准确，要让读者一眼就能看懂。

（2）结构严谨。在撰写调研报告时，各部分内容的中心意思要突出，各部分之间的关系逻辑性要强，努力使读者看一遍就明白整个研究的基本过程和结果。千万不可把一大堆资料简单地堆积在一起。

（3）内容全面。调研报告要详细介绍一项研究的来龙去脉，让读者了解研究过程的全貌，评价研究的质量，对研究所获得的结果有一个清楚的认识，明确研究有哪些用处、研究解决了什么问题。也就是说，报告要回答或说明研究为何进行，采用什么方法进行研究，验证了什么假设，得到什么结果和结论，有什么建议。

（4）资料翔实。将研究过程中各个阶段搜集到的全部有关资料组织在一起，不能遗漏掉重要的资料，但也不能将那些无关的资料统统写进报告。

（5）结论明确。调研报告中要明确说明研究获得的结论，不能模棱两可，含糊其辞。

除此之外，在撰写调研报告时还应注意以下事项：

（1）应用性的调研报告中的词汇尽量非专门化，原因是阅读报告的人可能并不完全懂得研究人员已经熟悉的技术资料，也不一定有耐心阅读烦琐、生涩的报告。学术性的调研报告中却要尽量使用专业术语，用词要讲究准确、科学。

（2）语言叙述尽量客观、平实，不要过于情绪化，以免影响读者的判断。

（3）要考虑读者的观点、阅历，尽量使报告适合于读者阅读。

（4）充分利用统计图、统计表来说明和显示资料，让读者不看文字内容也能从图表中获得信息。

（5）仔细核对全部数据和统计资料，务必使数据资料准确无误。

第三节　调研报告的基本结构

调研报告尽管因研究课题、研究人员的风格不同而有所区别，但是其基本结构应该是相同的。规范的广告调研报告，一般应该包含序言、摘要、正文和附录四个组成部分。

一、序言

序言主要介绍研究课题的基本情况，包括封面、目录和索引。

（一）封面

封面一般只有一张纸，其内容包括：

（1）调研报告的题目或标题。题目一般只有一句话，有时可加上一个小标题。文字可长可短，但应该将研究内容概括出来。

（2）研究机构的名称。如果是单一机构执行，写上该机构名称即可；如果是多个机构合作进行，则应该将所有机构的名称都写上，也可以同时附上研究机构的联络办法。

（3）研究项目负责人的姓名及所属机构。即写清楚项目主要负责人的姓名及其所在机构。

（4）日期。即报告完稿的日期。

调研报告的版面视研究公司的要求或研究者的兴趣而定，但一般要求严肃、精致。图 14-9 是封面内容及版面结构的一种形式，供读者参考。

```
×××市场研究咨询有限公司
Add:中国上海四川路 888 号        Tel:(86)20-22228888
Post:888888                       Fax:(86)20-66668888
* * * * * * * * * * * * * * * * * * * * * * * * * * *



            ×××化妆品消费者调研报告



                项目经理:×××
                执笔:×××




            年     月     日
```

图 14-9　封面例示

（二）目录

目录是关于报告中各项内容的完整一览表。报告的目录同书的目录一样,一般只列出各部分的标题名称及页码(见图 14-10),由于结果部分的内容通常比较多,为了读者阅读方便,可以将细目也列进去。目录的篇幅以不超过一页为宜。

目录

图 14-10　目录例示

(三)索引

　　如果图、表资料比较多,为了阅读方便,可列一张图表索引,也可以分别列出图、表的资料索引。索引的内容与目录相似,列出图表号、名称及所在报告中的页码。

二、摘要

摘要可以概括性说明研究活动获得的主要结果。阅读调研报告的人往往对研究过程的复杂细节没有兴趣，他们只想知道研究的主要结果和结论，弄清他们如何根据研究结果行事。因此，摘要可以说是调研报告极其重要的一节。这一部分如此重要，所以它应当用清楚、简洁而概括的手法，扼要地说明研究的主要结果，详细的论证资料只要在正文中加以阐述即可。

研究结果的摘要简短，一般最多不要超过报告内容的1/5。例如，它可以包括下列各方面的简要资料：

(1)本产品与竞争对手当前的市场状况；

(2)产品在消费者心目中的优缺点；

(3)竞争对手销售策略和广告策略；

(4)本产品广告策略的成败及其原因；

(5)影响产品销售的因素是什么；

(6)根据研究结果应采取的行动或措施等。

在结论性资料的阐述时，必要的话还应加上简短的解释。

研究结果摘要是相当重要的报告内容，不可忽略。忽略这一部分内容将极大损害调研报告的价值，应该引起研究人员的重视。

三、正文

调研报告的正文必须包括研究的全部事实，必须详细阐述研究的背景、目的、方法、过程、结果以及所得结论和建议。

调研报告的正文之所以要呈现全部必要的资料，其原因有二：一是让阅读报告的人了解研究结果是否客观、科学、准确可信；二是让阅读报告的人能够从研究结果得出他们自己的结论，不受研究人员解释的影响。

(一)研究背景

在这一部分报告内容中，研究者要说明研究的由来或受委托进行该项研究的原因。说明时，可能要引用有关的背景资料为依据，分析企业经营、产品销售、广告活动等方面存在的问题。一般而言，背景资料可能包括如下几个方面：

(1)产品在一段时期内的销售变化情况；

(2)与竞争对手的市场占有情况相比较的资料；

(3)已有的广告、促销策略及实施状况；

（4）价格、包装策略的运用状况；

（5）消费者对产品、企业、广告的反映资料；

（6）产品的销售渠道和分销方法。

（二）研究目的

研究目的通常是针对研究背景分析存在的问题。它一般是为了获得某些方面的资料或对某些假设进行检验。不论研究目的为何，研究者都必须对本研究获得的结果列出一张清单，如：

（1）××品牌的知名度；

（2）消费者的信息来源；

（3）消费者的媒体接触状况；

（4）××品牌的市场目标对象及其特点；

（5）消费者对××品牌的忠诚度；

（6）影响消费者购买××品牌的原因等。

（三）研究方法

在这一部分需要体现：

（1）研究地区：说明研究活动在什么地区或区域进行，选择这些地区或区域的理由，如分别在哪些省、市进行。

（2）研究对象：说明从什么样的对象中抽取样本进行研究。通常是指产品的销售推广对象或潜在的目标市场，如18～45岁的女性消费者。

（3）访问完成情况：原来拟订研究多少人，实际上收回的有效问卷是多少，有效问卷回收率是百分之几，问卷丢失或无效的原因，是否采取什么补救措施等。

（4）样本的结构：根据什么样的抽样方法抽取样本，抽取后样本的结构如何，是否具有代表性，与原来拟订的计划是否一致。

（5）资料采集：是入户访问，还是电话访问；是观察法，还是实验法等。如果是实验法，还必须说明实验设计。研究如何实施，遇到什么问题，如何处理。

（6）访员介绍：访员的能力、素质、经验对研究结果会产生影响，所以必须简要介绍访员的资格、条件以及训练情况。

（7）资料处理方法及工具：指出用什么工具、用什么方法简化和统计分析资料。

介绍研究方法有助于使读者确信研究结果的可靠性。但在描述时要尽量简洁，说清方法及采用原因即可。

（四）研究结果

研究结果部分是将研究所得资料报告出来，包括数据图表资料以及相关的文字说明。在一份调研报告中，常常要用若干统计表和统计图来呈现数据资料。如何用统计图和统计表来描述数据资料，前一章已有详细介绍，这里就不赘述。但是仅用图表展示研究所得的数据资料远远不够，研究人员还必须客观地描述和分析图表中数据资料隐含的趋势、关系或规律，也就是说，要解释研究的结果。

研究结果是找出数据资料中存在的趋势和关系，识别资料中隐含的意义并用适当的语言来描述。原始资料经过简化和统计处理并制成图表资料后可以看出其中隐含的趋势、关系，但这要求经过一定的训练，才能准确领会图表的全部内涵，因此研究者解释图表资料是必要的。

对研究结果的解释，包括三个层次，即说明、推论和讨论。

1.说明

说明是指根据研究所得统计结果来描述事物的状况、现象的情形、事物发展的趋势、变量之间的关系等。说明不是对数据结果的简单描述，而是利用已有的资料或逻辑关系来深入分析数据。下面举一个例子来说明。

假设经研究，各种收入家庭的彩色电视机拥有情况如表 14-14 所示。

表 14-14　拥有彩色电视机的比例(％)

彩色电视机	家庭每月平均收入(元)			
	600 以下	600～1 000	1 000 以上	总计
有	30	50	80	53
无	70	50	20	47
总计	100	100	100	100

根据表 14-14，可说明如下：

第一，研究对象中大约有一半左右的家庭拥有彩色电视机(事实的叙述)；

第二，随着家庭收入的增多，彩色电视机的拥有率也随之提高(趋势描述)；

第三，家庭收入的高低对电视机的购买有一定的影响(因果关系说明)。

在第三点说明中，数据资料并没有直接揭示这种因果关系，它是研究者依据收入和拥有彩色电的先后逻辑关系做出的推断。

2.推论

大多数市场研究得到的数据结果都是关于部分研究对象的资料，而研究的目的往往是要了解总体的情形。因此研究者必须根据研究的数据结果来估计总体的情况，这就是推论。

推论不是简单地用样本的研究结果来代替总体，还必须考虑到样本的代表性。样本的代表性强，由样本结果直接估计总体结果的误差就小；样本代表性差，则必须十分谨慎，否则容易犯错误。

在问卷研究结果的推论中,如果研究中估计了抽样误差,那么就可以根据抽样误差估计总体。以表 14-14 中的数据为例,假定抽样统计资料显示,在置信度为 95％时最大允许误差不超 3％,那么就可以推论如下:研究对象总体中拥有彩色电视机的家庭占 50％～56％。做出这一结论犯错误的概率不超过 5％。如果研究中无法估计抽样误差,推论时就必须十分小心。

3.讨论

讨论主要是分析研究结果产生的原因。例如,针对上述"上海地区 A 包装比 B 和 C 包装更有利于销售"这一结论,讨论应该是:为什么 A 包装比 B 和 C 包装更有利销售?

讨论可以根据理论原理或事实材料解释结论,也可以引用其他研究资料做解释,还可以根据研究者的经验或主观设想做解释。例如有一项抽样研究得出如下结论:能清楚描述 A 品牌商标图案的消费者远比能清楚描述 B 品牌商标图案的消费者多。对于这一结论,研究者可以解释如下:

(1)A 品牌商标图案比较简洁(事实)。

(2)A 品牌商标图案比较具体,B 品牌的商标图案比较抽象(事实)。

(3)A 品牌商标图案的广告重复次数多,消费者见过该商标图案的机会也比较多(事实或假设)。

研究结果的内容通常比较多,篇幅比较大。为了便于阅读报告的人把握整个研究结果,研究结果报告一般要将所有内容分成若干小部分,每一个小部分分别给一个标题,它们分别与研究目的相对应,分别回答通过研究所要解决的问题。

(五)结论和建议

在这一部分,研究人员要说明研究获得了哪些重要结论,根据研究的结论应该采取什么措施。结论可用简洁而明晰的语言明确回答研究前提出的问题,同时简要地引用有关背景资料和研究结果来解释、论证。

结论有时可与研究结果合并在一起,但要视研究课题的大小而定。一般而言,如果研究课题小,结果简单,可以直接与研究结果合并成一部分来写;如果课题比较大,内容多,则应分开为宜。

建议是指针对结论提出可以采取哪些措施、方案或具体行动步骤,如:

(1)媒体策略应如何改变;

(2)广告主题应如何设计;

(3)如何与竞争者抗衡;

(4)广告诉求应以什么为主;

(5)采用何种包装、促销战略更佳等。

大多数的建议应当是积极的,要说明应采取哪些具体的措施,或者要处理哪些已经存在的问题,如"应加重广告量""将原来的以理性诉求为重点变为以感性诉求为主"等等。有时也可以用否定的建议如"应立即停止某一广告的刊播"。否定的建议是消极的,只叫人不做什么,没有叫人做什么,所以最好尽量采用积极的建议。

四、附录

附录部分主要是呈现与正文相关的各种资料,供读者参考。附录的资料可用来证明或进一步阐述已经包括在报告正文之内的资料。在附录中呈现的资料种类常常包括:

(1)研究问卷;

(2)抽样有关细节的补充说明;

(3)原始资料的来源;

(4)研究获得的原始数据图表(正文中的图表只是汇总)。

思考题:

1.百分数有哪些用途?

2.解释相关系数时应注意哪些问题?

3.统计表、统计图分别有哪些类型?

4.调研报告的撰写应注意哪些问题?

5.一份完整的调研报告一般应包括哪些内容?

6.调研报告中介绍研究方法的意义何在?

第十五章
广告效果测定

广告效果测定是广告调研、市场调研的一个重要领域,广告调研经常要涉及这方面问题(参见本章案例)。由于广告效果测定在技术和方法上都有其独特性,所以专辟此章详加介绍。

第一节 广告效果测定的意义和范畴

一、广告效果测定的意义

广告效果测定有下列几方面意义:

(1)可以反馈广告运行的效果,帮助广告主确定或修改下一个阶段的广告计划。例如,当调查研究结果表明某一正在运行的广告效果不理想,就可以采取相应的措施,如重新设计或制作一则广告投入刊播。此外广告主也可以广告效果的测定结果来衡量广告目标是否实现,评估广告公司的水平、业绩。

(2)无论是成功还是失败的广告活动,广告效果测定的反馈信息都可以作为广告经营机构的借鉴,便于制订正确的广告计划,避免重犯错误。在这一点上,广告效果测定的意义尤为重大。因为一个广告计划的成功往往会影响到产品的销售以至于企业的命运。成功的广告活动可以帮助企业扩大产品市场,失败的或无效的广告计划可能使之失去应有的消费市场。

(3)广告效果测定可以检验个别广告个别要素的作用。当研究发现某一要素严重影响广告效果时,如某一镜头观众很反感,应该在广告发布前把它删除换上别的镜头。如果调查研究结果具有普遍意义,还可以把它作为广告创作的基本要求或事实依据。例如黄合水等人 1990 年的研究以及其他研究都表明,电视广告中有人物模特比没有人物模特更容易给观众留下好印象,这就可以作为电视广告制作中是否采用模特的依据。

二、广告效果测定的范畴

广告效果是指广告活动或广告作品对社会产生的影响。这一概念可以从狭义和广义两个角度来理解:狭义的广告效果指广告取得的经济效果,通常包括传播效果和销售效果;广义的广告效果还包括心理效果和社会效果。心理效果是广告对受众心理认知、情感、意志的影响程度,社会效果是广告对社会道德、文化教育、伦理、社会环境的影响。因而,广告效果的测定通常包括以下四个方面:

(一)传播效果

广告作为一种传播活动,其效果首先表现为广告需要通过媒体的传递到达。广告的传播效果是广告接受者对广告本身的记忆、回忆、理解、认识的情况。测定传播效果的项目有:注意度、知名度、记忆度、视听率等。广告的传播效果取决于广告目标的选择、广告设计制作技巧、媒介选择、消费者接触情况等诸多方面。

(二)销售效果

广告的销售效果是指通过广告活动而呈现出的产品或服务的销售状况。广告最重要也是最直接的目的就是促进销售。销售效果是测定广告整体效果的重要内容。一般而言,如果通过广告使得产品或服务的销售量增加、销售面扩大,则说明广告效果良好;反之,广告效果则不好。

(三)心理效果

广告的心理效果是广告对受众的各种心理活动的影响程度。它既表现为消费者对某一广告的接触所产生的认知、态度和消费行为,又表现为消费者在长期接触广告的过程中对广告产生的认知、理解、评价和记忆,以及对关联品牌所产生的认知、态度与评价,甚至包括由此产生的对消费需求的感知、对品牌的情感和消费行为。

(四)社会效果

广告的社会效果一方面表现在广告作为商业活动刺激消费并促进经济增长;另一方面表现在广告作为信息载体所传递的信息对社会文化的建构以及对消费者的消费观、价值观、社会道德与审美等的影响。广告承载丰富的商品和文化信息,这既是社会文化的体现,同时又在塑造着社会文化,影响整个社会。

第二节 印刷广告的效果测定

报纸、杂志等印刷广告效果的测定方法或技术主要有以下几种：

一、阅读程度测验

阅读程度测验通常作为评价印刷广告效果的后测方法。它的基本假设是：一则广告对读者的吸引力愈大，其推销力也愈大。阅读程度测验是著名广告学家 D.斯塔奇(D. Starch)等最先提出并在实践中使用的。他们追踪定期发行的美国刊物(如《星期六晚报》《商业周刊》等)，依据刊物性质和读者对象选择受试者，测量读者报刊中的广告的注目率(note，也叫"注意率")、联想率(associate)和阅读多数率(read most)。该测试于每种刊物每期选择 150 名受试者，每次选择的受试者或都是男性或都是女性，视具体情况而定。

在测验过程中，他们给受试者一本杂志，如果受试者读过该杂志，就一页一页地翻下去，询问他们每一则广告的阅读情况并记录受试者的反应。然后统计处理这些记录资料就可以获得上述几种 Starch 分数。

在美国提供这种服务的最著名的调研公司是斯塔奇(Starch INRA Hooper)公司。他们的测验涵盖 700 种各种形式的杂志，每一次测验时，他们会从 20～30 个城市抽取样本。每年施塔奇公司访问人数多达 75 000 人。

阅读程度测验可用于不同报刊的比较，也可用于同一报刊不同时期的比较，例如表 15-1 是雷诺(Renault) R8 汽车在《生活》杂志上不同时期刊登的两则广告的调查结果，一则刊在 9 月份，另一则刊在 11 月份。

表 15-1　雷诺(Remault) R8 汽车广告的 Starch 分数(%)

		注目率	联想率	阅读多数率
广告 A	男	49	49	25
9 月份	女	19	15	7
广告 B	男	35	32	24
11 月份	女	12	7	4

阅读程度测验费用低，易于理解。但是它存在一些问题，比如受试者在记录或回答问题时，容易多报自己的广告接触率。

二、回忆测验

回忆测验是通过测量读者对广告的记忆成绩来衡量广告的效果。采用这种方法通常需要以面对面访问的方式进行,通过在"未提示"和"提示"相关报头两种情况下调查报纸、杂志的知名度以及各版面或板块的阅读率等。

盖洛普和罗宾逊公司在这方面提供两种服务:一种用于广告效果的预测,叫作快速广告测量;另一种用于广告效果后测,叫作杂志影响研究。在快速广告测量中,他们在美国的 5 个大城市邀请《时代》和《人民》杂志的稳定读者参加。广告主在这些杂志的测验发布位置刊登广告,这些杂志被送到每一个测验地区的150 名参与者家中,一天后参与者会接到采访电话,在证实阅读过杂志之后询问他们是否记得一系列品牌或公司的广告。这种测验通常还涉及观念传播和说服等测量内容。

杂志影响研究的测验杂志是一些主要的消费者杂志,包括《时代》《花花公子》《体育画报》《商业周刊》《人民》等。受调查者来自 10 个大城市,他们至少读过最近 4 期中的 2 期(但不包括测验的这一期)。在测验杂志被送到的后一天,对他们进行电话访问,采访内容与 15 种品牌和产品类型有关。

三、征询测量

征询测量常用于测定个别广告发布后的效果,测量的指标是消费者对广告做反应的数量。消费者的回复率被假定为广告导致销售效果的客观指标。不仅印刷广告的效果测定可以运用这种方法,广播广告、电视广告也可运用此法。

进行征询测量时会在广告上向消费者提示一些好消息,如可以函索产品样品、奖券或进行有奖征答等。如果消费者答复或函索赠品,说明他们看过广告,受到广告的影响。消费者的回复率大说明广告的效力大,回复率小说明广告效力小。

征询测量也用于不同广告的效果比较,但是具体运用时,条件控制很严格。例如除了广告本身不同外,广告刊登的位置、时间和媒体以及提供奖酬条件都要求相同或相似。

由征询测量引申出来的另一种方法叫作分半测验(Split-Run Test)。分半测验主要用于同一商品不同广告作品的比较。例如对同一种产品设计 A、B 两种广告文案,将它们发布在同一种报纸同一版面位置上,两种文案印数各占一半。发布后,根据两种文案的读者回复率的大小来决定今后使用哪一种文案。

征询测量方法经常运用在广告效果的评价中,特别是在工业广告领域。这种测量方法的特点是测量的东西与购买关系比较密切,也就是说回复的消费者购买广告中的产品的概率比较大。此外,这种方法易于理解,费用低。不足的是,这种方法把消费者的回复率作为销售效果的指标,这还没有可靠的证据证明其有效性。

四、日记法测量

这种方法的一般程序是:调查人员事先将设计好的表格或问卷送到被调查者手中,被调查者根据每天实际的阅读情况填写表格或问卷,以 15 分钟为一个记录单位,每周循环,调查员周末收回上周记录,发放下周的记录卡,并对收回的资料进行统计分析。

日记法能比较详细地收集和比较每一天的阅读情况的变化,这对广告媒体组合和时间、版面选择具有指导意义。但运用这种方法时需注意记录卡的易答性或易填性,避免因自身设计不合理导致被调查者的填写困难甚至反感情绪并最终导致调查失败或数据上的失真。

第三节　广播电视广告的效果测定

广播电视广告的效果测定方法主要有以下几种:

一、回忆测验

回忆测验是在观众看完电视广告一段时间之后,要求他们回忆出所看过的广告及其内容。回忆时可以不给予观众任何提示,也可以向他们提供一些线索,前者称提示回忆率,后者为未提示回忆率。

最著名且运用最广泛的回忆测验方法是波克一天后回忆(Burk's Day after Recall),这是一种电视广告效果的测量方法。具体的做法是在广告播出 24 小时之后,要求受调查者回答一系列问题,以此来确定他们记住了什么广告以及广告的什么内容。访员提供的问题不包括任何暗示。

波克一天后回忆访问包括如下问题(前 9 个是筛选题):

Q1.昨晚您有没有看过电视节目?

    有 ····································· 1

    没有 ································· 2(中断访问)

Q2.您昨晚是否看过××产品(测试品牌的产品)的电视广告?

    有 ····································· 1

    没有 ································· 2(中断访问)

Q3.您看过××产品中哪些品牌的广告?

    提及测试品牌 ···················· 1(跳问 Q5)

    没有 ································· 2

Q4.您有没有看过××品牌的广告呢?

    有 ····································· 1

    没有 ································· 2(中断访问)

Q5.(描述测试品牌广告前的场景)您有没有看过这个地方?

    有 ····································· 1

    没有 ································· 2(中断访问)

Q6.(描述测试品牌广告后的场景)您有没有看过这个地方?

    有 ····································· 1

    没有 ································· 2(中断访问)

Q7.在前后场景之间的时间内您有没有离开电视机?

    有 ····································· 1

    没有 ································· 2(中断访问)

Q8.这段时间内您有没有做其他事?

    有 ····································· 1

    没有 ································· 2(中断访问)

Q9.在这段时间内您有没有转换频道?

    有 ····································· 1

    没有 ································· 2(中断访问)

Q10.您说您看过××品牌的广告,您记得那条广告的内容吗?

    记得 ································· 1

    记不得 ······························ 2(中断访问)

Q11.请问这条广告是关于什么的? 里面播放了些什么? 说了些什么? 还有呢?

_____

Q12.请再想一下这条广告,您认为这条广告想告诉您关于这个品牌的什么信息？还有呢？

———————————

波克市场研究公司在进行单一测验时,他们常常只在 3～5 个城市进行调查,受调查者一般为 200 人左右。1977—1981 年间,他们曾测量过 2 758 条 30 秒的电视广告的一天后回忆。

波克一天后回忆测验是一种自由回忆测验,在它之后,盖洛普(Gallup)和罗宾逊(Robinson)发展了类似的电视广告测验方法,但他们的方法是提示回忆。使用这种方法时受调查者可以从研究者提供的广告产品品牌名称、广告中有关的字眼及其他同类产品中得到暗示或提示,受调查者要回答如"广告说了些什么"等问题。受调查者的回答越多,说明他们从广告中获得的信息越多,广告的效果也越佳。该方法除了运用在电视广告效果的测验之外,还运用于报纸、杂志广告效果的预测和审查。

盖洛普和罗宾逊对电视广告的预测通常在 10 个不同的城市进行,受调查者为 150 名男性和女性。测验时让他们在家观看带有 6 条测试广告和 6 条正常插播广告的录像带新闻节目。看完节目的次日,研究者对他们进行电话访问,测验其广告回忆效果。随后让受调查者观看只包含测试广告的录像带,然后要求他们提供对每一则广告的再认、喜欢和一般反应的评价。

二、特征评价法

特征评价法是黄合水与相关学者在 1990 年关于电视广告的研究中,依据心理测量的基本思想,针对直接评价法的标准表面信度高提出的。

特征评价法依据的基本假设是:任何优秀、有效的广告都可能具备某些稳定的特征,这些特征不一定对广告的有效性起多大作用,但它们能在某种程度上反映出广告的有效性。如果一条广告具备这些特征,或者在这些特征上表现明显,那么该广告就能获得较理想的传播效果;反之,如果这些特征不明显或不具备,那么该广告就难以获得较好的传播效果。

研究发现,"广告语言由模特儿表达"(特征 X1)、"产品名称读音响亮"(特征 X2)、"画面与产品联系紧密"(特征 X3)、"解说词的播读速度适当"(特征 X4)、"广告新颖独特"(特征 X5)、"广告具有人情味"(特征 X6)是广告给观众留下好印象(Y)的几个代表性特征,这些特征与印象评价的关系形成如下函数式:

$$Y = 0.56 \times 1 + 0.36 \times 2 + 0.30 \times 3 + 0.57 \times 4 + 0.23 \times 5 + 0.28 \times 6 - 3.10$$

在具体运用时,只要让若干评价者(专家或目标观众)对上述六个特征做评价。X1特征做有无判断,记分为"1"或"0"。X2～X6特征的评价根据特征在广告中表现出来的鲜明性斟酌判分,最高分为"5",最低分为"1"。然后求出各评价者对每一广告每一特征评分的平均值,并代入函数式计算,即可得出观众对广告的印象评价值。分值高为优,分值低为劣。该方法适合于不同广告作品之间的优劣比较和选择。

特征评价法的优点是易于实施,而且可以降低评价者的主观性。不足之处是评价特征代表性不容易被理解,而且随着广告业的发展、广告创作水平的提高,这些代表性特征可能也会相应地发生变化。

三、人员测量仪法

该法是利用人员测量仪来收集电视收视信息的方法。它是安装在样本户家庭电视机上的一种自动记录仪器,可以准确地记录每一秒钟观众正在收看哪个频道,在电视收视率研究领域受到广泛青睐。

但是人员测量仪只能记录电视机是否打开及正在播放哪个频道,不能自动记录是否有人看电视和哪些人在看电视。为了克服这一限制,人员测量仪配有类似电视遥控器的按钮,事先给样本户家庭的每一个成员编号并规定在几号按钮上,同时将每一个成员的个人背景资料按照编号输入按钮,样本户家庭成员每次收看电视节目时就按下自己的按钮,离开时关上。这样电视机在自动记录每一秒钟收看的频道的同时,也记录了哪些人在收看。这种按钮键上还会留有一定数量的空白按钮,是专门留给客人的。一旦样本户家庭有客人一同看电视,要求客人按下指定按钮,并按照内容输入个人资料。样本户定时拨通监测公司专线电话,就可以将资料自动传回媒体研究公司。

即时性和对开机率的准确记录是人员测量仪的最大优点,但这一方法也有其局限性,主要表现在:必须依赖样本户的认真配合,成本高,更换样本不易,而且对于人口流量较大的地区,其实施会遇到很多意想不到的困难。

四、视听率调查

视听率是衡量广播、电视广告信息传递范围时使用最广泛的指标之一,它指在一定时间内收听或收看某一栏目的人数所占的百分比。

视听率调查最早用于了解节目的视听情况,为媒体决策和广告主的媒体选择提供依据。后来由于收视率调查技术的革新,一种叫Audiometer的视听记录仪在调查中的运用,使广告收视率调查变得简单。

中国市场上,在视听率调查方面比较著名的市场调研公司有 AGB 尼尔森(AGB Nielsen)公司和央视-索福瑞。

视听率调查过程包括以下几个步骤:

(1)随机抽出一定量的观众样本户构成相对稳定的调查网(观众小组)。样本大小视研究精度和地区规模而定。拿央视-索福瑞来说,到 2015 年 11 月,它已建立起 165 个提供独立数据的收视率调查网络(1 个全国网、25 个省级网,以及包括香港特别行政区在内的 139 个城市网),对 1 146 个电视频道的收视情况进行全天不间断调查;同时在全国 36 个重点城市及 3 个省开展收听率调查业务,对 470 个广播频率进行收听率调查。

(2)在样本户家中的电视机上装上 Audiometer,这种仪器能自动地记录受调查对象家中收听或收看广播电视节目的时间和频道。

(3)每隔一段时间(如两周或三周)把自动记录仪内的软片或磁带取下带回公司分析,就可以算出每日全部节目每一分钟的视听率。

一般来说,视听率愈高,说明广告的传播效果愈好。

第四节　户外广告的效果测定

户外广告媒体是指设置在公共场所传播广告信息的物质或工具。近年来,随着人们旅游和休闲活动的增多以及高新科技的广泛运用,我国户外广告业保持高速增长的态势。户外广告媒体已成为继电视、网络媒体之后的第三大广告媒体。

发展至今的户外广告早已突破了形式单一的店招式广告牌类型,出现了更多的新型户外媒体,如汽车车身广告、候车亭广告、地铁站广告、电梯广告、高立柱广告、三面翻广告、楼顶广告、霓虹灯广告牌、LED 显示屏等。

与此同时,在信息的呈现形式上,除了传统的视觉信息之外,带有听觉信息甚至味觉信息的户外广告也出现了,比如 2013 年,立顿乐活绿茶及茉莉花茶产品在北京地铁国贸站投放的大型立体香味墙贴广告,乘客一下车,就能感受到扑面而来的阵阵茶香。

由于户外广告不断革新,其效果测定也需与时俱进,依具体形式来开展。一般而言,户外广告的效果测定方法包括以下几种:

一、每日有效通行量测量

"每日有效通行量"（Daily Effective Circulation, DEC）这一概念产生于美国的户外广告研究成果。它是指"户外广告前的每一日的有效通行量"，也就是"对能够看到某户外广告的场所每一日什么人在通行"进行调查计算。它是户外广告的媒体接触效果的最基本指标。

由于受众是以不同形式通过户外广告所在地，有的步行经过，有的乘坐各种交通工具经过，在统计经过广告所在地的人流量时，需要考虑以不同方式经过广告所在地的人口计算规则。由于乘坐交通工具经过户外广告所在地的人数无法准确测量，不同的国家经过调查研究确立了不同的计算标准。例如，美国把每辆公交车按照 1.38 人计算，日本普通公交车按照 1 人计算，双层巴士则按照 1.5 人计算。

户外广告类型多样，有的适合白天展示，有的适合晚上展示，更多的则是 24 小时全天候向受众展示。因此，不同类型的户外广告向受众展示的时间不同。户外广告每日流量的计算是对不同展示时间赋予不同的权数，其基本计算公式如下：

户外广告的每日有效通行量＝日人口流量×广告类型权数

例如美国将只有白天能看的普通户外广告类型权数定义为 0.45，而霓虹灯、电子显示屏等 24 小时都可以向受众传递广告信息的广告类型权数定义为 0.64。

在进行每日有效通行量的测定时，通常以一周为一个测量单位，把一周分为工作日和周末两个时段，每个时段抽取一天；测量具体时间一般是将调查标准日分为早晨、上午、下午和傍晚 4 个时间段（07：00－9：00，10：00－12：00，13：00－15：00，16：00－18：00），每个时段以 15 分钟为一个测量单位，每个时段进行 2 到 3 个时间单位的测量。

DEC＝（早晨时间段测量结果＋上午时间段测量结果＋下午时间段测量结果＋傍晚时间段测量结果）×4×3

一周的平均 DEC＝（平日 DEC×5＋休息日 DEC×2）/7

二、拦截访问测量

在测量户外广告有效广告受众（看到了广告）和受众对户外广告的看法时，可以采用拦截访问的调查方法。即在要测量的户外广告所在地的四个方向的一定范围内(通常以隐约能看见户外媒体但看不见具体内容的距离为原则),进行随机抽样,访问经过指定户外广告所在地的人,一般参照的指标如下:

您有没有注意到周围的户外广告?

有

没有——→在刚刚经过的地方,有没有看到广告?

①有　　②没有(终止访问)

经过以上两步追问,将"有"注意户外广告的人定义为户外广告受众。户外广告受众占潜在受众(全部接受访问的人)的百分比称为户外广告受众覆盖率,以此为基础,以一定时间内连续监测的人流量为基数,推算户外广告受众的到达率和毛评点。

在界定户外广告受众后,即可采取更多指标,如前文提到的阅读程度测验、回忆测验等方法,进一步研究指定广告信息受众到达率、广告注目率、记忆率以及对广告各构成要素的评价等。

第五节　网络广告的效果测定

网络广告是利用网站上的广告横幅、文本链接、多媒体的方法,在互联网上刊登或发布广告,通过网络传递到互联网用户的广告运作方式。互联网技术本身使得网络广告在发布的同时可以自动精确地记录广告的各种数据,如点击率、暴露次数、发布时间和时长、受众区域分布等。

对网络广告的效果测定主要有以下几种指标和方法:

一、点击率与转化率

点击率(clicks ratio)是网络广告最基本的评价指标,也是反映网络广告最直接、最有说服力的量化指标。不过,随着人们对网络广告了解的深入,网络用户不会盲目点击广告,除非特别有创意或有吸引力的广告。有的人虽然点击了,却没有购买该企业的产品,这并不意味着该广告没效果,造成这种状况的原因可能是多方面的,如网页上的广告数量太多而无暇顾及或者浏览广告后已形成一定的印象而无须点击广告等。

"转化率"(take rates)这一概念最早由美国的网络广告调查公司 AdKnowledge 在《2000 年第三季度网络广告调查报告》中提出,指用户受网络广告影响而形成的购买、注册或者信息需求。AdKnowledge 从调查中发现,尽管用户没有点击广告,但是全部转化率中的 32% 是在观看广告后形成的。该调查还发现一个有趣的现象:随着时间的推移,由点击广告形成的转化率在降低,而观看网络广告形成的转化率却在上升。

二、加权计算法

在投放网络广告后的一定时间内,对网络广告产生效果的不同层面赋予权重,以判别不同广告所产生效果之间的差异。这种方法实际上是对不同广告形式、不同投放媒体或者不同投放周期等情况下的广告效果比较,而不仅仅反映某次广告投放所产生的效果。加权计算法要建立在对广告效果有基本监测统计手段的基础上。例如:

第一种情况,假定在 A 网站投放的 Banner 广告在一个月内获得的效果为:产品销售 100 件(次),点击数量 4 000 次。

第二种情况,假定在 B 网站投放的 Banner 广告在一个月内获得的效果为:产品销售 120 件(次),点击数量 2 000 次。

如何判断这两次广告投放效果的区别呢?可以为产品销售和获得的点击分别赋予权重,根据一般的统计显示,每 100 次点击可形成 2 次实际购买,那么可将实际购买的权重设为 1.00,每次点击的权重为 0.02,由此可以计算上述两种情况下,广告主分别可以获得的总价值。

第一种情况总价值＝100×1.00＋4 000×0.02＝180
第二种情况总价值＝120×1.00＋2 000×0.02＝160

可见,虽然第二种情况获得的直接销售比第一种情况要多,但从长远来看,第一种情况更具有价值。这个例子也说明,网络广告除了反映直接购买的效果,对品牌形象提升或用户认知也同样重要。

三、比较法

企业在执行网络广告计划后,可以使用比较法对比网络广告前后的各种指标,以此来判断网络广告的效果,如对比发布网络广告前后企业收到的电子邮件数量、咨询产品或服务后的信函数量、企业的销售额和利润等。

第六节　广告创意的效果测定

　　广告创意效果主要包括概念测评、文案测评和作品测评三个方面。概念测评是为了确定"广告应该说什么",文案测评回答的是"广告该如何表达",作品测评是综合测评广告各因素的相互配合及其共同表达的信息效果。

　　对广告创意效果进行测定的方法通常有以下几种:

一、视向测验

　　视向测验是用眼动仪(eye camera)来记录读者在阅读过程中的眼动情况。20 世纪 20 年代,国外就有人以眼动为指标研究广告心理学。后来随着精密仪器眼动仪的问世,越来越多的研究者开始以眼动指标来进行广告研究。研究的范围从报纸杂志以及黄页等印刷媒体广告到网络广告,内容包括广告的大小、图形、位置、颜色、创新性以及消费者对广告的熟悉程度等等。

　　研究者使用眼动仪可以记录观看者注视广告时的眼动轨迹,可以测定观看者注视广告画面的第一眼注视的位置、注视画面的前后顺序、注视时间、眼跳等眼动参数。也可以了解广告及广告各要素内容吸引观看者的程度,了解观看者的兴趣点所在、不同观看者的不同兴趣表现等,为广告的有效性分析提供了更可靠、更客观的数据。

　　2011 年,上海交通大学媒体与设计学院采用 Tobii T60 型眼动仪记录了男(40 名)、女(40 名)被试分别观看名人/非名人广告时的眼动数据。试验共采用 8 张平面广告,其中 2 张为被测广告(名人代言广告、普通模特广告),其余 6 张为缓冲广告,用于避免首因效应和近因效应。

　　眼动仪在试验过程中会不断自动记录被试的眼动数据,生成可视化热点图(heat map),其颜色深浅代表被试者对相应测量区域注视的程度。由图 15-1,研究者初步推断:①男性被试更关注广告中的品牌要素,女性被试更关注广告中的人物形象;②名人组中的男女被试比非名人组都更为关注广告中的文本信息。

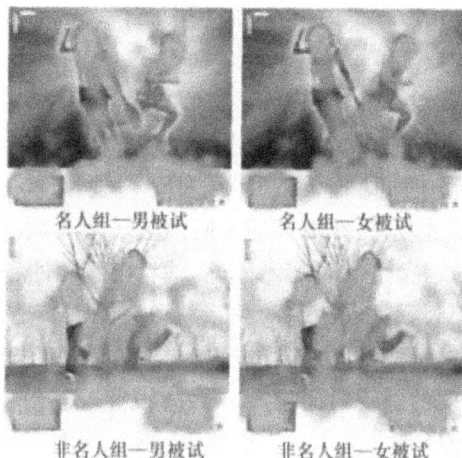

图 15-1 男女被试观看名人/非名人广告时的热点图

资料来源:侯杰克,顾锋.名人代言广告受众的眼动研究[J].科学技术与工程,2012,12(5):1094-1099

试验采集了被试者对不同测量区域的注视时间和次数,均值如表 15-2 所示。结合方差分析结果,研究者得出如下结论:

表 15-2 不同测量区域的眼动指标均值

		注视时间				注视次数			
		整体	品牌	图片	文本	整体	品牌	图片	文本
名人组	男	9.093 6	1.435 3	3.819 1	2.640 1	31.30	5.20	13.35	10.05
	女	8.635 9	1.048 5	3.934 2	2.795 1	32.05	3.70	15.40	10.60
非名人组	男	8.228 0	1.398 1	3.975 0	2.089 2	29.40	4.90	13.25	8.20
	女	8.409 0	1.127 0	4.454 0	2.010 7	32.05	3.95	14.90	7.85

资料来源:侯杰克,顾锋.名人代言广告受众的眼动研究[J].科学技术与工程,2012,12(5):1094-1099

1.注视时间

(1)广告中是否存在名人会显著影响被试对整体广告/广告文本的注视时间。

(2)被试性别会显著影响被试对广告品牌的注视时间。

2.注视次数

(1)广告中是否存在名人会显著影响被试对广告文本的注视次数。

(2)被试性别会显著影响被试对广告品牌、广告图片的注视次数。

3.受众对图片的注视次数最多,文本次之,品牌最少。

二、速视器测验

速视器测验法是一种典型的文案测验方法。测量仪器速视器（tachisto-scope）是一种能在极短时间（如 0.25 秒）内呈现刺激，来检查观众对广告各要素注目程度的装置。测量时，先在极短的时间内呈现刺激物（广告作品），此时看不清刺激物。然后逐渐延长呈现时间，要求受试者把看到的东西画在纸上，根据刺激内容的注目程度和刺激呈现时间的关系就可以判断广告或广告要素的效力。一般而言，先引起受试者注目的广告或广告要素，其效力比较大。从另一角度来说，达到某一注目程度的呈现时间愈短，效力愈大。

速视器测验法的经典案例是日本电通在 1970 年对一则获得"电通奖"的佳能照相机广告作品进行的测试，测验对象是 6 名该公司的职员（3 男 3 女）。测量时，每一被试会分别 5 次看到同一幅广告，每次的呈现时间分别为 0.25 秒、0.5 秒、1 秒、3 秒和 5 秒。每次呈现之后都要求他们画出或写出看到的内容。研究结果见表 15-3。

表 15-3　速示器测验结果

（单位：分）

显示次数	第 1 次	第 2 次	第 3 次	第 4 次	第 5 次	总计
显示时间	0.25 秒	0.50 秒	1.00 秒	3.00 秒	5.00 秒	
大标题	6	11	15	16	17	65
猫眼	14	13	14	14	13	68
猫鼻子	7	5	8	8	8	36
猫胡子	9	9	12	12	15	57
猫耳、额	14	15	16	16	16	77
小标题	0	0	0	4	9	13
照相机	0	1	4	10	11	26
文案	0	1	4	7	9	21
标志	0	0	2	3	9	14
背景	0	1	0	1	1	3
合计	50	56	75	91	108	380

资料来源：樊志育.广告效果研究[M].中国友谊出版公司，1995：72

注：得分标准如下：

3 分：文字、图案、照片或颜色等能够想起来并与实际状态完全接近者；

2 分：文字、图案、照片或颜色能想起一半以上者；

1 分：看见文字、图案、照片等，但想不起具体者；

0 分：连文字、图案、照片等都未看见者。

由表中结果归纳出如下结论：

（1）各广告要素回忆顺序依次是：耳朵或额部、眼睛、大标题、胡子、照相机等。

（2）文字部分在极短的时间之内，受试者几乎看不见，随着显示次数和时间的增加，认知的内容也增加，但仍欠缺正确性。

（3）图解部分即使显示时间短，也能在一定程度上正确地识别其内容。随着显示次数和时间的增加，受试者记忆的内容变化程度不大。

三、语义差异量表

语义差异量表（semantic differential scale）是美国心理学家 C.E.奥斯古德等人发展的一种态度测量技术，主要用来衡量同一个概念对于不同的人所具有的不同含义。它假设有一个由若干个维度构成的语义空间，在那里，任何词或概念的意义都可表示为一个特定的点。语义差异量表由两个相反的形容词和一个中点构成，两个形容词之间一般有 7 个等级，受试者在评价时，被评价对象越具有哪个形容词所表示的特性，便在靠近它的相应等级上进行选择。最后把受试者在各维度上的评价值加起来，就是他对该评价对象的态度。

例如图 15-2 就形象地表明了两个品牌的不同特性在语义差异量表上的位置。

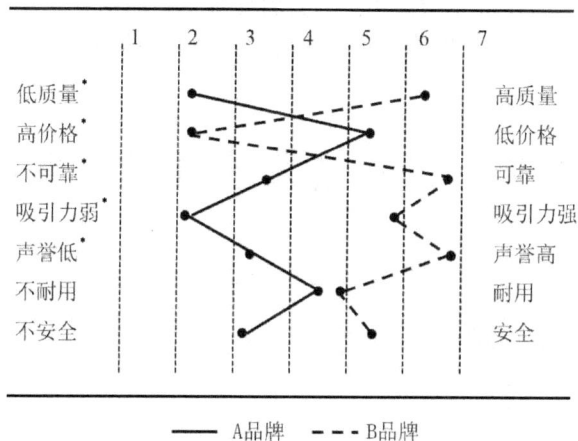

图 15-2 不同品牌在语义差异量表上的评价值

* 表示差异达到统计学上的显著性水平（$P < 0.05$）。

资料来源：王怀明.广告心理学原理[M].清华大学出版社,2012:179

四、联想法

联想法主要包括自由联想法、字词联想法、句子完成法和图片联想法。

自由联想法在测评产品形态、包装以及宣传材料的效果方面使用比较多,这种方法通常不对被调查者做任何暗示,使用的测评材料一般是文案、图片、一段广告视频等,要求被调查者随意回答想到的东西。

字词联想法是向被调查者出示一个字或词,然后要求他们写出看到这个词时所想到的其他词语(详见本书第九章第三节)。

句子完成法是以未完成的句子作为刺激,让被调查者自由完成未完成的部分,并依据填答内容来推断被调查者的情感、态度以及内心冲突等。

例如:

爱喝绿茶的人_____

绿茶是_____的好饮料

通过让目标消费者进行这样的联想,就能推测目标消费者心中绿茶的形象、定位、功能等一系列特征,从而对广告创意设计提供帮助。

图片联想法是给出一定的图片,让被调查者描述其所看到的内容,或是对几幅图片进行比较。比如在产品的包装测试中,提供一组由同一个儿童不同年龄段(2岁、4岁、6岁、8岁、10岁)5张照片所包装的产品,让接受访问的儿童父母选择哪一个适合自己的小孩使用。通过将父母选择的图片儿童年龄与其子女的实际年龄对比分析,就可以为儿童产品的包装策略提供思路。

第七节　广告活动的销售效果测定

一、销售效果的测量指标

(一)费用销售率

它用来测定单位广告费用促销商品的数量或金额。单位广告费用促销额(量)越大,表明广告效果越好;反之则越差。

其计算公式为:

$$费用销售率 = \frac{测定期销售额}{同期广告费}$$

(二)费用销售增加率

它用来测定单位广告费用对商品销售的增益程度。单位广告费用增加的销售量(额)越大,表明广告效果越好;反之则越差。

其计算公式为:

$$费用销售增加率 = \frac{广告后销售额 - 广告前销售额}{广告费}$$

(三)使用牵引率

使用牵引率(usage pull,UP)是在广泛的领域里进行抽样,把所得样本分为两类:一类是对现有广告一无所知的人,并从中找出使用该广告产品的人(即不知道广告但使用产品的人),计算其百分比($X\%$);另一类是对广告有深刻记忆的人,并从中找出使用该广告产品的人(即既知道广告又使用产品的人),计算其百分比($Y\%$)。从中可知,假如不投放广告,则只有 $X\%$ 的人购买广告商品,一旦发布了广告,则会有另外($Y-X$)$\%$的人被广告吸引而使用产品。两组百分比之差即为使用牵引率。

(四)PFA

PFA(plus for ad)用来测量广告引起的销售情况的变化。采用该方法首先要确认调查对象是否接触过该品牌的广告,然后再问其是否购买过该品牌的产品。在取得确切数据后,即可通过以下公式进行计算:

$$\frac{PFA}{购买率} = \frac{接触广告而购买的比率}{接触广告的总人数} \times 100\% - \frac{未接触广告但购买的比率}{未接触广告的总人数} \times 100\%$$

(五)NETAPPS

NETAPPS(net ad produced purchases)是指纯广告因素引起的购买者占总购买者的比率,这一方法由美国的斯塔奇(Daniel Starch)调查公司首创。实施这一方法需要在看过广告的购买者中剔除非广告因素而引起的购买者人数,剩下的就是纯广告因素引起的购买者。在实际情况中,对于接触过广告信息的人,要想让其分辨出是否由于广告的作用而购买非常困难。NETAPPS解决这一难题的原则是"阅读广告而不受广告刺激购买者的比率和未阅读广告而购买者的比率相同",即用"没看过广告群体的购买率"来替代"看过广告群体中非广告因素影响的购买率",于是得到如下公式:

$$NETAPPS = \frac{看过广告群体购买数 - 非广告因素引起的购买者数}{总购买者数} \times 100\%$$

假设原则:非广告因素购买率＝没看过广告群体购买率。

例如:为研究 M 品牌洗发水广告对销售效果的影响,用 NETAPPS 来衡量广告对消费者购买率的影响,随机访问了 600 人,其中 400 人看过该洗发水的广告,这 400 人中有 210 人买过 M 牌洗发水;有 200 人没有看过该洗发水的广告,这 200 人中有 60 人买过 M 牌洗发水。结果见表 15-4。

表 15-4　M 品牌洗发水广告信息接触与购买情况统计

	看过广告	没看过广告	合　计
买过 M 品牌洗发水	210	60	270
没买过 M 品牌洗发水	190	140	330
合　　计	400	200	600

资料来源:王晓华.广告效果[M].高等教育出版社,2012:227-228

没看过广告群体购买率 $= \dfrac{60}{200} \times 100\% = 30\%$

非广告因素引起的购买者数量 $= 400 \times 30\% = 120$(人)

纯广告因素引起的购买者人数 $= 210 - 120 = 90$(人)

$$\text{NETAPPS} = \dfrac{\text{纯广告因素引起的购买者数}}{\text{总购买者数}} \times 100\%$$

$$= \dfrac{90}{270} \times 100\%$$

$$= 33.3\%$$

这一结果可以看作"在 M 品牌洗发水的销售量中有 33.3% 是由于广告的作用带来的"。

二、销售分析测量

销售分析测量具体包括销售增长统计、零售决算、扫描器资料系统和购买小组。

(一)销售增长统计

销售增长统计直接以广告运营期间产品销售量的增长为指标。其假设是:如果销售量提高了,整个广告活动则是成功的;反之,如果销售量下降,整个广告活动则是失败的。具体的计算方法有增长幅度和广告利率。

增长幅度即计算广告活动前后销售量的增长程度,计算公式为:

$$A = (S_2 - S_1)P - R$$

式中，A 表示广告效益，S_2 表示广告宣传后产品的销售量（件数），S_1 表示广告宣传前产品的销售量（件数），P 表示每销售一件产品获得的利润（元/件），R 表示广告费用（元）。

广告利率即计算每投入单位广告费获得的利润。计算公式是：

$$r = \frac{(S_2 - S_1)P - R}{R}$$

式中，r 表示广告利率。这种计算方法可用于比较不同广告活动的效益。

销售增长统计是一种非常简单的方法，但存在着下列几个不足之处：

(1)用销售量来检查广告活动的效果不能排除其他因素的影响。

(2)销售量测量的是某一时期的效果，但广告的效果可能在其他时期更明显。

(3)销售量反映的是中间商的购买反应，并不是消费者的购买反应。

(二)零售决算

零售决算方法也比较简单，即搜集和统计代表性取样的零售商店的各类产品销售量，并由抽样结果推算出消费者的总体购买情况。美国尼尔森调研公司也提供这种服务。该公司每 60 天用电话询问 1 300 家商店，统计这些商店每种产品的销售量。

零售决算方法获得的信息很详细，包括销售、存货、零售价格、展览、产品陈列等方面的信息。

(三)扫描器资料系统

美国的许多超级市场都装有激光扫描系统。安装这种系统的本意是加速顾客的结账过程，但它同时也能为市场研究提供产品销售资料，因而成为广告效果的测量手段之一。

在一些大的调研公司，扫描器资料系统常常只作为广告效果的辅助测量手段。它能够提供产品价格及销售的动态变化情况。

(四)购买小组

购买小组的定义在本书第十一章第六节已有叙述，这里就不再赘述。

美国市场研究联合体（MRCA）提供购买小组的资料服务。它从遍布美国各地的大约 7 000 个家庭中收集资料。该公司让每个被调查的家庭统计自己每天购买的商品，统计方法是按商品价格与包装等写日记，其中包括每个家庭成员所购用的商品，然后于每星期六晚间或星期一上午从邮局寄回。由此，公司可以了解这些家庭中哪些成员购买了哪些品牌的产品，购买频率如何。此外，还可以根据不同的年龄、家庭的大小、收入情况及其他因素对受调查者的购买活动进行研究。

思考题：

1.广告效果测定有什么用处？

2.广告效果的测定通常包括哪些方面？

3.广播电视广告的效果测定方法有哪些？

4.可以用哪些方法来测定报纸杂志广告的效果？

5.广告的认知效果、态度效果和行为效果分别可用哪些方法来测量？

『案例』

婴幼儿食品虚拟广告效果后测问卷

（此案例由 AC 尼尔森市场研究公司提供）

尊敬的先生/女士：

您好！

大约 2 周前我们曾向您发出过一份邀请，希望您近期收看一部名为"家有儿女（动漫版）"的卡通片，下面我们想向您了解一些您收看这部卡通片的有关情况。

甄别问卷

S1570135867.请在下面选出最符合您在最近一个月中，对《家有儿女（动漫版）》收看情况的选项（单选）

没有收看过	1→回答完甄别部分后终止访问
只是偶尔看，并没有完整收看过	2→回答完甄别部分后终止访问
完整收看过 1～2 集	3→回答完甄别部分后终止访问
完整收看过 3～4 集	4→回答完甄别部分后终止访问
完整收看过 5～6 集	5
完整收看过 7～8 集	6
完整收看过 9～10 集	7
完整收看过 10 集以上	8

注：对于本题选择"7"或"8"的被访者，即完整收看过 9 集以上的被访者，只进行甄别，而不做配额限制。即对于收看 9 集以上的被访者只要通过了甄别问卷，则不管其是否符合配额都请访问。

S1.[针对所有被访者询问] 请选择您目前所在的城市（单选）

城市名称列表	略

S2.请选择您的性别(单选)

男性	1→回答完甄别部分后终止访问
女性	2

S3.请在下面选出符合您周岁年龄的选项(单选)

20 岁以下	1→回答完甄别部分后终止访问
20~24 岁	2
25~29 岁	3
30~34 岁	4
35~40 岁	5
40 岁以上	6

S4.请在下列选项中选出最符合您目前婚姻状况的选项(单选)

未婚	1→回答完甄别部分后终止访问
已婚,无子女	2→回答完甄别部分后终止访问
已婚,有子女	3

S5.[针对 S4＝3 的被访者询问]请问您孩子的周岁年龄符合下列哪一项?如果孩子不止一个,请以年纪最小的孩子为准(单选)

0~6 个月	1→注意配额控制
7~12 个月	2→注意配额控制
13~24 个月(1~2 周岁)	3→注意配额控制
25~36 个月(2~3 周岁)	4→注意配额控制
3 周岁以上	6→回答完甄别部分后终止访问

注意控制配额:0~12 个月 $N＝80$;13 个月及以上 $N＝120$

S6.[针对 S4＝3 的被访者询问]请问您是否是您家中购买婴幼儿食品的主要决策者?(单选)

是婴幼儿食品购买的主要决策者	1
不是婴幼儿食品的购买的主要决策者	2→回答完甄别部分后终止访问

S7.[针对所有被访者询问] 请问您或您的家人亲属中是否有在下列行业工作的（多选）

市场研究/咨询机构或单位	1→回答完甄别部分后终止访问
公共关系/营销策划/管理顾问公司	2→回答完甄别部分后终止访问
媒体/出版社/广告公司/新闻机构	3→回答完甄别部分后终止访问
婴幼儿食品的生产及销售行业	4→回答完甄别部分后终止访问
以上都没有	5

主体问卷 F

F1.请问下列哪项描述符合您对《家有儿女（动漫版）》这部卡通片的喜好程度？（单选）

非常喜欢看这部卡通片	1
比较喜欢看这部卡通片	2
感觉一般,无所谓喜欢或不喜欢	3
比较不喜欢看这部卡通片	4
非常不喜欢看这部卡通片	5

F2.请问下列哪项描述最符合您将来继续收看这部卡通片的可能性？（单选）

非常愿意继续收看这部卡通片	1
比较愿意继续收看这部卡通片	2
无所谓	3
不太愿意继续收看这部卡通片	4
非常不愿意继续收看这部卡通片	5

F3.请问,大部分时间中,您是在与谁一起观看这部卡通片？（多选）

和孩子一起观看	1
和丈夫一起观看	2
和父母或其他人一起观看	3
只是自己观看	4

F4.请您仔细回忆一下,在观看《家有儿女(动漫版)》这部卡通片时,您是否注意到卡通片中有以下产品或品牌相关的信息?(多选)

家用电器	1
婴幼儿食品或饮品	2
化妆品	3
钟表	4
轿车	5
以上都没注意到	6

主体问卷 A

A1.下列是一些婴幼儿食品品类,请选出您听说并且关注过的婴幼儿食品品类。不管您是否购买,只要关注过这个品类,就请选出(多选)(选项顺序随机)

婴幼儿米粉	1
婴幼儿肉泥、果蔬泥	2
婴幼儿面条	3
奶伴侣	4
婴幼儿奶粉	5
牛初乳	6
磨牙棒	7
婴幼儿喂哺用具(水杯、碗、勺子等)	8

A2.当提到"婴幼儿食品"时,您的头脑中会首先想到哪一个品牌?请仔细考虑后,写出刚才您头脑中想到的第一个品牌。

请填写(   )

A3.在下列婴幼儿食品品牌中,请选出您听说过的品牌。不管您是否熟悉,只要听说过就请选择(多选)(品牌出现顺序随机)

	A3 品牌所有提及
多美滋 Dumex	1
美赞臣 Meadjohnson	2
圣元 Shengyuan	3

续表

	A3 品牌所有提及
雀巢 Nestlé	4
雅士利 Yashili	5
亨氏 Heinz	6
惠氏 Wyeth	7
雅培 Abbott	8
贝因美 Beingmate	9
以上都没听说过	10

A4.在下列婴幼儿食品品牌中,请选出您曾经为您的孩子购买过的品牌(多选)

多美滋 Dumex	1
美赞臣 Meadjohnson	2
圣元 Shengyuan	3
雀巢 Nestlé	4
雅士利 Yashili	5
亨氏 Heinz	6
惠氏 Wyeth	7
雅培 Abbott	8
贝因美 Beingmate	9
以上品牌都没有购买过	10(与其他选项互斥)

注意配额控制:购买过亨氏的被访者 $N=100$,没买过亨氏的被访者 $N=100$

A5.[针对 A3 题中认知的品牌询问]请根据您对下列婴幼儿食品品牌的综合印象,分别对其用 1~10 分打分,分数越高表示印象越好。不管您是否使用过该品牌,都可以根据您的感觉进行打分(每个认知的品牌单选)

印象很差 ←————————————————————————————→ 印象很好

1	2	3	4	5	6	7	8	9	10

多美滋 Dumex	1	2	3	4	5	6	7	8	9	10
美赞臣 Meadjohnson	1	2	3	4	5	6	7	8	9	10
圣元 Shengyuan	1	2	3	4	5	6	7	8	9	10
雀巢 Nestlé	1	2	3	4	5	6	7	8	9	10
雅士利 Yashili	1	2	3	4	5	6	7	8	9	10
亨氏 Heinz	1	2	3	4	5	6	7	8	9	10
惠氏 Wyeth	1	2	3	4	5	6	7	8	9	10
雅培 Abbott	1	2	3	4	5	6	7	8	9	10
贝因美 Beingmate	1	2	3	4	5	6	7	8	9	10

A6.〔针对 A3 题中认知的品牌〕针对下面列表中的每一品牌,请选出您认为符合其品牌形象的描述。如果对于某个品牌,您只是听过它的名字而不了解它,或者认为下列描述都不符合它的品牌形象,则请选择"以上都不符合"

	婴儿食品专家	创新的	配方科学的	我喜欢的品牌	值得信赖的	以上都不符合（与其他选项互斥）
多美滋 Dumex	1	2	3	4	5	6
美赞臣 Meadjohnson	1	2	3	4	5	6
圣元 Shengyuan	1	2	3	4	5	6
雀巢 Nestlé	1	2	3	4	5	6
雅士利 Yashili	1	2	3	4	5	6
亨氏 Heinz	1	2	3	4	5	6
惠氏 Wyeth	1	2	3	4	5	6
雅培 Abbott	1	2	3	4	5	6
贝因美 Beingmate	1	2	3	4	5	6

主问卷 B

B1.请问,您是否听说过"婴幼儿米粉"这种产品?(单选)

听说过	1
没听说过	2→跳问 C 部分

注:如果 A1 选择了"1",则 B1 自动选择 1"听说过"后,直接询问 B2 题

B2.当提到"婴幼儿米粉"时,您的头脑中会首先想到哪一个品牌?请仔细考虑后,写出刚才您头脑中想到的第一个品牌。如果您一个品牌都想不出来,请填写"想不出"。

请填写(   )

B3.在下列品牌中,请选出您曾经听说过的婴幼儿米粉品牌。不管您是否熟悉,只要听说过就请选择(多选)(品牌出现顺序随机)

	B3 品牌所有提及
雀巢 Nestlé	1
亨氏 Heinz	2
贝因美 Beingmate	3
圣元 Shengyuan	4
雅士利 Yashili	5
飞鹤 Feihe	6
嘉宝 Gerber	7
完达山 Wondersun	8
以上品牌都没听说过	9

B4.[针对 B3 题中认知的品牌询问] 请根据您对下列婴幼儿米粉品牌的印象,分别对其用 1~10 分打分,分数越高表示印象越好。不管您是否使用过该品牌,都可以根据您的感觉进行打分(每个认知的品牌单选)

印象很差 ←————————————————————→ 印象很好

	1	2	3	4	5	6	7	8	9	10
雀巢 Nestlé			1	2	3	4	5	6	7	8	9	10
亨氏 Heinz			1	2	3	4	5	6	7	8	9	10
贝因美 Beingmate			1	2	3	4	5	6	7	8	9	10

续表

1	2	3	4	5	6	7	8	9	10
圣元 Shengyuan	1	2	3	4	5	6	7	8	9	10
雅士利 Yashili	1	2	3	4	5	6	7	8	9	10
飞鹤 Feihe	1	2	3	4	5	6	7	8	9	10
嘉宝 Gerber	1	2	3	4	5	6	7	8	9	10
完达山 Wondersun	1	2	3	4	5	6	7	8	9	10

B5.请问,您是否为您的孩子购买过婴幼儿米粉?(单选)

是的,购买过	1→继续
否,没有购买过	2→跳问至 B7

B6.在下列品牌中,请回忆并选出您最近一次为孩子购买的婴幼儿米粉品牌(单选)

雀巢 Nestlé	1
亨氏 Heinz	2
贝因美 Beingmate	3
圣元 Shengyuan	4
雅士利 Yashili	5
飞鹤 Feihe	6
嘉宝 Gerber	7
完达山 Wondersun	8
其他品牌	9

B7.请问,您近期是否打算购买婴幼儿米粉产品?(单选)

是的,打算购买	1
否,不打算购买	2→跳问至 C 部分

B8.[针对 B7＝1 的被访者询问] 在下列品牌中,请选出您近期最可能为您的孩子购买的婴幼儿米粉品牌(单选)(品牌出现顺序随机)

雀巢 Nestlé	1
亨氏 Heinz	2
贝因美 Beingmate	3
圣元 Shengyuan	4
雅士利 Yashili	5
飞鹤 Feihe	6
嘉宝 Gerber	7
完达山 Wondersun	8
其他品牌	9
不确定	10

主问卷 C

C1.请问,您是否听说过婴幼儿肉泥、果蔬泥类食品?(单选)

听说过	1
没听说过	2→跳问 D 部分

注:如果 A1 选择了 2"婴幼儿果泥、果蔬泥",则 C1 自动选择 1"听说过"后,直接询问 C2 题

C2.屏幕提到:当提到"婴幼儿肉泥、果蔬泥类食品"时,您的头脑中会首先想到哪一个品牌? 请仔细考虑后,写出刚才您头脑中想到的第一个品牌。如果您一个品牌都想不出来,请填写"想不出"。

请填写(　　　　　　　　　　　　　　　　　　　)

C3.在下列品牌中,请选出您曾经听说过的所有婴幼儿肉泥、果蔬泥类食品品牌。不管您是否熟悉,只要听说过就请选择(多选)(品牌出现顺序随机)

亨氏 Heinz	1
贝因美 Beingmate	2
嘉宝 Gerber	3
以上品牌都没听说过	9

C4.[针对 C2 题中认知的品牌以及 C4 题中使用过的品牌询问] 请根据您对下列婴幼儿肉泥、果蔬泥类食品品牌的印象,分别对其用 1~10 分打分,分数越高表示印象越好。不管您是否使用过该品牌,都可以根据您的感觉进行打分(每个认知的品牌单选)

	1	2	3	4	5	6	7	8	9	10
亨氏 Heinz	1	2	3	4	5	6	7	8	9	10
贝因美 Beingmate	1	2	3	4	5	6	7	8	9	10
嘉宝 Gerber	1	2	3	4	5	6	7	8	9	10

C5.请问您是否为您的孩子购买过婴幼儿肉泥、果蔬泥类食品？（单选）

是的,购买过	1→继续
否,没有购买过	2→跳问至 B7 题

C6.在下列品牌中,请回忆并选出您最近一次为孩子购买的婴幼儿肉泥、果蔬泥类食品品牌(单选)

亨氏 Heinz	1
贝因美 Beingmate	2
嘉宝 Gerber	3
其他品牌	11

C7.请问,您近期是否打算购买婴幼儿肉泥、果蔬泥类食品？（单选）

是的,打算购买	1
否,不打算购买	2→跳问至 D 部分

C8.[针对 C7＝1 的被访者询问] 在下列品牌中,请选出您近期最有可能给您的孩子购买的婴幼儿肉泥、果蔬泥类食品品牌(单选)(品牌出现顺序随机)

亨氏 Heinz	1
贝因美 Beingmate	2
嘉宝 Gerber	3
其他品牌	4
不确定	10

主问卷 G

G1.[针对 F4＝2 的被访者询问]刚才您提到在观看卡通片时,注意到卡通片中有和婴幼儿有关的食品或饮品,那么您是否注意到卡通片中出现过如下和婴幼儿有关的产品呢?(多选)

婴幼儿米粉	1
婴幼儿肉泥、果蔬泥	2
婴幼儿面条	3
奶伴侣	4
婴幼儿奶粉	5
牛初乳	6
注意到有和婴幼儿有关的产品或品牌,但分不清具体是什么	7

G2.您在观看《家有儿女(动漫版)》这部卡通片时,是否留意过下列品牌在片中出现过? 不管出现的次数多还是少,只要您注意到出现过就请选择(多选)

雀巢 Nestlé	1
雅士利 Yashili	2
亨氏 Heinz	3
惠氏 Wyeth	4
记不清/以上品牌都没注意到	5

G3.[出示广告截图]请问您在看《家有儿女(动漫版)》这部卡通片时是否注意到卡通片中有类似图中圆圈内出现的产品品牌信息?

是的,留意过	1
否,没留意过	2→跳问至 G7 题

G4.请问,您是否注意到了卡通片出现的这些产品信息是哪个品牌的吗?(单选)

雀巢 Nestlé	1
雅士利 Yashili	2
亨氏 Heinz	3
惠氏 Wyeth	4
记不清/没注意到	5

G5. [针对 G5 选"6"的被访者询问]请问《家有儿女(动漫版)》卡通片中所出现的亨氏产品是否增加了您进一步了解或购买亨氏产品的兴趣?(单选)

很大程度增加了进一步了解和购买的兴趣	1
较大程度增加了进一步了解和购买的兴趣	2
增加了一些进一步了解和购买的兴趣	3
基本没有增加	4

G6. 相对于普通比较直白的电视广告,您对这种与卡通片或电影电视剧相结合的广告形式的接受程度如何?(单选)

相对来说,更接受普通的电视广告	1
无所谓,都一样	2
相对来说,更接受这种相结合的广告	3
不一定/说不清(不出示)	4

G7. 相对于普通比较直白的电视广告,您对这种与卡通片或电影电视剧相结合的广告形式的喜爱程度如何?(单选)

与普通电视广告相比,更喜欢这种相结合的广告	1
无所谓,都一样	2
与普通电视广告相比,比较不喜欢这种相结合的广告	3
不一定/说不清(不出示)	4

G8. 请问,根据您最近一段时间的观看体验,这种把现实中的产品和品牌信息融入卡通片或电影电视剧中的手法,是否影响到了您观看的感觉?(单选)

看到熟悉的品牌让我感觉更加真实有趣	1
无所谓,并不影响我的观看	2
干扰了我的观看,应该去掉	3

G9.请问,在您平时观看卡通片或电影电视剧时,您是否会注意到里面出现的产品信息?(单选)

我对产品和品牌的信息比较敏感,经常能够注意到	1
和我有关的产品和品牌信息我经常能注意到	2
我在观看电视剧/电影/卡通片时很少会注意到产品品牌信息	3
我从来都不会注意到电视剧/电影/卡通片中出现的产品品牌信息	4

主问卷 D

D1.请问,你知道亨氏品牌有哪些婴幼儿食品/产品吗?(多选)

婴幼儿米粉	1
婴幼儿肉泥、果蔬泥	2
婴幼儿面条	3
奶伴侣	4
婴幼儿奶粉	5
牛初乳	6
磨牙棒	7
婴幼儿喂哺用具(水杯、碗、勺子等)	8
不了解亨氏品牌/以上都不清楚	9

主问卷 E

E1.请在下表中选出您所受的最高教育程度(单选)

初中及以下	1
高中/中专/技校	2
大专/成人大专	3
大学本科	4
硕士及以上	5

E2.请在下表中选出您目前的职业（单选）

政府部门/事业单位的中层或高层干部	1
政府部门/事业单位的一般办公室职员	2
企业/公司管理人员	3
专业技术人员	4
私营业主	5
个体户	6
企业/公司员工	7
自由职业者	8
家庭主妇/全职太太	9
下岗/待业	10
其他,请自填	

E3.请在下表中选出您的个人月平均收入（包括各种福利收入等)(单选)

E4.请在下表中选出您的家庭月总收入(包括福利收入等)(单选)

	E3	E4
无收入	15	
1 000 元及以下	1	1
1 000～1 999 元	2	2
2 000～2 999 元	3	3
3 000～3 999 元	4	4
4 000～4 999 元	5	5
5 000～5 999 元	6	6
6 000～6 999 元	7	7
7 000～7 999 元	8	8
8 000～8 999 元	9	9
9 000～9 999 元	10	10
10 000～11 999 元	11	11
12 000～14 999 元	12	12
15 000 元及以上	13	13
拒绝回答	14	14

感谢您完成我们的访问,谢谢!

附表一 随机数字表

	1	2	3	4	5	6	7	8	9	10
1	63271	59986	71744	51102	15141	80714	58683	93108	13554	79945
2	88547	09896	95436	79115	08303	01041	20030	63754	08459	28364
3	55957	57243	83865	09911	19761	66535	40102	26646	60147	15702
4	46276	87453	44790	64122	45573	84358	21625	16999	13385	22782
5	55363	07449	34835	15290	76616	67191	12777	21861	68689	03263
6	69393	92785	49902	58447	42048	30378	87618	26933	40640	16281
7	13186	29431	88190	04588	38733	81290	89541	70290	40113	08243
8	17726	28652	56836	78351	47327	18518	92222	55201	27340	10493
9	36520	64465	05550	30157	82242	29520	69753	72602	23756	54935
10	91628	36100	39254	56835	37636	02421	98063	89641	64953	99337
11	84649	48968	75125	75498	49539	74240	03466	49292	36401	45525
12	63291	11618	12613	75055	43915	26488	41116	64531	56827	30825
13	70502	53225	03655	05915	37140	57051	48393	91322	25653	06543
14	06426	24771	59935	49801	11082	66762	94477	02494	88215	27191
15	20711	55609	29430	70165	45406	78484	31639	52009	18873	96927
16	41990	70538	77191	25860	55204	73417	83920	69468	74972	38712
17	72452	36618	76298	26678	89334	33938	95567	29380	75906	91807
18	37042	40318	57099	10528	09925	89773	41335	96244	29002	46453
19	53766	52875	15987	46962	67342	77592	57651	95508	80033	69828
20	90585	58955	53122	16025	84299	53310	67380	84249	25348	04332
21	32001	96293	37203	64516	51530	37069	40261	61374	05815	06714
22	62606	64324	46354	72157	67248	20135	49804	09226	64419	29457
23	10078	28073	85389	50324	14500	15562	64165	06125	71353	77669
24	91561	46145	24177	15294	10061	98124	75732	00815	83452	97355

	1	2	3	4	5	6	7	8	9	10
25	13091	98112	53959	79607	52244	63303	10413	63839	74762	50289
26	73864	83014	72457	22682	03033	61714	88173	90835	00634	85169
27	66668	25467	48894	51043	02365	91726	09365	63167	95264	45643
28	84745	41042	19493	01836	09044	51926	43630	63470	76508	14194
29	48068	46805	94595	47907	13357	38412	33318	26098	82782	42851
30	54310	96175	97594	88616	42035	38093	36745	56702	40644	83514
31	14877	33095	10924	58013	61439	21882	42059	24177	58739	60170
32	78295	23179	02771	43464	59061	71411	05697	67194	30495	21157
33	67524	02865	38593	54378	04237	92441	26602	63835	38032	94770
34	58268	57219	68124	76455	83236	08710	04284	55005	84171	42596
35	97158	28672	50685	01181	24262	19427	52106	34308	73685	74246
36	04230	16831	69085	30802	65559	09205	71829	06489	85650	38707
37	94879	56606	30401	02602	57658	70091	54986	41394	60437	03195
38	71446	15232	66715	26385	91518	70566	02888	79941	39684	54315
39	62886	05644	79316	09819	00813	88407	17461	73925	53037	91904
40	62048	33711	25290	21526	02223	75947	66466	06332	10913	75336
41	84534	42351	21628	53669	81352	95152	08107	98814	72743	12849
42	84707	15885	84710	35866	06446	86311	32648	88141	73902	69981
43	19409	40868	64220	80861	13860	68493	52908	26374	63297	45052
44	57978	48015	25973	66777	45924	56144	24742	96702	88200	66162
45	57295	98298	11199	96510	75228	41600	47192	43267	35973	23152
46	94044	83785	93388	07833	38216	31413	70555	03023	54147	06647
47	30014	25879	71763	96679	90603	99396	74557	74224	18211	91637
48	07265	69563	64268	88802	72264	66540	01782	08396	19251	86313
49	84404	88642	30263	80310	11522	57810	27627	78376	36240	48952
50	21778	02085	27762	46097	43324	34354	09369	14966	10158	76089

附表二   标准正态分布－Ｚ值

Z	0.00	0.01	0.02	0.03	0.04	0.05	0.06	0.07	0.08	0.09
0.0	0.0000	0.0040	0.0080	0.0120	0.0160	0.0199	0.0239	0.0279	0.0319	0.0359
0.1	0.0398	0.0438	0.0478	0.0517	0.0557	0.0596	0.0636	0.0675	0.0714	0.0753
0.2	0.0793	0.0832	0.0871	0.0910	0.0948	0.0987	0.1026	0.1064	0.1103	0.1141
0.3	0.1179	0.1217	0.1255	0.1293	0.1331	0.1368	0.1406	0.1443	0.1480	0.1517
0.4	0.1554	0.1591	0.1628	0.1664	0.1700	0.1736	0.1772	0.1808	0.1844	0.1879
0.5	0.1915	0.1950	0.1985	0.2019	0.2054	0.2088	0.2123	0.2157	0.2190	0.2224
0.6	0.2257	0.2291	0.2324	0.2357	0.2389	0.2422	0.2454	0.2486	0.2518	0.2549
0.7	0.2580	0.2612	0.2642	0.2673	0.2704	0.2734	0.2764	0.2794	0.2823	0.2852
0.8	0.2881	0.2910	0.2939	0.2967	0.2995	0.3203	0.3051	0.3078	0.3106	0.3133
0.9	0.3159	0.3186	0.3212	0.3238	0.3264	0.3289	0.3315	0.3340	0.3365	0.3389
1.0	0.3413	0.3438	0.3461	0.3485	0.3508	0.3531	0.3554	0.3577	0.3599	0.3621
1.1	0.3643	0.3665	0.3686	0.3708	0.3729	0.3749	0.3770	0.3790	0.3810	0.3803
1.2	0.3849	0.3869	0.3888	0.3907	0.3925	0.3944	0.3962	0.3980	0.3997	0.4105
1.3	0.4032	0.4049	0.4066	0.4082	0.4099	0.4115	0.4131	0.4147	0.4162	0.4177
1.4	0.4192	0.4207	0.4222	0.4236	0.4251	0.4265	0.4279	0.4292	0.4306	0.4319
1.5	0.4332	0.4345	0.4357	0.4370	0.4382	0.4394	0.4406	0.4418	0.4429	0.4441
1.6	0.4452	0.4463	0.4474	0.4484	0.4495	0.4505	0.4515	0.4525	0.4535	0.4545
1.7	0.4554	0.4564	0.4573	0.4582	0.4591	0.4599	0.4608	0.4616	0.4625	0.4633
1.8	0.4641	0.4649	0.4656	0.4664	0.4671	0.4678	0.4686	0.4693	0.4699	0.4706
1.9	0.4713	0.4719	0.4726	0.4732	0.4738	0.4744	0.4750	0.4756	0.4716	0.4767
2.0	0.4772	0.4778	0.4783	0.4788	0.4793	0.4798	0.4803	0.4808	0.4812	0.4817
2.1	0.4821	0.4826	0.4830	0.4834	0.4838	0.4842	0.4846	0.4850	0.4854	0.4857
2.2	0.4861	0.4864	0.4868	0.4871	0.4875	0.4878	0.4881	0.4884	0.4887	0.4890
2.3	0.4893	0.4896	0.4898	0.4901	0.4904	0.4906	0.4909	0.4911	0.4913	0.4916
2.4	0.4918	0.4920	0.4922	0.4925	0.4927	0.4929	0.4931	0.4932	0.4934	0.4936
2.5	0.4938	0.4940	0.4941	0.4943	0.4945	0.4946	0.4948	0.4949	0.4951	0.4952
2.6	0.4953	0.4955	0.4956	0.4957	0.4959	0.4960	0.4961	0.4962	0.4963	0.4964
2.7	0.4965	0.4966	0.4967	0.4968	0.4969	0.4970	0.4971	0.4972	0.4973	0.4974
2.8	0.4974	0.4975	0.4976	0.4977	0.4977	0.4978	0.4979	0.4979	0.4980	0.4982
2.9	0.4981	0.4982	0.4982	0.4983	0.4984	0.4984	0.4985	0.4985	0.4986	0.4986
3.0	0.4986	0.4987	0.4987	0.4988	0.4988	0.4989	0.4989	0.4989	0.4990	0.4990

附表三 t 分布临界值

自由度	0.10	0.05	0.025	0.01	0.005
1	3.078	6.314	12.706	31.821	63.657
2	1.886	2.920	4.303	6.965	9.925
3	1.638	2.353	3.182	4.541	5.841
4	1.533	2.132	2.776	3.747	4.604
5	1.476	2.015	2.571	3.365	4.032
6	1.440	1.943	2.447	3.143	3.707
7	1.415	1.895	2.365	2.998	3.499
8	1.397	1.860	2.306	2.896	3.355
9	1.383	1.833	2.262	2.821	3.250
10	1.372	1.812	2.228	2.764	3.169
11	1.363	1.796	2.201	2.718	3.106
12	1.356	1.782	2.179	2.681	3.055
13	1.350	1.771	2.160	2.650	3.012
14	1.345	1.761	2.145	2.624	2.977
15	1.341	1.753	2.131	2.602	2.947
16	1.337	1.746	2.120	2.583	2.921
17	1.333	1.740	2.110	2.567	2.898
18	1.330	1.734	2.101	2.552	2.878
19	1.328	1.729	2.093	2.539	2.861
20	1.325	1.725	2.086	2.528	2.845
21	1.323	1.721	2.080	2.518	2.831
22	1.321	1.717	2.074	2.508	2.819
23	1.319	1.714	2.069	2.500	2.807
24	1.318	1.711	2.064	2.492	2.797
25	1.316	1.708	2.060	2.485	2.787
26	1.315	1.706	2.056	2.479	2.779
27	1.314	1.703	2.052	2.473	2.771
28	1.313	1.701	2.048	2.467	2.763
29	1.311	1.699	2.045	2.462	2.756
30	1.310	1.697	2.042	2.457	2.950
40	1.030	1.684	2.021	2.423	2.704
60	1.296	1.671	2.000	2.390	2.660
120	1.289	1.658	1.980	2.358	2.617
∞	1.282	1.645	1.960	2.326	2.576

附表四　χ^2 分布临界值

自由度	0.10	0.05	0.025	0.01	0.005
1	2.70554	3.84146	5.02389	6.63490	7.87944
2	4.60517	5.99147	7.37776	9.21034	10.5966
3	6.25139	7.81473	9.34840	11.3449	12.8381
4	7.77944	9.48773	11.1433	13.2767	14.8602
5	9.23635	11.0705	12.8325	15.0863	16.7496
6	10.6446	12.5916	14.4494	16.8119	18.5476
7	12.0170	14.0671	16.0128	18.4753	20.2777
8	13.3616	15.5073	17.5346	20.0902	21.9550
9	14.6837	16.9190	19.0228	21.6660	23.5893
10	15.9871	18.3070	20.4831	23.2093	25.1882
11	17.2750	19.6751	21.9200	24.7250	26.7569
12	18.5494	21.0261	23.3367	26.2170	28.2995
13	19.8119	22.3621	24.7356	27.6883	29.8194
14	21.0642	23.6848	26.1190	29.1413	31.3193
15	22.3072	24.9958	27.4884	30.5779	32.8013
16	23.5418	26.2962	28.8454	31.9999	34.2672
17	24.7690	27.5871	30.1910	33.4087	35.7185
18	25.9894	28.8693	31.5264	34.8053	37.1564
19	27.2036	30.1435	32.8523	36.1908	38.5822
20	28.4120	31.4104	34.1696	37.5662	39.9968
21	29.6151	32.6705	35.4789	38.9321	41.4010
22	30.8133	33.9244	36.7807	40.2894	42.7958
23	32.0069	35.1725	38.0757	41.6384	44.1813

续附表四

自由度	0.10	0.05	0.025	0.01	0.005
24	33.1963	36.4151	39.3641	42.9798	45.5585
25	34.3816	37.6525	40.6465	44.3141	46.9278
26	36.5631	38.8852	41.9232	45.6417	48.2899
27	36.7412	40.1133	43.1944	46.9630	49.6449
28	37.9159	41.3372	44.4607	48.2782	50.9933
29	39.0875	42.5569	45.7222	49.5879	52.3356
30	40.2560	43.7729	46.9792	50.8922	53.6720
40	51.8050	55.7585	59.3417	63.6907	66.7659
50	63.1671	67.5048	71.4202	76.1539	79.4900
60	74.3970	79.0819	83.2976	88.3794	91.9517
70	85.5271	90.5312	95.0231	100.425	104.215
80	96.5782	101.879	106.629	112.329	116.321
90	107.565	113.145	118.136	124.116	128.299
100	118.498	124.342	129.561	135.807	140.169

附表五　F 分布临界值($F0.05$)

	1	2	3	4	5	6	7	8	9	10	20	40	120	∞
1	164.1	199.5	215.7	224.6	230.2	234.0	236.8	238.9	240.5	241.9	248.0	251.1	253.3	254.4
2	18.51	19.00	19.16	19.25	19.30	19.33	19.35	19.37	19.38	19.40	19.45	19.47	19.49	19.50
3	10.13	9.55	9.28	9.12	9.01	8.94	8.89	8.85	8.81	8.79	8.66	8.59	8.55	8.53
4	7.71	6.94	6.59	6.39	6.26	6.16	6.09	6.04	6.00	5.96	5.80	5.72	5.66	5.63
5	6.61	5.79	5.41	5.19	5.05	4.95	4.88	4.82	4.77	4.74	4.56	4.46	4.40	4.36
6	5.99	5.14	4.76	4.53	4.39	4.28	4.21	4.15	4.10	4.06	3.87	3.77	3.70	3.67
7	5.59	4.74	4.35	4.12	3.97	3.87	3.79	3.73	3.68	3.64	3.44	3.34	3.27	3.23
8	5.32	4.46	4.07	3.84	3.69	3.58	3.50	3.44	3.39	3.35	3.15	3.04	2.97	2.93
9	5.12	4.26	3.86	3.63	3.48	3.37	3.29	3.23	3.18	3.14	2.94	2.83	2.75	2.71
10	4.96	4.10	3.71	3.48	3.33	3.22	3.14	3.07	3.02	2.98	2.77	2.66	2.58	2.54
11	4.84	3.98	3.59	3.36	3.20	3.09	3.01	2.95	2.90	2.85	2.65	2.53	2.45	2.40
12	4.75	3.89	3.49	3.26	3.11	3.00	2.91	2.85	2.80	2.75	2.54	2.43	2.34	2.30
13	4.67	3.81	3.41	3.18	3.03	2.92	2.83	2.77	2.71	2.67	2.46	2.34	2.25	2.21
14	4.60	3.74	3.34	3.11	2.96	2.85	2.76	2.70	2.65	2.60	2.39	2.27	2.18	2.13
15	4.54	3.68	3.29	3.06	2.90	2.79	2.71	2.64	2.59	2.54	2.33	2.20	2.11	2.07
16	4.49	3.63	3.24	3.01	2.85	2.74	2.66	2.59	2.54	2.49	2.28	2.15	2.06	2.01
17	4.45	3.59	3.20	2.96	2.81	2.70	2.61	2.55	2.49	2.45	2.23	2.10	2.01	1.96
18	4.41	3.55	3.16	2.93	2.77	2.66	2.58	2.51	2.46	2.41	2.19	2.06	1.97	1.92
19	4.38	3.52	3.13	2.90	2.74	2.63	2.54	2.48	2.42	2.38	2.16	2.03	1.93	1.88
20	4.35	3.49	3.10	2.87	2.71	2.60	2.51	2.45	2.39	2.35	2.12	1.99	1.90	1.84
40	4.08	3.23	2.84	2.61	2.45	2.34	2.25	2.18	2.12	2.08	1.84	1.69	1.58	1.51
120	3.92	3.07	2.68	2.45	2.29	2.17	2.09	2.02	1.96	1.91	1.66	1.50	1.35	1.25
∞	3.84	3.00	2.60	2.37	2.21	2.10	2.01	1.94	1.88	1.83	1.57	1.39	1.22	1.00

	1	2	3	4	5	6	7	8	9	10	20	40	120	∞
1	4 052	4 999	5 403	5 625	5 764	5 859	5 928	5 982	6 022	6 056	6 209	6 287	6 339	6 366
2	98.50	99.00	99.17	99.25	99.30	99.33	99.36	99.37	99.39	99.40	99.45	99.47	99.49	99.50
3	34.12	3 082	29.46	28.71	28.24	27.91	27.67	27.49	27.35	27.23	26.69	26.41	26.22	26.13
4	21.20	18.00	16.69	15.98	15.52	15.21	14.98	14.80	14.66	14.55	14.02	13.75	13.56	13.46
5	16.26	13.27	12.06	11.39	10.97	10.67	10.46	10.29	10.16	10.05	9.55	9.29	9.11	9.06
6	13.75	10.92	9.78	9.15	8.75	8.47	8.26	8.10	7.98	7.87	7.40	7.14	6.97	6.88
7	12.25	9.55	8.45	7.85	7.46	7.19	6.99	6.84	6.72	6.62	6.16	5.91	5.74	5.65
8	11.26	8.65	7.59	7.01	6.63	6.37	6.18	6.03	5.91	5.81	5.36	5.12	4.95	4.86
9	10.56	8.02	6.99	6.42	6.06	5.80	5.61	5.47	5.35	5.26	4.81	4.57	4.40	4.31
10	10.04	7.56	6.55	5.99	5.64	5.39	5.20	5.06	4.94	4.85	4.41	4.17	4.00	3.91
11	9.65	7.21	6.22	5.67	5.32	5.07	4.89	4.74	4.63	4.54	4.10	3.86	3.69	3.60
12	9.33	6.93	5.95	5.41	5.06	4.82	4.64	4.50	4.39	4.30	3.86	3.62	3.45	3.36
13	9.07	6.70	5.74	5.21	4.86	4.62	4.44	4.30	4.19	4.10	3.66	3.43	3.25	3.17
14	8.86	6.51	5.56	5.04	4.69	4.46	4.28	4.14	4.03	3.94	3.51	3.27	3.09	3.00
15	8.68	6.36	5.42	4.89	4.56	4.32	4.14	4.00	3.89	3.80	3.37	3.13	2.96	2.87
16	8.53	6.23	5.29	4.77	4.44	4.20	4.03	3.89	3.78	3.69	3.26	3.02	2.84	2.75
17	8.40	6.11	5.18	4.67	4.34	4.10	3.93	3.79	3.68	3.59	3.16	2.92	2.75	2.65
18	8.29	6.01	5.09	4.58	4.25	4.01	3.84	3.71	3.60	3.51	3.08	2.84	2.66	2.57
19	8.18	5.93	5.01	4.50	4.17	3.94	3.77	3.63	3.52	3.43	3.00	2.76	2.58	2.49
20	8.10	5.85	4.94	4.43	4.10	3.87	3.70	3.56	3.46	3.37	2.94	2.69	2.52	2.42
40	7.31	5.18	4.31	3.83	3.51	3.29	3.12	2.99	2.89	2.80	2.37	2.11	1.92	1.80
120	6.85	4.79	3.95	3.48	3.17	2.96	2.79	2.66	2.56	2.47	2.03	1.76	1.53	1.38
∞	6.63	4.61	3.78	3.32	3.02	2.80	2.64	2.51	2.41	2.32	1.88	1.59	1.32	1.00

附表六　由样本平均数估计总体平均数时所需样本容量 $n(\alpha=0.05)$

s/d	0.0	0.1	0.2	0.3	0.4	0.5	0.6	0.7	0.8	0.9
1	7	8	9	9	11	12	13	14	15	17
2	18	20	22	23	25	27	29	31	33	35
3	38	40	42	45	47	50	53	56	58	61
4	64	68	71	74	77	81	84	88	91	95
5	99	103	107	111	115	119	123	128	132	137
6	141	146	151	156	160	165	170	176	181	186
7	191	196	202	207	213	219	225	231	237	243
8	249	255	261	268	274	281	288	294	301	308
9	315	322	329	336	343	351	358	366	373	381
10	389	396	404	412	420	428	437	445	453	462
11	470	478	487	496	505	514	523	532	541	550
12	559	569	578	588	597	607	617	626	636	646
13	656	667	677	687	697	708	718	729	740	750
14	761	772	783	794	805	816	828	839	851	862
15	874	885	897	909	921	933	945	957	969	982
16	994	1 006	1 019	1 032	1 044	1 057	1 070	1 083	1 096	1 109
17	1 122	1 135	1 149	1 162	1 175	1 189	1 203	1 216	1 230	1 244
18	1 258	1 272	1 286	1 300	1 311	1 329	1 343	1 358	1 372	1 387
19	1 402	1 416	1 431	1 446	1 461	1 476	1 491	1 507	1 522	1 537
20	1 553	1 568	1 583	1 600	1 616	1 631	1 647	1 663	1 680	1 696

续附表六

s/d	0.0	0.1	0.2	0.3	0.4	0.5	0.6	0.7	0.8	0.9
1	11	12	14	15	17	19	21	23	26	28
2	31	34	36	39	43	46	49	53	56	60
3	64	68	72	77	81	86	90	95	100	105
4	110	116	121	127	133	139	145	151	157	164
5	170	177	184	191	198	205	213	220	228	235
6	243	251	260	268	277	285	294	303	312	321
7	331	340	350	360	370	380	390	400	411	421
8	432	443	454	465	476	487	499	511	522	534
9	546	559	571	583	596	609	622	635	648	661
10	674	688	702	715	729	743	758	772	787	801
11	816	831	846	861	876	892	907	923	939	955
12	971	987	1 004	1 020	1 037	1 054	1 070	1 087	1 105	1 122
13	1 139	1 157	1 175	1 193	1 211	1 229	1 247	1 265	1 284	1 303
14	1 321	1 340	1 359	1 379	1 398	1 417	1 437	1 457	1 477	1 497
15	1 517	1 537	1 558	1 578	1 599	1 620	1 641	1 662	1 683	1 704
16	1 726	1 747	1 769	1 791	1 813	1 835	1 858	1 880	1 903	1 925
17	1 948	1 971	1 994	2 017	2 041	2 064	2 088	2 112	2 136	2 160
18	2 184	2 208	2 232	2 257	2 282	2 307	2 332	2 357	2 382	2 408
19	2 433	1 459	2 485	2 511	2 537	2 563	2 589	2 616	2 643	2 669
20	2 696	2 723	2 750	2 778	2 805	2 833	2 860	2 888	2 916	2 943

常用语汉英对照

1.Ab(attitude toward the brand) 品牌态度

2.Ad concept tests 广告概念测试

3.Ad agencies 广告代理商、广告公司

4.advertising research 广告研究、广告调研、广告调查

5.aired brand awareness 有助品牌意识、或提示品牌知名度

6.AIO(activities,interests and opinions) 生活风格研究

7.ANOVA(analysis of variance) 方差分析

8.ANA 美国广告主协会

9.audience 受众、观众

10.BI(intention of the brand)品牌购买意图

11.carton tests 卡通测验

12.causal research 因果关系研究

13.chi-square tests 卡方检验或检验

14.client 顾客、客户

15.closed-ended questions 封闭题

16.cluster samples 整群抽样

17.coding 编码

18.coder 编码员

19.coefficient of determination 决定系数

20.communality 共同度

21.communication effect 传播效果

22.computer-assisted telephone interviewing 计算机辅助电话调查

23.concept test 概念测试

24.concurrent validity 即时效度

25.confidence level 置信水平

26.construct validity 结构效度

27.consumer behavior 消费者行为

28.consumer drawings 消费者绘画(一种投射技术)

29.content analysis 内容分析

30.content validity 内容效度

31.convenience samples 任意抽样、方便抽样

32.convergent validity 聚焦效度

33.copy tests 文案测验

34.constitutive definition 结构定义

35.correlation analysis 相关分析

36.criterion-related validity 效标效度

37.crosstabulation 交叉频率分析

38.data 数据、资料

39.data analysis 数据分析

40.data collection 资料采集

41.data processing 数据处理

42.dependent variable 因变量

43.depth interviews 深度访问

44.descriptive research 描述性研究

45.disguised observation 参与观察

46.door-to-door interviewing 入户访问

47.environmental analysis 环境分析

48.equivalent-form reliability 复本信度

49.experimentation 实验法

50.experiment design 实验设计

51.exploratory research 探测性研究

52.external validity 外在效度

53.eye-tracking system 眼睛追踪系统、眼动仪

54.F-test 费舍检验、F 检验

55.face validity 表面效度

56.FCC(Federal Communications Commission) 联邦传播委员会

57.FDA(Food and Drug Administration) 食品和药物管理局

58.focus group 座谈会或焦点小组

59.focus group moderator 座谈会主持人

60.FTC(Federal Trade Commission) 联邦贸易委员会

61.hypotheses 假设

62.hypotheses test of proportions 比率假设检验

63.independent samples 独立样本

64. independent Sample T Test 独立样本 t 检验

65. independent variable 自变量、独立变量

66. inquiry/direct response measures 征询测量

67. interval estimates 区间估计

68. interval scales 等距量表

69. interview 访问

70. interviewer 访员

71. involvement 卷入

72. judgment samples 判断抽样

73. Likert scale 李克特量表

74. market segmentation 市场区隔、市场细分

75. marketing 营销学、市场学

76. marketing mix 营销组合

77. marketing research 市场研究、市场调研、市场调查

78. marketing strategy 营销策略

79. mean 平均数

80. measurement 测量

81. median 中数

82. media mix 媒体组合

83. media plan 媒体计划

84. message 讯息

85. mode 众数

86. multiple-choice questions 多项选择题

87. multiple comparisons 多重比较

88. internet research 网络调查

89. nominal scale 命名量表

90. nonprobability samples 非随机抽样、非概率抽样

91. normal distribution 正态分布

92. null hypothesis 虚无假设

93. observation 观察法

94. one-sample T test 单样本 t 检验

95. one-way ANOVA 一元方差分析

96. online focus groups 网上座谈会、网上在线座谈会

97. open-ended questions 开放题

98.operational definition 操作定义

99.ordinal scales 次序量表

100.packaging tests 包装测试

101.paired comparison 配对比较法

102.paired Independent Sample T Test 配对样本 t 检验

103.Pearson's product moment correlation 皮尔逊相关

104.photo sort 照片分类

105.population 总体、人口

106.population standard deviation 总体标准差

107.positioning 定位

108.predictive validity 预测效度

109.pretest 前测

110.primary data 一手资料

111.probability samples 随机抽样、概率抽样

112.product concept testing 产品概念测试

113.projective questions 投射题

114.projective techniques 投射技术

115.purchase intent 购买意图

116.qualitative research 定性研究

117.quantitative research 定量研究

118.questionnaire 问卷

119.questionnaire design 问卷设计

120.quota samples 配额抽样、定额抽样

121.random digit dialing 随机拨号法

122.randomization 随机化

123.ratio scale 比率量表

124.readership tests 阅读程度测验

125.related samples 相关样本

126.reliability 信度

127.repeated measures 重复测量方差分析

128.repositioning 再定位或重新定位

129.samples 样本

130.sample size 样本量

131.sampling cell 抽样单元

132. sampling error 抽样误差

133. sampling frame 抽样框

134. scale 量表

135. secondary data 二手资料

136. semantic differential 语义区分法

137. sentence completion 句子完成法

138. simple random sample 简单随机抽样

139. snowball samples 滚雪球抽样

140. Spearman rank-order correlation 斯皮尔曼等级相关

141. split-half reliability 分半信度

142. standard deviation 标准差

143. standard error of the mean 平均数标准误

144. statistical control 统计控制

145. stratified samples 分层抽样

146. subject 被试

147. survey research 调查研究

148. survey via E-mail 电子邮件调查

149. systematic error 系统误差

150. systematic sampling 系统抽样

151. target audience 目标受众

152. target market 目标市场

153. test-retest reliability 再测信度

154. theater test 影院测验

155. thematic apperception test(TAT)主题统觉测验

156. third-person techniques 第三者技术

157. treatment 处理

158. t-test t 检验

159. univariate ANOVA 单因变量方差分析

160. unstandardized canonical discriminant function coefficient 非标准判别系数

161. validity 效度

162. variance 方差

163. web based survey 网页形式调查

164. within-groups structure coefficient 组内结构系数

165. word association test 字词联想测验

参考文献

1.参考消息,2001.7.24,14。

2.陈崇山,弭秀玲.中国传播效果透视.沈阳出版社,1989。

3.陈培爱.广告原理和方法.厦门大学出版社,1990。

4.出口市场调研概论(中译本).上海翻译出版公司,1987。

5.戴海崎,张锋,陈雪枫.心理与教育测量.暨南大学出版社,1999。

6.樊志育.市场调查.上海人民出版社,1995。

7.樊志育,广告效果研究.中国友谊出版公司,1995。

8.反町胜夫.怎样进行市场调查.复旦大学出版社,1997。

9.韩德昌,郭大水.市场调查与市场预测.天津大学出版社,1996。

10.郭志刚.社会统计分析方法——SPSS软件应用.中国人民大学出版社,1999。

11.国际广告.1998,3。

12.黄合水.广告心理学.东方出版中心,1998。

13.黄合水.品牌资产——一个认知模型及其验证.北京师范大学博士论文,2002。

14.黄合水.广告调研技巧.厦门大学出版社,1993。

15.黄合水.市场调查概论.东方出版中心,2000。

16.柯惠新等.调查研究中的统计分析方法.北京广播学院出版社,1992。

17.柯惠新,刘红鹰.民意调查实务.中国经济出版社,1996。

18.肯尼恩·D.贝利(许真译).现代社会研究方法.上海人民出版社,1986。

19.Krugman H E.The Impact of Television Advertising:Learning without involvement.*Public Opinion Quarterly*.1965,29(Fall):349~356.

20.利贝卡·鲁宾,艾伦·鲁宾,琳达·皮尔.传播研究方法——策略与资料来源.华夏出版社,2000。

21.罗明,胡运芳.中国电视观众现状报告.社会科学文献出版社,1998。

22.卢淑华.社会统计学.新华出版社,1989。

23.McDaniel C,Gates R.当代市场研究.东北财经大学出版社,1998。

24.闵建蜀,游汉明.市场研究:基本方法.香港中文大学出版社,1979。

25.Montgomery D C(汪仁官、陈荣昭译).实验设计与分析.中国统计出版社,1998。

26.Nylen D W.*Advertising:Planning,Implementation & Control*.Southern-Western Inc.1986.

27.O'Guin T,Allen C T,Semenik R J.广告学.东北财经大学出版社,1998。

28.彭代武,陈涛.市场调查·商情预测·经营决策.经济管理出版社,1996。

29.Schiffman L G,Kanuk L L.消费者行为学.清华大学出版社 & Prentice-Hall International,Inc.1997.

30.施锡铨.抽样调查的理论和方法.上海财经大学出版社,1996。

31.苏蘅.传播研究调查法.三民书局股份有限公司,1986。

32.舒华.心理与教育研究中的多因素分析实验设计.北京师范大学出版社,1994。

33.吴国培.抽样调查方法研究.厦门大学出版社,1993。

34.吴统雄.电话调查:理论与方法.联经出版事业公司,1990。

35.杨国枢,文崇一,吴聪贤,李亦图.社会及行为科学研究法(上、下册).华东书局印行,1999。

36.叶树滋.市场研究和市场预测.中央广播电视大学出版社,1985。

37.袁方,王汉生.社会研究方法教程.北京大学出版社,1997。

38.袁淑君.孟庆茂,数据统计分析——SPSS/PC＋原理及其应用.北京师范大学出版社,1995。

39.张敏强.教育与心理统计学.人民教育出版社,1993。

40.张厚粲.心理与教育统计学.北京师范大学出版社,1986。

41.张厚粲,孟庆茂.实验心理学.北京师范大学出版社,1988。

42.郑芳辉,李少抒,黄宇芳,曹恺予,石泽润.市场研究典型案例.华南理工大学出版社,2001。

43.郑宗成,陈进.市场研究实务.中山大学出版社,2002。

44.中国广告年鉴.新华出版社,1990。

45.朱滢.实验心理学.北京大学出版社,2000。

46.朱智贤.心理学大词典.北京师范大学出版社,1989。